Kollisionsrecht und ausländisches Recht in spanischen und deutschen Zivilverfahren

Schriften der Deutsch-Spanischen Juristenvereinigung

Band 11

PETER LANG
Frankfurt am Main · Berlin · Bern · Bruxelles · New York · Oxford · Wien

Markus Artz

Kollisionsrecht und ausländisches Recht in spanischen und deutschen Zivilverfahren

Eine rechtsvergleichende Untersuchung

PETER LANG
Europäischer Verlag der Wissenschaften

Bibliografische Information Der Deutschen Bibliothek
Die Deutsche Bibliothek verzeichnet diese Publikation in der Deutschen Nationalbibliografie; detaillierte bibliografische Daten sind im Internet über <http://dnb.ddb.de> abrufbar.

Zugl.: Mainz, Univ., Diss., 2003

D 77
ISSN 1433-884X
ISBN 3-631-51414-X

www.peterlang.de

VORWORT

Eichendorffs „Hüte dich, sei wach und munter!" ist Weggefährte des Rechtsvergleichers und gleichzeitig Beruhigung, dass selbst dem ingeniösesten gelegentlich Irrtümer unterlaufen[1]. Der Verfasser hat versucht, stets Wachsamkeit zu üben, um den Pfeilen Eingeborener zu entgehen[2].

---

[1] *Zweigert/Kötz* unter Hinweis auf eine Fülle von Gruben, Fallstricken und Irrwegen.

[2] So die bekannte Metapher *Ernst Rabels*, RabelsZ 16 (1951), 341: „Rechtsvergleicher sind gewohnt, in fremde Dickichte einzudringen, und darauf gefasst, dass unter jedem Busch ein Eingeborener mit Pfeilen lauert."

EINFÜHRUNG

A. GEGENSTAND UND METHODE DER UNTERSUCHUNG

Immer mehr Sachverhalte werfen kollisionsrechtliche Fragen auf. Sie stellen Richter, Rechtsanwälte, Notare und andere rechtsberatende Berufe vor die Aufgabe, die kollisionsrechtliche Frage zu beantworten und mit ausländischem Recht umzugehen[3].

Das Internationale Privatrecht und die Anwendung ausländischen Rechts[4] spielen seit langem eine bedeutende Rolle für die spanische und deutsche Rechtspraxis, wobei für die Zukunft noch eine Steigerung zu erwarten sein dürfte[5]. Dabei stehen besonders die Bereiche Wirtschafts- und Familienrecht im Vordergrund[6].

Ursachen liegen in der sog. Globalisierung (Welthandel, Informationstechnologie, e-commerce), Migrationsbewegungen, bei denen Menschen aus familiären, politischen oder wirtschaftlichen Gründen ihre Heimat verlassen und ein neues Leben in einem ausländischen Staat beginnen, eventuell dort heiraten und eine Familie gründen und in der Zunahme privater (Tourismus) und beruflicher

---

[3] *Linke*, § 7 I, Rn. 268.

[4] Zur Abgrenzung s. unten C. Vermeintlich vergleichbare Konstellationen.

[5] *Mankowski*, RabelsZ 56 (1992), 357; weiterhin ist eine Zunahme der Revisionen mit Auslandsrechtsanwendung zu verzeichnen, vg. Krause, S. 89. Durch die Aufnahme des GVÜ und nunmehr der Verordnung (EG) Nr. 44/2001 des Rates vom 22. Dezember 2000 über die gerichtliche Zuständigkeit und die Anerkennung und Vollstreckung von Entscheidungen in Zivil- und Handelssachen nebst AVG in die ZPO Kommentierung von *Thomas/Putzo* wird die wachsende Bedeutung des IZPR unterstrichen und damit der damit vielleicht weniger vertrauten „breiten juristischen Öffentlichkeit" ins Bewusstsein gerufen.

[6] In Spanien nimmt die Zahl ausländischer Residenter und die vor Gericht ausgetragenen Streitigkeiten unter Anwendung ausländischen Rechts weiter zu, vgl. allein die 27 bei *Ramos Méndez*, Jurisprudencia Civil Internacional, S. 31-121, zitierten höchstrichterlichen Entscheidungen und die dort beschriebenen erb- und familienrechtlichen Konstellationen. In Deutschland heiraten immer mehr Deutsche Ausländer. Nach Auskunft des Statistischen Bundesamts stieg zwischen 1987 und 1997 die Anzahl der binationalen Ehen von 29.904 auf 61.385. Dabei wird die Statistik seit 1995 nicht mehr von den Frauen angeführt, sondern mehr deutsche Männer heiraten Ausländerinnen als deutsche Frauen Ausländer.

Auslandsreisen[7]. Menschliche Aktivität hält sich nicht an die von einer Rechtsordnung vorgegebenen Grenzen[8] und soll es in einem europäischen Binnenmark auch nicht[9].

Gegenstand der vorliegenden Arbeit ist es, zu untersuchen, ob die bisherige Behandlung der Anwendung ausländischen Rechts in Spanien und Deutschland mit den dazu gefundenen Begründungen befriedigend ist und ausreichend überzeugen kann. Der Schwerpunkt liegt auf der richterlichen Tätigkeit im Erkenntnisverfahren.

I. Die Rechtsvergleichende Methode

Zur rechtsvergleichenden Analyse werden Lösungen und Antworten, die Wissenschaft und Rechtsprechung des Königreiches Spanien auf diese Fragen gefunden haben, verglichen mit solchen der deutschen Rechtsordnung. Keine Wissenschaft kann es sich leisten, nur auf Erkenntnisse zurückzugreifen, die allein innerhalb ihrer nationalen Grenzen gewonnen werden[10].

Es geht - genauer gesagt - um eine Mikrorechtsvergleichung, da einzelne Rechtsinstitute bzw. Rechtsprobleme gegenübergestellt werden[11]. Wer Regeln, nach denen bestimmte Sachprobleme und Interessenkonflikte gelöst werden,

---

[7] s. *Ultsch*, WuB VII A. § 293 ZPO 1.97; *Firsching/von Hoffmann*, IPR, Rn 1. mit statistischen Nachweisen.

[8] *Fernández Rozas/Sánchez Lorenzo*, Curso de Derecho internacional privado, S. 39. Ein Gegenbeispiel gibt die Entwicklung in Spanien während der Phase der Abschottung und wirtschaftlichen Autarkie der Jahre 1942 - 1959, in denen das IPR kaum eine Bedeutung in der juristischen Wissenschaft und sich dementsprechend nicht weiterentwickelt hatte. Die geschlossenen Grenzen verhinderten Berührungspunkte zwischen der spanischen Rechtsordnung und anderen bis auf ein unerläßliches Minimum; das IPR wurde rückständig. Ein Ende fand die negative Entwicklung mit Beginn der siebziger Jahre; Rechtsbeziehungen zum Ausland nahmen stetig zu: Viele Spanier emigrierten ins Ausland, der Tourismus und mit ihm das ausländische Kapital im Lande wuchsen an. *Fernández Rozas/Sánchez Lorenzo*, Curso de Derecho internacional privado, S. 41.

9 Siehe zu diesem Teilbereich: C. Europarechtliche Konsequenzen.

[10] *Zweigert/Kötz*, Einführung in die Rechtsvergleichung, S. 13; in Spanien existierten bislang keine vergleichbaren Werke zur Rechtsvergleichung, nunmehr dazu *Galgano*, Atlas de Derecho Privado Comparado in spanischer Übersetzung.

[11] Vgl. *Zweigert/Kötz*, Einführung in die Rechtsvergleichung, S. 4 f.

vergleicht, sollte auch das allgemeine „institutionelle Ambiente“, d.h. die Entwicklung und besonders auch die praktische Anwendung der Institutionen, nicht außer Acht lassen[12]. Dies gilt auch für die rechtsgeschichtliche Entwicklung.

Dabei kann natürlich nicht jedem Gedanken zum einen Recht auch eine solcher zum anderen korrespondieren. Dies würde funktionell Identität voraussetzen. Im Vordergrund muss vielmehr ein Funktionsvergleich stehen. Damit er möglich wird, gliedert sich die Arbeit nicht in zwei monolithische Referate mit anschließendem rechtsvergleichenden Teil[13], sondern widmet kritischen Einzelfragen so weit wie möglich einen eigenen Länderbericht. Daran schließt sich eine vergleichende Wertung an[14].

Zu Sinn und Zweck der Rechtsvergleichung allgemein schreibt *Kegel*[15]:

„Vom Studium einzelner ausländischer Privatrechte verschieden ist die ***Privatrechtsvergleichung****. Wer sie betreibt, vergleicht nicht nur die Ergebnisse, zu denen die verschiedenen Privatrechte gelangen, sondern auch die geschichtlichen Hintergründe und die sonstigen Verhältnisse, auf denen diese Ergebnisse beruhen, und die Gedankengänge, mit denen sie gewonnen werden. Man zieht Gewinn für Verständnis und Fortbildung des eigenen Privatrechts. Bei der Vorbereitung von Gesetzen wird häufig die Regelung im Ausland herangezogen... Für das internationale Privatrecht ist Rechtsvergleichung doppelt wichtig: Vergleichung der materiellen Privatrechte ist nötig, damit Regeln des internationalen Privatrechts nicht im luftleeren Raum schweben; und Vergleichung der internationalen Privatrechte ist nötig, um die Fortbildung des eigenen IPR anzu-*

---

[12] *Zweigert/Kötz*, Einführung in die Rechtsvergleichung, S. 5.

[13] vgl. die Arbeit von *Theiss* und dazu die Rezension von *Mankowski* in RabelsZ 56 (1992), 349 ff., insbesondere S. 351.

[14] zu den Anforderungen *en detail Zweigert/Kötz*, Einführung in die Rechtsvergleichung, S. 6.

[15] *Kegel*, § 1 IX; schon 1966 stellte *Ferid* im Vorwort zu *David-Grassmann, Einführung in die großen Rechtssysteme der Gegenwart, 1. Auflage 1966* fest, dass Rechtsvergleichung keiner Rechtfertigung bedarf. Was sie leisten kann, wird jedoch nur zu oft unbeachtet gelassen. Um dem damit nicht vertrauten Leser den Einstieg zu erleichtern, sei kurz darauf eingegangen. Siehe auch *Rösler,* Rechtsvergleichung als Erkenntnisinstrument in Wissenschaft, Praxis und Ausbildung, JuS 1999, S. 1084 ff., 1186 ff.; *Schwintowski*, Einführung in die Rechtsvergleichung, JA 1991, S. 241 ff..

regen und im Rahmen des Möglichen Entscheidungseinklang mit ausländischem IPR zu erreichen."

Gleiches gilt für das Verfahrensrecht[16]. Auch dort fördert der Blick über den eigenen Horizont hinaus Verständnis und Weiterentwicklung des eigenen Rechts[17]. Es gibt heute keine nationalen gesetzgeberischen Vorhaben und Richtlinien der EU mehr, die nicht von intensiven rechtsvergleichenden Untersuchungen begleitet werden[18]. Bei der Entwicklung der Grundsätze zum Schmerzensgeldanspruch bei Verletzung des allgemeinen Persönlichkeitsrechts hat der Bundesgerichtshof rechtsvergleichende Argumente aus anderen Rechtsordnungen herangezogen[19].

Mit Recht fordert *von Bar*[20] stärkere rechtsvergleichende Bemühungen in der Rechtsprechung europäischer Obergerichte. *Odersky* weist darauf hin, dass einem rechtlichen Argument, das die Harmonisierung des europäischen Rechts vorantreibe, besondere Bedeutung beigemessen werden könne und als Ergebnis einer Gesamtabwägung auch die Lösungen anderer Rechtsordnungen übernommen werden können[21]. Eine Rechtsmaterie wie das UN-Kaufrecht ist nicht als neuartige Erfindung aus dem Nichts entstanden, sondern unter behutsamer Übernahme gelungener Regelungen einzelner nationaler Rechte. Darin dürfte ein Grund für seine große Akzeptanz liegen. In anderen Bereichen und in der öffentlichen Diskussion wird gerne und häufig zu anderen Ländern geblickt[22].

Ein Ziel der Rechtsvergleichung ist, diejenigen Divergenzen zu erkennen, die

---

[16] Wegen der Eigenarten der Prozeßrechtsvergleichung siehe *Stürner/Stadler* in :Deutsche Landesberichte zur Weltkonferenz für Prozeßrecht in Taormina, S.263, 293.

[17] Zum Wert der Rechtsvergleichung für die Erkenntnis und Auslegung des eigenen Rechts s. ferner *Gamillscheg*, RdA 1987, 29-32.

[18] Vgl. *Drobnig/Dopffel*, RabelsZ 46 (1982), 253, 307. Zur Notwendigkeit allgemein: *Gilles*, Prozeßrechtsvergleichung.

[19] BGHZ 39, 124, 132.

[20] Vereinheitlichung und Angleichung von Deliktsrecht in der Europäischen Union, ZfRV 35 (1994), 221, 231

[21] Harmonisierende Auslegung und europäische Rechtskultur, ZEuP 1994, 1, 2.

[22] Siehe die immer wieder aufflackernden Diskussionen zur Arbeitsmarktpolitik und Reformierung des Steuerrechts. Ob der Blick ins Ausland allerdings oftmals mehr das isolierte Herausgreifen einzelner Punkte ist, kann bezweifelt werden.

nicht auf politischen, sittlichen oder sozialen Eigenheiten im jeweiligen Land beruhen, sondern ihren Grund in Zufällen der Geschichte oder flüchtigen oder überflüssigen Anlässen haben[23].

Es bestehen Zweifel, ob der reinen Auslegung geltender Gesetze schon der Charakter von (Rechts-)wissenschaft zukommt[24]. Erst wenn sich der Betrachter vom positiven nationalen Recht löst und sich auf die Suche nach dem gemeinsamen oder trennenden Wesen einzelner Regelungen macht, liegt Wissenschaft vor. Der Blickwinkel kann historisch, philosophisch, soziologisch, aber auch rechtsvergleichend gewählt werden und sollte politische und gesellschaftliche Punkte nicht ausblenden. Daneben sollte Rechtsvergleichung Rechtsgeschichte nicht vernachlässigen[25]. Rechtsvergleichung dient der „Europäisierung" von Rechtswissenschaft, Rechtsliteratur und Rechtsunterricht[26].

Es liegt auf der Hand, dass kein noch so brillanter Denker alle Lösungen, die ein ausländisches Recht bietet, durch reines Nachdenken „auf dem Trockenen“ ersinnen kann[27]. Und keine optimale Nutzung gedanklicher Energie und Zeit wäre es, Ressourcen anderer Länder brachliegen zu lassen und stattdessen ein auf das eigene Recht beschränktes Rechtsgespräch zu führen. Allein die wohl überlegte Übertragung eines Rechtsbegriffes von der einen in eine andere Sprache kann auf blind übernommene Dogmen aufmerksam machen.

Vergleichbar sind nur diejenigen Regelungskomplexe, die in beiden Rechtsordnungen der Ordnung des gleichen Problemsachverhalts dienen[28]. Die Kombination einer Institutionsvergleichung mit einem Vergleich der Systeme verhindert am ehesten die Halbheiten und Schwächen jeder isolierten Einzelmethode und der damit bestehenden Gefahr, Kenntnisse, aber noch keine Erkenntnisse zu

---

[23] Vgl. *Zweigert/Kötz*, S. 2.

[24] Vgl. *Zweigert/Kötz*, S. 3.

[25] *Kötz*, JZ 1992, 20 ff.

[26] *Zweigert/Kötz*, Einführung in die Rechtsvergleichung, S. 27.

[27] Man denke nur an deutsche Gesellschaft mit beschränkter Haftung, die Regelungen in vielen Ländern der Erde zum Vorbild gereicht hat.

[28] Siehe *Zweigert/Kötz*, Einführung in die Rechtsvergleichung, S. 11. Die Autoren empfehlen - soweit wie möglich - die Bildung neutraler Begriffe, um den Vergleich nicht durch Verwendung mit eigener kultureller Bedeutung vorbelasteten Begriffen zu verfälschen.

schaffen[29]. *Neumayer* auf die Gefahr hin, in die sich begibt, wer rechtsvergleichende Arbeiten nur anhand von Büchern erstellt[30]. Nicht nur hier ähnelt die Arbeit des Rechtsvergleichers der des Richters, wenn er das ausländische Recht ermittelt. *Neumayer* zeigt eine Vielzahl von Rechtsfiguren auf, in verschiedenen Ländern, die aus Sicht der Praxis toter Buchstabe geblieben sind[31]. Um sich nicht mit einer nicht existierenden Rechtswirklichkeit zu befassen, rät er zum einen zur Vorsicht bei der Begriffsbildung. Begriffe stimmen in ihren rechtssoziologischen Aprioritäten nicht allenthalben überein[32]. Im Verhältnis der Kontinental-Rechte sind die Figuren aber weithin übereinstimmend begrifflich definiert[33]. Natürlich ist nicht nur zu fragen, ob sich die als besser erkannte ausländische Lösung sich in ihrem Heimatland bewährt hat, sondern auch, ob sie für das eigene Land überhaupt passend ist[34]. Unterschiede wie solche im Verfahrensablauf oder dem Aufbau der Rechtspflegeorgane sind zu berücksichtigen und können es erforderlich machen, die gefundene Lösung entsprechend anzupassen[35]. Mit Studienaufenthalten vor Ort sollte man früh beginnen, um anhand der Untersuchung konkreter Rechtsfragen auch die gelebte Rechtswirklichkeit zu erfassen[36].

In Deutschland gefertigte rechtsvergleichende Arbeiten beschäftigen sich weit mehr mit dem anglo - amerikanischen Rechtskreis[37]. Aus dem romanischen Rechtskreis scheint das französische Recht sich der größten Beliebtheit zu erfreuen. Das kann zum einen seine Ursachen in der weiteren Verbreitung der englischen und französischen Sprache haben[38], weshalb der Rechtsvergleicher

---

[29] *Neumayer*, RabelsZ 34 (1970), 411 f.

[30] *Neumayer*, RabelsZ 34 (1970), 411 f.

[31] *Neumayer*, RabelsZ 34 (1970), 411, 418 f.

[32] *Neumayer*, RabelsZ 34 (1970), 411, 424.

[33] *Neumayer*, RabelsZ 34 (1970), 411, 424.

[34] *Zweigert/Kötz*, S. 16

[35] *Zweigert/Kötz*, Einführung in die Rechtsvergleichung, a. a. O.

[36] *Neumayer*, RabelsZ 34 (1970), 411, 421.

[37] Zur Einteilung der Welt in Rechtskreise vgl. *Zweigert/Kötz*, Einführung in die Rechtsvergleichung, S. 62 ff.; *David/Grassmann*, S. 46 ff. Die Arbeiten von *Theis*, *Küster* und *Schellack* enthalten rechtsvergleichende Blöcke zum italienischen, französischen, englischen österreichischen und schweizerischen Recht.

[38] An Gymnasien ist Spanisch oft nur dritte Fremdsprache; andererseits ist an den Universitäten und bei privaten Kursen ein gewisser Trend zum Spanischen zu verzeichnen.

das Recht der iberischen Halbinsel oft nicht heranziehen kann[39]. Ist es ihm jedoch möglich, sollte er es tun, weil es zu befruchtenden Ergebnissen führt[40]. Schon deshalb, weil die spanische Rechtslehre und damit die juristischen Schriften von äußerster Dogmatik gekennzeichnet sind[41]. Der Einfluss der Pandektistik ist stärker als in Deutschland oder Frankreich auch noch in der Gegenwart zu spüren und hat zu einer abstrakteren Rechtslehre geführt. Die Aufgabe des universitären Rechtsunterrichtes ist es, ein Verständnis für das System zu entwickeln und weniger, einen konkreten praktischen Fall zu lösen[42]. Rechtswissenschaft ist eine unabhängige Wissenschaft, die sich nicht unbedingt der Falllösung widmen muss[43]. Antreibend kommt hinzu, dass Zugang und Orientierung dem kontinentaleuropäischen Juristen leicht fallen[44].

Aus spanischer Sicht werden sehr häufig rechtsvergleichende Überlegungen angestellt und das deutsche Recht als Vergleichsobjekt herangezogen[45].

II. Der Gang der Untersuchung

Er folgt dem Prozess der Rechtsfindung: Die Kollisionsnorm öffnet das Tor zur Anwendung des ausländischen Rechts. Kollisionsnorm und Anwendungsvorgang sollten nicht getrennt voneinander untersucht werden. Will man eine Amtsermittlungspflicht zur Anwendung ausländischen Rechts im streitigen Zivilverfahren mit dem kollisionsrechtlichen Verweisungsbefehl begründen, muss zuvor der Charakter der Kollisionsnorm bestimmt werden.

---

[39] Vgl. *Wittgenstein*, Tractatus logico-philosophicus, 5.6: Die Grenzen meiner Sprache bedeuten die Grenzen meiner Welt.

[40] Anderer Auffassung ohne nähere Begründung anscheinend *Zweigert/Kötz*, Einführung in die Rechtsvergleichung, S. 40.

[41] *David/Grassmann*, S. 215; gleiches gilt für Italien, Portugal und die südamerikanischen Rechtsordungen spanischer und portugiesischer Sprache.

[42] In letzter Zeit finden sich aber einige Falllösungsbücher wie z.B. *Áreas de Derecho Internacional Privado de las Universidades de Granada y Jaén* (Hrsg.), Casos prácticos de Derecho Internacional Privado.

[43] Dav*id/Grassmann*, a. a. O.

[44] vgl. *Adomeit/Frühbeck*, S. 1.

[45] s. nur das Handbuch von *Fernández Rozas* und *Sánchez Lorenzo* mit seinen zahlreichen Bezugnahmen auf andere Rechtsordnungen.

Kollisionsrecht und Auslandsrechtsanwendung hängen zusammen: Man kommt zum gleichen Ergebnis, wenn man über ein bestimmtes Parteiverhalten zur Anwendung der *lex fori* gelangt, indem man Kollisionsrecht für fakultativ hält, eine stillschweigende Rechtswahl im Prozess annimmt oder die Anwendung i.e.S. davon abhängig macht, dass die Partei, die sich auf das ausländische Recht beruft, hinreichend substantiiert vorträgt und das ausländische Recht nach- oder beweist. In vielen Rechtsordnungen wird die Aufgabe der Ermittlung ausländischen Rechts verknüpft mit der Pflicht zur Beachtung der kollisionsrechtlichen Verweisung[46].

Fälle der Nichtermittelbarkeit lassen sich mit Rücksicht auf das Kollisionsrecht lösen[47]. Zwischen der kollisionsrechtlichen Fragestellung und der Anwendung des von ihr berufenen Rechts besteht ein enger Zusammenhang[48]. Es macht wenig Sinn, kollisionsrechtliche Überlegungen und Forschungen auf hohem Niveau zu betreiben, um dann mit einer weniger anspruchsvollen Auslandsrechtsanwendung alles wieder zunichte zu machen[49].

III. Die untersuchten Konstellationen

Bei der Anwendung des ausländischen Rechts auftretende Probleme lassen sich wie folgt typifizieren[50]:

- Probleme im Zusammenhang mit der Anwendung eines ganzen Rechtssystems als Referenzsystem. Um eine international privatrechtliche Situation zu regulieren, kann die spanische oder deutsche Kollisionsnorm auf spanisches

---

[46] *Schellack*, S. 67.

[47] S. dazu II. Unzureichender Nachweis in Dritten Teil.

[48] *Evangelou*, IPRax 1987, 263.

[49] Von *Walker* trefflich formuliert für das Zivilverfahren generell: "*Materielles Recht und Prozess verhalten sich zueinander wie der Gedanke zu seiner Ausführung, und so gewiss der beste Gedanke durch ungeschickte Ausführung vereitelt werden kann, so nützt auch das beste Bürgerliche Gesetzbuch nicht viel, wenn ihm nicht ein gutes Prozessverfahren zur S. steht ... Wann aber ist ein Zivilprozess gut? Der Prozess soll vor allem die Verwirklichung des Rechts, die Erforschung der materiellen Wahrheit ermöglichen; der Prozess soll rasch und billig sein.*" (zitiert nach *Habscheid*, Festschrift für Oscar Vogel, S. 7.)

[50] Vgl. *Calvo Caravaca/Carrascosa González*, Introducción, 1. Aufl., S. 406.

bzw. deutsches Recht oder auf ein anderes, ausländisches Recht verweisen. Für den letzten Fall funktioniert die ausländische Rechtsordnung wie ein juristisches Referenzsystem. Sie ist der juristische Rahmen, aus dem die Parteien ihre Ansprüche befriedigt wissen wollen. Daran zeigt sich, dass das ausländische Recht die gleichen Funktionen erfüllt und erfüllen muss wie das nationale Recht, nämlich den begehrten Anspruch zuzusprechen oder nicht. Das ausländische Recht entscheidet über den Anspruch des Einzelnen. Das ist eine rechtliche Funktion und zwar im engeren Sinne. Die Begriffe der spanischen Terminologie *Derecho extranjero* oder *Ley extranjera* sind so zu verstehen, dass sie sich auf ein gesamtes ausländisches Rechtssystem als Referenzobjekt beziehen.

- Probleme, die sich ableiten aus dem Mechanismus der Kollisionsnorm selbst und seinen Korrekturen. Also solche, die mit dem Verweisungsmechanismus der Kollisionsnorm und möglichen Korrekturen zusammenhängen, sind z.B. die Weiterverweisung, Art. 12.2[51] CC bzw. Art. 4 EGBGB die Gesetzesumgehung, Art. 12.4 CC[52] oder der *ordre public*, Art. 12.3 CC und Art. 6 EGBGB. Sie werden höchstens indirekt eine Rolle spielen, da sie den eigentlichen, hier untersuchten Anwendungsvorgang bereits voraussetzen.
- Probleme der prozessualen Behandlung des ausländischen Rechts. Die Anwendung des ausländischen Rechts im Prozess verursacht in Spanien wie Deutschland eine Reihe von Problemen prozessualer Art, die nicht auftreten in den Fällen, in denen ausschließlich nationales Recht angewandt wird. Es geht dabei um die Art und Weise, in der das ausländische Recht in den Prozess Eingang findet und um die dabei handelnden Rechtssubjekte.

Dabei können unterschiedliche Wege beschritten werden[53]:

1. Behandlung des ausländischen Rechts im Prozess als Recht.

Diese These kann man direkt aus der Funktion ableiten, die das ausländische Recht hat. In einigen europäischen Rechtsordnungen ist sie vom Gesetzgeber

---

[51] Siehe unten Fn. 102.

[52] In Deutschland gesetzlich nicht geregelt.

[53] Vgl. *Calvo Caravaca/ Carrascosa González*, Introducción, 1. Aufl. S. 405.

kodifiziert worden[54]. Die Maxime *iura novit curia* soll auch dementsprechend auf ausländisches Recht angewandt werden und dazu führen, dass der Inhalt des ausländischen Rechts von Amts wegen angewandt werden muss.

Diese Auffassung könnte den Vorteil haben, *fraus legis* zu vermeiden und die Rechtssicherheit im internationalen Privatrecht zu fördern. Das anwendbare Recht wird anscheinend nur von der Kollisionsnorm bestimmt. Die Anwendung *ex officio* verstärkt eine mögliche Imperativität der Kollisionsnorm[55].

2. Behandlung des ausländischen Rechts als Tatsache

Diese Auffassung[56] geht im Grundmodell davon aus, dass das ausländische Recht in gleicher Weise wie physische Tatsachen behandelt wird. Sie baut zum einen darauf auf, dass die Disposition eines ausländischen Staates von eigener Souveränität nur einen Geltungsbereich und Wirkungskreis hat, den das Territorium des Staates, der die Normen setzt, umfasst. Wird das ausländische Recht außerhalb dieses Staates angewandt, so muss es wie eine Tatsache behandelt werden, obwohl es eine rechtliche Funktion hat. Die Parteien müssen es darlegen und beweisen. Zum anderen soll Konsequenz oder Vorrausetzung – je nach Standpunkt - sein, dass die Maxime *iura novit curia* nicht für das ausländische Recht gilt. Des Weiteren kann die Ursache in einer Prozessordnung liegen, die dem Richter insgesamt, also auch bei der Anwendung der *lex fori*, eine passive Rolle zuweist. Diese schlägt dann auf die Anwendung des ausländischen Rechts durch. Damit wird auch schon die Widersprüchlichkeit der einen oder anderen Konzeption klar: Das ausländische Recht erfüllt zweifellos eine juristische Funktion, aber es weist nicht die gleiche Natur und prozessuale Behandlung wie die *lex fori* auf. Diese zweite Gruppe derjenigen Rechtsordnungen, nach deren

---

[54] Siehe dazu neben den hier untersuchten Rechtsordnungen Art. 16 des Schweizer IPR-Gesetzes von 1987, Art. 14 des Italienischen IPR-Gesetzes 1995, Art. 5 des Ungarischen IPR-Gesetzes von 1979 und Art. 3 und 4 des Österreichischen IPR-Gesetzes von 1978.

[55] *Calvo Caravaca/Carrascosa González*, S. 406.

[56] So insbesondere die Rechtsprechung des *Tribunal Supremo,* siehe 1. Grundzüge der Rechtsprechung. sowie die Behandlung des ausländischen Rechts im englischen Recht als *question of fact of an peculiar kind*, vgl. nur *Kessel* RIW 1996, 293, 295. *Schellhammer*, Zivilprozess, Rn. 511 hält auch in Deutschland ausländische Rechtsnormen für Tatsachen – dies als Folge von §293 ZPO. Dazu ausführlich ferner *v. Bar*, IPR I, Rn. 498 ff.

Prozess- oder internationalem Privatrecht das ausländische Recht nur auf Parteiinitiative angewandt wird, hält das Tatsachenmodell aber ebenfalls nicht unverändert und rein durch[57]. Zwar geht man vom *faktischen* Charakter des ausländischen Rechts aus, hinzu kommen aber bestimmte prozessuale Besonderheiten, in deren Folge das ausländische Recht teilweise anders als physische Tatsachen behandelt wird.

3. Mischsysteme

Argumente für die eine Position – kollisionsrechtlich korrekte Behandlung und Beantwortung der materiellen Rechtsfrage – und für die andere – universaler Geltungsanspruch der *lex fori* und passiver Richter – sowie ein unterschiedliches Prozessverständnis haben neben pragmatischen Gesichtspunkten dazu geführt, dass bisher keine Rechtsordnung eines der vorstehenden Modelle konsequent umgesetzt hat. Einige Staaten bewegen sich im Umkreis um die erste Position, andere um die zweite. Keine Rechtsordnung gewährt dem ausländischen Recht eine völlig identische Position mit dem nationalen. Andererseits behandeln auch Staaten, die das ausländische Recht als Tatsache ansehen, es nicht völlig gleich den physischen Tatsachen[58].

Ein guter Teil der neueren Rechtsordnungen und IPR-Systeme[59] stützt sich auf die Funktion, die das ausländische Recht vor Gericht entfaltet und lässt ihm eine *vergleichbare* Stellung zukommen wie der *lex fori*. Das heißt, das Gericht muss es *ex officio* anwenden. Sein *nichtnationaler* Charakter wird allerdings später – auch bei den entstandenen Ermittlungskosten - berücksichtigt. Eine *identische* Stellung mit dem nationalen ist dies jedoch nicht, auch wenn ersteres ebenfalls von Amts wegen angewandt wird[60]. Ausländisches Recht besitzt eine „Zwitternatur“[61]. Bestimmte Korrekturen unterscheiden das ausländische letztendlich auch in diesem System vom inländischen Recht. Der Fall der Nichtermittelbarkeit ist bei nationalem Recht grundsätzlich nicht vorstellbar. Neben

---

[57] Calvo *Caravaca/Carrascosa González*, Introducción, 1. Aufl. S. 408; *Schellack*, S. 67.
[58] Vgl. *Schellack*, S. 67 f.
[59] Vgl. oben Fn. 56 a.E.
[60] *Calvo Caravaca*, S. 408.
[61] Vgl. *Küster*, RIW 1998, 275 f..

Mitwirkungspflichten sind Mitwirkungsrechte der Parteien im Ermittlungsvorgang zu beachten.

Das ausländische Recht erfährt somit stets eine besondere Behandlung im Zivilprozess[62]. Dabei besteht zumindest eine praktische, wenn nicht gar verfassungsrechtlich gebotene Notwendigkeit, dem materiell anzuwendenden Recht zur Geltung zu verhelfen, ohne dass es prozessual verfälscht wird. Insofern hilft die Einordnung als Recht oder Tatsache möglicherweise nicht weiter, da die Gefahr besteht, Ursache und Wirkung zu verwechseln[63]. Mehr Erfolg verspricht, den Blick auf das Verfahrensrecht selbst zu lenken.

IV. Der Zivilprozess

1. Grundsätze

Er verwirklicht Rechte und Rechtspositionen der Parteien, d.h. bürgerlich-rechtliche Ansprüche werden im Zivilprozess durchgesetzt[64]; sein Ziel ist die Verwirklichung des materiellen Rechts[65]. In Rechtsordnungen, in denen im Privatrecht das subjektive Recht im Mittelpunkt steht, bezweckt der Zivilprozess in erster Linie Feststellung und Durchsetzung subjektiver Rechte[66] des einzelnen, die ohne die Hilfe staatlicher Gerichte zur Rechtsdurchsetzung wertlos wären[67]. Er dient damit der Bewährung der objektiven Rechtsordnung sowie der Wiederherstellung des gestörten Rechtsfriedens, insgesamt also der Konfliktlösung[68]. Dass er diese Funktionen nicht verliert, sondern auch dann gewährleisten

---

[62] *Calvo Caravaca/Carrascosa González*, Introducción, S. 408: Es sei benachteiligt im Vergleich zur *lex fori*, wenn vielfach eine Mitwirkungshandlung wie zuvorige Glaubhaftmachung oder Beweis gefordert werde.

[63] *Schellack*, S. 67.

[64] *Rosenberg - Schwab/Gottwald*, Zivilprozessrecht, § 1 III.

[65] *Baumbach/Hartmann*, Einl. III, Rn. 9.

[66] Diesen Zielen entsprechend gliedert sich der deutsche Zivilprozess in das Erkenntnisverfahren (§§ 235 - 510b ZPO und das Zwangsvollstreckungsverfahren (§§ 704 - 915 ZPO) auf. Die spanische Zivilprozessordnung (in Folgenden LEC) unterscheidet ebenfalls die Regeln des Erkenntnisverfahrens (Buch I, II und IV der LEC 2000) vom Zwangsvollstreckungsrecht (Buch III).

[67] *MüKo/Lüke* - ZPO, Einl. Rn 7.

[68] *Rosenberg - Schwab/Gottwald*, Zivilprozessrecht, a.a.O.

muss, wenn der Konflikt eine Auslandsberührung aufweist, kann ernstlich nicht in Zweifel gezogen werden. Im Prozess gilt es, die Idee des materiellen Rechts in die Tat umzusetzen[69]. Die eigentliche Anwendung des ausländischen Rechts ist Bestandteil der richterlichen Rechtsfindung im Verfahren und somit ein prozessrechtlicher Vorgang[70].

Das deutsche Erkenntnisverfahren muss dabei dem vom BVerfG entwickelten[71] Anspruch auf effektiven Rechtsschutz genügen. Dieser geht über den eher formal verstandenen Justizgewährungsanspruch hinaus[72], da er nicht nur die Pflicht der Gerichte, als Rechtspflegeorgane überhaupt tätig zu werden postuliert, sondern zudem verlangt, dass den Parteien ein auf Richtigkeitsgewähr ausgerichtetes Verfahren mit vollen Mitwirkungs- und Kontrollrechten zur Verfügung steht[73]. Der Streitgegenstand muss vom Richter umfassend geprüft werden; in tatsächlicher wie rechtlicher Hinsicht[74]. Dieser darf dabei nie aus den Augen verlieren, dass das richtige, gerechte, dem materiellen Recht entsprechende Urteil das Ziel eines jeden Prozesses ist, andererseits der Rechtsschutz schnell zu erfolgen hat[75]. Das Verfahrensrecht darf nicht in einer Weise gehandhabt werden, in der materielle Recht nicht mehr durchsetzbar ist[76]. An diesen Maximen hat sich auch ein Verfahren mit Auslandsberührung messen zu lassen.

Für den spanischen Zivilprozess stellt sich die Lage nicht anders dar: *Garcimartín Alférez* weist daraufhin, dass jeder Teilbereich der Rechtsordnung einen bestimmten Lebensbereich mit gewisser Autonomie regelt, man aber jeden Sektor als integrierten Bestandteil der gesamten Rechtsordnung verstehen sollte;

---

[69] *Habscheid*, FS Vogel, S. 7.

[70] vgl. auch den Ansatz von *Spickhoff*, ZZP 112, 265-292 (1999) und die instruktiven Fallgestaltungen dort, S. 15 f.

[71] insbes. in BVerfG 85, 345; 88, 123; BVerfG NJW 93, 2165; 94; 1854.

[72] *Zöller/Vollkommer*, ZPO, Einl., Rn. 51a.

[73] *Zöller/Vollkommer*, ZPO, Einl., Rn. 49, 51a.

[74] BVerfGE 54, 291; 85, 345; BVerfG NJW 92, 105; 93, 2165.

[75] *Habscheid*, FS Vogel, S. 11.

[76] BVerfG 37, 148; BVerfG NJW 92, 105; 94, 717; NJW-RR 93, 1485.

der sich mit den anderen zu einem einheitlichen Gesamtzusammenhang vereinigt[77].

In diesem System nehmen die Normen des Internationalen Privatrechts *substantivische* Stellung ein; diejenigen des Zivilprozessrechts sind von *adjektivischem* oder *instrumentalem* Charakter[78]. Letztgenannte dienen der Verwirklichung anderer Normen oder Normgebilde; sie bilden die Regeln des Diskurses, nicht aber seinen Inhalt[79]. Über den prozessualen Charakter einer Norm entscheidet weniger deren Standort[80], als deren Inhalt und deren Finalität[81]. Die Aufgabe des Prozessrechts als *Funktionsrecht* der rechtsprechenden Gewalt ist darauf gerichtet, für die Realisierung des Rechts an sich Sorge zu tragen[82]. Das Zivilprozessrecht hat insofern eine dienende Funktion, als dass es die Verwirklichung des Privatrechts erst ermöglicht[83].

Hier entfaltet das Prinzip des effektiven Rechtsschutzes[84] seine Wirkung: Die Auslegung von Normen des Prozessrechts hat in einer Weise zu erfolgen, die möglichst rechtsschutzfreundlich ist, d.h. eine Entscheidung über den Grund des

---

[77] *Garcimartín Alférez*, S. 11; für die deutsche Rechtsordnung gilt ebenfalls, dass kein Rechtsbegriff für sich alleine steht, sondern vielmehr als Teil einer einheitlichen Rechtsordnung seinen Inhalt und Sinn auch aus anderen Vorschriften schöpft. Widersprüche innerhalb der Rechtsordnung gilt es daher unbedingt zu vermeiden, vgl. *Larenz/Canaris*, S. 146.

[78] *De la Oliva/Fernández*, Derecho procesal, Bd I, S. 228 f.; mit dem Hinweis, dass sich diese Unterscheidung nicht gattungsmäßig, sondern nur im Vergleich mit anderen Normen treffen läßt, da Recht an sich stets instrumental ist.

[79] *Garcimartín Alférez*, S. 12.

[80] Vornehmlich im spanischen Zivilprozessgesetz.

[81] *Ramos Méndez*, Derecho procesal civil, Band I, S. 24.

[82] *de la Oliva* in: *de la Oliva/Fernández*, Derecho procesal, Bd I, S. 230. Zum internationalen Zivilprozessrecht *Espinar Vicente*, Derecho procesal civil internacional; *Ramos Méndez*, Código Procesal Internacional; *Ortiz-Arce de la Fuente*, Derecho internacional privado español y Derecho comunitario europeo (Introducción a los problemas del tráfico externo en sus dimensiones general, española y comunitaria europea); *Fernández Rozas*, Tráfico jurídico externo y sistema de Derecho internacional privado; *Cortés Domínguez*, Derecho procesal civil internacional (Ordenamiento Español); *González Campos, Recondo Porrúa*, Lecciones de derecho procesal civil internacional.

[83] *MüKo/Lüke* Einl. ZPO Rn. 7

[84] *Principio a una tutela judicial efectiva*, entwickelt aus Art. 24.1 CE. Dieser lautet: *Todas las personas tienen derecho a obtener la tutela efectiva de los que jueces y Tribunales en el*

erhobenen Anspruchs begünstigt[85]. Dabei hat sich das rechtsprechende Organ zu allen, sich aus dem Parteivorbringen ergebenden Ansprüchen und Rechtsfragen umfassend zu äußern, um nicht gegen das Prinzip effektiven Rechtsschutzes zu verstoßen[86].

Der spanische Zivilprozess wird - wie auch das deutsche Zivilverfahren[87] - überwiegend von der Dispositionsmaxime und dem Verhandlungsgrundsatz beherrscht[88]. Das Gericht darf sein Urteil nicht auf Sachverhalte stützen, die nicht Gegenstand der Erörterung im Verfahren gewesen sind, muss aber Stellung zu den gestellten Anträgen und dem vorgebrachten Streitstoff beziehen[89].

Handelt es sich um ein Verfahren mit Auslandsberührung, so müssen die Normen des Prozessrechts sich denjenigen des IPR „unterordnen". Sie haben so angewandt und ausgelegt zu werden, dass sie die Ziele des IPR zu erreichen helfen[90]. Wenn der Gesetzgeber den Rechtsprechungsorganen seines Landes die Zuständigkeit für ein bestimmtes Verfahren mit Auslandsberührung zuspricht, so will er eine Entscheidung in der Sache über den Streitgegenstand. Ein effektiver Rechtsschutz ist nicht gewährleistet, wenn das Prozessrecht sachlich nicht gerechtfertigte Hindernisse bereitet[91].

Fraglich ist, ob das Prozessrecht seiner Funktion, dem materiellen Recht zur Geltung zu verhelfen, bei der Beantwortung dieser Fragen gerecht wird[92].

---

ejercicio de sus derechos e intereses legítimos, sin que, en ningún caso, pueda producirse indefensión.

[85] *Principio pro actione*; vgl. *Garcimartín Alférez*, S. 13; ebenso *de la Oliva/Fernández*, Derecho procesal, Bd I, S. 166, mit Nachweisen und Analyse der Rspr. des TC.

[86] *de la Oliva/Fernández*, Derecho procesal, Bd I, a.a.O.

[87] *Zöller/Greger*, ZPO, Vor § 128, Rn. 9 f..

[88] *Garcimartín Alférez*, S. 13.

[89] *Garcimartín Alférez*, S. 15.

[90] *Garcimartín Alférez*, S. 14.

[91] *Garcimartín Alférez*, S. 15.

[92] *Garcimartín Alférez*, S. 17.

2. Wechselwirkungen

Die Schnittpunktlage zwischen Grundlagen und Prinzipien des Kollisionsrechtes einerseits und Prozessrecht andererseits besteht in allen Rechtsordnungen des *civil law* Rechtskreises gleichermaßen; es handelt sich um eine überaus komplexe Fragestellung[93], die geeignet ist, fruchtbare Erkenntnisse für diese Rechtsgebiete zu fördern. Sowohl die Anwendung des IPR mit seinen Problemen als auch die von materiellem ausländischem Recht halten *Zweigert/Kötz* für eine gefährliche Angelegenheit[94].

Da die Bewältigung gefährlicher Situationen einen hohen Kenntnisstand erfordert, müssten Richter und Anwälte auf diesem Gebiet über einen solchen verfügen. Zumindest sollte diese Materie in ihren Grundzügen vertraut sein. Sonst liegt es nahe, sich der verfahrensrechtlichen Schwierigkeiten anders zu entledigen, indem beispielsweise vorschnell angenommen wird, der Fall habe keine Auslandsberührung, die Partei habe sich nicht auf ausländisches Recht berufen, ihrer Mitwirkungspflicht nicht genügt, oder die international - privatrechtliche Fragestellung wird schlichtweg ignoriert.

Wegen der mit der Auslandsrechtsanwendung verbundenen Schwierigkeiten besteht häufig ein Drang, den eigentlichen Zweck des Zivilverfahrens zu vergessen und den gestellten Aufgaben aus dem Weg zu gehen[95]. Die Behandlung von Auslandsrechtsfällen in der deutschen Rechtspraxis wurde bereits früher als Misere bezeichnet[96], ohne dass sich inzwischen viel verbessert hätte. Vielmehr erkennt *Geimer home trends* weltweit und eine damit zusammenhängende Reserviertheit gegenüber ausländischen Rechtsordnungen[97]. Hinzukomme die Hilflosigkeit bei der Anwendung ausländischen Rechts. Notwendige Konsequenz sei eine *wirksame* Kontrolle der Instanzgerichte, da es nicht in deren Belieben stehen könne, ob und mit welcher Intensität sie ausländisches Recht an-

---

[93] *Mankowski* a.a.o.

[94] *Zweigert/Kötz*, Einführung in die Rechtsvergleichung, S. 24

[95] Ähnlich *Krause*, S. 169, dazu *Jessel – Holst* RabelsZ 56 (1992), 357 - 359.

[96] *Ferid*, Festschrift für Möhring, S. 1, 25.

[97] *Geimer* LM § 106 KO Nr. 9.

wenden[98]. Ordne das deutsche IPR die Anwendung ausländisches Rechts auf den zur Entscheidung stehenden Sachverhalt an, sähen sich die Gerichte häufig vor unüberwindliche Schwierigkeiten gestellt[99]. Der Weg zur Rechtsfindung ist hier doppelt dornenreich; sowohl in Hinblick auf die richtige Anwendung des internationalen Privatrechts an sich als auch auf Ermittlung und Anwendung des ausländischen Rechts[100]. Den Inhalt einer völlig fremden Rechtsordnung feststellen zu müssen, sei für das Gericht eine „unglückliche Lage"[101].

Im Zivilprozess beeinflussen Regeln und Praxis des internationalen Privatrechts Theorie und Handhabung des Verfahrens und umgekehrt. Ein praktisches Problem wie die Ermittlung ausländischen Rechts hat Auswirkungen auf Gesetzgebung, Rechtsprechung und Lehre des gesamten IPR. Ein zurückhaltender, die Anwendung eigenen Rechts bevorzugender Gesetzgeber wird im internationalen Personen-, Familien- und Erbrecht eher zum Wohnsitz- als zum Staatsangehörigkeitsprinzip greifen, da dieses öfter zur Anwendung ausländischen Rechts führt als jenes. Nicht fernliegend ist es, eine Rück- oder Weiterverweisung dort abzubrechen, wo sie zu einem nicht oder nur unter größten Schwierigkeiten zu ermittelnden Recht führt. Verweisungen auf andere Rechtsordnungen sind nach Art. 12 Nr. 2 CC grundsätzlich Sachnormverweisungen. Weiterverweisungen des berufenen Rechts auf ein drittes Recht werden also ignoriert. Umstritten ist, inwieweit Rückverweisungen des ausländischen IPR auf spanisches Recht angenommen und hier abgebrochen werden[102]. Die Handhabung erfolgt nicht immer einheitlich. Während die *Audiencias Provinciales* dazu neigen, die Rückverweisung stets anzunehmen und damit die *lex fori* anzuwenden[103], beachtet das *Tribunal Supremo* hingegen die Rückverweisung nur dann, wenn dies im Hinblick auf den internationalen Entscheidungseinklang angezeigt und mit dem Sinn und Zweck der spanischen Kollisionsnorm vereinbar ist[104]. Voraussetzung

---

98 *Geimer*, a.a.O

99 so die Einschätzung von *Kindl*, ZZP 111 (1998), 177.

100 *Kindl*, ZZP 111 (1998), 177, 178; *Otto*, StAZ 1994, 178, 186.

101 *Kindl*, ZZP 111 (1998), 177, 178.

102 *José Luís Iriarte Ángel*, Comentarios al Código Civil, S. 507. Zum Erbrecht vgl. *López/Artz* ZErb 2002, 278, 279 und *López/Artz*, La Notaría 10/02, 17-32, 18.

103 AP Málaga 7. Februar 1994.

104 *Tribunal Supremo* Rep.Azdi Jurisp. 8212, 1996; *Tribunal Supremo* 21. Mai 1999. Letzteres ist z.B. dann nicht der Fall, wenn die (teilweise) Rückverweisung des an sich berufenen

ist allerdings ein entsprechender Parteivortrag. Vergleichbar ist Art. 4 EGBGB, wonach die *lex fori* dann Anwendung findet, wenn das zunächst nach deutschem Internationalen Privatrecht anwendbare ausländische Recht auf die heimische Rechtsordnung zurückverweist[105]. Logische Voraussetzung ist dabei zunächst eine Prüfung des ausländischen IPR. Allerdings ist bei deutschen Gerichten eine Tendenz erkennbar, die *lex fori* und damit deutsches Recht von vornherein als „Ersatzrecht" anzuwenden[106]. Gelingt die Ermittlung ausländischen Rechts nicht, so zeigt sich die Bedeutung dieses Themas für Systematik und Auslegung der Kollisionsnormen besonders dann, wenn man einen Ausweg über Hilfs- und Ersatzanknüpfung sucht[107].

B. Gesetzliche Grundlagen

I. Spanien

1. Die LEC 2000

Als Gesetz 1/2000 vom 7. Januar 2000 wurde die neue spanische Zivilprozessordnung im spanischen Staatsanzeiger veröffentlicht[108] und trat gemäß ihrer 21. Übergangsbestimmung im gleichen Jahr in Kraft. Sie stellt eine völlig neue Kodifikation des Zivilprozessrechts dar und enthält mit Art. 281 im Kapitel über den Beweis folgende Vorschrift:

De la prueba: disposiciones generales
SECCIÓN 1.ª DEL OBJETO, NECESIDAD E INICIATIVA DE LA PRUEBA

Artículo 281. Objeto y necesidad de la prueba.

Rechts zu einer Nachlassspaltung führen würde, vgl. *Rodriguez Pinneau* IPRax 1998, 135, 137.

105 *Hetger*, Die Ermittlung ausländischen Rechts, FamRZ 1995, 654.

106 *Wengler*, JR 1993, 221 f.

107 Siehe II. Unzureichender Nachweis.

108 BOE 8-1-2000, S. 575-728.

1. La prueba tendrá como objeto los hechos que guarden relación con la tutela judicial que se pretenda obtener en el proceso.
*2. **También serán objeto de prueba la costumbre y el derecho extranjero**. La prueba de la costumbre no será necesaria si las partes estuviesen conformes en su existencia y contenido y sus normas no afectasen al orden público. **El derecho extranjero deberá ser probado en lo que respecta a su contenido y vigencia, pudiendo valerse el Tribunal de cuantos medios de averiguación estime necesarios para su aplicación.***
3. Están exentos de prueba los hechos sobre los que exista plena conformidad de las partes, salvo en los casos en que la materia objeto del proceso esté fuera del poder de disposición de los litigantes.
4. No será necesario probar los hechos que gocen de notoriedad absoluta y general.

Vom Beweis: Allgemeine Bestimmungen
ABSCHNITT 1: OBJEKT, NOTWENDIGKEIT UND INITIATIVE BEIM BEWEIS

Art. 281 Objekt und Notwendigkeit des Beweises

1. Beweisobjekte sind diejenigen Tatsachen, die in Beziehung zu dem mit dem Verfahren begehrten Rechtsschutz stehen.
*2. **Beweisobjekt ist auch das Gewohnheitsrecht und das ausländische Recht.** Der Beweis von Gewohnheitsrecht ist nicht nötig, wenn die Parteien hinsichtlich seiner Existenz und seines Inhalts konform gehen und dessen Inhalt nicht der öffentlichen Ordnung widerspricht. **Das ausländische Recht muss bewiesen werden im Hinblick auf Inhalt und Gültigkeit, wobei sich das Gericht derjenigen Ermittlungsmittel bedienen kann, die es zu seiner Anwendung für nötig hält.***
3. Vom Beweis ausgenommen sind diejenigen Tatsachen, über die zwischen den Parteien völlige Übereinstimmung besteht, außer in Fällen, in denen die Parteien über den Prozessgegenstand nicht frei disponieren können.
4. Nicht nötig ist es, Tatsachen zu beweisen, die allgemein und uneingeschränkt offenkundig sind.

2. Art. 12.6. CC

Zum ausländischen Recht fand sich bis vor kurzem die einzige Regelung in Art. 12.6. CC a.F. Dieser befindet sich weiterhin unter den Vorschriften über die Geltung der Gesetze und das Kollisionsrecht im einleitenden Kapitel[109] des *Código Civil*[110], also nicht in der spanischen LEC, und stellte über einhundert Jahre die einzige Vorschrift dar, die der Gesetzgeber für diesen Komplex erlassen hat. Sämtliche Rechtsprechung und die Literatur fast ausnahmslos beziehen sich auf diese Vorschrift. Der Artikel aus dem Jahre 1974 besagte seinem Wortlaut nach, dass diejenige Partei, die das ausländische Recht in den Prozess einführen möchte, dessen Inhalt und Gültigkeit im Rahmen der vom spanischen Prozessrecht zugelassenen Beweismittel darzulegen hat.

Art. 12.6 CC lautet[111]:

Los Tribunales y autoridades aplicarán de oficio las normas de conflicto del derecho español.

La persona que invoque el derecho extranjero deberá acreditar su contenido y vigencia por los medios de prueba admitidos en la ley española. Sin embargo, para su aplicación, el juzgador podrá valerse además de cuantos instrumentos de averiguación considere necesarios, dictando al efecto las providencias oportunas.

Gerichte und Behörden haben die Kollisionsnormen des spanischen Rechtes von Amts wegen anzuwenden.

Wer sich auf ausländisches Recht beruft, hat dessen Inhalt und Geltung mit den nach spanischem Recht zugelassenen Beweismitteln nachzuweisen. Jedoch kann der Richter zu dessen Anwendung sich zusätzlich aller Erkenntnis-

---

[109] *Titulo preliminar.*

[110] Zur Entstehungsgeschichte allg. *Serrano Alonso*, Aproximación al nuevo Título Preliminar del Código civil, Anexo al Boletín del Ilustre Colegio de Abogados de Oviedo, núm. 8; *García Goyena*, Concordancias, Motivos y Comentarios del Código Civil Español; *de San Martín*, Los Códigos Españoles concordados y anotados.

[111] Neufassung der IPR Reform von 1974, D. 1.836/1974 vom 31. Mai (BOE vom 02.07.1974)

mittel bedienen, die er für erforderlich hält, und kann die dafür sachdienlichen Verfügungen erlassen.

Der spanische Gesetzgeber behandelte hier die Anwendung des Kollisionsrechts und des ausländischen Rechts unter einer Ziffer. Absatz 2[112] wurde mit der Inkraftsetzung der LEC 2000 aufgehoben. Satz 1 gilt weiterhin. Sämtliche Rechtsprechung, insbesondere die des *Tribunal Supremo*, ist zu Art. 12.6 CC ergangen. Sie wird grundsätzlich für weiterhin anwendbar gehalten[113]. Zumindest jedoch ist der neue Regelungsgehalt des Art. 281.2 LEC 2000 - so man denn einen solchen annehmen will - ohne das Wissen um Art. 12.6 CC a.F. nicht erschließbar. Das Spannungsfeld zwischen erstem und zweitem Satz war augenfällig. Meinungsverschiedenheiten in Rechtsprechung und Lehre waren und sind die Folge[114]. Der spanische Gesetzgeber hat also nach alter wie neuer Regelung anscheinend einerseits die Unabdingbarkeit des IPR vorgeschrieben, andererseits aber nicht ebenso deutlich eine Amtsermittlungspflicht ins Gesetz geschrieben. Damit könnte das kollisionsrechtlich gefundene Ergebnis letztlich wieder zur Disposition stehen. Zu fragen ist, welche, ob sich und ggf. welche Konsequenzen sich aus der Neuregelung des Art. 281.2 LEC ergeben; vor allem, ob das *Tribunal Supremo* seine bisherige Linie[115] der Behandlung des ausländischen Rechts beibehalten kann oder ändern muss. Die zu § 293 ZPO gewonnenen Erkenntnisse werden rechtsvergleichend herangezogen.

---

[112] Hier unterstrichen.

[113] *Font Serra,* El dictamen de Peritos y el reconocimiento judicial en el proceso civil, Madrid 2000, S. 47; differenzierter *Gómez de Liaño Gónzales*, Art. 281, S. 348 f.

[114] Exemplarisch: *de Angulo Rodríguez* in: Festschrift für Sela Sampil, Band II, S. 967, 970, 984; *Azparren Lucas*, Nuevas perspectivas del papel del juez frente a la aplicación judicial del derecho extranjero, in: Problemas actuales de la aplicación del derecho internacional privado por los jueces españoles, S. 229 ff. *Fernández Rozas*, La reforma del Título Preliminar del Código civil y el sistema español de aplicación judicial del Derecho extranjero, in: Seminario interdisciplinar sobre la reforma del Título Preliminar del Código civil, S. 47ff. *Trinidad García*, RDP 1989, 210, 218, 220. Siehe dazu sogleich c) Verschiedene Lesarten des Art. 12.6. CC.

[115] Siehe unten 1. Grundzüge der Rechtsprechung. zu den Einzelheiten.

a) Zur geschichtlichen Entwicklung

In der ersten Fassung des *Código Civil* von 1889 hatte die Vorschrift des Art. 12.6. CC keine Entsprechung. Aber schon vor diesem Datum war das spanische internationale Privatrecht ein System, in dem das ausländische Recht dargelegt und bewiesen werden musste[116]. Grundlage dafür waren die Entscheidungen des *Tribunal Supremo*[117].

Später gab es einige Projekte mit dem Ziel, das spanische internationale Privatrecht zu reformieren. Sie wandten sich der Thematik zu, wurden aber nie Gesetz, da der Gesetzgeber die Materie weiterhin der Rechtsprechung überlassen wollte. So das Vorprojekt zur Reform des *Titulo preliminar* vom 25. Januar 1944 (*Proyecto Yanguas*), das dazu kurz Stellung bezog[118]. Gleichermaßen favorisierte ein weiteres, später ebenfalls fallen gelassenes Reformprojekt ein System der Anwendung des ausländischen Rechts von Amts wegen. In die LEC sollten prozessuale Regeln aufgenommen werden für den in den Art. 8, 9, 10

---

[116] *Calvo Caravaca/Carrascosa González*, Introducción, S. 409. Zur Entwicklung des spanischen IPR von der Jahundertwende bis zur Gegenwart siehe *Pérez Vera*, Derecho internacional privado; *Espinar Vicente*, Ensayos sobre teoría general del derecho internacional privado; *González Campos*, Derecho Internacional Privado; *Pérez Voituriez*, El reenvio en el Derecho internacional privado español: una interpretación actualizada, Revista jurídica del notariado, Nr. 13, Januar - März 1995; *Marín López*, Derecho internacional privado español; *González Beilfuß*, Zur Reform des spanischen internationalen und interregionalen Privatrechts, IPRax 92, 396, 399; *Esplugues Mota*, Código de Derecho Internacional Privado; *Fernández Rozas/Sánchez Lorenzo*, Lecciones de Derecho internacional privado; *Espinar Vicente*, Derecho internacional privado español; *Pérez Voituriez*, Derecho Internacional Privado: Introducción al concepto y programa; *ders.* Homenaje al Profesor Luis Sela Sampil, 851, 870, 882.

Miaja de la Muela, Derecho Internacional Privado; *Herrero y Rubio*, Derecho Internacional Privado; *Verplaetse*, Derecho Internacional Privado; *Trias de Bes*, Derecho internacional privado; *Torres Campos*, Elementos de Derecho Internacional Privado; *Conde y Luque*, Derecho Internacional Privado; zu Südamerika *Samtleben*, Derecho internacional privado en América Latina; *Goldschmidt*, Sistema y filosofía del Derecho internacional privado.

[117] Siehe unter anderem unten Fn. 1260.

[118] Art. 11.2.: *Jene Vorschriften [die des ausländischen Rechts] werden angewandt und haben dieselben Wirkungen wie das spanische Recht.* Text zitiert nach Cátedra UCM, Textos y Materiales, 1970, S. 42.

und 11 teilreformierten *Código Civil* (1944)[119]. Bei späteren Reformversuchen geriet das Thema in Vergessenheit[120].

Im Projekt *Trías* vom 14. November 1962 war die Behandlung ausländischen Rechts nicht Gegenstand von Reformbemühungen.

Direkter Nachfolger war das „Vorhaben eines Rahmengesetzes zur Modifikation des *Código Civil*" vom 04. Oktober 1966[121]. Verschiedene Verbesserungsvorschläge während des Projekts[122] fanden nicht genügend Befürworter. Deshalb sprach das Rahmengesetz 3/1973 vom 17. März zur Modifikation des *título preliminar* das Problem der prozessualen Behandlung ausländischen Rechts nicht an. Ungeachtet dessen wurde ein Verbesserungsvorschlag von *A. Bercovitz Rodríguez–Cano*, dem Sprecher der *Comisión General de Codificación*, zum Vorbild für die jetzige Fassung des Art. 12.6. CC a.F.[123]. Dieser Vorschlag wurde – geringfügig variiert – in das Gesetzgebungsverfahren eingebracht mittels eines Gutachtens des Staatsrates[124]. Art. 12.6 wurde durch das königliche Dekret RB 1836/1974 vom 31. Mai 1974 in den *Código Civil* eingeführt[125]. Es wird vertreten, der Gesetzgeber habe es 1974 nicht riskieren wollen, dem Richter die Pflicht zur amtswegigen Ermittlung auferlegen zu wollen[126].

Bereits an dieser Stelle wird deutlich, dass der spanische Gesetzgeber *ausländisches* Recht möglicherweise nicht als Recht, sondern als Tatsache behandelt

---

[119] Dazu sollte die Neufassung der Art. 1807 – 1810 LEC dienen; vgl. *Garde Castillo*, S. 467 und 861 – 951; *Fernández Rozas*, Art. 12.6. CC, 1995, S. 983, 988.

[120] *Calvo Caravaca/Carrascosa González*, Introducción, 1. Aufl. S. 409.

[121] Text siehe Cátedra UCM, Textos y Materiales, 1970, S. 47 – 55.

[122] Besonders der des Procurador *de Angolo Mondes*, der sich für eine Anwendung des ausländischen Rechts *de oficio* aussprach, vgl. *Calvo Caravaca/Carrascosa González*, Introducción, S. 409.

[123] *Calvo Caravaca/Carrascosa González*, Introducción, 1. Aufl. S. 409.

[124] *Consejo de Estado* (Beratungsgremium für die spanische Regierung); vgl. zur Bedeutung des Gutachtens insbesondere *Fernández Rozas*, Art. 12.6. C, 1995, S. 983, 988; ders., La Reforma, 1976, S. 12.

[125] Zum *título preliminar* in deutscher Sprache *von Hoffmann, Ortiz - Arce*, RabelsZ 39 (1975), 647, 690.

[126] *Garcimartín Montero*, 101.

wissen wollte[127], sich aber zumindest nicht eindeutig festgelegt hat. Geteilt wurde eine solche Auffassung seit jeher von der Rechtsprechung. Schon mit seiner einer historischen Entscheidung vom 13.01. 1885 stufte das *Tribunal Supremo* die Frage der Existenz ausländischen Rechts als eine dem Beweis zugängliche Tatsachenfrage ein[128]. Inwieweit diese Grundsätze Einschränkungen erfahren, wird der weitere Gang der Untersuchung zeigen.

b) Systematische Betrachtung

Der spanische Gesetzgeber hatte diese Regelungsmaterie im *Código Civil*, also der spanischen Kodifikation zum bürgerlichen Recht, einheitlich zusammengefasst. Art. 8 - 12 CC bilden Kapitel IV der Einleitung und stehen unter dem Titel „Vorschriften des internationalen Privatrechts“.[129] Das spanische internationale Privatrecht tritt durch seine Positionierung am Beginn des *Código Civil* nicht nur augenfälliger in Erscheinung, sondern ist folgerichtig unter den Normen platziert, die den Geltungsbereich des Gesetzes regeln.

Art. 12.6. CC a.F. nahm also zu zweien der eingangs beschriebenen Probleme Stellung: Er trifft – auch weiterhin - eine Aussage über den Charakter der Kollisionsnorm und in seinem zweiten Absatz über die Bestimmung des ausländischen Rechts, auf das die Kollisionsnorm verwiesen hat. Diese Regelungstechnik wurde in der spanischen Literatur teilweise als widersprüchlich bezeichnet:

Gutiérrez de Cabiedes[130] ist der Auffassung, dass es unsystematisch sei, die Bestimmung der Wirksamkeit und des Inhaltes des ausländischen Rechts prozessrechtlich wie eine *quaestio facti* zu behandeln, den Gerichten aber andererseits mit Abs. 2 Satz 2 die dort angesprochenen außerordentlichen Nachforschungsmöglichkeiten an die Hand zu geben. Man könnte denken, dass das ausländische

---

[127] Vgl. *Meyer*, Iprax 1993, 341.

[128] CL t. 57 Nr. 14.

[129] *Normas del derecho internacional privado*. Nach Art. 149.1 CE hat der Staat (und nicht die autonomen Regionen) die ausschließliche Gesetzgebungskompetenz für das Gebiet des Kollisionsrechts.

[130] *Gutiérrez de Cabiedes*, Tratamiento procesal del Derecho extranjero en el título preliminar del Código Civil, ADI, II, 1975, 43 – 83, 61.

Recht, prozessrechtlich wie eine Tatsache behandelt, der gleichen Regelung unterliegt wie die Untersuchung der Tatsachen von Amts wegen im Strafprozess[131]. Er lehnt diese Idee jedoch zutreffend unter Verweis auf die im Strafprozess herrschenden Prozessmaximen (Offizialprinzip, Suche nach der Wahrheit *ex officio*).

Carillo Salcedo[132] befand dazu, der spanische Gesetzgeber habe ängstlich gehandelt. Dies beruhe möglicherweise auf den schon vor der Änderung des *títulos preliminar* herrschenden zwei Strömungen in der Rechtsprechung; eine mehrheitliche und eine Mindermeinung, auf die im Folgenden noch eingegangen wird. Ausgehend von der Unterscheidung zwischen der Anwendung der Kollisionsnorm und der des Rechts, wäre es jedoch vorzuziehen gewesen, nicht nur klar die Anwendung des Kollisionsrechts vorzuschreiben[133], sondern auch die Lenkungs- und Entscheidungsfunktion des Richters bei der Einbringung des ausländischen Rechts in den Prozess und seiner Inhaltserforschung klar vorzugeben[134].

Einer Stimme in der deutschen Literatur ist eine Regelung dergestalt, wie sie der spanische Gesetzgeber getroffen hat, widersinnig[135]. Insoweit tritt der Autor letztendlich für ein fakultatives Kollisionsrecht ein. Die Unabdingbarkeit des IPR vorzuschreiben, dabei aber die Ermittlung des ausländischen Rechts allein den Parteien zu überlassen, trägt jedoch nicht den erhobenen Vorwurf. Wie *Garcimartín Alférez* gezeigt hat, liegt kein logischer Widerspruch vor, möglicherweise allerdings ein systematischer[136]:

---

[131] *Gutiérrez de Cabiedes*, Tratamiento procesal del Derecho extranjero en el título preliminar del Código Civil, AD, II, 1975, 43 – 83, 61, dort Fußnote 32.

[132] *Comentarios a las Reformas del Código Civil, El nuevo Título Preliminar del Código y la Ley de 2 de mayo de 1975*, Volumen I, Art. 12.6 a.F., S. 663 – 678, 676 f.

[133] Über die amtswegige Anwendung der sich in den Prozessakten befindlichen Anknüpfungspunkte, was der Gesetzgeber getan hat.

[134] Was der Gesetzgeber nicht oder nur sehr zurückhaltend getan hat, vgl. *Carrillo Salcedo*, a.a.O.

[135] *Reichert – Facilides*, S. 1.

[136] *Garcimartín Alférez*, S. 30.

Logisch ist es zulässig, dass der Gesetzgeber dem Gericht aufträgt, einen Rechtsstreit nach einem ausländischen Recht, Art. 12 Abs. 1 CC, zu lösen, wann immer und wenn die Parteien den Inhalt dieses Rechts beibringen, Art. 12.6 Abs. 2 a.F. CC[137]. Wenn es nicht beigebracht wird, darf die Antwort nicht die Anwendung des spanischen Rechts sein – was Art. 12.6 zuwider handeln würde, und das kollisionsrechtliche Ergebnis der „Gnade" der Parteien überlassen würde – sondern es kann nur sein, dass das Gericht eine Entscheidung des Rechtsstreits ablehnt. Sieht man das so, wäre die ausländische Norm ein Teil der materiell-rechtlichen Anspruchsgrundlage, wobei ihrem Beweis dann die Bedeutung einer „uneigentlichen Prozessbedingung" zukäme[138]. Man muss danach den Inhalt des ausländischen Rechts beweisen, um eine Entscheidung des Gerichts über den geltend gemachten Anspruch zu erhalten.

Diese Lösung weist aber in der Tat eine gewisse Inkohärenz und verfassungsrechtliche Bedenken auf[139]. Jedoch war der Gesetzgeber selbst sich dieser Problematik aufgrund der vorangegangenen Rechtsprechung bewusst.

c) Verschiedene Lesarten des Art. 12.6. CC

Art. 12.6 CC a.F. war in seiner redaktionellen Abfassung mehrdeutig und unpräzise. Gegensätzliche und widerstreitende Auslegungen waren und sind die Folge. Der Bogen der Auslegungsmöglichkeiten ist weit gespannt:

aa) Herkömmliche Auffassung

Zum einen wurde die Vorschrift traditionell und restriktiv nur am Wortlaut des Gesetzes orientiert ausgelegt. Demnach wird ausländisches Recht ausschließlich auf Parteiinitiative angewandt. Diese konservative Lesart entstammt dem 19. Jahrhundert und findet immer noch Befürworter. Insbesondere das *Tribunal Supremo* versteht Art. 12.6. CC so.

---

137 *Garcimartín Alférez*, S. 30.

138 *Garcimartín Alférez*, S. 30; zu den verfassungsrechtlichen Bedenken, die dann aufgeworfen werden, s.u.

139 *Garcimartín Alférez*, S. 31 und die Entscheidung des *Tribunal Constitutional* vom 17. Januar 2000, s. hier *S.* 153.

bb) Neuere Auffassung

Den Gegenpol bildet eine moderne, verfassungskonforme Auslegung. Dieser progressiven Ansicht zufolge ließen sich schon in dieser Vorschrift Elemente finden, die belegen, dass das spanische internationale Privatrecht ein System der Anwendung *ex officio* favorisiert. Diese zu Art. 12.6 CC a.F. entwickelte Meinung[140] erhält eine neue Grundlage durch das Urteil des spanischen Verfassungsgerichts vom 17.01 2000[141] und Art. 281.2 LEC 2001.

cc) Der Gegensatz: Anwendung von Amts wegen – Anwendung auf Parteibetreiben.

Fraglich war und ist, welche Interpretation zu bevorzugen ist, weil sie mit der übrigen Rechtsordnung, also insbesondere der Verfassung und den Zielen und Grundsätzen des Zivilprozesses besser in Einklang steht. Vom technisch–juristischen Standpunkt sind beide zweifellos vertretbar, da alte wie neue Vorschriften nicht nur kategorisch die eine oder andere zulassen[142].

Es mehrten sich Stimmen, die – gerade vor dem verfassungsrechtlichen Hintergrund – sich der neueren Ansicht öffneten[143].

Die Rechtsprechung unter Führung des *Tribunal Supremo* hat sich in den Kernpunkten ihrer Haltung bisher wenig bewegt und als starr erwiesen. Deshalb ist für die gerichtliche Praxis in Spanien die Kenntnis des Systems der Anwendung auf Parteibetrieb weiterhin unumgänglich. Dort dominiert noch die Meinung des *Tribunal Supremo*. Dieser Auslegung folgen die Untergerichte und sie wird vom *Tribunal Supremo* mit harter Hand aufrechterhalten. In der Praxis erfolgt die Anwendung ausländischen Rechts daher fast ausschließlich auf Parteiinitiative. Für die anwaltliche Tätigkeit ist die Kenntnis der Meinung des *Tribunal Supremo* und ihrer prozessualen Folgen unumgänglich.

---

[140] *Cuartero Rubio*, Derecho Privado y Constitución 14 (2000), 21, 59 ff.

[141] STC 10/2000. Ausführlich dazu hier ab S. 153.

[142] *Calvo Caravaca/Carrascosa González*, Introducción, S. 409.

[143] Siehe *Garcimartín Alférez*, La Norma ... und *Calvo Caravaca/Carrascosa González*, Introducción, S. 409.

dd) Die Motive des Gesetzgebers bei der Kodifikation des Art. 12.6. CC

Fraglich ist, mit welchen Intentionen der Gesetzgeber Art. 12.6. CC a.F. kodifiziert hatte[144]. In der spanischen Lehre wird wiederholt betont, dass es eine Sache sei, was man sich als Kodifikation gewünscht, und eine andere, was man 1974 mit der Schaffung dieser Norm wirklich bekommen habe[145]. Der spanische Gesetzgeber war einem System der Anwendung *ex officio* abgeneigt gewesen, weshalb er die Anwendung ausländischen Rechts dem Parteibetrieb und der tatsachengleichen Behandlung unterworfen habe[146]. Demgegenüber sind die Intentionen des Gesetzgebers aber auch einer vielschichtigeren Betrachtungsweise zugänglich, die sich in folgenden Positionen widerspiegelt[147]:

- Die ablehnende Haltung des Gesetzgebers tritt aus Art. 12.6. CC a.F. in keiner Weise klar hervor. Es fehlt schon Art. 12.6 CC a.F. an der nötigen Eindeutigkeit. Daraus lässt sich der Schluss ziehen, dass der Gesetzgeber die Debatte nicht schließen wollte, sondern lediglich einige Schlüsselpunkte zur Annäherung in dieser Frage liefern wollte, um eine *progressivere* Rechtsprechung zu ermöglichen. Die Neufassung des Art. 281.2 LEC 2000 bestätigt das und setzt diese Linie fort.

- Auch und gerade wenn die Motive[148]angeben, dass „die Bestimmung die Beweislast hinsichtlich des ausländischen Rechts dem auferlegt, der sich darauf beruft, unbeschadet der den Gerichten gewährten Möglichkeiten, dieses selbst zu ermitteln", so sind diese Formulierungen letztendlich ebenso wenig überzeugend und helfen nicht weiter.

- Unterstellt man, es wäre die Intention des Gesetzgebers gewesen, das bestehende System der Anwendung auf Parteiantrag hin und die Behandlung als Tatsache abzusegnen, würde Art. 12.6 CC jeden Sinnes entbehren. Seine Bedeutung würde sich darin erschöpfen, eine Rückbestätigung der 1974 schon

---

[144] Auf dieser Vorschrift beruht die gesamte Rechtsprechung.

[145] *Cortés Domínguez,* Derecho procesal civil, S. 59.

[146] *Calvo Caravaca/Carrascosa González,* Introducción, S. 410.

[147] Nach *Calvo Caravaca/Carrascosa González,* Introducción, S. 410.

[148] Dekret 1836 / 1974

über 100 Jahre herrschenden Rechtsprechung des *Tribunal Supremo* zu sein. Dafür scheint der Aufwand zu hoch gewesen zu sein.

- Jedenfalls wäre es möglich gewesen, eine aktualisierende Lesweise und Interpretation der Vorschrift im Licht der heutigen sozialen Umstände vorzunehmen[149]. Zudem gebietet dies Art. 3.1 CC[150]. Über diesen Weg öffnete sich die Tür zu einer *richterlichen Weiterentwicklung* der Vorschrift, die auf ein System der Anwendung *ex officio* zielt. Damit geht eine prozessrechtliche Behandlung einher, die wirklich im Einklang mit der Funktion des ausländischen Rechts als einer Rechtsordnung steht, die berufen ist, den Streit zwischen den Parteien zu entscheiden (juristisches Referenzsystem).

Andres de la Oliva Santos befürchtet einen „Amateurisme", sollte die Ermittlung nicht mehr den Parteien obliegen, sondern zur Aufgabe des Richters werden[151]. Die Haltung des Gesetzgebers gegenüber dem *ausländischen* Recht sei Ausfluss einer realistischeren Einschätzung der Möglichkeiten und Fähigkeiten des Richters, besonders auch, was die praktischen Möglichkeiten angeht.

ee) Die Motive des Gesetzgebers bei der Kodifikation des Art. 281 LEC 2000

Direkte Erläuterungen zur prozessualen Behandlung des ausländischen Rechts finden sich dort nicht[152]. Seine Beweggründe bei der Kodifikation der Regeln für das Beweisverfahren und die Beweislastverteilung, Art. 281 und 217 LEC

---

149 Vgl. *Calvo Caravaca/Carrascosa González*, Introducción, S. 410 mit Hinweis auf die Rechtsprechung des *Tribunal Supremo* zu Art. 12.3 CC STS, Sala 1 vom 15.11.1996.

150 Art. 3.1 CC lautet: Las normas se interpretarán según el sentido propio de sus palabras, en relación con el contexto, los antecedentes históricos y legislativos, y la realidad social del tiempo en que han de ser aplicadas, atendiendo fundamentalmente al espíritu y finalidad de aquellas. *Die Gesetze und Vorschriften werden nach ihrem Wortlaut, ihrer Stellung im Textzusammenhang, ihrer geschichtlichen und gesetzgeberischen Entwicklung und der sozialen Wirklichkeit zu der Zeit, zu der sie angewandt werden sollen, unter grundsätzlicher Berücksichtigung ihres Geistes und ihrer Zielsetzung ausgelegt.*

151 Derecho procesal civil, tomo II, S. 288.

152 *Exposición de Motivos*, BOE 8-1-2000, S. 575 ff. und *Cordón Moreno*, S. 53-89.

2000 offenbart der Gesetzgeber[153], Ausführungen zur hier untersuchten Konstellation finden sich keine.

II. Deutschland

Eine Regelung findet sich in § 293 ZPO:

Das in einem anderen Staate geltende Recht, die Gewohnheitsrechte und Statuten bedürfen des Beweises nur insofern, als sie dem Gericht unbekannt sind. Bei Ermittlung dieser Rechtsnormen ist das Gericht auf die von den Parteien beigebrachten Nachweise nicht beschränkt; es ist befugt, auch andere Erkenntnisquellen zu benutzen und zum Zwecke einer solchen Benutzung das Erforderliche anzuordnen.

1. Zur geschichtlichen Entwicklung:

Die Rechtslage in Deutschland vor Inkrafttreten der CPO beschreibt Mittermaier[154]. Wegen der Rechtszersplitterung infolge der vielen Partikularrechtsordnungen waren Rechtsstreitigkeiten, in denen ausländische Gesetze, wozu die einer anderen Partikularrechtsordnung gezählt wurden, nicht selten[155]. Obwohl Recht nicht bewiesen werden musste, bezog sich diese Regel nur auf die allgemeinen Gesetze des Landes, in welchem der Prozess verhandelt wurde, weil der Gesetzgeber - so die damalige Begründung - davon ausgehe, dass der Richter das allgemein verkündete Gesetz kennen muss, da auch den Bürgern eine Rechtsunwissenheit nicht verziehen wurde[156]. Dieser Grund gelte aber nicht für die Gesetze, die nicht im Land verkündet sind. Daher werde zu Recht der Beweis des Fremdenrechts von der Partei, die sich darauf beruft, verlangt[157]. Der Rechtslehre zufolge mussten solche Gesetze wie Tatsachen bewiesen werden. Mittermaier verweist darauf, dass bei der Rechtsanwendung aber eigentümliche Schwierigkeiten aufträten. Er untersucht, welche Beweismittel dem Richter hin-

---

[153] Vgl. *Cordón Moreno*, S. 65 und 69.
[154] *Mittermaier* AcP 18 (1835), 67.
[155] *Mittermaier* AcP 18 (1835), 67 mit zahlreichen Beispielen.
[156] *Mittermaier* AcP 18 (1835), 67, 68.
[157] *Mittermaier* AcP 18 (1835), 67, 68.

reichend Überzeugung gewähren können und was dabei zu Beweis des Beweispflichtigen und was zu Gegenbeweis gehört[158]. Der Beweis müsse unter entsprechend detailliertem Tatsachenvortrag so erfolgen, so dass dem erkennenden Richter eine eigene Subsumtion und Auslegung des ausländischen Gesetzes möglich sei[159]. Ein Beweis durch Geständnis und Zeugen sei zwar möglich, das wichtigste Beweismittel jedoch sei Urkundenbeweis[160] . Die Vorlage eines einfachen Gesetzestextes genüge selten, besser sei die Vorlage eines vollständigen Exemplars eines Gesetzbuches[161]. Auch öffentliche Urkunden genügten nur dann, wenn die sie ausstellenden Behörde nicht nur im Allgemeinen das an einem Orte geltende Gesetz beschreibt[162].

Die Vorschrift des § 293 ZPO selbst ist mehr als einhundert Jahre alt. Bis 1900 fand sich die entsprechende Regelung in § 261 CPO[163], später in § 265 CPO[164]. Mit dem Gesetz zur Wiederherstellung der Rechtseinheit auf dem Gebiete der Gerichtsverfassung, der bürgerlichen Rechtspflege, des Strafverfahrens und des Kostenrechts (REinhG) vom 12.09.1950[165] wurde sie als Bundesrecht[166] bei unverändertem Wortlaut neu bekannt gemacht. In den Materialien finden sich keine Angaben dazu, in wessen Verantwortungsbereich die Feststellung ausländischen Rechts fällt[167]. Von Verfahrensordnungen der deutschen Einzelstaaten wurde fremdes Recht weitgehend als Tatsache angesehen[168] mit der Folge, das eine Partei eine ihr günstige Abweichung vom jeweiligen Landesrecht behaup-

---

[158] *Mittermaier* AcP 18 (1835), 69 f.

[159] *Mittermaier* AcP 18 (1835), 67, 71 ff.

[160] *Mittermaier* AcP 18 (1835), 67, 75 f.

[161] *Mittermaier* AcP 18 (1835), 67, 82.

[162] *Mittermaier* AcP 18 (1835), 67, 85.

[163] *Civilprozeßordnung* vom 30.01.1877; *Stein/Jonas/Leipold*, § 293. Zur Rechtslage vor der CPO siehe soeben besprochen *Mittermaier* AcP 18 (1835), 67.

[164] Eine kursorische Rückschau auf das Verfahren des Reichskammergerichts bei der Ermittlung fremden Rechts bietet *Spickhoff* ZZP 112 (1999), 266 f. Dazu ferner *Reu*, Anwendung fremden Rechts, Berlin 1938.

[165] BGBl. I, S. 455.

[166] Vgl. BverfGE 78, 83 m.w.Nw.

[167] S. *Hahn*, Materialien zur CPO, S. 279 f, entspr. Motive S. 212 sowie *Brauksiepe*, S. 35.

[168] *Langenbeck*, AcP 41 (1858), 129 ff.; *Brauksiepe*, S. 32.

ten und beweisen musste[169]. Andernfalls durfte das Gericht mitnichten von sich aus Erkundigungen einziehen[170]. Als Vorläufer des § 293 ZPO kann § 464 des Entwurfs einer *Civilprozeßordnung* für die Staaten des Norddeutschen Bundes angesehen werden[171].

Kindl verweist darauf, dass die mit § 293 ZPO erhoffte Hilfestellung für die Instanzgerichte in der Praxis zu keiner Zeit eingetreten ist und den schwer verständlichen Gehalt der Vorschrift[172]. *Otto* macht geltend[173], der Wortlaut des ZPO § 293 sei verunglückt, beispielsweise seien das schweizerische und das österreichische Recht aussagekräftiger. Die revisionsrechtliche Verfahrensrüge, der Vorderrichter habe die Ermittlung des maßgeblichen ausländischen Rechts nicht in einer den § 293 ZPO entsprechenden Weise vorgenommen, war in den meisten Fällen begründet und führte zur Aufhebung und Zurückverweisung[174]. Dies zeigt, dass die Handhabung der Vorschrift trotz ihrer langen Gültigkeit in der Praxis unverändert Schwierigkeiten macht und sie möglicherweise einer Konkretisierung bedarf. *Gruber* bezeichnet sie als reformbedürftig[175].

---

[169] Brauksiepe, S. 32. Siehe insbesondere § 53 des 10. Titels der Allgemeinen Gerichtsordnung für die preußischen Staaten von 1815: *Wenn über ein Geschäft gestritten wird, welches nach fremden Landesgesetzen, die der Richter zu kennen nicht schuldig ist, beurtheilt werden muß; und es darauf ankommt, was diese Gesetze für den vorliegenden Fall eigentlich verordnen: so muß darüber, wie über eine andere Thatsache, Beweis aufgenommen werden.*

[170] *Langenbeck*, AcP 41 (1858),

[171] Siehe *Schellack*, S. 74. § 464 des Entwurfes lautet: *Das in einem anderen Staate geltende Recht bedarf des Beweises nur insofern, als es dem Gericht unbekannt ist. Bei der Ermittlung dieses Rechts ist das Gericht auf die von den Parteien beigebrachten Nachweise nicht beschränkt; es ist befugt, auch andere Erkenntnisquellen zu benutzen und zum Zwecke einer solchen Benutzung geeignetenfalls das Erforderliche anzuordnen.*

[172] *Kindl*, ZZP 111, 177-203 (1998).

[173] *Otto*, IPRax 1995, 299.

[174] So BGHZ 118, 151; BGH NJW-RR 1997, 1154; BGH WM 1996, 2255; BGH NJW 1995, 1032; BGH NJW 1994, 2959; BGH NJW 1992, 3106; BGH WM 1991, 862; BGH RIW 1990, 581.

[175] *Gruber*, DZWir 1997, 461, 463.

2. Systematische Betrachtung

§ 293 ZPO steht im ersten Abschnitt des zweiten Buches unter dem Titel „Verfahren bis zum Urteil". Dort finden sich insbesondere Regelungen zum Inhalt der Klageschrift, möglichen Klagearten, Rechtshängigkeit und Klageänderung sowie zur Beweiswürdigung. Sie befindet sich inmitten der beweisrechtlichen Bestimmungen der §§ 284 – 294 ZPO und wirkt dort schon wie ein überraschender Fremdkörper. Der eigentliche Inhalt, der dieser Vorschrift nunmehr von Rechtsprechung und Lehre zugemessen wird, ist für einen Juristen, der sich nicht mit Fällen mit Auslandsberührung beschäftigt, nur erschließbar durch Kommentar- und Lehrbuchlektüre. In der Praxis ist die Vorschrift wie der gesamte Rechtskomplex häufig gänzlich unbekannt, wie eine repräsentative Entscheidung des OLG Koblenz[176] belegt: *Wenn die Beklagte meint, diese Auffassung führe dazu, dass ein deutsches Gericht französisches Recht anzuwenden habe, wozu es nicht in der Lage sei, so verkennt sie die Vorschrift des § 293 ZPO.*

Dabei ist die praktische Bedeutung nicht zu unterschätzen, was durch eine beträchtliche Anzahl von höchstrichterlichen Entscheidungen deutlich wird[177].

Es besteht eigentlich Einigkeit darin, dass der Wortlaut der Norm nicht sonderlich ergiebig, sondern eher missverständlich und nicht geeignet ist, über eine am Wortlaut orientierte Auslegung Erkenntnisse zu fördern[178]. Bei Untersuchungen zur Anwendung ausländischen Rechts werden eher allgemeine Rechtsgrundsätze herangezogen als ein argumentativer Weg über § 293 ZPO gewählt[179]. Weder aus dem Wortlaut noch aus seiner Stellung im Gesetz lassen sich eindeutige Aussagen dazu treffen, in welchen Verantwortungsbereich die Ermittlung ausländischen Rechts fällt[180].

---

[176] RIW 1993, 934 f.

[177] Seit 1980 allein 26 Entscheidungen des BGH unmittelbar dazu.

[178] vgl. nur die Betrachtung von *Kindl*, ZZP 111 (1998), 177. Dies zeigt insbesondere die Tatsache, dass das Reichsgericht unter der Geltung des wortgleichen § 265 CPO anfänglich noch die Ermittlungsaufgabe den Parteien auferlegte, s. RGZ 6, 372 und RGZ 10, 169.

[179] vgl. *Krause*, S. 4 ff.

[180] *Schellack*, S. 79.

Klar ist insoweit, dass § 293 ZPO sich auf den *Inhalt* der vom deutschen IPR berufenen ausländischen Rechtsordnung bezieht[181]. Die Norm sagt nichts über die Anwendung von *Kollisionsnormen*, sondern nur darüber etwas aus, wie der materielle Inhalt einer (vorläufig) gefundenen Rechtsordnung, also je nach Art der Verweisung auch deren internationales Privatrecht, zu bestimmen ist. Das deutsche Kollisionsrecht ist geregelt im Einführungsgesetz zum Bürgerlichen Gesetzbuch; ob Kollisionsnormen von Amts wegen anzuwenden sind, hat der deutsche Gesetzgeber anders als der spanische dabei nicht entschieden. Vor § 293 ZPO steht stets die Kollisionsnorm des eigenen IPR, und man darf nicht außer Acht lassen, dass die Vorschrift auch für ausländisches Kollisionsrecht gilt, also bei einer Gesamtverweisung aus der Sicht des deutschen internationalen Privatrechts. Dort wird § 293 ZPO streng genommen zweimal relevant: Das erste Mal, wenn es um den Inhalt des *ausländischen* Kollisionsrechts geht, sodann, wenn es um den eigentlichen Inhalt des *ausländischen* Rechts gilt. Bei Weiterverweisungen ist der Gedankengang entsprechend fortzusetzen.

3. Verschiedene Lesarten auch des § 293 ZPO?

Anders als im spanischen Recht besteht hinsichtlich der *Kernaussage* zu dem mit der Norm verbundenen Regelungskomplex sowie dem Normzweck anscheinend grundsätzlich Einigkeit: Das anzuwendende Recht ist von Amts wegen festzustellen[182]. Dessen ungeachtet sind die gegebenen Begründungen höchst unterschiedlich[183].

Umgekehrt erscheint die Problematik in Teilen wieder durch die Hintertür in Gestalt des fakultativen Kollisionsrechts und anderer Figuren. Der Grund mag

---

[181] Vgl. nur *Geimer* IZPR Rz. 2571.

[182] Statt aller: *Stein/Jonas/Leipold* § 293 ZPO Rn. 1. Siehe auch die Darstellungen bei *von Hoffmann*, IPR, § 3 Rn. 130 ff.; Linke IZP § 7 Rn. 268 ff.

[183] Dazu siehe B. „iura *novit curia*" und die Rechtsqualität des ausländischen Rechts vor dem Hintergrund der Verfahrensmaximen. In englischer Sprache: *Drobnig*, The Use of Foreign Law by German Courts, in: German National Reports in Civil Law Matters for the XIVth Congress of Comparativ Law in Athens 1994, S. 5, 24. *Varady*, Foreign Law before Domestic Authorities. Realities and Gestures, in: Festschrift für Zajtay, Tübingen 1982, S. 489, 508.

darin liegen, dass der deutsche Gesetzgeber zu *diesem* Komplex keine Norm gesetzt und somit Spielraum gegeben hat[184].

C. Vermeintlich vergleichbare Konstellationen

Regelungen bestimmter Rechtsmaterien gehören zwar nicht zum Recht eines anderen Staates, werfen aber teilweise ähnliche Probleme in der Anwendungsproblematik auf. Wenn der Richter auf diesen Gebieten nicht selbst entscheiden müsste, könnte das möglicherweise auch für die Anwendung ausländischen Rechts entsprechend gelten. Sie sind für den Zivilrichter möglicherweise fremder und entlegener als häufig vorkommende Rechtsfragen aus einem bestimmten ausländischen Familien- oder Erbrecht[185]. Für den einzelnen Richter kann ein Urteil unter Anwendung dieser Rechtssätze schwieriger zu fällen sein als bei materiell anwendbarem ausländischen Recht. Freilich müsste er differenzieren und die Rechtsfrage ohne Zuhilfenahme der für die Anwendung ausländischen Rechts geltenden Grundsätze lösen, d.h. die entsprechenden Normen kennen bzw. sich Kenntnis verschaffen und anwenden. Das ergibt sich schon aus Art. 117.1 u. 3. der Verfassung von 1978[186]; in Deutschland aus Art. 20 Abs. 3 des Grundgesetzes.

Unkenntnis oder Schwierigkeiten bei der Anwendung einer der im Folgenden aufgeführten Rechtsbereiche[187] berechtigen das Gericht also grundsätzlich nicht, einen Gutachter zu bestellen. Es lässt sich daher sagen, dass es prinzipiell *möglich* und vom Gesetzgeber erkannt und *gewollt* ist, dass das Gericht sich mit entlegenen und im Bereich seiner Zuständigkeit gegebenenfalls selten anzutref-

---

[184] Im Einzelnen siehe Zweiter Teil: Kollisionsrecht im Zivilverfahren.

[185] So beispielsweise türkisches Familien- und Erbrecht in Deutschland, oder deutsches in spanischen Gebieten mit zahlreichen deutschen Residenten.

[186] Diese lauten: Art. 117.1.: *La justicia emana del pueblo y se administra en nombre del Rey por Jueces y Magistrados integrantes del poder judicial, independientes, inamovibles, responsables y sometidos únicamente al imperio de la Ley.* Art. 117.3.: *El ejercicio de la potestad jurisdiccional en todo tipo de procesos, juzgando y haciendo ejecutar lo juzgado, corresponde exclusivamente a los Juzgados y Tribunales determinados por las Leyes, según las normas de competencia y procedimiento que las mismas establezcan.*

[187] Die Abgrenzung kann auch relevant werden beim Deckungsschutz der anwaltlichen Berufshaftpflicht.

fenden Rechtsmaterien und Gesetzen *selbst* auseinander setzt und zu einer rechtlich einwandfreien Lösung gelangt[188]. Die Schwierigkeit der Auslandsrechtsanwendung *an sich* ist daher kein brauchbares Argument für oder gegen eine bestimmte Haltung.

Darüber hinaus ergibt sich eine Eingrenzung der Fragestellung; untersucht werden sollen nur Konstellationen,

- bei denen der Gesetzgeber sich zur Bestimmung des anwendbaren Rechts über und mittels Kollisionsnormen entschieden hat; die Rechtsordnung dem Auslandssachverhalt[189] also nicht mit Sachnormen begegnet[190]. Auch im Zuge eines zusammenwachsenden Europas wird der Bedarf an Kollisionsnormen nicht sinken[191].

- in denen eine Konfliktsituation lokal mit einem *ausländischen* Recht - jeweils aus Sicht der analysierten Rechtsordnung - besteht; nicht solche interlokaler oder temporaler Art.

Im Einzelnen bedeutet das für Spanien wie Deutschland:

I. Inländisches Gesetzesrecht

Als innerstaatliches Recht gilt in Spanien nicht nur das nationale Recht, sondern auch das der Autonomen Gebietskörperschaften[192].
Sämtliches inländisches Gesetzesrecht von Bund und Ländern[193] einschließlich des Rechts der Deutschen Demokratischen Republik[194] ist vom Anwendungsbe-

---

[188] Dafür spricht auch die in beiden Ländern geringe Spezialisierung von Spruchkörpern.

[189] Nicht zu verwechseln mit dem so genannten Auslandssachverhalt, bei dem nach dem eigenen IPR die *lex fori* Anwendung findet, sich aber Teile des Sachverhalts im Ausland abspielen. In letztgenannten Fällen geht es darum, wann im Tatbestand inländischer Sachnormen verwandte unbestimmte Rechtsbegriffe mit Hilfe ausländischer Sachnormen konkretisiert werden können und ausländische Gegebenheiten bei der Auslegung inländischer Sachnormen Berücksichtigung finden müssen, vgl. *Firsching/von Hoffmann*, IPR Rn. 129.

[190] So. beispielsweise das UN-Kaufrecht.

[191] *Basedow* NJW 1996, 1921, 1929.

[192] Vgl. *Garcimartin Montero*, S. 93.

reich des § 293 ZPO ausgenommen. Das anzuwendende deutsche Recht muss der Richter sich selbst erarbeiten; er darf dafür nicht, etwa auf Kosten eines Beteiligten, sich das Gutachten eines Dritten einholen[195].

II. Kollisionsrecht

Art. 12.6 CC schreibt die Anwendung des nationalen Kollisionsrechts von Amts wegen vor und bedeutet somit im Umkehrschluss, dass besondere Regeln für die Anwendung ausländischen Rechts nur für ausländisches, nicht aber inländisches Kollisionsrecht gelten dürfen. § 293 ZPO bezieht sich genauso wenig auf nationales Kollisionsrecht, ebenfalls aber auf fremdes, ungeachtet der Frage, ob es die Verweisung annimmt, rück- oder weiterverweist[196]. Kollisionsrecht ist innerstaatliches Recht[197]. Grundsätzlich sind das Internationale Privatrecht und Internationale Zivilprozessrecht daher von Amts wegen zu eruieren und anzuwenden[198]. Desgleichen sind Gutachten zur internationalen Zuständigkeit deutscher Gerichte unzulässig[199].

III. Einheitsrecht

wie z.B. UN - Kaufrecht ist nationales Sachrecht. Vereinheitlichtes materielles Recht schließt zwar Anwendung des internationalen Privatrechts grundsätzlich

---

[193] *Stein/Jonas/Leipold* §293 Rn. 5; *Zöller/Geimer* § 293 ZPO Rn.1; zum Begründungsansatz über *iura novit curia* siehe B. „iura *novit curia*" und die Rechtsqualität des ausländischen Rechts vor dem Hintergrund der Verfahrensmaximen.

[194] Anders noch die Rechtslage vor der Wiedervereinigung, die eine Ermittlung über § 293 ZPO zuließ; vgl. *MüKo/Prütting* § 293 ZPO Rn. 21;. Die Deutsche Demokratische Republik war unbeschadet der unterschiedlichen Auffassungen zur nationalen Frage ein zur Rechtssetzung befugtes Völkerrechtssubjekt, Art. 6 des Vertrages über die Grundlagen der Beziehungen zwischen der Bundesrepublik Deutschland und der Deutschen Demokratischen Republik vom 21. Dezember 1972, BGBl. II 1973, 421.

[195] LG Oldenburg StAZ 1984, 344-345.

[196] *Schütze*, DIZPR ,119.

[197] *Gutiérrez de Cabiedes* , ADI, II, 1975, 43 – 83, 61.

[198] *Stein/Jonas/Leipold* §293 Rn. 5. Das scheint allerdings nicht allgemein bekannt zu sein und gilt auch im FGG Verfahren, LG Oldenburg StAZ 1984, 344-345.

[199] OLG Koblenz, FamRZ 98, 756.

aus[200], ist aber wegen seines Charakters als inländisches Recht von Amts wegen zu erforschen und anzuwenden.

IV. Europäisches Gemeinschaftsrecht und Völkerrecht

Das primäre Gemeinschaftsrecht[201] ist wegen seiner durch nationale Zustimmung bewirkten Transformation dem inländischen Recht der Mitgliedsstaaten gleichgestellt[202]. Auch das sekundäre Gemeinschaftsrecht[203] gilt immediat in jedem Mitgliedsstaat, da es keines Transformationsaktes bedarf[204]. EG-Recht entspricht also grundsätzlich nationalem Recht[205]. Vereinzelt ist die Meinung des OLG München geblieben, das vom Gericht nicht die Kenntnis europäischen Gemeinschaftsrechts - im Fall der Vertrag über die Europäische Wirtschaftsgemeinschaft - verlangte, soweit es nicht durch Zustimmungsgesetz übernommen wurde[206]. Zur Ermittlung des Inhalts nicht umgesetzter Richtlinien wurde von *Schellack* ein Vorabentscheidungsverfahren entsprechend Art. 234 EGV vorgeschlagen[207]. Das allgemeine Völkerrecht und Normen des Völkervertragsrechts werden nach Art. 25 S. 1 GG beziehungsweise durch Transformationsgesetz über Art. 59 Abs. 2 GG[208] zu Bundesrecht. In Spanien werden Normen in völkerrechtlichen Verträgen nach Art. 96 CE und 1 Nr. 5 CC durch die Veröffentlichung im *Boletín Oficial del Estado* zu inländischem Gesetzesrecht[209].

---

200 *Zweigert/Kötz*, Einführung in die Rechtsvergleichung, S. 26, mit weiteren Ausführungen zu den Vorteilen von Einheitsrecht.

201 I.e. Gründungsverträge einschließlich deren Anlagen, Annexen und Protokolle.

202 *Stein/Jonas/Leipold* §293 Rn. 7.

203 Also das aufgrund der Europa-Verträge von den Gemeinschaftsorganen unmittelbar erlassene Recht.

204 Vgl. *Stein/Jonas/Leipold* §293 Rn. 7.

205 *Sommerlad/Schrey* NJW 1991, 1377, 1383.

206 OLG München EuR 1988, 409-411.

207 In Analogie zu Zweifeln des Gerichts über die Vollzugsfähigkeit, *Schellack* S. 96. Für eine Ermittlung über § 293 ZPO: *Sommerlad/Schrey*, NJW 1991, 1377.

208 Vgl. Ste*in/Jonas/Leipold* §293 Rn. 6; *Zöller/Geimer* § 293 ZPO Rn. 5. Bei Zweifeln besteht die Möglichkeit eines Auskunftsersuchens an das Bundesverfassungsgericht über Art. 100 Abs. 2 GG.

209 Weitere Voraussetzung ist das korrekte Zustandekommen nach Art. 63.2 und 93 CC.

V. „Entlegene Rechtsgebiete"

Prütting fordert zutreffend, eine analoge Anwendung des § 293 auf sehr spezielle und schwierige deutsche Rechtsnormen abzulehnen[210]. Hier scheint eine andere, schon gängige Praxis nun auch noch höchstrichterlich abgesegnet zu werden[211]: Über den Inhalt des deutschen Steuerrechts solle sich das Berufungsgericht zwar selbst ein Urteil bilden. Dazu wäre es ihm aber nach Auffassung des BGH nicht verwehrt gewesen, sich der Hilfe eines Steuerfachmanns zu bedienen. Dessen Meinung hätte es in vollem Umfang überprüfen sollen, da das Ergebnis dieser Überprüfung wiederum, da es reversibles Recht, nämlich das Einkommenssteuergesetz, zum Gegenstand hatte, uneingeschränkt der revisionsrechtlichen Kontrolle unterlegen hätte[212]. Dem ist entgegenzuhalten, dass das inländische Gesetzesrecht, ungeachtet einer – ohnehin nur subjektiven – Schwierigkeit vom Gericht von Amts wegen, also selbstständig und ohne Beweisverfahren, zu erforschen ist[213]. Dass sich ein Gericht zur Beurteilung von Steuerfragen eines Sachverständigen bedienen darf, kann also nicht hingenommen werden, weil ein solcher Sachverständigenbeweis von keiner zu § 293 ZPO vertretenen Meinung gedeckt wird, soweit es um die Ermittlung *inländischen* Steuerrechts geht, die eigenständig durch das Gericht zu erfolgen hat[214]. *Tipke* ist der Auffassung, dass diese Praxis vieler Zivilgerichte, zu steuerrechtlichen Fragen Rechtsgutachten einzuholen, rechtswidrig sei und Sachverständige die Erstattung solcher Gutachten ablehnen dürften[215].Die Tatsache, dass sich ein bestimmtes Recht zu einer Spezialmaterie entwickelt hat, ist keine hinreichende Grundlage für die Einholung eines Gutachtens[216]. Der als Richter eingestellte

---

[210] *MüKo/Prütting*, § 293 ZPO, RN. 7 ff, Fn. 2.

[211] BGH, Urt. V. 27.11.1998, BGH NJW 1999, 638 unter Verweis auf BGH, BGHR ZPO § 293, Steuerrecht 1.

[212] BGH, Urt. V. 27.11.1998, BGH NJW 1999, 638 unter Verweis auf BGH, BGHR ZPO § 293, Steuerrecht 1. Zur Einbringung ausländischen Steuerrechts in den Zivilprozess OLG Köln, GI 2000, 169..

[213] *Stein/Jonas/Leipold* § 293 ZPO Rn. 4, s.o.

[214] vgl. Spickhoff JZ 1999, 302.

[215] *Tipke* NJW 1976, 2199 f.

[216] Vgl. *Zöller/Geimer* § 293 Rn. 1; „ganz ausnahmsweise" will *Leipold* die Ermittlung und Verständniserlangung äußerst spezieller und entlegener Rechtssätze über § 293 ZPO zulassen, *Stein/Jonas/Leipold* § 293 ZPO Rn. 13. Wegen der Ermittlung ausländischen Rechts vergleichbarer Schwierigkeit soll Gleiches gelten für seit längerer Zeit außer Kraft getrete-

Volljurist muss nach Abschluss seines rechtswissenschaftlichen Studiums in der Lage sein, sich in auch für ihn zunächst noch fremde Rechtsgebiete einzuarbeiten[217]. Alles andere würde die Position des Richters grundsätzlich und das Vertrauen der Parteien in die Rechtspflege in Frage stellen[218]. Zum anderen stellt sich damit auch die Frage nach der Legitimation einer in Deutschland vergleichsweise hohen Besoldung der Richterschaft im öffentlichen Dienst, die auf Kosten der Parteien aufwändige Rechtsgutachten einholt, wenn es speziell wird[219]. *Spickhoff* kritisierte in diesem Zusammenhang zutreffend das schlechte Beispiel des BVerfG, das zur Entscheidungsvorbereitung Rechtsgutachten zu einfachrechtlichen Fragen - zum Teil zu deren verfassungskonformen Behandlung - in Auftrag gibt[220]. Eine vergleichbare Praxis in Spanien konnte noch nicht beobachtet werden.

D. AUSGANGSFRAGEN

Die Anwendung ausländischen Rechts setzt also zunächst die Beachtung des kollisionsrechtlichen Verweisungsbefehls voraus. Die entstehende Wechselwirkung zwischen materiellen Recht und Verfahrensrecht legt es nahe, die Anwendung ausländischen Rechts auch unter diesem Blickwinkel zu analysieren. Dabei ist bereits die Anwendung ausländischen Kollisionsrechts im Prozess Anwendung ausländischen Rechts. Es wendet schon der an, der nach der *lex causae* qualifiziert, eine Vorfrage unselbständig anknüpft oder einer Rück- oder Weiterverweisung (*renvoi*) folgt: Er setzt fremdes Kollisionsrecht vor das eigene[221]. Aus diesem Grunde beginnt die Untersuchung nicht erst bei der Frage nach der Ermittlung des Inhaltes bzw. einzelner Normen einer Rechtsordnung, die bereits gefunden wurde[222], und beschränkt sich auch nicht darauf, sondern widmet sich

---

nes, aber aufgrund intertemporaler Regelung anwendbares innerstaatliches Recht, vgl. *Leipold* a.a.O.

[217] *Spickhoff* ZZP 112 (1999), 265, 268.

[218] Vgl. *Spickhoff* ZZP 112 (1999), 265, 268.

[219] *Spickhoff*, ZZP 112 (1999), 265, 268 f. In Spanien beträgt das Jahresgehalt eines Einzelrichters der Eingangsinstanz ungefähr zweiundvierzigtausend Euro; ein Kollegialrichter erhält fünfzigtausend Euro (www.elpais.es, La reforma de la justicia v. 25.08.2001).

[220] *Spickhoff*, ZZP 112 (1999), 272 f.

[221] *Kegel*, IPrax 97, 310.

[222] so die Arbeiten von *Theiss* und *Krause*.

auch der Frage nach der Stellung des Kollisionsrechts im Zivilverfahren mit den folgenden Fragen[223]:

- Gelten Besonderheiten hinsichtlich der Tatbestandsmerkmale der Kollisionsnorm?
- Der Charakter der Kollisionsnorm: Ist sie von Amts wegen anzuwenden oder obliegt den Parteien ein Vortrag dazu und die Darlegungslast mit der möglichen Konsequenz, dass dies dann auch für das anwendbare Recht gilt?
- Der Nachweis oder Beweis des ausländischen Rechts: Wer ist warum zuständig, und welche Mittel stehen dazu zur Verfügung?
- Was ist zu tun, wenn der Inhalt des ausländischen Rechts nicht bestimmt werden kann? Mit welcher Begründung kann die *lex fori* angewandt oder eine andere Lösung gefunden werden?
- Wodurch lässt sich eine abweichende Behandlung in Rechtsmittelinstanzen rechtfertigen?

Diese Fragen stellen sich nicht nur dem Richter, sondern dem Anwalt bei Beratung und Vorbereitung Klageschrift. Sie sind im Vorfeld Gegenstand qualifizierter rechtlicher Prüfung und nehmen Einfluss auf Beratungsgespräche eines Anwalts mit seinem Mandanten oder Vertragsgestaltungen.

In internationalen Streitigkeiten besteht häufig die Möglichkeit, zwischen Gerichten verschiedener Staaten zu wählen. Wer als Anwalt die Möglichkeit dieses *Forum-Shopping* nicht erkennt und das Gericht eines Staates anruft, dessen Rechtsordnung für den Mandanten ungünstiger ist, kann sich ihm gegenüber schadensersatzpflichtig machen[224]. Eine ungünstigere Rechtsordnung kann auch solche sein, die hohe Beweisanforderungen an die Einbringung *lex causae* stellt oder dabei höhere Kosten verursacht. Schlägt der Beweis fehl, so kann die möglicherweise nachteilige *lex fori* zur Anwendung kommen, im unerfreulichsten Fall droht Klageabweisung.

---

223 Für das spanische Recht zum ersten Mal fokussiert von *Garcimartín Alférez*, S. 17 ff.

224 Vgl. *von Oertzen*, ZEV 1995, 171 Fn. 29.

Das internationale Privatrecht ist auch unter den rechtsberatenden Berufen immer noch wenig bekannt, obwohl es an Bedeutung gewonnen hat. Hinsichtlich der Beurteilung ausländischen Rechts aufgrund einer privaten Beauftragung übernehmen die Berufshaftpflichtversicherungen allgemein kein Risiko[225]. *Louven* betont dazu, dass der strenge Haftungsmaßstab für die Wahrnehmung nationaler Mandate hier gleichermaßen gilt[226]. *Gruber*[227] stellt fest, dass die Kenntnis des deutschen Internationalen Privatrechts sowie von der Bundesrepublik ratifizierter internationaler Abkommen von einem deutschen Rechtsanwalt erwartet wird. Gutachten eines Rechtsanwalts über ausländisches Recht gelten als besonders schwierige Angelegenheit, weshalb die Gutachtengebühr des § 21 BRAGO mit bis zu 30/10 angesetzt wird[228]. Lässt man subjektive Kenntnisse und Vorlieben aber außer Acht, so tritt als besondere Schwierigkeit bei der Auslandsrechtsanwendung das Sprachproblem zunächst in den Vordergrund[229]. Es steht ungeachtet der zahlreicher werdenden, in der jeweiligen Gerichtssprache erscheinen Literatur[230] und Datenbanken[231] zu ausländischen Rechten die erste und oftmals auch schwierigste Hürde dar. Dazu treten Systemverständnis und Auslegungsgrundsätze.Letztere können oftmals profund nur durch ein Auslandsstudium erworben werden[232].

Die bisher aufgeworfenen Fragen lassen sich im Vorfeld eines Prozesses weiter konkretisieren:

---

[225] vgl. *Bendref*, 1982, 191, 192.

[226] *Louven* VersR 1997 1997, 1050, 1060. Vgl. zu den Besonderheiten anwaltlicher Haftung bei grenzüberschreitender Tätigkeit nach deutschem Recht: *Raiser* NJW 1991, 2049, 2057.

[227] *Gruber* DZWir 1997, 461, 463 mit zustimmenden Anmerkungen zu OLG Hamm, 1995-03-14, 28 U 104/94, DZWir 1997, 460, das eine Anwaltshaftung wegen nicht berücksichtigter Übersetzung eines ausländischen Gesetzes angenommen hat, wo bei der Anwalt darüber hinaus die kollisionsrechtliche Problematik übersehen hatte.

[228] *Ernst* Rn 94. *Bendref*, s.o. Fn. 225, weist auf die Notwendigkeit einer angemessenen Honorierung bei auslandsrechtlichen Gutachten hin.

[229] Skeptisch deswegen *Weir*, ZEuP 1995, 368, 370.

[230] Siehe die Übersicht bei *von Bar*, Ausländisches Verfahrensrecht in deutscher Sprache.

[231] Z.B. *juris*, *la ley* oder *aranzadi*.

[232] Siehe exemplarisch den Studiengang *Magister des deutschen und ausländischen Rechts* der Johannes-Gutenberg Universität Mainz.

- Müssen Kläger oder Beklagter zur Kollisionsnorm vortragen?
- Muss eine Partei die Anwendung (eines ihr günstigen) ausländischen Rechts verlangen?
- Soll man sich auf eine bestimmte Rechtsordnung festlegen, und welche Anforderungen sind an eine Rechtswahl im Prozess zu stellen?
- Muss diese sich selbst um die Beibringung des ausländischen Rechts kümmern; wenn nicht, in welchem Umfang bestehen dennoch bestimmte, möglicherweise sanktionierte Mitwirkungspflichten?
- Aus welchen Erkenntnisquellen werden die Ermittlungspflichtigen zu schöpfen haben?

Von Interesse sind die theoretischen Grundlagen im spanischen und deutschen Recht. Ein Grund liegt darin, dass bisherige Untersuchungen zum einen nur zu geringem Teil rechtsvergleichend sind[233]. Zum anderen tragen sie der übergreifenden Komplexität des Themas nicht genügend Rechnung, indem sie oft nur einen kollisionsrechtlichen, materiellrechtlichen oder prozessrechtlichen Ansatz verfolgen. Nur die Verbindung verspricht Erfolg. Mit Fragen dieser Art beschäftigt sich jede Rechtsordnung, die ausländisches Recht nicht schlichtweg ignoriert und immer nur ihr eigenes Recht anwendet.

---

[233] *Kindl*, ZZP 111 (1998), 177, 178. Er führt weiter aus, die Rechtslage in Deutschland bei der Anwendung ausländischen Recht "*reize zu einem Blick über die Grenzen*". Dem kommt die vorliegende Arbeit nach.

ERSTER TEIL: RECHT UND PROZESS

Die Anwendung ausländischen Rechts findet im institutionellen Ambiente des Zivilprozesses statt. Seine Funktion und die Art und Weise, wie eine Rechtsordnung ihn ausgestaltet, ist somit von entscheidender Bedeutung für den Anwendungsvorgang.

Der spanische Zivilprozess läuft grundsätzlich nach den Regeln der *lex fori* ab[234]. Grundlage ist die Regel *lex fori regit processum*[235]. Für Verfahren in Deutschland ist ebenfalls stets die *lex fori* maßgeblich, auch wenn materiellrechtlich nach ausländischem Recht zu entscheiden ist[236]. Im Internationalen Privatrecht ist für das *Verfahrensrecht* grundsätzlich das Recht des Gerichtsortes maßgebend[237]. Das *lex fori* - Prinzip ist die Grundnorm, an der ggf. Randberichtigungen durch eine großzügige Qualifikation vorzunehmen sind[238].

A. Die prozessuale Ausgangslage

I. Entwicklung des Zivilprozessrechts in Spanien

1. Das spanische Zivilprozessrecht vor der Reform

Während der Epoche der siebziger Jahre, in der der Gesetzgeber Art. 12.6 CC in den *Código Civil* einstellte, waren die spanischen Gerichte noch immer von einem Gerichtsbarkeitsimperialismus dominiert[239] und prinzipiell für jeden

---

[234] STS vom 23.10.1992.

[235] *Fernández Rozas/Sánchez Lorenzo* Derecho Internacional Privado, Ziff 329 ff. auch zu den Ausnahmen und zur Klarstellungswirkung des mittlerweile aufgehobenen Art. 8.2 *Codigo Civil.*

[236] *Fastrich*, ZZP 97 (1984), 423 mit weiteren Nachweisen.

[237] BGH NJW 1988, 647; IPRax 1988, 228; vgl. auch BGHZ 59, 23, 26; 78, 108, 114. So bestimmen sich beispielsweise die objektiven und subjektiven Grenzen der Rechtskraft auch bei ausländischer *lex causae* nach dem jeweiligen Prozessrecht, vgl. *Zöller/Vollkommer* Vor § 322 ZPO Rn. 7.

[238] Durch Nichtanwendung deutscher Verfahrensnormen oder Beurteilung prozessrechtlicher Verhältnisse nach der *lex causae*, vgl. *Fernández Rozas/ Sánchez Lorenzo* Derecho Internacional Privado, Ziff 330 f. ; *Geimer* IZVR Rdnr. 324.

[239] *Garcimartín Alférez*, S. 30 f.

Rechtsstreit des Auslandsverkehrs zuständig. Hinzu kam andererseits das Bemühen, den Richter davor zu schützen, in die Verlegenheit zu kommen, alles Recht der Erde kennen zu müssen[240]. Bei solch exorbitanten Zuständigkeitsregelungen lag es nicht fern, den Parteien die Pflicht aufzuerlegen, dem Gericht den Inhalt des ausländischen Rechts zu verschaffen. Mit Inkrafttreten der Verfassung von 1978 verlieren derartige Argumente an Wirkung.

Nunmehr gelten dezidiertere Regelungen für die internationale Zuständigkeit; insbesondere im Geltungsbereich der EG - Verordnung Nr. 44/2001 des Rates vom 22. Dezember 2000 über die gerichtliche Zuständigkeit und die Anerkennung und Vollstreckung von Entscheidungen in Zivil- und Handelssachen wird man sich nicht mehr auf die alten Argumente stützen können.

Von *Goldschmidt* stammt der Satz, der spanische Zivilprozess sei ein liberales Gefäß, angefüllt mit dem alten Wein des gemeinen Prozesses. Dieser Vorgänger der LEC 2000 war das spanische Zivilprozessgesetz von 1881, dem die Prinzipien des römisch-kanonischen Rechts zu Grunde lagen. Verstärkt wurden sie durch die liberale Orientierung dieser Epoche. Ein kennzeichnendes Prinzip war die Rollenverteilung der Prozessparteien auf Basis der Passivität des Richters und den Parteien als Hauptdarstellern bei der Untersuchung und Ordnung des Prozessstoffes[241].

Vor der LEC von 1881 war die LEC von 1855 geltendes Recht, aus der diese Prinzipien annähernd unverändert übernommen wurden[242]. Die LEC von 1855 prägte nicht nur das Zivilprozessrecht der meisten lateinamerikanischen Staaten, sondern auch die weitere Entwicklung des spanischen Zivilverfahrensrechts[243].

Kennzeichnend für die mangelnde Systematik war und ist es bis zur Reform 2000 gewesen, dass viele ähnliche Vorschriften an verschiedenen Stellen wie-

---

[240] *Carrillo Salcedo*, in: Comentarios al Código civil y compilaciónes forales, Art. 12.6 a.F., S. 446.

[241] *Cordon Moreno*, S. 14.

[242] *Miras*, S. 133.

[243] *Miras*, S. 133.

derholt werden mussten[244]. Die LEC von 1881 mit 2182 Artikeln dürfte das umfangreichste Zivilprozessgesetz der Welt sein. In beiden Zivilprozessordnungen galt der Grundsatz „Der Richter darf im Zivilprozess von Amts wegen nichts“[245]. Man ging von der Gleichheit der Parteien aus; der Richter durfte nur auf Antrag tätig werden, und die Parteien wurden von ihm nicht unterstützt[246]. Sie selbst waren Herren des Verfahrens. Das Unterlassen eines Antrags galt als Rechtsverzicht. Ein Richter, der auf eigene Initiative etwas unternahm, machte sich der Parteilichkeit verdächtig, wenn der von ihm vorgenommene Akt einer Partei Vorteile und der anderen damit Nachteile brachte[247]. Mit der LEC von 1885 wurden die „*autos para mejor proveer*“[248] eingeführt. Es waren die einzigen prozessualen Akte, die der Richter von sich aus vornehmen konnte, jedoch konnten sie nicht erzwungen werden; ein Antrag auf Vornahme dieser Ermittlungen konnte folgenlos abgelehnt werden, wenn der Richter der Auffassung war, der Sachverhalt sei hinreichend aufgeklärt.[249] Mit der LEC von 1881 wurde an der schwachen Position des Richters nichts verändert; er konnte weiterhin von Amts wegen fast nie in das Verfahren eingreifen[250]. Der von einem Mitverfasser der LEC von 1855, *Gómez de la Serna* geprägte Satz „Der Richter darf von Amts wegen gar nichts“, galt unverändert[251]. Die einzigen Fragen, zu denen der Richter ohne den Antrag einer Partei eine Entscheidung treffen konnte, waren die so genannten absoluten Prozessvoraussetzungen, nämlich die Bestimmtheit der Klage, die Postulationsfähigkeit und der Nachweis eines durchgeführten Schiedsgerichtsverfahrens. Sämtliche anderen Mängel wurden

---

244 *Miras*, S. 133. Zu vorangegangenen Reformen und dem Prozessrecht vor der Reform zur LEC 2000: *Lorca Navarrete*, Organización judicial española y principios rectores del proceso español; *Cortés Domínguez*, La reforma del proceso civil, in: Ministerio de Justicia (Herausgeber), Crisis de la justicia y reformas procesales/Congreso de derecho procesal de Castilla y León; *Vázquez Iruzubieta*, Ley de enjuiciamento civil; *Lorca Navarrete*, Derecho procesal civil, laboral y contencioso-administrativo; *Fernández*, Lecciones de Derecho Procesal, *Lorca Navarrete*, ZZP 99 (1986), 206 ff.; *Fröhlingsdorf*, , RIW 1984, 441, 442; *de Hinojosa y Naveros*, El elemento germánico en el derecho español; *Toharia*, Pleitos tengas - Introducción a la cultura legal española.

245 Vgl. *Miras*, S. 107.

246 *Miras*, S. 107.

247 *Miras*, S. 107.

248 Siehe dazu S. 217.

249 *Miras*, S. 110.

250 *Miras*, S. 128.

geheilt, wenn sie nicht von einer Partei gerügt wurden[252]. Der größte Teil der bis 2000 geltenden Normen entsprach der ursprünglichen Fassung von 1881.

2. Die Neuerungen der LEC 2000

Folglich herrschte hinsichtlich einer Reform der LEC in Spanien weitgehend Konsens, obwohl das neue Gesetz im Gesetzgebungsverfahren nicht unumstritten war und ohne die Unterstützung wichtiger politischer Kräfte ausgehen musste[253].

Die Gründe für ein neues Gesetz fasst dessen Präambel zusammen:

Eine Neukodifikation des Zivilprozessrechts überwindet die Kompliziertheit des alten Rechts mit seinen unzähligen Retuschen und einer Vielzahl überspannter Regelungen. Vor allem ist ein neues Gesetz nötig, um sich den zahlreichen Problemen zu stellen, deren Lösung mit dem Gesetz des vergangenen Jahrhunderts unmöglich war. Aber vor allem ist eine neue Zivilprozessordnung notwendig, die, während sie Prinzipien, Regeln und Kriterien von zeitlosem Wert, die sich ebenso finden in den Zivilprozessgesetzen der anderen Länder des gleichen Kulturkreises, beibehält, gleichzeitig mit Authentizität die tiefgehende Änderung hin zur besonderen ***Effektivität des Rechtsschutzes***[254] *zum Ausdruck bringt. Dies verwirklichten mittlerweile andere Prozessordnungen besser, deren Grundlage und Ergänzung jedoch die Zivilprozessordnung sein will.*

Die wichtigsten Änderungen sind[255]:

---

251 *Miras*, S. 128.

252 *Miras*, S. 128.

253 Siehe *Cordón Moreno*, S. 13, 73, der darauf hinweist, dass Missstände in Justiz und deren Verwaltung ebenso beseitigt werden müssen, was jedoch nicht als Argument dafür herhalten kann, dass es auf eine Gesetzesreform nicht ankäme.

254 Markierung in der Übersetzung hinzugefügt.

255 Vgl. insbesondere *Gómez de Liaño González*, S. 14 und zur Reform *Almagro Nosete*, in: Ministerio de Justicia (Herausgeber), Crisis de la justicia y reformas procesales/Congreso de derecho procesal de Castilla y León, 167 ff.; ders. Presente y futuro del Proceso Civil, in: Ministerio de Justicia (Herausgeber), Materiales para una Reforma Procesal, 357 f.; *Lorca Navarrete, Martín Ostos*, 2 ff.; *Vázquez Iruzubieta*, Comentarios a la nueva ley de

- Systematische Darstellung der einzelnen Materien.
- Rückführung von über andere Gesetze verteilten prozessrechtlichen Vorschriften in die LEC 2000 als prozessuales Basisgesetz.
- Vereinfachung der Verfahrensarten.
- Aufnahme von bisher nicht modifizierten Materien wie Streitgenossenschaft und Nebenintervention und Parteimehrheit.
- Flexibilisierungen und Neuerungen im Beweisverfahren.
- Beschleunigung der Zwangsvollstreckung.
- Vereinheitlichung der Bestimmungen über die *casación.*
- Reform der vorläufigen Vollstreckung und Stärkung der ersten Instanz, um einen Missbrauch von Rechtsmitteln zu verhindern.
- Teilweise Erweiterung der Befugnisse des Richters.
- Verstärkung des Mündlichkeitsprinzips.
- Zulassung der neuen elektronischen Kommunikations- und Aufzeichnungsmittel, sowohl bei der Kommunikation zwischen Parteien und Justizbehörden als auch im Beweisverfahren.
- Einführung des Prinzips des guten Glaubens und der Forderung nach einer gewissen Prozessdisziplin, um die Darlegungen der Partein zu straffen.

Hier geht es neben dem allgemein verbesserten „institutionellen Ambiente" um die Neuerung, die für die vorliegende Untersuchung von Bedeutung sind[256]. Das neugefasste *Zweite Buch* befasst sich mit den Neugestaltungen im Erkenntnisverfahren, in das die Anwendung ausländischen Rechts fällt. Das Erkenntnisverfahren soll nunmehr nur noch aus zwei statt bisher vier Verfahrensarten bestehen[257]: Es gibt nur noch das mündliche Verfahren[258], wenn weniger als 500.000 Peseten eingeklagt werden und für Streitwerte darüber das ordentliche Verfah-

---

enjuiciamiento civil, Art. 281. Zur Reform und ihrem Verhältnis zur Freiwilligen Gerichtsbarkeit *Fernández de Buján*, Actualidad Civil 2001, 12, 95.

[256] Zur Bedeutung der LEC 2000 für das IPR insgesamt vgl. *Esplugues Mota*, Rivista di diritto internazionale privato e processuale 2001.2, 279-320.

[257] *Correa Delcasso*, S. 4 f.

[258] *juicio verbal.*

ren[259]. Beide Verfahren sollen von der Konzentrationsmaxime beherrscht werden, vom Prinzip der Mündlichkeit und Unmittelbarkeit[260]. Damit soll einer derzeit bestehenden Überlastung der Gerichte entgegengewirkt werden, was allerdings im Ergebnis in der Literatur bereits bezweifelt wird[261].

Zahlreiche Neuerungen hat das Beweisverfahren erfahren. In diesem Verfahrensabschnitt findet die Anwendung des ausländischen Rechts schwerpunktmäßig, nach Meinung der Rechtsprechung ausschließlich, statt. Der Gesetzgeber hat einheitliche Bestimmungen zum Beweisverfahren festgelegt. Anders als bisher hat der Richter bei Partei- und insbesondere Zeugenvernehmungen zwingend anwesend zu sein, Art. 289 LEC 2000. Mit der Beweislast beschäftigt sich Art. 217 LEC 2000. Die beweispflichtige Partei ist für die Verfügbarkeit und Realisierbarkeit des Beweises verantwortlich, Art. 217 Nr. 6. Mit der Neuregelung werden die Bestimmungen des *Código Civil*, die sich mit dem Beweis beschäftigen, ausdrücklich Art. 1214, derogiert. Nach Art. 290 LEC 2000 soll die Beweiserhebung in einem Beweiserhebungstermin stattfinden. Das Verfahren des Sachverständigenbeweises wird mit den Art. 335 – 352 LEC 2000 neu festgelegt. Die neue Regelung weicht erheblich von der bisherigen, vergleiche Art. 610 - 632 LEC und Art. 1242 und 1243 CC, ab[262]. Neu ist insbesondere, dass der alte Grundsatz, nachdem der Sachverständige durch den Richter ernannt wird, zur Ausnahme gegenüber dem neuen Prinzip wird, wonach die Partei das Gutachten selbst einholt und mit den bestimmenden Schriftsätzen dem Gericht übersendet, Art. 336 Nr. 1. Davon wird mit Art. 339 Nr. 2 LEC 2000 eine Ausnahme für den Fall gewährt, dass die Partei es für angemessen erachtet, das Gericht den Gutachter bestellen zu lassen[263].

Die Möglichkeit des Richters, von Amts wegen weitere Aufklärungshandlungen anzuordnen, ursprünglich die *diligencias para mejor proveer*, wird eingeschränkt. Das neue Gesetz schafft diese *diligencias para mejor proveer* ab und

---

259 *juicio ordinario.*

260 *Correa Delcasso*, S. 4.

261 *Correa Delcasso*, a.a.O.

262 *Cordon Moreno*, S. 190.

263 *Ortiz Navacerrada*, La Ley-Actualidad 2000, 6.2.3.

ersetzt sie durch *diligencias finales*[264]. Der Gesetzgeber will mit der neuen Zivilprozessordnung die Bedeutung des Gerichtsverfahrens, der eigentlichen Verhandlung, stärken und hat so konsequenterweise *vorangehende* Aktivitäten des Gerichtes eingeschränkt[265]. Solche Ausführungshandlungen werden im Allgemeinen auf Initiative der Parteien angeordnet, ausnahmsweise vom Gericht[266]. In der Terminologie der neuen LEC 2000 heißen diese jetzt zutreffender *diligencias finales*. Der Richter darf sie von Amts wegen dann einsetzen, wenn die vorangegangene Beweisaufnahme nicht hinreichend Überzeugung brachte aufgrund von Umständen, die nicht den Parteien zuzurechnen sind. Hinzukommen muss die begründete Annahme, dass die richterliche Aufklärungshandlung hinreichende Sicherheit über die zu untersuchende Tatsache bringen wird, Art. 435 Abs. 2 LEC 2000. Der stärkere Ausnahmecharakter im Vergleich zu dem *diligencias para mejor proveer* wird betont[267]. Ob und in welchem Umfang sie vorgenommen werden, bleibt weiterhin eine Frage des richterlichen Ermessens[268].

Die Bestimmungen über die Berufung werden vereinheitlicht, Art. 455 – 467 LEC 2000. Die *casación* wird von einem einheitlichen Rechtsmittel zweigeteilt: Für Verletzungen des Prozessrechts soll das jeweilige *Tribunal Superior* der jeweiligen autonomen Gebietskörperschaft zuständig sein, für solche des materiellen Rechts das *Tribunal Supremo*. Diese Aufteilung ist bereits jetzt in der Literatur auf heftige Kritik gestoßen[269].

II. Entwicklung des Zivilprozessrechts in Deutschland

Mit der CPO von 1877[270] wurde die seit Beginn des 19. Jahrhunderts bestehende Zersplitterung Deutschlands in drei große Zivilrechtsbereiche beseitigt[271]. Mit

---

264 *Cordón Moreno*, S. 73.
265 *Cordon Moreno*, a.a.O.
266 Art. 435 LEC, vgl. dazu *Correa Delcasso*, S. 5.
267 *Gómez de Liaño González*, S. 478.
268 *Gómez de Liaño González*, a.a.O. mit Verweis auf STC vom 22.04.1986 zum alten Recht.
269 Vgl. *Correa Delcasso*, S. 5.
270 RGBl S. 83, in Kraft getreten am 01.10.1879.
271 *MüKo/Lüke* Einl. ZPO, Rdnr. 40.

dem neu geschaffenen Einheitsprozess wurden die justizpolitischen Forderungen der zweiten Hälfte des 19. Jahrhunderts, nämlich Mündlichkeit, Unmittelbarkeit und Öffentlichkeit, die freie Beweiswürdigung und Beseitigung der gemeinrechtlichen Eventualmaxime verwirklicht[272]. Die neu entstandene, als liberal zu bezeichnende[273] Kodifikation wies dem Richter eine passive Rolle zu gegenüber einer weit getriebenen Parteiherrschaft nicht nur über den Prozessstoff und Verhandlungsgegenstand, sondern insbesondere über den Verfahrensablauf selbst[274]. Damit verbundene Nachteile, wie nachlässige Prozessführung oder Prozessverschleppung durch die Parteien, ließen bald den Ruf nach Reformen laut werden. Grundlegend für Reformbemühungen war die sogenannte soziale Prozessauffassung, die in der veränderten Rollenverteilung zwischen der Macht des Gerichts und der Parteifreiheit zum Ausdruck kam[275].

Kleins Auffassung vom sozialen Zivilprozess fand ihre Ausprägung insbesondere in der österreichischen ZPO von 1885[276]. Damit entfernte sich das Prozessrecht vom liberalen Geist hin zur Bewältigung einer sozialen Aufgabe, die nicht mehr reine Privatangelegenheit der Parteien sondern eine staatliche Wohlfahrtseinrichtung zur Klärung sozialer Massenerscheinungen wurde[277]. Mit der so genannten Emminger-Novelle von 1924 als Teil der Emminger'schen Justizreform wurde neben einer Beseitigung der Herrschaft der Parteien über Termine die Richtermacht weiter gestärkt und aktiviert.[278] Sie wird als erster großer Schritt hin zum sozialen Zivilprozess gesehen.[279] Mit der Reform wurde die Parteiherrschaft weiter eingeschränkt und die Parteipflichten stärker betont[280]. Besonders ist noch die Novelle von 1933 hervorzuheben[281]. Wesentliche

---

[272] *Zöller/Vollkommer*, Einl. ZPO, Rdnr. 1.
[273] *Bettermann* ZZP 91 (1978), 365.
[274] *MüKo/Lüke*, Einl. ZPO, Rdnr. 44; *Zöller/Vollkommer*, Einl. ZPO, Rdnr. 1.
[275] *MüKo/Lüke*, Einl. ZPO, Rdnr. 44; *Zöller/Vollkommer*, Einl. ZPO, Rdnr. 1.
[276] *MüKo/Lüke*, Einl. ZPO, Rdnr. 45.
[277] *Sprung* ZZP 92 (1979), 4,20 f.
[278] *Zöller/Vollkommer*, Einl. ZPO, Rdnr. 5.
[279] *MüKo/Lüke*, Einl. ZPO, Rdnr. 48.
[280] *MüKo/Lüke*, Einl. ZPO, Rdnr. 48.
[281] Neubekanntmachung vom 08.11.1933; in Kraft getreten am 01.01.1934.

Änderungen waren insbesondere: Eine weitere Konzentration des Verfahrens in der Hand des Gerichts und die Einführung der Wahrheitspflicht.[282]

Im Vorspruch zur Novelle heißt es: *Keiner Partei kann gestattet werden, das Gericht durch Unwahrheiten irre zu führen oder seine Arbeitskraft durch böswillige oder nachlässige Prozessverschleppung zu missbrauchen. Dem Rechtsschutz, auf den jeder ein Anrecht hat, entspricht die Pflicht, durch redliche und sorgfältige Prozessführung dem Richter die Findung des Rechts zu erleichtern.* Darin wird die Anerkennung der sozialen Prozessauffassung gesehen[283]. Auf diese Weise wurde der liberalen Prozessauffassung, die darauf vertraute, dass durch das Freispiel der Kräfte und die gegensätzlichen Parteiinteressen die Sachlage hinreichend aufgeklärt werde[284], letztlich eine Absage erteilt. Reformbewegungen jüngerer Zeit hatten die Tendenz, dem Richter die Funktion eines „Sozial-Ingenieurs" zuzuerkennen und drohten damit den Boden der Privatrechtsordnung zu verlassen[285]. Erwogen wird hier unter anderem die Anerkennung einer allgemeinen, von der Behauptungs- und Beweislast unabhängigen, prozessualen Aufklärungspflicht der Parteien[286]. *Lüke* sieht darin die Gefahr einer Rollenverschiebung der dem Prozesssubjekt Partei zugewiesenen Position hin zum Gericht und als Folge eine in der ZPO so nicht vorgesehene Hinwendung zum Untersuchungsgrundsatz[287]. Die neueren Tendenzen zeigen, dass sich die Wissenschaft noch nicht über eine allgemein anerkannte Aufgabenverteilung zwischen dem Gericht und den Parteien verständigen konnte[288]. Diese für den gesamten Zivilprozess geltende Unsicherheit wirkt sich auf Bereiche aus, in denen die Rollenverteilung noch weniger geklärt ist, wie bei der Anwendung ausländischen Rechts. Dessen ungeachtet ist die zunehmende Aktivierung des Richters als Folge der sozialen Prozessauffassung unverkennbar. Die damit ver-

---

282 *MüKo/Lüke*, Einl. ZPO, Rdnr. 50.

283 Sprung ZZP 92, 25 f; *Zöller/Vollkommer*, Einl. ZPO, Rdnr. 6. Diese Neuerungen waren bereits im ZPO-Entwurf von 1931 enthalten und sind mithin nicht als nationalsozialistisches Gedankengut zu qualifizieren; vgl. *MüKo/Lüke*, Einl. ZPO, Rdnr. 50.

284 *MüKo/Lüke*, Einl. ZPO, Rdnr.11.

285 *MüKo/Lüke*, Einl. ZPO, Rdnr. 13.

286 *MüKo/Lüke*, Einl. ZPO, Rdnr. 13.

287 *MüKo/Lüke*, Einl. ZPO, Rdnr. 13. Grundlegend: *Brüggemann*, Judex statuor und judex investigator.

288 Zur aktiven Rolle des Richters *Stürner/Stadler* in: Deutsche Landesberichte zur IX. Weltkonferenz für Prozeßrecht in Coimbra und Lissabon 1991, S. 173, 208.

bundene Einschränkung der Parteiherrschaft führt zwingend zu einer Ausweitung der Parteipflichten und der Frage, ob deren Nichterfüllung sanktionsbewehrt ist.

III. Zwischenfazit

Während in Deutschland die Neukodifikation dieser Zeit von einer starken nationalen Bewegung getragen wurden (neues Recht für eine neues Reich), erinnerte man sich in Spanien an eine goldene Zeit zurück, in der es nicht an nationalen Perspektiven gefehlt hat[289]. In Deutschland verbindet man mit dem Begriff „*Liberalismus*" das Abrücken vom römisch-kanonischen Recht im Zivilprozess; in Spanien jedoch wurden die Stärkung der Macht des Richters und das Zurückdrängen von Förmlichkeiten als reaktionär bezeichnet[290]. Die spanischen Liberalen waren der Auffassung, dass nur die Einhaltung der Förmlichkeiten des römisch-kanonischen Prozesses[291] die Dispositionsfreiheit der Parteien voll zur Geltung kommen ließe[292].

Diese Orientierung versucht man mit dem neuen Gesetz zu korrigieren. Der Gesetzgeber hat Tendenzen in anderen Rechtsordnungen verfolgt; ohne jedoch so weit zu gehen, wie einige dieser oder auch solche in anderen spanischen Verfahrensordnungen – wie der Verwaltungsgerichtsordnung und der Verfahrensordnung der Arbeitsgerichte[293]. Die Dispositionsmaxime behält weiterhin Gültigkeit. Wichtige Einschränkung erfährt allerdings der Beibringungsgrundsatz und, in geringerem Maße, die Beziehung zwischen Richter und den Parteien[294]. Der Streitgegenstand wird selbstverständlich weiterhin von den Parteien definiert, Art. 216 LEC 2000; der Richter wird nicht zum Inquisitionsrichter, indem er etwa Möglichkeiten bekäme, den Streitgegenstand zu manifestieren oder außerprozessual Ermittlungen über nicht vorgetragene Tatsachen anzustellen. Die ge-

---

[289] *Miras*, S. 133.
[290] *Miras*, S. 133 f.
[291] Der römische Prozess der Klassik kannte noch gar keine richterliche Aufklärungspflicht: *judex ex officio non procedit*, vgl. *Kötz*, JZ 1992, 24.
[292] *Miras*, S. 134.
[293] *Cordon Moreno*, S. 14.
[294] *Cordon Moreno*, S. 14.

setzgebende Gewalt trägt damit weiterhin der grundsätzlich privatrechtlichen Situation Rechnung, aus der sich der Prozess ableitet. Eine wesentliche Abänderung erfährt das Beibringungsprinzip. Der Grundsatz *iudex judicare debet secundum allegata partium* wird durch die Art. 218, 429; Artikel 282 und Art. 435 LEC 2000 eingeschränkt. Nach Art. 218 LEC 2000 kann das Gericht – wenn es nicht vom Klagegrund abweicht – bei seiner Entscheidung auf andere Tatsachen oder Rechtsgründe als die vorgetragenen zurückgreifen. Art. 429 LEC 2000 gestattet den zusätzlichen Nachweis von Tatsachen, die nicht hinreichend nachgewiesen wurden und erlaubt darüber hinaus eine darauf gerichtete Beweiserhebung von Amts wegen durchzuführen[295]. Das Prinzip des rechtlichen Gehörs darf bei solchen Maßnahmen nicht verletzt werden. Die federführende Aktivität geht bei der Beweiserhebung vom Richter aus, wenn das Gesetz dies vorsieht. Damit behält das neue Recht den Grundsatz der Beibringung durch die Parteien in Beweissachen grundsätzlich bei, lässt zugleich aber die Tür für eine Aktivität des Gerichts von Amts wegen offen, wie es neuere Lehren fordern[296]. Am Ende des Verfahrens kann das Gericht nach Art. 435.2 LEC 2000 fakultativ über relevante Tatsachen Beweis erheben, die zuvor, ohne dass es einer Partei zugerechnet werden kann, nicht hinreichend nachgewiesen werden konnten. Dies kann auf die Initiative einer Partei oder des Gerichts selbst geschehen. Zur wesentlichen Neuerung wird weiter die Potenzierung des Unmittelbarkeitsprinzips genannt[297].

Cordon Moreno hält wesentliche Schwächen der alten Verfahrensordnung für beseitigt[298] und ist zuversichtlich, dass die prozessualen Herausforderungen des 21. Jahrhunderts mit dem neuen Recht erfolgreich angegangen werden, wenn auch es im Verwaltungsapparat noch Defizite gibt. Damit erkennt der spanische Gesetzgeber wie der deutsche das Gebot effektiven Rechtsschutzes als Ziel von hohem Rang an. Von diesem neuen Geist einer fortschrittlichen Prozessordnung könnte das hier untersuchte Problem erfasst werden. Effektiver Rechtsschutz

---

[295] *Cordon Moreno*, S. 14.

[296] *Cordon Moreno*, S. 178, Art. 282.

[297] *Cordon Moreno*, S. 14.

[298] S. 15, so insbesondere in systematischer Hinsicht, aber auch im Bereich des vorläufigen Rechtsschutzes, wo das weitgehende Fehlen von solchen Maßnahmen nunmehr behoben wurde.

kann gerade mit den Mitteln eines aktiveren Richters durchgesetzt werden. Für die Ermittlung und Anwendung ausländischen Rechts kann nichts anderes gelten. Die Prinzipien der LEC 2000 sind letztlich sämtlich solche, die auch im Bereich der ZPO gelten. Das begünstigt einen Funktionsvergleich[299].

B. „*JURA NOVIT CURIA*" UND DIE RECHTSQUALITÄT DES AUSLÄNDISCHEN RECHTS VOR DEM HINTERGRUND DER VERFAHRENSMAXIMEN

Um einen Fall richtig zu entscheiden, muss das Gericht *Tatsachen* und *Recht* kennen[300]. Beide Verfahrensordnungen unterscheiden Verhandlungsgrundsatz (auch Beibringungsgrundsatz) und Untersuchungsgrundsatz (auch Amtsermittlungsgrundsatz oder Inquisitionsmaxime):

Der Verhandlungsgrundsatz berechtigt die Parteien, die Tatsachen in den Prozess einzuführen, über die das Gericht zu befinden und sein Urteil darauf zu stützen hat[301]. Nur ihm als privates Wissen bekannte Tatsachen darf der Richter nicht verwerten, wenn sie in Parteivorbringen keine Stütze finden[302].

Gilt der Untersuchungsgrundsatz, hat das Gericht selbst für die Beschaffung und den Beweis der entscheidungserheblichen Tatsachen zu sorgen[303]. Das ist im Zivilprozess grundsätzlich die Ausnahme für die Fälle, in denen, etwa in Kindschaftssachen, ein grundsätzliches öffentliches Interesse an einer umfassenden und richtigen Klärung der tatsächlichen Grundlagen einer gerichtlichen Entscheidung besteht[304]. Materiellrechtlich geht es meist um zwingendes Recht[305].

---

[299] Einen Überblick gewährt *Grunsky* in: Wege zu einem europäischen Zivilprozeßrecht, S. 26, 34

[300] *Meier*, 1 ff.

[301] *Musielak*, Einl. Rn. 37.; *Badenas Caprio*, Actualidad Civil, I., II.

[302] vgl. *Musielak, ZPO Einl. Rn. 37; Badenas Caprio,* Actualidad Civil *2001, I., II.; De la Oliva*, Derecho procesal civil, Band II, S. 374 und 393 f.

[303] vgl. *Musielak*, ZPO Einl. Rn. 38 mit Verweis auf die liberale Grundanschauung des ZPO-Gesetzgebers,

[304] Also in Ehe-, anderen Familien-, Kindschafts- und Aufgebotssachen (§§ 616, 617 ZPO; § 621 a 1 ZPO mit § 12 FGG; §§ 640 1, 640d, 952 111 ZPO) und im Verfahren der freiwilligen Gerichtsbarkeit (§ 12 FGG) wird das Gericht von Amts wegen tätig; vgl. *Kegel/ Schurig* S. 439; in Spanien dazu *Fernandez de Bujan*, Actualidad Civil 2001, II. 2.; *Garcimartin Alférez*, S. 20.

Nicht gleichzusetzen mit dem Amtsermittlungsgrundsatz ist der Grundsatz der Prüfung von Amts wegen[306]. Er nimmt eine Mittelstellung zwischen Verhandlungs- und Untersuchungsgrundsatz ein[307] und gilt im Sprachgebrauch der ZPO dann, wenn das Gesetz dem Gericht aufgibt, bestimmte Umstände von Amts wegen zu berücksichtigen oder zu prüfen, beispielsweise bei Zulässigkeitsfragen und Rechtsmitteln[308]. So ist die internationale Zuständigkeit in jeder Phase des Verfahrens, auch noch in der Berufungs- und Revisionsinstanz, von Amts wegen zu prüfen[309]. Es gelten in diesem Rahmen auch die Grundsätze des § 138 ZPO über die Pflicht zu substantiiertem Vortrag der darlegungs- und beweispflichtigen Partei und zu substantiiertem Bestreiten eines diesen Anforderungen genügenden Sachvortrags durch die Gegenpartei. Geht es beispielsweise um die Zuständigkeit des Gerichts und damit auch um eine Prozessvoraussetzung, muss die Partei, die ein ihr günstiges Sachurteil erstrebt, die zuständigkeitsbegründenden Tatsachen darlegen und im Bestreitensfall beweisen[310]. Dann hat das Gericht Tatsachen unabhängig vom Verhalten der Parteien zu prüfen; der Beklagte muss ihr Fehlen nicht rügen, ein Geständnis bindet nicht[311]. Es kann sich im Wege des Freibeweises Überzeugung verschaffen[312]. Die Beibringung der Tatsachen bleibt jedoch Sache der Parteien[313]. Eine Amtsermittlung findet nicht statt; dazu ist das Gericht nicht befugt. Der Vorsitzende weist die Parteien auf seine Bedenken hin, § 139 ZPO und fordert sie auf, die notwendigen Zulässigkeitsvoraussetzungen darzutun[314]. Ein *non liquet* geht zu Lasten der Partei, die sich auf die behaupteten Prozessvoraussetzungen stützt und ein Recht aus ihnen ableiten will[315]. Diese Unterscheidung gelingt dar Rechtsprechung nicht immer.

---

[305] *Fernandez de Bujan*, Actualidad Civil 2001, II. 2.

[306] BAG NJW 1984, 1320-1320.

[307] *Jauernig*, § 25 X.

[308] §§ 56, 341, 519b, 554a, 574, 589 ZPO.

[309] BGH NJW 99, 1395.

[310] vgl. *Wirth*, NJW 1978, 460, 463.

[311] *Jauernig*, § 25 X.

[312] *Zöller* ZPO, § 56 Rn 8.

[313] BGH NJW 82, 1467 f.

[314] *Zöller/Vollkommer* ZPO, § 56 Rn 4.

[315] *Zöller/ Vollkommer* ZPO, § 56 Rn 9.

Roth beanstandet[316], dass der BGH nicht präzise zwischen der Prüfung einer Zulässigkeitsvoraussetzung von Amts wegen, im Fall verbunden mit der Erforschung ausländischen Rechts und der Amtsermittlung von Tatsachen unterscheide[317]. Der Grundsatz der Amtsermittlung verpflichtet das Gericht nur, die zur Aufklärung des Sachverhalts dienlichen Beweise zu erheben[318]. Das bedeutet aber nicht, dass alle nur denkbaren Möglichkeiten zur Erforschung des Sachverhalts von Amts wegen ausgeschöpft werden müssten. Eine Aufklärungspflicht besteht vielmehr nur insoweit, als das Vorbringen der Beteiligten und der festgestellte Sachverhalt bei sorgfältiger Überlegung dazu Anlass geben. Der Amtsermittlungsgrundsatz enthebt die Beteiligten nicht der Pflicht, an der Aufklärung des Sachverhalts mitzuwirken[319]. Die Darlegungslast der Parteien erhöht sich in gleichem Maße, indem das Gericht auf ihre Mitwirkung angewiesen ist.

Das Recht aber muss das Gericht in der Regel kennen oder aus eigener Kraft feststellen: *Iura novit curia; da mihi factum, dabo tibi ius.* Dafür gilt infolgedessen stets der Untersuchungsgrundsatz[320].

I. Sichtweise der spanischen Rechtswissenschaft

Die wohl überwiegende Meinung der Literatur spricht dem ausländischen Recht eine eigenständige juristische Qualität als *tertium genus* zu[321]. Die Argumentationsschienen verlaufen aber nicht sämtlich parallel: Beweisobjekt sind normalerweise nur von der einen oder anderen Partei dargelegte Tatsachen[322]. Dies kann daran liegen, dass das Prinzip *iura novit curia* die Möglichkeit eines Beweises von Recht ausschließt. Nunmehr findet die Argumentation im Wortlaut

---

[316] *Roth*, ZZP 104 (1991), 466.

[317] So in BGH ZZP 104, 449 (1991)

[318] BayObLG StAZ 1998, 206, 208.

[319] BayObLGZ 1989,44/48.

[320] *Kegel/ Schurig*, S. 439.

[321] *Fernández Rozas/ Sánchez Lorenzo,* Derecho Internacional Privado, Ziff 209.

[322] Art. 281 Nr. 1 LEC 2000. Vgl auch *Pérez Voituriez*, Naturaleza y valoración de la ley extranjera en el Derecho español; ders. Norma de conflicto y norma material. *Puente Egido*, El hecho y el Derecho en el Sistema Conflictual Español - Breves reflexiones, in: Rechtsvergleichung Europarecht und Staatenintegration, Gedächtnisschrift für Léontin-Jean Constantinesco, S. 581 ff.

des Art. 281 LEC 2000 ihre Stütze[323]. Entsprechende Darlegung oder Beweisantritt ist unnötig[324]. Die gesamte Materie bleibt dem Richter vorbehalten, da es seine Aufgabe ist, die Gesetze zu kennen, auszuwählen und auf den Fall anzuwenden. Den Parteien steht diese Aufgabe nicht zu[325].

Reich- und Tragweite dieses Prinzips sind umstritten. *Garcimartín Montero* fixiert zwei Hauptprobleme[326]: Zum einen ist es die Frage, welche Bereiche der Rechtsordnung es betrifft; zum anderen die Frage nach dem Kenntnisgrad, der vom Richter bei Beantwortung der Rechtsfrage verlangt wird[327]. Man muss Abgrenzungskriterien finden zwischen dem Recht *an sich* und dem Recht, dass der Richter zu kennen verpflichtet sein soll[328]. Teilweise wird vorgeschlagen, dass der Richter das allgemeine schriftliche innerstaatliche Recht unter der Voraussetzung zu kennen hat, dass es im spanischen Staatsanzeiger[329] veröffentlicht wurde[330]. Besonders in den Verfahren der ordentlichen Gerichtsbarkeit muss sich der Beweis auf Tatsachen beziehen. Die Existenz von Rechtsnormen der spanischen Rechtsordnung, die in den entsprechenden Publikationsorganen veröffentlicht wurden, kann nicht bestritten und überprüft verlangt werden[331]. Zu Recht wird dieses Kriterium für zu eng gehalten, da es nur schriftliches Recht einbezieht und einseitig an das Merkmal der Veröffentlichung im Staatsanzeiger anknüpft[332].

Als Ausgangsthese ist die Forderung, der Richter müsse alle im Staatsanzeiger veröffentlichten Gesetze kennen, jedoch geeignet[333]. Sie hat zumindest den Ver-

---

[323] Vgl. Art. 281 Ziff. 1 LEC 2000.
[324] *Garcimartín Montero*, S,92.
[325] *Garcimartín Montero*, S 92.
[326] *Garcimartín Montero*, S 92.
[327] Vgl. *Garcimartín Montero*, S. 92.
[328] Vgl. *Garcimartín Montero*, S. 52, 92; die Schwierigkeit hängt teilweise mit der nicht leicht vorzunehmenden Abgrenzung zwischen Recht und Tatsache zusammen.
[329] *Boletín Ofical del Estado.*
[330] Vgl. nur *Montero Aroca, J. derecho juristicsenal Joris deccon al, (mit Gomez Colomer, J.L. und Ortells Ramos, M.), t. 21. S. 214*
[331] vgl. auch ATC 313/92 vom 20.10.992.
[332] Vgl. *Garcimartín Montero*, S. 93.
[333] *Garcimartín Montero*, S. 93.

dienst, eine objektive Abgrenzung herbei und zu Rechtssicherheit zu führen. Die Parteien wissen, wann sie Kenntnis des Richters unterstellen können[334]. So hat sich auch das Verfassungsgericht ausgesprochen: Es hat eine Beweiserhebung über den Inhalt der Norm einer autonomen Gebietskörperschaft (*comunidad autónoma*)[335] und über die Rechtsnorm einer Gemeinde[336] abgelehnt. Die Reichweite des Grundsatzes *iura novit curia* beschränkt sich also nicht auf die Normen des nationalen Rechts, sondern berührt auch alle anderen, die im Staatsanzeiger veröffentlicht werden. Diesen Anforderungen genügt das ausländische Recht nicht, da grundsätzlich nicht in inländischen Mitteilungsblättern veröffentlicht. Für Normen, die nur im Amtsblatt einer autonomen Gebietskörperschaft veröffentlicht worden sind, soll auch nach Meinung der Literatur Kenntnispflicht bestehen, jedenfalls für die Rechtsprechungsorgane innerhalb dieser Gebietseinheit[337]. Die Amtsblätter der autonomen Gebietskörperschaften genügen dem Publizitätserfordernis und erfüllen sämtliche Voraussetzungen, so dass für die Gerichte der autonomen Gebietskörperschaft Kenntnispflicht besteht infolge der Anwendbarkeit des Prinzips *iura novit curia*[338].

Die zweite Frage ist die nach dem Kenntnisgrad des Richters. Vollständige und perfekte Kenntnis ist Utopie[339]. Erwartet wird eben grundsätzlich nur, dass der Richter sich der nötigen Mittel bedient, um die einschlägige Norm zu finden und anzuwenden. Die Entscheidung des *Tribunal Supremo* vom 31.12.1994[340] ist folgerichtig ein Einzelfall geblieben. Dort hatte das Gericht rechtsirrig aus dem Grundsatz *justa allegata et probata* abgeleitet, dass weder für das ausländische *noch* das nationale Recht eine generelle Verpflichtung bestehe, die auf das Klagebegehren anzuwendende Norm zu finden. Die Reichweite des Prinzips *iura novit curia* soll noch weiter gehen: Der Richter muss demnach die rechtliche Einordnung des Streitgegenstandes vornehmen und die anwendbare Norm seiner Überzeugung gemäß in den Grenzen der Verfassung und des Gemeinschafts-

---

[334] Vgl. *Garcimartín Montero*, S. 93.
[335] ATC 200/85 vom 14.03.1985.
[336] CTS 110/95 vom 4.07.1995.
[337] Vgl. *Garcimartín Montero*, S. 93 f.
[338] STC 952/94 vom 23.05.1994.
[339] *Garcimartín Montero*, S. 94 f.
[340] RA 10245.

rechts auslegen[341]. Ausführungen der Parteien dazu sind theoretisch nicht erforderlich.

Es handelt sich dabei sowohl um eine Berechtigung des Richters wie auch um eine Verpflichtung[342]. Die Rechtsprechung hat einerseits eine völlige Freiheit des Richters hinsichtlich der Anwendung der passenden Norm festgestellt[343]. Demnach berechtigt der Grundsatz *iura novit curia* den Richter, jede passende Norm auf die von den Parteien vorgetragenen Tatsachen anzuwenden. *Fundamentos de derecho*[344] sind zwar Bestandteil der Klage[345]; hinsichtlich der Angabe der nach Art. LEC 2000 nötigen Rechtsgrundlagen gilt *iura novit curia*[346]. Darüber hinaus entfallen auf die Vorträge der Parteien in den Rechtsausführungen keinerlei Bindungswirkungen[347]. Andererseits tritt eine gewisse Beschränkung auf den von den Parteien festgelegten Streitgegenstand ein, der den materiellrechtlichen Bereich, aus dem die Norm zu entnehmen ist, eingrenzt[348].

II. Standpunkt der Rechtssprechung in Spanien

Die Rechtsprechung behauptet zwar nicht, das Recht *sei* eine Tatsache. Eine solche Auffassung, die das ausländische Recht allein und ausschließlich als Tatsache betrachtet, bezeichnet *Schnyder* zutreffend als überholt[349]. Dessen ungeachtet hat die spanische Rechtsprechung in unzähligen Urteilen ausgesprochen, dass das ausländische Recht im Prozess eine Tatsachenfrage[350] ist und als

---

[341] Vgl. STS vom 29.11.1985 (RA 5916) und vom 16.03.1989 (RA 2154).

[342] Vgl. *Garcimartín Montero*, S. 94 f.

[343] STS vom 20.05.1985.

[344] In Spanien am Ende der Klageschrift anzugebende Rechtsausführung unter Benennung einiger oder mehrerer einschlägiger Rechtssätze.

[345] Mit der Reform wurde Art. 524 durch Art. 399 LEC 2000 ersetzt, worin der Inhalt der Klageschrift festgelegt wird.

[346] vgl. *Adomeit/Frühbeck*, S. 83 Fn. 2.

[347] STS vom 31.05.1985.

[348] Vgl. *Garcimartín Montero*, S. 95.

[349] *Schnyder*, S. 23 ff.

[350] Zwar ist insoweit eine leichte Modifikation erkennbar, dass von Tatsachen*frage* die Rede ist. Praktische Auswirkungen zeitigt das jedoch bisher nicht.

solche dargelegt und bewiesen werden muss[351]. Dies zeigt exemplarisch das Urteil des *Tribunal Supremo* vom 5.11.1971 (RA 4524): „Die Darlegung des ausländischen Rechts ist eine Tatsachenfrage. Es bedarf des Nachweises durch die interessierte Partei“. Ebenso das Urteil des *Tribunal Supremo* vom 4.12.1935 (RA 4312): „Der Partei, die ihr Heimatrecht heranzieht, obliegt es, ihren Beweis *wie bei einer reinen Tatsachenfrage*[352] nachzuweisen“. Das *Tribunal Supremo* legt Art. 12.6 a.F. Abs. 2 CC in seiner Rechtsprechung so aus, dass für das ausländische Recht *iura novit curia* nicht gilt[353].

Zuweilen kann man eine Art von absichtlichem Vermeiden der Anwendung ausländischen Rechts durch die spanischen Gerichte feststellen[354]: Kennzeichnend dafür ist STS vom 23.10.1992. Das Gericht hat dort die Nichtanwendbarkeit des berufenen Rechts gleich aus drei verschiedenen Gründen festgestellt: *„An erster Stelle, deshalb, weil in Spanien ausländische Normen nicht von Amts wegen angewandt werden, wenn sie nicht ausreichend dargelegt werden und auch niemand sich sonst ihrer annimmt (...) b) In Anbetracht von Art. 12 CC ist es nicht ausreichend, den materiellen Inhalt des belgischen Rechts mittels des beigefügten certificado nachzuweisen (...). c) Drittens bezieht sich die im angegriffenen Urteil angewandte Norm auf eine erbrechtliche Institution wie den Pflichtteilsanspruch, der gut zum ordre public unserer Rechtsordnung gezählt werden kann (...).“* Die Redundanz der Argumente versteckt die Abneigung nur notdürftig. Wäre die erbrechtliche Materie dem *ordre public* zuzurechnen, würden sich die weiteren Argumente erübrigen[355]. Auf der anderen Seite kann man dem Urteil entnehmen, dass das berufene Recht eingebracht wurde, wenn auch -

---

351 STC vom 13.01.1885 (CL t. 57 Nr. 14), 07.11.1896 (CL t. 80 Nr. 135), 19.11.1904 (CL t. 99 Nr. 61) 03.12.1926 (CL t. 172 Nr. 141), 14.06.1947 (CL t. 175 Nr. 145), 01.02.1934 (RA 227), 16.12.1960 (RA 4097), 29.09.1961 (RA 3271), 06.06.1969 (RA 3283), 13.02.1974 (RA 491), 06.04.1979 (RA 1276), 12.01.1969 (RA 100), 10.12.1990 (RA 9762), 07.09.1990 (RA 6855), 16.01.07 1991 (RA 5389), 13.04.1992 (RA 3101) und 23.10.1992 (RA 8380).

352 Hervorhebung in der Übersetzung hinzugefügt.

353 Siehe dazu insbesondere zur Auffassung vor 1974 STS vom 13.01.1885, STS vom 26.05.1887, STS vom 07.11.1896, STS vom 19.11.1904, STS vom 01.02.1934, STS vom 06.06.1969 und STS vom 05.11.1971; später STS, Sala 1. Vom 12.11.1976, STS Sala 6. vom 06.11.1979 mit exemplarischem Charakter

354 So *Garcimartin Montero*, S. 101, Fn. 137.

355 *Garcimartin Montero*, S. 101.

nach der Auffassung des *Tribunal Supremo* nicht in „ausreichender Form". Zuletzt fällt die Zurückweisung des Beweises mittels *certificado* auf. Zu einem muss dies zulässig sein, wenn das ausländische Recht bewiesen werden muss, wie wenn es eine Tatsache wäre, zum anderen wurde gerade dieses Beweismittel in zahlreichen anderen Urteilen[356] für zulässig erachtet[357].

III. Sichtweise der deutschen Rechtsprechung und Lehre

Das anzuwendende Recht hat das Gericht von Amts wegen festzustellen[358]. Moderne Verfahrensordnungen gehen davon aus, dass das Gericht das für die jeweilige Entscheidung erforderliche Recht kennt[359]. In der Regel haben Richter keine Kenntnis ausländischer Rechte aufgrund ihrer Ausbildung[360]. Eine Einarbeitung in diese ist normalerweise in den Gerichtsbibliotheken schwierig[361]. Die Parteien haben auf die Feststellung der Rechtssätze keinen bestimmenden Einfluss; für diese Tätigkeit gelten die Vorschriften über das Vorbringen und den Beweis von Tatsachen nicht[362]. Allerdings kann man vom Richter zunächst nur fordern, dass er das *inländische* Recht *kennt*. Denn nur dafür ist er ausgebildet und mit Hilfsmitteln ausgerüstet. Dies findet seinen Ausdruck in *iura novit curia*[363]. Ob nun eine Ermittlungspflicht innerhalb von § 293 ZPO auch auf *iura novit curia* gestützt werden kann, ist umstritten. Die Diskussion wird wenig trennscharf geführt; möglicherweise da das Ergebnis bereits vorher feststehen soll:

Einer Auffassung zufolge unterfällt ausländisches Recht nicht *iura novit curia*: Der Richter muss es nicht kennen. § 293 ZPO sei eine *Ausnahme* zu *iura novit curia*[364]. Das berufene fremde Recht dürfe dessen ungeachtet nicht wie eine

---

[356] vgl. STC vom 13.01.1885, STC vom 30.01.1930, 19.12.1935, 28.10.1968, 05.11.1971, 03.02.1975 und 10.12.1990.

[357] Dazu im Einzelnen ab S.

[358] *Stein/Jonas/Leipold* § 293 Rn. 1.

[359] *Geisler*, ZZP 91(1978), 176 f.

[360] *Geisler*, ZZP 91 (1978), 176 f.

[361] *Geisler*, ZZP 91(1978), 180.

[362] *Stein/Jonas/Leipold* § 293 Rn. 1.

[363] *Stein/Jonas/Leipold* § 293 Rn. 1.

[364] Zuletzt *Küster*, S. 42.

Tatsache behandelt werden, da § 293 ZPO ja ausdrücklich von dem in einem anderen Staate geltenden *Recht*[365]spricht[366]. Dieser Schluss ist nicht unbedingt einleuchtend, da niemand dem ausländischen Recht seinen Rechtscharakter *in seinem* Geltungsstaat absprechen will, wohl aber möglicherweise im Forumstaat. Auch wird ausländisches Recht nicht deshalb zwingend inländisches Recht, weil das deutsche internationale Privatrecht seine Anwendung vorschreibt[367].

Im Ergebnis hält *Evangelou* den Grundsatz *iura novit curia* für die Auslandsrechtsfeststellung für anerkannt[368]. Vertreter dieser Auffassung sehen das Gericht deswegen verpflichtet, auf die von den Parteien dargelegten und nötigenfalls auch bewiesenen physischen Tatsachen das kollisionsrechtlich berufene ausländische Recht anzuwenden, ohne dass es eines weiteren Zutuns der Parteien bedarf[369].

Sturm stellt auf *„da mihi facta, dabo tibi jus"* ab und begründet so die Pflicht zur amtswegigen Anwendung des ausländischen Rechts[370]. *Geimer* meint, § 293 ZPO enthalte eine Ausnahme von den Grundsätzen *„iura novit curia"* und *„da mihi facta, dabo tibi jus"*.[371] Dies kann insoweit richtig sein, als das § 293 den Richter aus der allgemeinen Kenntnisfiktion für Recht entlässt. Beide vorgenannten Rechtsregeln sind jedoch nicht synonym zu verwenden. Erstere steht für die Kenntnisfiktion; zweite für den Beibringungsgrundsatz. Für den Beibringungs- und Dispositionsgrundsatz wiederum steht auch *iudex iudicare debet secundum allegata et probata partium*.

---

[365] Hervorhebung vom Verfasser.

[366] *Kindl*, ZZP 111 (1998), 177, 179.

[367] *Schack* IZPR, RN. 625, 653. Vgl. auch die bei *Theis*, S. 92 f. dargestellte Theorie des italienischen Rechts vom *rinvio di produzione*, die eine ausländische Norm mittels Kollisionsnorm zu innerstaatlichem Recht macht, auf das dann *iura novit curia* Anwendung findet.

[368] IPrax 1987, 264. Die Regelung des § 293 Abs. 2 ZPO sei aber weniger deutlich als die des § 4 Abs. 1 d. österr. IPRG 1978.

[369] *Koehler*, JR 1951, 549 f.; *Broggini*, AcP 155 (1956), 468, 478; Luther RabelZ 37, 660; *Lüderitz*, IPR, Rn 179.

[370] *Raape/Sturm*, S. 308, Fn 7.

[371] *Geimer*, IZPR, RN. 2594, 2585.

Der Richter hat indessen die Rechtsfrage zu beantworten: *Da mihi factum, dabo tibi ius*. Der Satz geht über die Bedeutung von *iura novit curia* hinaus[372]. Gleich welche Auffassung man zu Geltung von *iura novit curia* vertritt: Der Richter muss die Rechtsfrage beantworten (*dare ius*). Es wäre sophistisch, nun zu untersuchen, ob das, auf was die Kollisionsnorm verweise, nun Recht sei oder nicht. Auf den Rechtscharakter einzelner Normen kommt es kaum an. Der kollisionsrechtliche Verweisungsbefehl muss ausgeführt werden: Es muss Recht gesprochen werden, wodurch der Zivilprozess seine Funktion erfüllt.

Im deutschsprachigen Raum unterscheidet man dabei zwischen Tat - und Rechtsfrage: Die erste beantwortet, welcher tatsächliche Vorgang Gegenstand der richterlichen Bewertung sein soll, die zweite, wie das Bestehende nach den Maßstäben der Rechtsordnung rechtlich einzuordnen ist.

Fastrich[373] hält es generell für fraglich, bei Beantwortung der Rechtsfrage eine Amtsermittlungspflicht aus § 293 ZPO abzuleiten. Es sei näher liegend, auf *iura novit curia* zu rekurrieren, da die Rechtsermittlung notwendige Voraussetzung der Rechtsanwendung ist[374]. Die Kenntnisfiktion gilt aber gerade nicht. *Mankowski* zufolge gilt für ausländisches Recht ebenfalls die Maxime *iura novit curia*, allerdings von § 293 ZPO modifiziert[375]. *Wagner* argumentiert, dass ausländisches Recht in § 293 ZPO zwar nicht zu einer Tatsache degradiert, aber dennoch so behandelt werde, indem es dem Beweiserfordernis unterworfen werde[376]. Die Amtsermittlung geschehe deshalb *nicht wegen*, sondern *trotz* § 293 ZPO[377]. Dem ist wegen der Zuordnung der Ermittlung ausländischen Rechts zur Rechtsfrage entgegenzuhalten, dass es an sich konsequent wäre, diese Ermittlung wegen des Grundsatzes *iura novit curia* vollständig dem Gericht zu überlassen[378].

---

372 Obwohl oft synonym gebraucht.
373 *Fastrich*, ZZP 97 (1984), 423, 425.
374 *Fastrich*, ZZP 97 (1984), 423, 435
375 *Mankowski*, MDR 2001, 194.
376 *Wagner*, ZEuP 7 (1999), 17.
377 *Wagner*, ZEuP 7 (1999), 17.
378 *Spickhoff*, ZZP 112 (1999), 288.

Nur auf den ersten Blick lassen sich aus der revisionsrechtlichen Beurteilung[379] bestimmte Schlüsse ziehen. Nicht zutreffend ist es, daraus auf den Tatsachencharakter des ausländischen Rechts zu schließen. Erst infolge der § 545 Abs. 1 ZPO wird es irreversibel, nicht aufgrund seines Tatsachencharakters. Es liegt der Schluss nahe, der Gesetzgeber habe ausländisches Recht für Recht gehalten und habe diese Vorschrift erlassen, um eine Ausnahme vom Grundsatz der revisionsrechtlichen Überprüfung der Rechtsfrage zu schaffen.

Kindl schließt sich der allgemeinen Auffassung an, dass nicht der Wortlaut des § 293 entscheidend sei, nach dem der Richter befugt ist, auch andere Erkenntnisquellen zu benutzen und zum Zwecke einer solchen Benutzung das Erforderliche anzuordnen, sondern dass das Gericht von Amts wegen verpflichtet sei, den Inhalt des maßgeblichen ausländischen Rechts zu ermitteln[380]. Begründung soll sein, dass ausländisches Recht auch im Inland Recht ist. Dem ist insoweit zuzustimmen, dass der Wortlaut von § 293 ZPO in der Tat nicht *gegen* eine amtswegige Ermittlung des ausländischen Rechts spricht. Satz 2 deklariert nur, dass das Gericht nicht an die Nachweise der Partei gebunden ist, sondern und insoweit hat die Norm nur klarstellenden Charakter, auch in dieser Materie eigene Überlegungen anstellen kann. Ob dies allerdings auf „*iura novit curia*" beruht, kann bezweifelt werden. *Kindl* ist der Auffassung, die Maxime gelte auch innerhalb des Anwendungsbereichs des § 293 ZPO. Er sei dort eben nicht außer Kraft gesetzt sondern nur gelockert. Der Richter wird nicht der Kenntnisfiktion unterworfen, es wird aber von ihm verlangt, den Inhalt des ausländischen Rechts zu ermitteln. Dabei sind Hilfsmittel erlaubt, die bei der Anwendung inländischen Rechts nicht erlaubt wären[381].

IV. Rechtsvergleichendes Zwischenfazit

Das ausländische Recht im Prozess ist nach der spanischen Lehre weder reine Tatsache, noch wird es wie eine Rechtsnorm behandelt[382]. Auf die Unterscheidung wird in Spanien großer Wert gelegt, denn es ausschließlich dem einen oder

---

[379] Dazu näher ab S. 284.
[380] *Kindl*, S. 180.
[381] Vgl. *Kindl*, S. 180.

anderen zuzuteilen, habe schwerwiegende Konsequenzen, weil seine Behandlung jeweils völlig verschieden werde[383]:

1. Folgen einer tatsachengleichen Einordnung

Wenn man es als Tatsache oder Tatfrage betrachtet, muss die Partei, die sich darauf beruft, es darlegen und beweisen. Tut sie es nicht, dürfte es der Richter seinem Urteil nicht zugrunde legen, selbst wenn er es kennt. Darüber hinaus bedürfte es nur dann des Beweises, wenn es strittig ist. Man müsste akzeptieren, dass die Parteien das ausländische Recht unstreitig stellen und damit eine Beweiserhebung darüber entfällt. Wenn die Parteien seine Anwendungen nicht wollten, würde es ausreichen, es nicht vorzutragen. Der Richter dürfte es dann nicht von Amts wegen beachten. Es gäbe die Möglichkeit, dass ein offenkundiges ausländisches Gesetz nicht des Beweises bedürfte wie es bei notorischen bekannten Tatsachen der Fall ist[384]. So ist es im englischen Recht[385]. Dort erfährt das ausländische Recht in jeder Hinsicht eine reine Tatsachenbehandlung. Sieht der Richter es als offenkundige Tatsache an, so kann er es anwenden, auch wenn es an entsprechendem Parteivortrag und Beweisangeboten fehlt[386]. Ausgeschlossen wäre bei dieser rein faktischen Behandlungsweise, dass der Richter die ausländische Norm auf eigene Initiative anwendet oder sein privates Wissen in den Prozess einfließen lässt[387].

Die tatsachengleiche Behandlung sieht sich starker Kritik ausgesetzt, weil sie die Anwendung den Parteien überlässt[388]. Dass es dabei ausgeschlossen ist, dass der Richter zu eigenen Ermittlungsschritten greift, gibt den Parteien Anlass zu fraudulösem Verhalten. Je nach dem wie es ihnen ins Konzept passt, können sie

---

[382] *Garcimartín Montero*, S 96.

[383] *Garcimartín Montero*, S 96. f. Darüber hinaus muss man sich anders als in Deutschland mit einer konträren Rechtsprechung auseinander setzen.

[384] *Garcimartín Montero*, S. 97. Anders jedoch das *Tribunal Supremo*.

[385] Zuletzt *Schellack*, S. 57 ff.

[386] Vgl. *Cortes Dominguez*, S. 62.

[387] *Garcimartín Montero*, S. 97.

[388] Dazu siehe unten III. Funktion und Aufgabe der Parteien in Spanien

es soweit beweisen oder es unterlassen[389]. Damit kann zwingendes materielles Recht über den kollisionsrechtlichen Weg ausgehebelt werden. Die grundlegende Änderung der französischen Rechtsprechung[390] von einer strengen Tatsachenbehandlung zu einer moderaten Position, die auch dem Richter bestimmte Interventionsmittel zur Anwendung des ausländischen Rechts auf Eigeninitiative hin gibt, hatte ihren Ursprung in einem klaren Fall der Gesetzesumgehung. Im Fall *Bisbal*[391] ging es darum, dass ein spanisches Ehepaar die Scheidung in Frankreich beantragte. Da das anwendbare spanische materielle Familienrecht eine solche nicht zuließ, beriefen sie sich nicht darauf und boten auch keinen Beweis an. Danach hielt es die Rechtsprechung in Frankreich für möglich, dass der Richter von Amts wegen das ausländische Recht ermittelt[392].
Es kann sein, dass der Richter die anwendbare ausländische Norm kennt, von seinem Wissen jedoch keine Gebrauch machen kann, weil ein entsprechender Parteivortrag fehlt[393]. Nach *Guasp*[394] handelt es sich nicht um die Frage der Tatsachenbehandlung, sondern um die von der Rechtsprechung geschaffene Ausnahme vom Grundsatz *iura novit curia.* Diese werden fälschlicherweise als Problem der Tatsachenbehandlung angesehen, so *Guasp.*

Die Behandlung des ausländischen Rechts wie eine Tatsachenfrage bedeutet normalerweise nicht, sein Charakter als Recht in Frage zu stellen[395]. Es erfährt im Prozess eben nur eine andere Behandlung als das nationale Recht[396]. Man hat dieser Meinung entgegengehalten, dass das ausländische Recht eine wechselhafte, mithin nicht eindeutige Behandlung erfahre[397]. Die Partei die sich darauf beruft, muss es wie eine Tatsache beweisen. Der Richter wendet es jedoch dann bei der Urteilsfindung wie Recht an. Sein Charakter hinge folglich von der jeweiligen Prozessphase ab. Dies entbehre jeder Logik[398].

---

[389] *Carrillo Salcedo,* S. 598.
[390] Zur neueren Entwicklung *Hartenstein*, IPRax 2001, 477, 481.
[391] Urteil des Cour de Cass. vom 12.05.1959.
[392] Vgl. *Batiffol/Lagarde*, S. 383.
[393] *De Miguel y Alonso,* S. 507.
[394] *Juez y hechos* S. 58.
[395] Vgl. *Ramos Mendez*, S. 59.
[396] *Ramos Mendez*, a.a.O.
[397] *De Miguel Alonso*, S. 511.
[398] Dazu *Garcimartin Montero*, S. 98.

2. Folgen einer Gleichsetzung mit der *lex fori*

Die extreme Gegenposition dazu hält das ausländische Recht für Recht mit allen Konsequenzen[399]: Der Richter hat die Verpflichtung, es zu kennen oder, sollte er es nicht kennen, es zu ermitteln. Er ist nicht an die Beweismittel gebunden, die das Gesetz vorsieht. Er kann aber davon Gebrauch machen, wenn er es für angemessen hält, ebenso wie von seinem privaten Wissen[400]. Für die Parteien existiert weder eine Darlegungs- noch Beweislast. Das Fehlen von Darlegung oder Beweis befreit den Richter nicht von seiner Verpflichtung, das ausländische Recht anzuwenden. Denn diese unterliegt bei zwingendem Recht nicht der Dispositionsbefugnis der Parteien. Auf der anderen Seite gibt es dann Erklärungsbedarf hinsichtlich des Rechts, das der Richter kennen muss.

3. Vermittelnde Ansicht

Es gibt zudem eine dritte Gruppe von Autoren, die dem ausländischen Recht eine eigenständige juristische Qualität zusprechen[401]. Diese unterscheidet sich von den Tatsachen und vom Recht. Die Begründung, das ausländische Recht *tertium genus* zu behandeln, liege in der unterschiedlichen *Imperativität*, die ausländisches Recht und *lex fori* besäßen. Die *Imperativität* im Prozess sei für das ausländische Recht gewissermaßen nur *geliehen* über die Kollisionsnorm[402]. Deren Charakter ist somit entscheidend. Auf der anderen Seite betonen diese Vertreter zu Recht, dass das Prozessrecht diese besondere Natur des ausländischen Rechts garantieren müsse[403]. Seine Behandlung im Prozess muss daher in bestimmten Situationen sich am Recht, in anderen an dem von Tatsachen orientieren. Es bestehen keine Zweifel, dass die Gleichsetzung des ausländischen Rechts mit der *lex fori* vielfältige Vorteile, wie z.B. die Verwaltung *fraus legis* hat. Betrachtet man jedoch die praktischen Schwierigkeiten, so kann man feststellen, dass oftmals die Parteien dem ausländischen Recht näher sind als das

---

[399] Vgl. *Garcimartín Montero*, S. 98.

[400] *Garcimartín Montero*, S. 98.

[401] *Fernández Rozas/ Sánchez Lorenzo*, Derecho Internacional Privado, Ziff 209. So wohl auch die Essenz der deutschen Standpunkte.

[402] Vgl. *Garcimartín Montero*, S. 99.

[403] *Fernández Rozas/ Sánchez Lorenzo*, Derecho Internacional Privado, Ziff 209.

Gericht[404]. Hier liegt es nahe, an eine wie auch immer geartete Kooperation zwischen Richter und Parteien zu denken. Anforderungen und Umfang sind jedoch bisher nicht eindeutig geklärt und lassen sich auch mittels abstrakter Theorien nicht hinreichend bestimmen.

Nur die letzte Meinung ist überhaupt geeignet, eine detaillierte und ausreichende flexible Lösung zu bieten. Es ist fruchtlos, dem ausländischen Recht rein faktische Natur zuzuweisen. Argument dagegen ist nicht nur die Gefahr von Manipulationsmöglichkeiten, sondern auch der Ansatz, der Richter würde den Rechtstreit aufgrund einer Norm entscheiden, die nur faktischen, nicht aber Rechtscharakter besäße[405]. Zwar ist eine Beweiserhebung nach herrschender Meinung in Literatur und Rechtsprechung beider Länder hinsichtlich ausländischen Rechts statthaft, das dadurch aber nicht zur Tatsache wird. § 293 ZPO befreit nur vom Kennenmüssen, nicht von der Rechtsanwendungspflicht und ist ein besonderes Verfahren zur Rechtsfindung; damit kann der Richter sich das zur Entscheidung nötige Material in den dort aufgeführten Fällen beschaffen. Art. 281.2 LEC 2000 sollte ebenso verstanden werden. Die völlige Gleichsetzung zwischen *lex fori* und ausländischem Recht ist ebenfalls keine vollständig befriedigende Lösung. Sie ist zwar letztendlich wünschenswert, bleibt aber zunächst eine Utopie. Dies erkennt man daran, dass die Kenntnisfiktion in keinem Fall für das ausländische Recht gilt. Es bleibt die Ermittlungspflicht. Die Ausgangslage bei ausländischem Recht und bei der *lex fori* ist auch dabei eine unterschiedliche[406].

Das ausländische Recht konfiguriert sich also zunächst innerhalb einer Kategorie zwischen den Tatsachen und dem Recht. Eine dem *tertium genus* nahe Auffassung findet man auch in Deutschland: *Küster* folgert aus seinen Untersuchungen, dass ausländisches Recht ein Spezifikum darstellt, das weder Tatsachen noch inländischem Recht gleichgestellt werden kann[407]. Die Flexibilität der Behandlung des ausländischen Rechts kann nützlich sein bei der Lösung von praktischen Problemen, die das Verfahren aufweist[408]. Allerdings besteht die Gefahr,

---

[404] Vgl. *Garcimartín Montero*, S. 99.
[405] Vgl. *Garcimartín Montero*, S. 99.
[406] *Garcimartín Montero*, S. 100.
[407] *Küster*, RIW 1998, 275.
[408] *Garcimartín Montero*, S. 100.

in Willkür zu verfallen und das ausländische Recht näher dem Recht oder Tatsachen zu behandeln, je nach dem welche Schwierigkeiten der Richter bei seiner Ermittlung hat[409]. Diese Situation war in der spanischen Rechtsprechung nicht selten und hat große Rechtsunsicherheit zur Folge[410].

Der theoretische Anspruch auf Kennenmüssen braucht sich dabei nicht mit der Praxis decken, was bei einer Fiktion auch gar nicht möglich ist. *De facto* kennt kein Richter alle im Staatsanzeiger veröffentlichten Normen[411]. Anderseits bleibt das Wissen des Richters nicht dort stehen. Er kennt Leitlinien und Grundströmungen der Rechtsprechung, bestimmte Rechtssätze des Gewohnheitsrechts, usw[412]. Umgekehrt wiederum wird keine rechtsfehlerfreie Kenntnis gefordert, wie die Existenz von Berufungs- und Revisionsinstanz belegt. Im Umkehrschluss daraus ergibt sich allerdings auch aus dem entsprechenden Kenntnisgrad die Forderung nach Kontrollinstanzen. Dies muss insbesondere für das Recht gelten, bei dem die Anforderung an die Kenntnis niedrig ist. Umso höher müssen die Kontrollmöglichkeiten sein, da eben keine rechtsfehlerfreie Kenntnis gefordert wird[413].

Kindl stützt sich auf den Rechtscharakter des ausländischen Rechts und leitet daraus eine Verpflichtung des Tatrichters ab, von Amts wegen den Inhalt zu ermitteln[414]. Auf die Rechtsqualität ausländischen Rechts kommt es jedoch nicht unbedingt an. Kann der Tatbestand einer Kollisionsnorm nicht ausgefüllt werden, tritt auch nicht deren Rechtsfolge, die Verweisung ein. In diesem Fall untersucht der Richter das Tatsachenmaterial dahin gehend, ob sich in der heimischen Rechtsordnung eine Anspruchsgrundlage finden lässt, deren Tatbestandsmerkmale sich mit den vorgetragenen Tatsachen vollständig decken und die so die vom Kläger begehrte Rechtsfolge ganz oder teilweise eintreten lässt. Wird der Tatbestand einer Kollisionsnorm von den vorgetragenen Tatsachen ausgefüllt, so weist diese den Richter an, die Anspruchsgrundlage nicht in seiner

---

[409] *Garcimartín Montero*, S. 100.

[410] Vgl. *Garcimartín Montero*, S. 100.

[411] Vgl. *Garcimartín Montero*, S. 93.

[412] Siehe C. Vermeintlich vergleichbare Konstellationen; *Garcimartín Montero* S. 93.

[413] Dazu siehe III. .

[414] *Kindl*, ZZP 111(1998), 177 ff.

Rechtsordnung, sondern eben in der *ausländischen*, auf die verwiesen wird, zu suchen. Dies führt unweigerlich zur Frage, ob sich an der Funktion des Prozessrechts etwas ändert, je nach dem, ob eine kollisionsrechtliche Vorschrift zwischengeschaltet wurde oder nicht. Bei dem anderen zusammen mit *iura novit curia* erwähnten Aphorismus *da mihi factum, dabo tibi ius* stellt sich wieder die Frage, was Recht und was Tatsache ist. Die verschieden Begründungen um und mit *iura novit curia* zeigen in ihrer Widersprüchlichkeit, dass dieser Ansatz fruchtlos ist, weil sich Ursache und Wirkung nicht eindeutig trennen lassen. Die Existenz eines Rechtssatzes ist zweifellos eine Tatsache[415]. Das gilt für inländische wie ausländische Normen und hilft folglich nicht viel weiter. Die Unterschiede bei der Behandlung fremden Rechts als Tatfrage oder Rechtsfrage sind nicht geeignet, Schlussfolgerungen für das spanische oder deutsche Zivilverfahrensrecht zu ziehen.

Den untersuchten Prozessmaximen Beibringungsgrundsatz und Untersuchungsgrundsatz ist gemein, dass es um die Verantwortlichkeit für die Tatsachenermittlung geht. Bei § 293 ZPO wird die Formulierung *Anwendung und Ermittlung von Amts wegen* gebraucht[416], womit zumindest sprachlich eine Nähe zur Prüfung von Amts wegen hergestellt wird. Dies ist insoweit zutreffend, als dass die materiell richtige Entscheidung des Rechtsstreites zwischen den Parteien nach der Rechtsordnung gemeint ist, die aufgrund des von ihnen vorgetragenen Tatsachenmaterials mittels Kollisionsrecht berufen ist[417]. Die Regeln, die ein Gericht von Amts wegen zu prüfen hat, sind echte Rechtssätze des inländischen Rechts im Sinne eingangs getroffener Definition, und das nicht nur im streitigen Zivilverfahren.

Art. 12.6 CC gilt hinsichtlich der Pflicht, das Kollisionsrecht von Amts wegen anzuwenden, auch für öffentliche Behörden[418], also insbesondere Notare, Register- und Konsularbeamte[419]. Für das Verfahren der freiwilligen Gerichtsbarkeit

---

415 *Stein*, S. 180.

416 „Der Richter hat das etwa anzuwendende fremdstaatliche Recht vom Amts wegen zu ermitteln", so exemplarisch BGH NJW 1964, 2012-2013.

417 Bei Gestaltungsklagen ggf. auch um die Dritter, nicht aber um Interessen der Rechtspflege.

418 *Autoridades*, vgl *Fischer/Fischer*.

419 *Fernández Rozas/ Sánchez Lorenzo* Derecho Internacional Privado, Ziff. 230, 234.

in Deutschland gilt kraft ungeschriebenen Rechts derselbe Grundsatz[420]. Denn die Feststellung der Tatsachen dem Richter, die Feststellung ausländischen Rechts hingegen den Parteien anzuvertrauen, wäre unsinnig[421]. Daher nimmt die Rechtsprechung besonders für den Richter der freiwilligen Gerichtsbarkeit einschließlich des Grundbuchrichters eine Pflicht an, den Inhalt ausländischen Rechts zu ermitteln[422]. Das Gericht muss sich die Kenntnis des anzuwendenden ausländischen Rechts gemäß § 12 FGG im Amts- wie im Antragsverfahren selbst verschaffen[423]. Auskünfte und gar Sachverständigengutachten darf der Richter nur einholen über ausländisches Recht, § 15 FGG in Verbindung mit § 293 ZPO. Wohl im Hinblick auf Mitwirkungspflichten der Parteien wird gleichzeitig festgestellt, im Verfahren der freiwilligen Gerichtsbarkeit sei ZPO § 293 unanwendbar[424].

Es fällt dabei auf, dass zwingendes Recht meistens in Kombination mit dem Untersuchungsgrundsatz auftritt[425]. Soweit für Tatsachen der Untersuchungsgrundsatz herrscht, muss dieser wie für inländisches, so auch für ausländisches Recht gelten[426]. Möglicherweise besteht daher eine Wechselwirkung zwischen der richterlichen Verpflichtung und dem materiellen Recht, das im Prozess durchgesetzt werden soll.

Die Überlegungen zeigen freilich, dass der Versuch einer begrifflichen Einordnung in beiden Rechtsordnungen nicht nicht viel weiterhilft, sondern nur die Ausgangüberlegungen erneut beleuchtet: Eines der hervorragendsten Ziele einer Zivilprozessordnung ist wirkungsvoller Rechtsschutz. Das subjektive Recht ohne die Möglichkeit der Rechtsverwirklichung mittels staatlicher Gerichte ist wertlos[427]. Beherrschende Aufgabe der verfassungsrechtlich abgesicherten

---

[420] *Siehr.*, S. 361.
[421] *Kegel/Schurig*, S. 439.
[422] *Kegel/Schurig*, S. 439.
[423] OLG Köln RIW 1989, 565.
[424] OLG Köln RIW 1989, 565, 566; *Soehring*, WuB II C § 39 GmbHG 1.89.
[425] *Fernandez de Bujan*, Actualidad Civil 2001, II. 2.
[426] *Kegel Schurig* S. 439.
[427] *MüKo/Lüke* Einl ZPO Rn. 7.

Institution des Zivilprozesses ist dieser Schutz der subjektiven Privatrechts[428]. Es darf keinen Unterschied machen, ob das subjektive Recht einer anderen Rechtsordnung zu entnehmen ist. In jedem Fall ist Zivilprozessrecht materiellrechtsfreundlich auszulegen[429].

---

428 *MüKo/Lüke* Einl ZPO Rn. 8.

429 Vgl. *Spickhoff*, , S. 17 mit weiteren Nachweisen.

ZWEITER TEIL: KOLLISIONSRECHT IM ZIVILVERFAHREN

Wenn also der Zivilprozess effektiven Rechtsschutz ermöglichen muss und sich aus der Rechtsqualität des potentiell anzuwendenden ausländischen Rechts und *iura novit curia.* keine zwingenden Schlüsse auf seine prozessuale Behandlung ziehen lassen, liegt es nahe, einen Schritt vorher anzusetzen. Damit stellt sich die Frage, welchen Charakter das Kollisionsrecht hat und wie es im Prozess behandelt werden muss. Das könnte also heißen: Die Aufgabe des Zivilprozesses definiert sich indirekt *auch* aus dem Charakter der Kollisionsnorm und umgekehrt.

A. Motive für die Anwendung ausländischen Rechts im Inland

Angewandt wird ausländisches Privatrecht aufgrund des internationalen Privatrechts. Ein wesentlicher Grundsatz des IPR ist es, Gerechtigkeit zwischen einzelnen zu schaffen.[430] Damit wird sein Charakter als Privatrecht deutlich.

Nach *Savigny*[431] liegt die Funktion des IPR darin, *"dass bei jedem Rechtsverhältnis dasjenige aufgesucht werde, welchem dieses Rechtsverhältnis seiner eigentümlichen Natur nach angehört oder unterworfen ist."* Seine Aufgabe besteht darin, aus den zahlreichen Rechtsordnungen der Welt diejenige auszuwählen, die einen bestimmten privatrechtlichen Sachverhalt beherrrscht[432]. Es gilt diejenige Rechtsordnung herauszufinden und anzuwenden, zu der der Sachverhalt die engste Verbindung aufweist[433]. Folglich wird ausländisches Recht mit der *lex fori* auf die gleiche Stufe gestellt[434].

---

[430] *Kegel/Schurig*, S. 114.

[431] *Savigny*, System des heutigen Römischen Rechts, Bd. VIII (1849), S. 28.

[432] *Rauscher*, S. 2.

[433] Dieser Grundsatz hat sich auch positivrechtlich niedergeschlagen, z.B. in Art. 28 I EGBGB (bei fehlender Rechtswahl kommt es auf die engste Verbindung an); in Spanien gilt das gleiche, Art. 10.6 CC wird von Art. 4 des EG-Übereinkommens vom 19.06.1980 verdrängt.

[434] S. u.a. *Fernández Rozas/Sánchez Lorenzo*, Derecho Internacional Privado, S. 23 ff.; *Aguilar Navarro*, Derecho Internacional Privado, Band I, Einl. ders. Lecciones de Derecho Civil internacional, 4 ff.; *Firsching/von Hoffmann* IPR, Rn 12-28.

Man bezeichnet dies als den international-privatrechtlichen Grundsatz der Gleichwertigkeit aller Rechtsordnungen bei der Lösung einer Rechtsfrage oder der Entscheidung eines Rechtsstreites[435]. Er gilt im deutschen wie spanischen IPR gleichermaßen. Demnach gibt es keinen Grund, dem eigenen Recht Wettbewerbsvorteile zuzusprechen *qua lex fori*[436]. *Die Begründungen* sind im Einzelnen:

Verwiesen wird einerseits auf Art. 3 I des Grundgesetzes. Die materiell-privatrechtliche Frage kann gleichheitssatzkonform nur entschieden werden, wenn in heterogen verknüpften Sachverhalten mit Auslandsberührung die *lex fori* zugunsten der ausländischen Rechtsordnung zurücktritt[437].

Die Gleichstellung von ausländischen mit inländischem Privatrecht bewirkt internationalen Entscheidungseinklang und verwirklicht damit ein weiteres Leitprinzip des IPR[438]. Dazu sind allseitige Kollisionsnormen besonders aus Gründen der Praktikabilität und Rechtsicherheit geeignet[439]. Die Gleichstellung beruhe letztlich auf der universellen Geltung der Menschenrechte[440]. Ungeachtet des Ortes, an dem Klage erhoben wird, kommen dieselben Rechtssätze zu Anwendung. Die zuletzt genannten Argumente überzeugen besonders, als dass sie gerade die Lösung eines *conflict of laws* mittels Kollisionsnormen zu erklären vermögen. Folglich wird ausländisches Recht zu Recht mit der *lex fori* auf die gleiche Stufe gestellt. Die Möglichkeit der Anwendung ausländischen Rechts in einem Prozess wird als logische Konsequenz des Rechtsverkehrs und der Kooperation zwischen verschiedenen Staaten bezeichnet[441]. Zu Recht steht mittlerweile fest, dass die Anwendung ausländischen Rechts keinen Verzicht auf Souveränität darstellt[442].

---

[435] *Par conditio concurrentium*, vgl *Garcimartín Alférez*, S. 15.
[436] *Garcimartín Alférez*, S. 16.
[437] *Lorenz*, S. 60; zur Kritik daran siehe *von Bar*, IPR, Band 1, Rn 233.
[438] mit *Firsching/von Hoffmann* IPR, Rn 13.
[439] *Von Bar*, IPR, Rn 233.
[440] mit *Firsching/von Hoffmann* IPR, a.a.O.
[441] *Garcimartín Montero*, S. 95.
[442] Vgl. so schon STS vom 13.01.1885 (CL t.57 Nr. 14).

Sowohl unter materiellrechtlichen wie prozessrechtlichen Gesichtspunkten befindet sich das ausländische Recht in einer minderwertiger Situation zur *lex fori*[443]. Dies liegt zu einem an der häufigeren Anwendung der *lex fori* und der Verflechtung zwischen materiellem- und Prozessrecht[444]. Der Nachteil begründet sich des weiteren mit den bereits angesprochenen praktischen Schwierigkeiten, die der Richter hat, wenn er sich Kenntnis des ausländischen Rechts verschaffen will[445].

B. "Internationaler" Sachverhalt und Kollisionsrecht

I. Spanien

Eine dem Art. 3 Abs. 1 S. 1 EGBGB vergleichbare positivrechtliche Regelung findet sich in Spanien nicht[446]. Traditioneller Auffassung zufolge genügte bereits das subjektive Element der Anwesenheit eines Ausländers in einer Rechtsbeziehung, um diese dem internationalen Privatrecht zu unterwerfen[447]. Eine danach aufgekommene Auffassung betonte mehr die objektiven Elemente der Internationalität einer Rechtsbeziehung. Der Sachverhalt hat internationalen Charakter, wenn seine verschiedenen objektiven Merkmale auch verschiedener nationaler Gesetzgebung unterliegen[448].

Ohne Unterschied nach subjektiven oder objektiven Elementen der *extranjería*[449] eines Sachverhalts ergeben sich größere Schwierigkeiten, relevante von irrelevanten Merkmalen zu unterscheiden. Nicht jedes Element ist geeignet, eine Rechtsbeziehung zum Objekt des IPR zu machen[450]. Illustrative Beispiele bringt *Fernández Rozas*[451]: Erwirbt ein Franzose in Granada eine Flasche Sherry - *Fer-*

---

443 *Pecourt Garcia*, RGD, 1962, S. 792.

444 *Pecourt Garcia*, a.a.O.

445 *Garcimartín Montero* S. 95.

446 Vgl. *Fernández Rozas/Sánchez Lorenzo*, S. 47.

447 *Fernández Rozas/Sánchez Lorenzo*, S. 46.

448 *Fernández Rozas/Sánchez Lorenzo*, S. 46.

449 Mit diesem Begriff beschreibt die spanische Terminologie die Auslandseigenschaft des Sachverhalts.

450 *Fernández Rozas/Sánchez Lorenzo*, S. 47.

451 *Fernández Rozas/Sánchez Lorenzo*, S. 47 f.

nández zitiert das ältere Beispiel von *Carrillo Salcedo* -, könne man nicht ernsthaft eine Auslandsberührung annehmen nur wegen der französischen Staatsangehörigkeit des Käufers. Um die Relevanz einer Auslandsberührung zu zeigen, sei das Beispiel nicht sonderlich glücklich gewählt; zur Erklärung dieser Kritik überträgt er es in die Gegenwart: Ein englischer Hooligan kauft bei einem Auswärtsspiel seiner Mannschaft eine Maß Bier in einem spanischen Stadion. Auch hier sei nicht die ausländische Staatsangehörigkeit irrelevant, sondern das Geschäft wegen seiner geringen wirtschaftlichen Bedeutung[452]. Dies gelte sowohl für das Zivilrecht allgemein wie eben auch für das IPR. Es handele sich sicherlich der Theorie nach um einen juristischen Akt, der aber in der Praxis keine Interessenskonflikte hervorruft, die einer besonderen juristischen Aufmerksamkeit bedürfen. Das gelte auch für den Sherry, gleichgültig wie versäuert er auch sei. Handele es sich jedoch um die letzte, besonders teure Flasche einer einzigartigen Ernte oder verstürben die Käufer nach Genuss verdorbener Getränke, bekomme der Sachverhalt juristische Relevanz; sowohl allgemein zivilrechtlich wie auch international privatrechtlich. Im Falle der tödlichen Vergiftung sei grundsätzlich Art. 10.9 CC[453] einschlägig; gegebenenfalls das Haager Übereinkommen von 1973 über das auf die Produkthaftung anwendbare Recht.

Damit macht die spanische Lehre deutlich, dass die Relevanz einer Auslandsberührung vom jeweiligen juristischen Blickwinkel abhängt. Ein scheinbar irrelevantes Moment kann, sobald sich die rechtliche Fragestellung verändert, relevant werden.

Ein weiteres Beispiel verdeutlicht es: Schließen zwei Holländer in den Niederlanden einen Kaufvertrag über ein Kraftfahrzeug, scheint die Tatsache, dass der Wagen in Frankreich hergestellt wurde, irrelevant zu sein in Hinblick auf den internen Sachverhalt „Kaufvertrag“. Weist das Fahrzeug jedoch Fabrikations-

---

[452] Vgl. den Vorschlag, ausländisches Recht bei geringem Streitwert nicht anzuwenden, siehe unten Fn. 1223.

[453] Das auf die außervertraglichen Schuldverhältnisse anwendbare Recht ist dasjenige des Ortes, an dem die es begründenden Tatsachen eingetreten sind (*Las obligaciones no contractuales se regirán por la ley del lugar donde hubiere ocurrido el hecho de que deriven.*)

fehler auf, so kann in einen Rechtsstreit auch der Hersteller einbezogen werden; die Auslandsberührung wird zum juristisch relevanten Element.

Einer Auffassung zufolge[454] liegt dann eine internationale Rechtsbeziehung vor, wenn ein ausländisches Element auftritt, vom dem die Möglichkeit besteht, dass es vom Gericht als relevant eingestuft wird. Demnach handelt es sich um einen Sachverhalt, auf den die Normen des IPR angewandt werden müssen, wenn das Gericht die Auslandsberührung für substantiell hält. Ist sie nur beiläufig aufgetreten, so liegt ein rein interner Sachverhalt vor. Diese Meinung mag eine Definition für bereits entschiedene Verfahren liefern; hilft aber *ex ante* betrachtet wenig weiter. Zutreffend ist vielmehr, dass alle privatrechtlichen Situationen grundsätzlich den Normen des Internationalen Privatrechts zu unterwerfen sind[455].

Elemente der Auslandseigenschaft des Sachverhalts relativieren sich mit fortschreitendem Einigungs- und Rechtsvereinheitlichungsprozess besonders in der Europäischen Union. Es dient dann nur noch der Abgrenzung von infragemeinschaftlichen Sachverhalten von internationalen[456].

II. Deutschland

Voraussetzung soll stets eine rechtliche Konstellation mit Auslandsbezug sein. Hat der Sachverhalt eine Verbindung zum Recht eines ausländischen Staates, so erklärt Art. 3 Abs. 1 Satz 1 EGBGB die Vorschriften der Art. 3- 46 EGBGB für anwendbar[457]. Das Gericht könnte sich daher zu einer Vorüberlegung genötigt sehen, ob ein Sachverhalt mit oder ohne – relevante - Auslandsberührung vorliegt.

Wird durch „Auslandsberührung" aus einem „normalen" ein „international privatrechtlicher" Sachverhalt? Umstritten ist, ob das Gericht Normen des internationalen Privatrechts auch bei reinen Inlandsfällen prüfen muss, d.h. ob es diese

---

[454] *Fernández Rozas/Sánchez Lorenzo*, Curso de Derecho internacional privado, S. 48.

[455] *Fernández Rozas/Sánchez Lorenzo*, Curso de Derecho internacional privado, S. 49.

[456] Fernández *Rozas/Sánchez Lorenzo*, Curso de Derecho internacional privado, S. 50 f.

erst nach seiner Anwendung zu „Inlandsfällen" macht oder ob eine Anwendung des IPR von vornherein ausscheidet. Es könnte zutreffender sein, Kollisionsnormen auch auf die so genannten Inlandsfälle anzuwenden, da man zum einen so zwanglos und geradlinig erklären kann, warum die Gerichte bei Inlandsfällen die *lex fori* anwenden. Zum anderen wird das Gericht aufgefordert, sich stets mit der Frage des anwendbaren Rechts zu befassen und die *lex fori* nicht ungerechtfertigt, weil unüberlegt, zu bevorzugen. Im einzelnen:

Einer Auffassung zufolge[458] sind die Kollisionsnormen auf reine Inlandsfälle nicht anzuwenden; bei diesen bedürfe die Anwendung deutschen Rechts keiner Begründung. Wann ein ausreichender Auslandsbezug vorliegt, erläutert das Gesetz allerdings nicht.

Henrichs sieht ihn bei Schuldverträgen bereits in der Wahl eines ausländischen Rechts, wobei an die Art der Auslandsbeziehung keine allzu strengen Anforderungen gestellt werden dürften. Als zu weitgehend kritisiert er das Urteil de OLG Düsseldorf vom 09.12.1994[459]. Der Kläger hatte die in Deutschland ansässige Tochtergesellschaft einer US - amerikanischen Wirtschaftsprüfungsgesellschaft in Anspruch genommen. Die Muttergesellschaft hatte über Jahre hinweg unzutreffende Abschlußberichte für die gleichfalls in den USA ansässige P - Corporation erstellt, deren vom Kläger erworbenen Aktien infolge Konkurses wertlos wurden. Nach den vom BGH nicht beanstandeten[460] Feststellungen des OLG hatte der Fall schon keine Auslandsberührung[461].

Die Ursache dieser Schwierigkeiten und Unschärfen liegt gerade in der Auffassung, Kollisionsrecht gelte nur für Fälle mit Auslandsberührung. Zudem vereinfacht es die Sache für das Gericht kaum, da es nun klären muss, wann eine sol-

---

457 *Palandt/Heldrich* Einl v EGBGB 3 (IPR) Rn.1

458 Pala*ndt/Heldrich* Art. 3 EGBGB, Rn. 2 m.w. Nchweisen.

459 RIW 95, 1025; mit Beschluß d. BGH v.03.07.1995 nicht zur Revision angenommen

460 s. Fn. 8

461 Ungeachtet dessen, dass das Gericht auf Ansprüche des Klägers gegen die Muttergesellschaft wohl US - amerikanisches Recht anwenden will, stellt es bloß fest, deutsches Konzernrecht kenne eine Haftung der Tochtergesellschaft für ihre Mutter nicht, ohne überhaupt zu klären, nach welchem Recht sich deren Rechtsbeziehungen im konkreten Fall nun denn richten, da der Fall eben keine Auslandsberührung habe.

che vorliegt und welche denn relevant ist. Eine solche Grenzziehung kann nicht mit hinreichender Schärfe getroffen werden[462].

Jahr führt überzeugend aus[463]: Jede international - privatrechtliche Norm habe doppelte Funktion. Sie sei nicht nur Verweisungsregel, sondern lege auch stets den Anwendungsbereich des eigenen Rechts fest. So besage die Regel der *lex rei sitae*[464] zuerst, dass das deutsche Sachenrecht (nur) für in Deutschland belegene Sachen gelte, eröffne also dessen lokalen Anwendungsbereich. Zudem sei sie Verweisungsregel, die für nicht in Deutschland belegene Sachen gelte. Sie beantworte also die Fragen, wann deutsches Sachenrecht gelte und was zu tun sei, wenn das nicht der Fall ist. Die Geltung deutschen Rechts für Inlandssachverhalte ergibt sich demnach nicht aus einem dunklen „irgendwie sowieso" sondern aus der Kollisionsnorm[465]. Aufgabe des IPR ist es, diejenige staatliche Privatrechtsordnung zu bestimmen, die auf einen bestimmten Sachverhalt angewandt werden soll[466].

---

[462] Vgl. *Firsching/von Hoffmann* IPR, Rn. 23.
[463] *Jahr*, RabelsZ 90, 500.
[464] Nunmehr Art. 40 EGBGB.
[465] *Jahr*, RabelsZ 90, 500, 502
[466] *Firsching/von Hoffmann* IPR, Rn 20.

III. Rechtsvergleichendes Zwischenfazit

Dieser Auffassung ist zu folgen. Sie ist nicht nur methodisch korrekt, sondern begegnet bei überzeugenderen Argumenten der Gefahr des Übersehens und Übergehens der kollisionsrechtlichen Fragestellung. Zudem lässt sich die Bedeutung einer Auslandsberührung erst als Ergebnis des Subsumtionvorganges bestimmen[467]. Die auf den Fall anzuwendenden Normen lassen sich nicht „in einem Zug" bestimmen und ein feststehender Sachverhalt darunter subsumieren. Norm und Sachverhalt bestimmen sich erst gegenseitig infolge wechselseitiger Subsumtionseinzelschritte[468]. Die kollisionsrechtliche Subsumtion ist nicht nur in problematischen Fällen geboten, da sich diese nicht von unproblematischen mit hinreichender Sicherheit trennen lassen. Erst die Tatbestandsmerkmale der Kollisionsnormen entscheiden über die Maßgeblichkeit einer Auslandsberührung[469]. Unter diesem Begriff ist ein Sachverhaltsmerkmal zu verstehen, das den Tatbestand einer Kollisionsnorm verwirklicht; ein Sachverhaltsmerkmal, das sich nicht unter den Tatbestand einer Kollisionsnorm subsumieren lässt, ist in gleicher Weise unerheblich wie bei der Prüfung einer Anspruchsgrundlage.

Die Auslandseigenschaft als international-privatrechtliche Situation (*situación privada internacional*) liegt immer dann vor, wenn der Sachverhalt den Tatbestand einer Kollisionsnorm ausfüllen kann. Das Wechselspiel mit einer möglichen Qualifikation ist zu beachten. Bedeutung können zudem auch nicht direkt im Tatbestand einer Kollisionsnorm genannte Merkmale eines Sachverhalts erlangen; bei Auslegung ausfüllungsbedürftiger Rechtsbegriffe wie beispielsweise der Gesamtheit der Umstände zur Ermittlung der engsten Verbindung kann es auf scheinbar unwesentliche Punkte ankommen. Nicht nur ganze Lebenssachverhalte wie z.B. Vertragsbeziehungen können Auslandsbeziehungen aufweisen, sondern auch einzelne Fragen bei jedem Inlandssachverhalt, die als Vor- oder Teilfragen gesondert zu beantworten sind[470].

---

[467] Kommt man zur Anwendung der *lex fori*, wenn einzig der Vertrag auf im Ausland hergestelltes Papier geschrieben wurde, so hat man in Wahrheit schon einen subsumtionsartigen Blick auf die Normen des IPR geworfen, jedoch keine für einschlägig befunden.

[468] *Schmalz*, Rn. 17 ff.

[469] *Firsching/von Hoffmann* IPR, Rn 20.

[470] *Siehr*, S. 359.

Der Einzelne geht in seinem täglichen Leben von der Anwendbarkeit bestimmter Normen aus[471]. Die Vielheit der Rechtssysteme ist geeignet, Rechtsunsicherheit im Rechtsverkehr mit dem Ausland hervorzurufen[472]. Eine solche Rechtsunsicherheit zu begrenzen, ist notwendig. Ein Sachverhaltsmerkmal ist internationalprivatrechtlich dann relevant, wenn seine Irrelevanz besagte Rechtsunsicherheit fördern würde. Jede Auslandsberührung verlangt also vom Richter verschärfte Aufmerksamkeit, da ihre Relevanz weder von vornherein feststeht noch unveränderlich ist. *Ex ante* ist jede Auslandseigenschaft grundsätzlich beachtlich und damit das Merkmal der Relevanz letztlich unergiebig.

Im Ergebnis ist daher eine *Vorprüfung*, ob ein Sachverhalt mit Auslandsberührung vorliegt, entbehrlich. Eine solche kann sich nach alledem ohnehin nur am Kollisionsrecht orientieren. Diese Verweisungsvorschriften sind vom Gericht auf alle Fälle anzuwenden; auch ohne Rücksicht auf den Streitwert. Die geringe wirtschaftliche Bedeutung eines Rechtsgeschäfts wurde auch in Deutschland schon als Argument[473] bemüht, um die direkte Anwendung der *lex fori* auf Bagatellfälle zu rechtfertigen. Sie wird zu Recht abgelehnt[474].

Die Verweisungsvorschriften bestimmen die jeweilige Rechtsordnung einschließlich der eigenen, die auf den zur Beurteilung stehenden Sachverhalt anzuwenden ist; die Formulierung des Art. 3 I Abs. 1 EGBGB ist insoweit zu eng[475]. Gelingt der Beweis eines bestrittenen Tatbestandsmerkmals einer Kollisionsnorm nicht, so entscheidet das Verfahrensrecht über das weitere Prozedieren. Ist wie im streitigen Zivilverfahren die Dispositionsmaxime einschlägig, so ist gegebenenfalls auf die *lex fori* zu rekurrieren. Art. 3 Abs. 1 Satz 1 EGBGB ist entbehrlich, da verwirrend ungenau. Die Norm eröffnet ungerechtfertigte Wege, die an sich gegebene Anwendung ausländischen Rechts zu umgehen. Das Tatbestandsmerkmal „Auslandsbezug" in Art. 3 Abs. 1 Satz 1 EGBGB ist aus sich

---

471 *Fernández Rozas/Sánchez Lorenzo*, Curso de Derecho internacional privado, S. 38.
472 *Fernández Rozas/Sánchez Lorenzo*, Curso de Derecho internacional privado, S. 38.
473 *Lando* in Kolloquium, S. 128, 131 f.; *MüKo-Kreutzer* Einl. IPR (1. Aufl.) Rn. 455.
474 *Krause*, S. 135 m.w.Nw.
475 Vgl. *Firsching/von Hoffmann* IPR, Rn. 26.

heraus überhaupt nicht verständlich und subsumtionsfähig[476]. Im spanischen Recht findet sich zu Recht keine vergleichbare Bestimmung.

C. Pflicht zur kollisionsrechtlichen Entscheidung?

I. Spanien

a) Die gesetzliche Regelung des Art. 12.6 CC

Die Anwendung des internationalen Privatrechts und der einschlägigen Kollisionsnorm von Amts wegen entspricht dem Willen des Gesetzgebers und wird in der spanischen Rechtslehre grundsätzlich nicht in Frage gestellt[477]. Die Kollisionsnormen sind zwingendes Recht und müssen von den Gerichten ab dem Zeitpunkt, ab dem ein Tatbestandsmerkmal verwirklicht wird und unabhängig davon, ob die Parteien sie vortragen, angewendet werden[478]. Damit ist zunächst festzuhalten, dass das internationale Zivilprozessrecht einem Bereich der Rechtsordnung zu dienen hat, dessen Normen wegen Art. 12 CC grundsätzlich imperativen Charakter haben; sie sind von Amts wegen anzuwenden[479]. Es gilt daher folgendes:

- Die Normen des Kollisionsrechts sind unabdingbar (*ius cogens*); woraus folgt, dass die Parteien nur dann darüber disponieren können, wenn es der Gesetzgeber ausdrücklich zugelassen hat.
- Umgekehrt ergibt sich für den Richter die Verpflichtung, die Kollisionsnorm anzuwenden, wenn ihre Tatbestandsmerkmale feststehen, auch wenn kein entsprechender Vortrag der Parteien vorliegt.

---

[476] herrschende Meinung: *Firsching/von Hoffmann*, IPR Rdnr. 15 mit weiteren Nachweisen.
[477] Siehe *Garcimartín Alférez*, S. 18, Fußnote 19 mit weiteren Nachweisen.
[478] *Iriarte Ángel*, S. 521.
[479] *Garcimartín Alférez*, S. 18.

b) Ermittlung der Anknüpfungstatsachen

Die Anknüpfungspunkte der Kollisionsnorm werden wie die Tatbestandsmerkmale der anwendbaren Anspruchsgrundlage von faktischen Elementen ausgefüllt[480]. Fraglich ist, wie und durch wen diese in den Prozess gelangen. Die Dispositionsmaxime gilt immer dann, wenn disponibles Recht Objekt des Rechtsstreits ist[481]. Ist zwingendes Recht Gegenstand des Prozesses, finden Offizialprinzip oder Inquisitionsgrundsatz Anwendung[482].

Die Kollisionsnorm hat imperativen Charakter, ist also *jus cogens*[483]. Daraus kann allerdings noch nicht der Schluss gezogen werden, dass in internationalprivatrechtlichen Fällen deswegen das Offizialprinzip gilt. Es kommt nämlich auf den Charakter des materiellen Rechts an, das im Prozess zur Diskussion in der Sachentscheidung steht[484]. Konsequenterweise hat der spanische Gesetzgeber kein spezielles Verfahren für Sachverhalte mit Auslandsberührung geschaffen. Solche gibt es zum Beispiel in bestimmten Bereichen des materiellen Rechts wie etwa bei Fragen nach der Abstammung eines Kindes oder Entmündigung[485]. Die Geltung des einen oder anderen Prinzips hängt nicht von der gewählten Verweisungstechnik oder Ähnlichem ab, sondern vom materiellen Recht, aus dem die Entscheidung des Prozesses zu entnehmen sein wird[486].

Verfahren, die vermögensrechtliche Fragen zum Gegenstand haben, werden auch im spanischen Recht von der Dispositionsmaxime dominiert[487]. Den Parteien obliegt es, Tatsachen vorzutragen und nötigenfalls zu beweisen[488]. Die vorgetragenen Tatsachen bestimmen auch den jeweiligen Anknüpfungspunkt. In diesen Verfahren muss der Richter das Tatsachenmaterial so hinnehmen, wie

---

480 *Garcimartín Alférez*, S. 19.

481 *Garcimartín Alférez*, S. 19.

482 *Garcimartín Alférez*, S. 19. Dazu im Einzelnen oben B. „iura *novit curia*" und die Rechtsqualität des ausländischen Rechts vor dem Hintergrund der Verfahrensmaximen.

483 Siehe soeben oben Fn 477.

484 *Garcimartín Alférez*, S. 20.

485 *Garcimartín Alférez*, S. 20.

486 *Garcimartín Alférez*, S. 20.

487 Siehe bereits oben Fn. 301.

488 *De la Oliva*, derecho procesal civil, Band II, S. 374 und 393 f.

von den Parteien vorgetragen. Wenn entsprechende Tatsachen feststehen, die die Tatbestandsmerkmale einer Kollisionsnorm erfüllen, so muss sie der Richter anwenden[489]. In diesem Zusammenhang wirft *Garcimartín Alférez*[490] die Frage auf, wie das Gericht zu verfahren hat, wenn die Tatsachen, die die Tatbestandsmerkmale einer Kollisionsnorm ausfüllen könnten, von den Parteien nicht vorgetragen worden sind, sich also nicht in den Prozessakten befinden. Dann darf der Richter sie nicht von Amts wegen ermitteln[491]. Er darf den Parteien nicht aufgeben, ihm entsprechende Informationen zu überlassen, die er für die Entscheidung des Rechtsstreites für nötig hält. Dem steht die Dispositionsmaxime entgegen[492].

Davon ist allerdings die Situation zu unterscheiden, in der sich die entsprechenden Tatbestandsmerkmale einer Kollisionsnorm bereits aus dem Akteninhalt entnehmen lassen, die Parteien diesem aber keinerlei Relevanz zugemessen haben; etwa, weil sie diese nicht vorgetragen oder zum Gegenstand ihres Anspruchsbegehrens gemacht haben. *Garcimartín Alférez*[493] hält solche Situationen für nicht selten: Es gibt zahlreiche Elemente, die der Richter aus den Akten entnehmen kann, wie z.B. die Nationalität der Parteien, Wohnsitz oder gewöhnlicher Aufenthalt, Sitz einer Gesellschaft, Ort des Unfalls, Lageort einer Sache u.s.w. In solchen Fällen muss der spanische Richter entsprechendes Merkmal von Amts wegen beachten und ihm dann seine entsprechende Bedeutung zuweisen, nämlich die Kollisionsnorm anwenden, ungeachtet dessen, was die Parteien vorgetragen haben. Der Grund dafür ist der imperative Charakter der Kollisionsnorm. Man hat das vor dem Hintergrund von Art. 9.1 der spanischen Verfassung zu sehen, wonach der Gesetzgeber den Richter verpflichtet hat, den Rechtsstreit entsprechend der anwendbaren Norm zu entscheiden[494]. Dies ist in solchen Fällen die Kollisionsnorm. Insofern muss der Rechtsstreit dann entspre-

---

[489] *Garcimartín Alférez*, S. 21.
[490] *Garcimartín Alférez*, a.a.O.
[491] *Garcimartín Alférez*, S. 21 f.
[492] *Garcimartín Alférez*, S. 22 unter Verweis auf *quod non est in actis, non est in mundo.*
[493] A.a.O.
[494] Art. 9.1 CE lautet: *Los cuidadanos y los poderes públicos están sujetos a la Costitución y al resto del orden jurídico.*

chend dem zur Anwendung kommenden ausländischen Recht entschieden werden.

Allerdings darf daraus keine *Überraschungsentscheidung* werden, die nicht mit dem übereinstimmt, was in rechtlicher Hinsicht von den Parteien während des Prozesses diskutiert wurde[495]. Konsequenterweise müsste man hier eine richterliche Hinweispflicht fordern. Eine ausdrücklich vom Gesetzgeber dazu vorgesehene Maßnahme gibt es nicht[496]. Der Richter sollte daher eine Anordnung treffen, die den Prozess nicht beendet und damit die Parteien auf ihren Irrtum und den Wechsel des juristischen Referenzsystems hinweisen. Dies könnte eine Maßnahme nach Art. 206 Abs. 2. Ziff. 1 LEC seien. Eine solche richterliche Verfügung[497] ist geboten, wenn das Gericht sein Urteil auf juristische Argumente stützen möchte, die die Parteien übersehen haben[498].

c) Offenlassen der kollisionsrechtlichen Entscheidung

Das Gericht kann die kollisionsrechtliche Frage nicht offen lassen. In Spanien ist eine prozessuale Situation, in der zwei Rechtsordnungen gleichermaßen alternativ nebeneinander stehen, wegen des Erfordernisses der Geltendmachung und des Beweises kaum denkbar. Dazu finden sich dennoch zwei Entscheidungen, die in der Literatur als Beispiel für die Inkonsequenz der Rechtsprung dieser vorgehalten werden: Im Urteil des *Tribunal Supremo* vom 27.01.1933[499] wurde die Anwendung italienischen Rechts abgelehnt, weil die Parteien in ihren Schriftsätzen nach Auffassung des Gerichts nicht mehr als vage Andeutungen gemacht hatten und weder Gesetzestexte noch sonstige Beweismittel angeboten hätten. Sodann - und das ist das Erstaunliche an diesem Fall - analysiert und löst das Gericht den Fall in zwei ergänzenden Urteilsbegründungen nach italienischem Recht; wohlgemerkt nachdem es dessen Anwendung zuvor abgelehnt hatte. Dabei zeigt das Gericht mehr als hinreichende Kenntnisse des berufenen Rechts, die zur Entscheidung des Rechtsstreits nötig gewesen wären. In einem

---

[495] *Garcimartín Alférez*, S. 24.
[496] *Garcimartín Alférez*, S. 24.
[497] *Providencia.*
[498] *De la Oliva/Fernández*, S. 397.
[499] RA 1455.

weiteren Urteil[500] befindet sich ein ähnliches Vorgehen: Nachdem das Gericht zunächst die Anwendung der berufenen ungarischen Rechtsordnung feststellt, löst es den Fall genau nach dieser, um zu zeigen, dass man zum gleichen Ergebnis käme wie unter der Anwendung des spanischen Rechts. Aus neuerer Zeit findet sich ebenfalls ein Fall[501]: Auch dort hatte das Gericht das kollisionsrechtliche berufene mexikanische Recht nicht angewandt, weil es nicht hinreichend dargelegt und bewiesen worden war, aber zugleich in der Urteilsbegründung mitgeteilt, dass nach mexikanischem Recht sich keine andere Lösung ergäbe. Die Literatur sieht darin zutreffend eine innere Widersprüchlichkeit[502].

d) Eilfälle

Vorläufiger Rechtsschutz ist nach spanischem Recht eine Maßnahme, die nötig ist, um die Effektivität eines zukünftigen Urteils sicherzustellen[503]. Sie sind geregelt in den Art. 721 bis 747 LEC 2000[504], greifen vorsorglich und vorübergehend vor dem Hintergrund der Voraussetzung der *periculum in mora* dem kommenden Prozess vor und finden nur auf Parteiantrag statt[505]. Aus Art. 24.1 CE wird ein Verbot für den Gesetzgeber abgeleitet, vorbeugenden Rechtsschutz für bestimmte Materien auszuschließen[506]. Im Bereich des vorläufigen Rechtsschutzes muss das Gericht ebenso wie im Hauptsacheverfahren eine auf geltendem Recht, vgl. Art. 9.1 der spanischen Verfassung, begründete Entscheidung fällen[507]. Neben der Gefahr im Verzug, Art 728. 1 LEC, verlangen sie eine schriftliche Glaubhaftmachung einer qualifizierten Wahrscheinlichkeit des Bestehens des gefährdeten Rechts[508]. Sie stehen in Abhängigkeit vom

---

500 STS vom 19.12.1935 (RA 2345).

501 STS vom 13.04.1992 (RA 3102).

502 Vgl. *Coriente Cordoba*, S. 29 ff.

503 *Ortiz Navacerrada*, Actualidad CIVIL 2000, XI. Zur Rechtslage nach altem Recht nach Art. 1397-1428 LEC 1881: *Meyer* RIW 1993, 815, 818 und *Ortells Ramos* ZZPInt 2 (1997), 95, 116.

504 Siehe dazu *Gómez de Liaño González*, S. 821, 856.

505 *Ortiz Navacerrada*, Actualidad CIVIL 2000, XI.

506 STC 238/1992 de 17.12.1992.

507 *Cabrera Delgado*,Actualidad CIVIL 2000, 6.7.

508 Art 728. 2 LEC (*fumus boni iuris*).

Hauptsacheverfahren[509] und dürfen daher grundsätzlich nur zur Sicherung und nicht zur Befriedigung führen. Nach Art. 730 LEC 2000 müssen sie grundsätzlich mit der Klage in der Hauptsache beantragt werden oder getrennt davon in Fällen besonderer Notwendigkeit und Dringlichkeit. Im letzten Fall muss die Klage in der Hauptsache spätestens zwanzig Tage darauf eingereicht werden; andernfalls bleiben sie ohne Wirkung, und der Antragsteller ist in die Kosten sowie in einen möglichen Schadensersatzanspruch des Antragsgegners zu verurteilen. Dem Antragsgegner ist grundsätzlich nach Art. 733.1 LEC rechtliches Gehör zu gewähren.

Das zeigt, dass es besondere Regelungen zur Anwendung ausländischen Rechts nicht gibt. Rechtsprechung zur neuen Prozessordnung liegt noch nicht vor. Es ist jedoch zu erwarten, dass sich die Gerichte nach den Prinzipien des akzessorischen Hauptsacheverfahrens verhalten werden. Das wird dazu führen, dass sie das Erfordernis der Glaubhaftmachung auch auf den Inhalt der in Frage kommenden ausländischen Rechtsordnung erstrecken werden[510]. Letztlich steht und fällt die Behandlung des ausländischen Rechts daher mit den hier dargestellten Regeln für das Hauptsacheverfahren.

e) Fakultatives Kollisionsrecht

Kollisionsrecht ist zwingendes Recht, wenn es auf den Fall ohne Rücksicht auf den Willen der Partei angewendet wird. Kollisionsrecht ist dispositiv oder fakultativ, wenn die Parteien darauf verzichten und die anwendbare Rechtsordnung selbst bestimmen können[511].

Schon vor der Kodifikation von Art. 12.6 CC sprach sich die spanische Rechtsprechung gegen fakultatives Kollisionsrecht aus[512]. Die gegenwärtige

---

[509] *Instrumentalidad.*

[510] So auch die herrschende Praxis der Rechtsprechung in Deutschland, ohne der Analyse unter II. Deutschland vorgreifen zu wollen.

[511] *Calvo Caravaca/ Carrascosa González*, Derecho Internacional Privado I, S. 170.

[512] STS vom 06.06.1969; STS vom 05.11.1971.

Rechtsprechung verbleibt auf dieser Linie[513]. Die herrschende Lehre ist mit der Rechtsprechung einverstanden, da schlagkräftige Argumente gegen ein fakultatives Kollisionsrecht sprechen[514]: Zum einen wird die eigentliche Funktion des IPR gestärkt. Hat der Gesetzgeber sich für eine Kollisionsnorm entschieden, so bietet er dieses Regulierungskriterium an, weil er es für die gerechteste Lösung hält, die auf einem Gleichgewicht der Interessen beruht. Zum Zweiten wird sichergestellt, dass ähnliche Fälle auf Basis der gleichen Rechtsordnung entschieden werden. Die anwendbare Rechtsordnung hängt nicht von Parteiverhalten ab.

Man räumt aber durchaus ein, dass zwingendes Kollisionsrecht auch seine historischen Wurzeln hat. Wenn es die Grenzen der Souveränität einzelner Staaten markiert, war es logisch, dass solche Normen zwingendes Recht seien, denn nur so könne die Anwendung der eigenen Gesetze ohne Souveränitätsverlust sichergestellt werden[515].

Hinzu kommt, dass es nach Auffassung der Literatur im spanischen IPR zahlreiche Kollisionsnormen gibt, die selbst die Anwendung ausländischen Rechts von Amts wegen verlangen. Dies stehe fest, ungeachtet welcher Interpretation man bei der Anwendungsproblematik folgt. Die Lösung müsse zu Gunsten der Kollisionsnorm erfolgen, da diese ein wichtigeres und vor allem spezifischeres Interesse verfolgt. In folgenden Fällen ergibt sich die Anwendung von Amts wegen aus der Kollisionsnorm selbst:

aa) Kollisionsnormen mit materiellrechtlicher Zielsetzung

Kollisionsnormen, die das anwendbare Recht aus der Funktion ihres materiellen Inhaltes herleiten. Diese Normen verfolgen eindeutig objektiv materiellrechtliche Ziele, so z.B.: Wirksamkeit eines Rechtsgeschäfts, (sichere) Erlangung von Unterhalt durch den Unterhaltsgläubiger, Schutz des schwächeren Vertragsteils, usw.. Dabei hängt die Anwendung des einen oder des anderen Rechts von sei-

---

[513] so beispielhaft SAP *Barcelona* vom 15.09.1998 zur Scheidung bei kollisionsrechtlich berufenem marokkanischem Recht.

[514] *Calvo Caravaca/Carrascosa González*, Derecho Internacional Privado I, S. 170.

[515] *Calvo Caravaca/Carrascosa González*, Derecho Internacional Privado I, S. 170 f.

nem Inhalt ab, so beispielsweise bei Art. 9.3 CC[516]. Verträge, mit denen der eheliche Güterstand vereinbart, verändert oder ersetzt wird, sind wirksam, wenn sie den Erfordernissen des Rechts entsprechen, das die materiellen Ehewirkungen bestimmt, des Rechts der Staatsangehörigkeit oder des gewöhnlichen Aufenthalts einer der beiden vertragsschließenden Parteien zum Zeitpunkt des Vertragsschlusses oder Art. 11.1 CC. Wenn man den Parteien die Rechtsanwendung allein überlässt, ist diese Zielsetzung des Gesetzgebers in Gefahr.

bb) Kollisionsnormen in internationalen Übereinkommen

Sinn und Zweck solcher Übereinkommen ist es, in den Vertragsstaaten ein einheitliches Kollisionsrecht zu schaffen. Sie dienen primär nicht der Vereinheitlichung des Prozessrechts und enthalten deshalb keine Vorschriften, die sich mit der Anwendung des ausländischen Rechts befassen. Es besteht zwischen den vertragsschließenden Staaten ein Konsens dahin gehend, dass die von der jeweiligen Kollisionsnorm bezeichnete Rechtsordnung auch zur Anwendung kommt. Hinzu kommt als weiteres Argument, dass die meisten internationalen Übereinkommen nur einen einzigen Grund für die Nichtanwendbarkeit eines berufenen ausländischen Rechts vorsehen, nämlich ein Verstoß gegen den *ordre* public[517]. Die eigentliche Anwendung des berufenen Rechts richtet sich dann jeweils nach dem nationalen Prozessrecht. Da dieses aber einzig dazu dient, dem materiellen Recht zur Geltung zu verhelfen, darf es nicht vertragswidrig in den einzelnen Staaten ausgelegt werden, dass das berufene Recht gerade nicht zur Anwendung kommt. Dies ergibt sich ferner aus dem Grundsatz, diese Verträge vertragsautonom, d.h. in allen Staaten gleich, auszulegen. Wegen des im Vertrag enthaltenen Befehls, in allen Vertragsstaaten gleichermaßen das ausländische Recht zur Anwendung kommen zu lassen, muss dies auch entsprechend umgesetzt werden. Es kann nicht sein, dass der gleiche Fall von dem Gericht eines Staates, das ausländisches Recht von Amts wegen anwendet, anders entschieden wird als von einem Gericht, das nicht so verfährt. Dies ist eindeutig gegen den Geist eines in-

---

[516] Art. 9.3 CC lautet: *Los pactos o capitulaciones por los que se estipule, modifique o sustituya el régimen económico del matrimonio serán válidos cuando sean conformes bien a la ley que rija los efectos del matrimonio, bien a la ley de la nacionalidad o de la residencia habitual de cualquiera de las partes al tiempo del otorgamiento.*

[517] *Calvo Caravaca/Carrascosa González,* Introducción, S. 413.

ternationalen Übereinkommens. Insbesondere wird dadurch zum einen die Rechtssicherheit gefährdet und zum anderen ein *forum-shopping* begünstigt. Da die einzig vertragskonforme Lösung die Anwendung des ausländischen Rechts von Amts wegen ist, müssen sich auch die Staaten, die dies nach ihren Prozessordnungen nicht vorsehen, entsprechend umstellen.

Weil das Kollisionsrecht nicht fakultativ ist, sind Vereinbarungen zwischen den Parteien über das anwendbare Recht grundsätzlich unmöglich[518]. Außer in den Fällen, in denen der Gesetzgeber dies ausdrücklich gestattet, sind solche Verträge nichtig. In der spanischen Lehre wird anscheinend die Fakultativität des Kollisionsrechts weitgehend gleichgesetzt mit der Möglichkeit einer Rechtswahl in der entsprechenden Kollisionsnorm[519]

Es melden sich aber auch Stimmen zu Wort, die vom zwingenden Charakter des Kollisionsrechts eine Ausnahme machen möchten, wenn der Gesetzgeber dies durch die Einräumung von Rechtswahlmöglichkeiten ausdrücklich zugelassen hat. Die Zunahme von Rechtswahlmöglichkeiten soll dazu führen, dass die Imperativität der Kollisionsnorm schwächer werde[520]. Dies sei eine gegenwärtige Tendenz, die auf dem unwiderstehlichen Expansionsdrang des autonomen Willens, also letztlich der Privatautonomie beruhe.

f) Stillschweigende Rechtswahl im Prozess

Der Komplex ist in dieser Form nicht existent, da die Rechtsprechung ein solches Verhalten im Prozess als fehlendes Berufen auf oder fehlende Geltendmachung ausländischen Rechts einordnen würde. Bisher hat sich die Rechtsprechung, soweit erkenntlich, noch nicht damit beschäftigt. *Calvo Caravaca/ Carrascosa González* untersuchen einen Fall, in dem ein Engländer sein in Spanien gelegenes Segelschiff einem Spanier verkauft[521]. Vertragsstatut ist das englische

---

[518] *Calvo Caravaca/Carrascosa González*, Derecho Internacional Privado I, S. 171.

[519] *Calvo Caravaca/Carrascosa González*, Derecho Internacional Privado I, S. 172 (Fallbeispiel 1), 238 (Fallbeispiel 4).

[520] *Calvo Caravaca/Carrascosa González*, Derecho Internacional Privado I, S. 171.

[521] S. 238.

Recht nach Art. 4.2 CR[522]. Hier sei zu gewährleisten, dass das anwendbare Recht stets das Gleiche sei ohne Rücksicht darauf, ob ein spanisches oder englisches Gericht mit der Angelegenheit befasst sei. Dazu sei es nötig, dass, wenn die Parteien das ausländische Recht nicht bewiesen, es von Amts wegen durch das Gericht ermittelt werde. Das ist zutreffend, denn nur so kommen die staatsvertraglich vereinbarten Kollisionsnormen zur Geltung. Das *Tribunal Supremo* allerdings fordert im Schuldvertragsrecht von den Parteien Gutachten von zwei ausländischen Juristen als Beweismittel[523].

g) Kollisionsnorm und Ermittlungszielrichtung

Die Regeln des IPR, mithin das Kollisionsrecht, bestimmen letztlich, was zu ermitteln ist. Es geht nicht um die Mittel und die Art und Weise, sondern um die Zielrichtung, die sich aus der Funktion des Kollisionsrechts an sich ergibt[524]. Die zuteilende Funktion der Kollisionsnorm bewirkt es, dass es im Wettstreit der Rechtsordnungen keinen Wettbewerbsvorteil für die *lex fori*, das spanische Recht, gibt[525]. Sie ordnet die Rechtsbeziehung einer der konkurrierenden Rechtsordnungen zu. Darin liegt ihr Sinn[526]; und ihre Zielsetzung ist es, dass das in Frage kommende Recht im Rahmen des Möglichen in der Art und Weise angewandt wird, dass ein Rechtsstreit entschieden wird, wie es ein Richter der berufenen Rechtsordnung tun würde[527]. Aus dem Sinn und Zweck der Kollisionsnorm folgert *Garcimartín Alférez* für die spanische Rechtsordnung, dass der Richter das von der Kollisionsnorm bezeichnete Recht in der Weise anwenden muss, wie es ein Richter des Staates tun würde, dessen Recht berufen wurde[528].

---

522 Römisches EWG - Übereinkommen über das auf vertragliche Schuldverhältnisse anwendbare Recht.

523 STS 9.11. 1984 (RA 5372) zur Klage einer Schweizer Bank gegen einen in Spanien ansässigen Deutschen aus der Kontokorrentverbindung.

524 Siehe eingangs A. Motive für die Anwendung ausländischen Rechts im Inland.

525 *Garcimartin Alférez*, S. 15 f..

526 *Garcimartin Alférez*, S. 16.

527 *Garcimartin Alférez*, a.a.O.

528 *Garcimartin Alférez*, S. 18 am Ende. Zu den Auswirkungen auf den Inhalt der Beweisführung siehe Dritter Teil 3. Erkenntnisquellen aus der Sphäre der Parteien in Spanien.

Der spanische Richter hat die Verpflichtung, den Rechtsstreit genau so zu entscheiden, wie es einem Gericht des Staates der berufenen Rechtsordnung am nächsten kommt[529] Das bedeutet im Einzelnen: Die kollisionsrechtliche Verweisung bezieht sich auf alle Rechtssätze des ausländischen Rechts. Sämtliche Normen, also auch solche über den Geltungsbereich der Gesetze, etc. Anwendung finden[530]. Anwendung finden auch Rechtsregeln, die der ausländische Richter zu beachten hat, wie Präzedenzfälle, Gewohnheitsrecht oder *Equity*. Die Auslegung der berufenen Rechtsordnung hat in Übereinstimmung mit der Vorgehensweise, die ein dort entscheidender Richter vornehmen würde, zu erfolgen[531].

h) Rechtsmittel

Art. 12.6 CC als materiellrechtliche Vorschrift reversibles Recht. Das darf aber nach der Rechtsprechung nicht zu einer Rüge des Inhalts der berufenen Rechtsordnung umfunktioniert werden[532].

II. Deutschland

a) Keine gesetzliche Regelung

Vom Deutschen Rat[533] kam der Vorschlag, in einen geänderten § 293 ZPO als Satz 1 einzufügen: „Ausländisches Recht ist von Amts wegen zu ermitteln.“

---

[529] STS vom 30. Juni 1962; STS vom 5. November 1971: *Principio de aplicación integral del Derecho extranjero*.

[530] Zu den Ausnahmen bei der Verweisung auf das Internationale Privatrecht der berufenen Rechtsordnung vgl. oben zu Art. 12.2 CC.

[531] *Calvo Caravaca/Carrascosa González*, Derecho Internacional Privado I S. 245. Zu Anwendung ausländischen öffentlichen Rechts vgl. dort S. 246.

[532] STS vom 31.12.1994 (RA 10245): „Die Revision verwechselt die Kollisionsnorm, die von Amts wegen angewandt wird und die als Verweisungsnorm sich darauf beschränkt, aufzuzeigen, welches materielle Recht auf eine bestimmte Rechtsbeziehung anwendbar ist mit eben diesem materiellen Recht, dass keinesfalls und noch weniger dem Revisionsverfahren vom Gericht selbst bestimmt werden kann und auf das sich Art. 12. 6 CC nicht bezieht“.

[533] Vgl. Protokoll der Sitzung der Familienrechtskommission vom 22. 09. 1971, S. 19 ff.

Die Begründung zum IPR-Gesetz-Entwurf[534] sah darin eine gesetzgeberische Festschreibung der Pflicht zur kollisionsrechtlichen Entscheidung im Zivilprozess und lehnte dies ab. Für die Nichtaufnahme von Vorschriften zu diesem Punkt waren folgende Aspekte ausschlaggebend[535]: Die Pflicht des Gerichts zur kollisionsrechtlichen Entscheidung sei im Grundsatz anerkannt. Aus Gründen der Zweckmäßigkeit und der Prozessökonomie habe die Rechtsprechung jedoch zahlreiche Ausnahmen von diesem Grundsatz zugelassen, z. B. bei identischem materiellem Ergebnis nach zwei für die Anwendung in Betracht kommenden ausländischen Rechten. Dieser Spielraum müsse der Praxis erhalten bleiben. Eine Festschreibung lediglich des Grundsatzes wäre diesem Postulat abträglich. Eine zusätzliche Aufnahme der Ausnahmen, wobei auch nach Instanzen (Erstinstanz, Berufungsinstanz) zu differenzieren wäre, erschiene im Hinblick auf die Vielgestaltigkeit der Fälle nicht zweckmäßig.

Fraglich ist, ob dies in Voraussetzungen und Schlussfolgerungen noch zutreffend ist:

Nach der Rechtsprechung muss der deutsche Richter die Regeln des deutschen IPR - in allen Fällen mit Auslandsberührung - von Amts wegen beachten[536]. Der BGH sieht sich von Zeit zu Zeit zu einer wiederholenden Klarstellung genötigt, was nicht zuletzt daran liegt, dass die kollisionsrechtliche Fragestellung häufig übersehen wird; so mit seiner Entscheidung vom 6. März 1995[537] und dem Leitsatz: *Kommt bei der Beurteilung eines Sachverhalts die Anwendung ausländischen Rechts in Betracht, ist das deutsche internationale Privatrecht von Amts wegen anzuwenden.* Der Leser wird sich fragen, woher man weiß, wann die Anwendung ausländischen Rechts in Betracht kommt, ohne zuvor und

---

534 *Kühne*, IPR-Gesetz-Entwurf, Entwurf eines Gesetzes zur Reform des internationalen Privat- und Verfahrensrechts, Heidelberg 1980, S. 215.

535 *Kühne*, a.a.O.

536 BGH NJW 98, 1321; BGH NJW 1995, 2097; BGHZ 77, 32, 38; BGHZ 118, 151, 162; BGH WM 1987, 1265; BGH WM 1991, 862, 863 m. Anm. *Thode* WuB VII A § 293 ZPO 2.91; BGH WM 1992, 29, 39 m. Anm. *Thode* WuB IV A § 439 BGB 1.92.; OLG Koblenz RIW 93, 939.

537 BGH NJW 1995, 2097-2099.

stets die Vorschriften der Art. 3 ff. EGBGB geprüft zu haben[538]. Dass ein fakultatives Kollisionsrecht nicht gewollt ist, dürfte im Ergebnis unzweifelhaft sein. Der BGH hat ergänzend ausgeführt, dass die Regelungen des deutschen Internationalen Privatrechts allgemeine Verbindlichkeit beanspruchen, ohne dass es darauf ankäme, ob sich zumindest eine der Parteien - was im Fall nicht geschehen war - auf die Anwendung ausländischen Rechts berufe[539].

Diese und die vorangegangenen Entscheidungen[540] werden von der herrschenden Meinung der Literatur begrüßt: Es sei zutreffend, das deutsche IPR vom Gericht von Amts wegen anwenden zu lassen; nicht nur dann, wenn sich eine Partei darauf beruft[541]. Insbesondere dürfe nicht etwa solange nur deutsches Recht anwendet werden, bis von einer Partei die Anwendung ausländischen Rechts verlangt werde[542]. Das Gericht müsse in jeder Lage des Verfahrens prüfen, ob Tatsachen vorgetragen werden, die die Tatbestandsmerkmale einer deutschen Kollisionsnorm sind[543]. *Otte*[544] begrüßt, dass der BGH grundsätzlich davon ausgehe, dass deutsches IPR von Amts wegen anzuwenden sei und der Ansicht, die sich für ein fakultatives Kollisionsrecht einsetzt, eine Absage erteile. Die Haltung der Rechtsprechung bedeute eine sichere Anknüpfung in nahezu allen Rechtsgebieten *mit Ausnahme* des Schuldvertragsrechts. Für die Anwendung nur auf Antrag einer Partei hat sich die bereits erwähnte Theorie vom fakultativen Kollisionsrecht ausgesprochen.

---

538 Man führe sich den Aussagewert vor Augen etwa von "Kommt bei der Beurteilung eines Sachverhaltes die Anwendung von Kaufrecht in Betracht, so sind stets die Vorschriften der §§ 433 ff. BGB zu prüfen". Darüber hinaus zeigt sich auch hier, dass eine „relevante Auslandsberührung" als Vorfilter nicht sonderlich logisch ist.

539 BGH NJW 1995, 2097, 2099; BGH, NJW 1993, 2305, 2306; *Zöller/Geimer* ZPO § 293 Rdnr. 9 m.w.N.

540 Dazu *Otte* EWiR 1993, 671-672

541 *Palandt/Heldrich* Einl. V. Art. 3 EGBGB; *Geimer*, IZPR, Rn. 2572.

542 *Zöller/Geimer*, § 293 ZPO, Rdnr. 10.

543 Vgl. statt aller Zöll*er/Geimer*, § 293 ZPO, Rdnr. 10.

544 EWiR 1993, 671, 672.

b) Ermittlung der Anknüpfungstatsachen

Zwar ist das Gericht gehalten, in jeder Lage des Verfahrens zu prüfen, ob Tatsachen vorgetragen sind, die Tatbestandsmerkmale einer deutschen Kollisionsnorm ausfüllen können. Man kann jedoch - wie schon die Ausführungen zum spanischen Recht gezeigt haben - noch einen Schritt weiter gehen und fragen, ob es auch Konstellationen gibt, in denen es nicht nur in den Händen der Parteien liegt, dem Gericht die zur Entscheidung nötigen Informationen zu überlassen. Diese unterliegen der Dispositionsmaxime und dem Beibringungsgrundsatz. Mit dem Beibringungsgrundsatz ist es prinzipiell unvereinbar, nicht vorgetragene Tatsachen unaufgefordert zu erforschen. Die Verweisungsvorschriften sind keine allgemein verbindlichen Normen[545]. Welche Norm angewendet werden muss, kann immer erst gesagt werden, wenn der Tatbestand vorliegt. Das gilt auch im inländischen Recht. Es kann jedoch sein, dass der Tatbestand der Kollisionsnorm dennoch von Amts wegen zu ermitteln ist. Soweit nämlich eine Kollisionsnorm als zwingendes Recht anzusehen ist, ist auch der Tatbestand, auf den sie angewendet werden soll, von Amts wegen zu ermitteln[546]. Mit *iura novit curia* § 293 oder der Rechtsfrage hat das aber nichts zu tun[547]. Der Untersuchungsgrundsatz gilt dann, weil der Untersatz eines zwingenden Rechtssatzes der Parteiendisposition und damit dem Verhandlungsgrundsatz entzogen ist. In Verfahren, in denen überhaupt die Tatfrage von Amts wegen zu lösen ist, ist auch der Untersatz einer Kollisionsnorm von Amts wegen zu ermitteln.

Sind Anknüpfungspunkte nicht feststellbar, so ging die h. M. in Praxis und Wissenschaft[548] bei ungeklärter Staatsangehörigkeit ganz überwiegend zur Staatenlosigkeit über. Seit 1986 gibt es eine gesetzliche Regelung in Art. 5 II EGBGB. Stattdessen sollte man sowohl bei unklarer Staatsangehörigkeit als auch bei un-

---

545 *Kralik*, S. 91. Anderer Auffassung *Zitelmann, S. 301* f., der die Ansicht vertritt, dass nicht nur die Ermittlung des im Ausland geübten Rechts, sondern auch die Frage, ob ausländisches Recht und welches zur Anwendung kommt, zur Rechtsfrage gehöre und daher auch der Tatbestand, von dem die Lösung dieser Frage abhängt, als Rechtsfrage von Amts wegen zu ermitteln sei.

546 *Kralik*, S. 91

547 *Kralik*, S. 91.

548 Vgl. *Soergel/Kegel*, BGB, 10. Aufl. 1970, Rdnr. 114 vor Art. 7 EGBGB.

klarem Aufenthalt erst einmal die wahrscheinlichste Anknüpfung wählen[549]. In Fällen, in denen eine schwächere Anknüpfung nicht zur Verfügung steht, und der Abschlussort nicht mehr zu ermitteln, ist muss man *deutsches Recht* anwenden[550].

c) Offenlassen der kollisionsrechtlichen Entscheidung

Verfahrensrechtlich könnte es zulässig sein, offen zu lassen, welches Recht anwendbar ist, wenn beide zum gleichen Ergebnis führen. Das setzt voraus, dass der Inhalt beider Rechte dem Richter bekannt ist oder erforscht wurde.

Ein Offenlassen der kollisionsrechtlichen Entscheidung durch das Berufungsgericht ist nach der Rechtsprechung nicht möglich, da nur das deutsche Recht reversibel ist[551]. In seiner Entscheidung vom 21.09.1995 führt der BGH seine Rechtsprechung fort[552], nach der das Berufungsgericht es nicht offen lassen darf, ob ausländisches oder deutsches Recht anwendbar ist[553]. Nach neuerer Rechtsprechung[554] soll eine Wahlfeststellung dann zulässig sein, wenn deutsches Recht nicht im Spiel ist. Die Tatsachengerichte müssen die nach deutschem IPR anwendbare *lex causae* auch dann ermitteln, wenn die Anwendung des deutschen und des ausländischen Rechts im konkreten Streitfall nicht zu unterschiedlichen Ergebnissen führe.[555] Das ist vor dem Hintergrund zutreffend, dass eine Partei erkennen muss, ob und wie sie eine Revision mit Aussicht auf Erfolg einlegen kann. Eine materiell-rechtliche Falschbeurteilung kann auf der falschen

---

[549] *Kegel/Schurig*, S. 449.

[550] *Kegel/Schurig*, S. 449.

[551] so schon BGH NJW 1963, 252-253 mit Anmerkungen *Steindorff*, JZ 1963, 200, 205 sowie BGH 25.01.91, NJW 1991, 2214; BGH Urteil v. 21.09.1995.

[552] BGH 25.01.91, NJW 1991, 2214.

[553] Nach den redaktionellen Anmerkungen dazu hat dies revisionsrechtliche Gründe. Da nach §§ 546, 562 ZPO a.F. nur die Anwendung deutschen Rechts, hingegen grundsätzlich nicht die Anwendung ausländischen Sachrechts der Revision durch den BGH unterliege, würde so vermieden, dass der BGH die Anwendung deutschen Rechts revisionsrechtlich prüfen müsste, wenn tatsächlich ausländisches Recht anwendbar wäre, *Kropholler*, S. 523). Zulässig sei es aber, dass die Tatsacheninstanz offen ließe, welches von mehreren ausländischen Rechten anwendbar sei, wenn sie zu dem selben Ergebnis kämen.

[554] BGH NJW 96, 54 mit Anmerkungen *Mäsch*, NJW 96, 1453.

[555] Vgl. auch OLG München RIW 96, 329.

Anwendung deutschen Rechts – damit unbeschränkte Revision – oder auf einem Ermittlungsfehler – damit nur Verfahrensrüge nach § 293 ZPO – beruhen[556]. Führt die Anwendung deutschen oder fremden Rechts nicht zu verschiedenen Ergebnissen, kann es für die Revision selbst, anders als in der Berufungsinstanz, offen bleiben, welches sachliche Recht auf das streitige Rechtsverhältnis anzuwenden ist[557].

Nach einer Stimme in der Literatur darf das Gericht nur dann die Entscheidung, *welche* Kollisionsnorm auf den Fall anzuwenden ist, offen lassen, wenn alle anwendbaren *Kollisionsnormen* zum gleichen Ergebnis führen[558]. Dabei muss selbstverständlich auch die Verweisungsart gleich sein. So soll es auch für den Fall gelten, dass verschiedene Kollisionsnormen auf verschiedene *ausländische* Rechtsordnungen verweisen, diese wiederum aber inhaltsgleich sind[559]. *Mäsch*[560] lehnt die Entscheidung der Revisionsinstanz[561] ab, welche zu Unrecht gerügt habe, dass das Berufungsgericht das Problem kollisionsrechtlicher Normen in einem grenzüberschreitenden Sachverhalt offen gelassen hätte. *Schack*[562] befürwortet ebenfalls eine Wahlfeststellung mit dem Argument, dass diese unnötige Arbeitsbelastungen der Instanzgerichte verhindere. Geht der BGH dann bei einer Revision von der Anwendbarkeit deutschen Rechts aus, so muss er diese annehmen, anderenfalls verwerfen. Das prozessökonomische Argument dürfte fehlgehen, da kaum Fälle denkbar sind, in denen die kollisionsrechtliche Entscheidung mehr Aufwand erfordert als die Lösung des Falles nach zwei oder mehr ausländischen Rechtsordnungen, die nötig wird, um sie zu vermeiden.

Fischer[563] spricht mit Blick auf die erste Instanz, die Berufungsinstanz und die Revisionsinstanz jeweils die Frage an, ob der Richter die kollisionsrechtliche Frage offen lassen darf, wenn die deutsche und die ausländische Rechtsordnung

---

[556] Vgl. BGH IPrax 89, 231.
[557] BGH MDR 1991, 794.
[558] Vgl. *Reithmann/Martiny*, Rdnr. 43.
[559] Vgl. *Zöller/Geimer*, § 293 ZPO Rdnr. 12.
[560] *Mäsch*, NJW 1996, 1453-1455.
[561] BGH NJW 1996, 54
[562] IZVR Rdnr. 648.
[563] In Anmerkung zu BGH WM 1991, 837, *Fischer* WuB VII A § 293 ZPO 1.91

zum selben materiellen Ergebnis kommen. Zu Recht begrüßt er, dass mit der besprochenen Entscheidung des BGH klargestellt sei, dass der Richter der Berufungsinstanz im genannten Fall hinsichtlich der anwendbaren Rechtsordnung eine Entscheidung treffen muss und sieht auch kein Gegenargument aus ökonomischer Sicht besteht[564].

Nach der Neufassung des 119 Abs. 1 Nr. 1 b und c GVG wird ein Offenlassen kaum mehr zulässig sein[565]

d) Eilfälle

An dieser Stelle interessiert die Frage, ob aus Gründen der Eilbedürftigkeit die kollisionsrechtliche Frage außen vor bleiben kann.

Das OLG Frankfurt[566] hatte als erstes die Feststellung getroffen, dass sich die Ermittlungspflicht des Gerichts auf so genannte präsente Erkenntnismittel beschränke. Der Partei obliege es in einem solchen Fall, eine für sie günstige Anwendung fremden Rechts zur Überzeugung des Gerichts glaubhaft zu machen[567]. Könne die Wirksamkeit eines Rechtsgeschäftes auf Grund der dem Gericht präsenten Rechtsnormen, Gerichtsentscheidungen oder der in der Rechtslehre geäußerten Ansichten nicht eindeutig festgestellt werden, so fehle es an der im Eilverfahren notwendigen Glaubhaftmachung.

Stellvertretend für die Praxis ist die Entscheidung des OLG Koblenz vom 25.02.1993[568]: Die Berufung der Antragsgegnerin hatte Erfolg, weil die Antragstellerin sich nicht auf das amerikanische Recht berufen hatte[569]. Es könne nicht

---

[564] In Anmerkung zu BGH, 1991-01-25, V ZR 258/89, WM IV 1991, 837, *Fischer* WuB VII A § 293 ZPO 1.91.

[565] Siehe dazu unten S. 303.

[566] NJW 1969, 991.

[567] OLG Frankfurt NJW 1969, 991.

[568] IPRspr. 1993 Nr. 122.

[569] Die Antragstellerin. verlangte von der ebenfalls in Deutschland ansässigen AG Unterlassung der Belieferung der Fa. B. Diese hatte ihren Sitz in den USA und bezog ihre Produkte ursprünglich von der Antragstellerin, die sie unter einer in Deutschland nicht geschützten Bezeichnung herstellt und den deutschen Markt selbst beliefert. Nach Kündigung des Lie-

darüber entschieden werden könne, ob der geltend gemachte Unterlassungsanspruch nach amerikanischem Recht begründet oder hinreichend glaubhaft gemacht sei. Denn die Antragstellerin habe sich nicht auf die Anwendung dieses Rechts berufen,[570] mit der Folge, dass es nicht Gegenstand des Verfahrens sei. Zwar erkennt der Senat grundsätzlich eine Pflicht des Gerichtes aus § 293 ZPO an, ausländisches Recht von Amts wegen zu ermitteln, falls seine Anwendung in Betracht kommt. Voraussetzung soll sein, dass Gegenstand des Verfahrens ein nach ausländischem Recht zu beurteilender Anspruch ist. Das sei hier nicht der Fall[571].

---

fervertrages durch die Antragstellerin produzierte die Ag. diese Produkte unter gleichem Namen und belieferte die Fa. B., die die Erzeugnisse auf dem amerikanischen Markt in Verkehr brachte. Das Landgericht untersagte der Antragsgegnerin diese Belieferung mit den entsprechend gekennzeichneten Produkten. Der Senat kam zu der Auffassung, dass deutsches Wettbewerbsrecht nicht anzuwenden sei, da für die Bestimmung des anzuwendenden Rechts bei wettbewerbswidrigem Verhalten, das kollisionsrechtlich zu den unerlaubten Handlungen gehöre, in der Regel der Ort maßgeblich sei, an dem die wettbewerblichen Interessen der Parteien aufeinandertreffen. Droht eine Irreführung des Kunden nur auf dem ausländischen Markt, so liege auch nur dort der Begehungsort der unlauteren Wettbewerbshandlung. Dem ist zuzustimmen; insbesondere der zutreffenden Anwendung des Kollisionsrechtes von Amts wegen durch den Senat.

[570] unter Berufung auf BGH, WRP 1991, 294, 295 = NJW 1991, 1054, 1055 - Kauf im Ausland. *Warum* der Kläger sich auf die Anwendung spanischen Wettbewerbsrechts hätte berufen müssen, lässt sich auch dieser Entscheidung nicht entnehmen.

[571] Die Begründung über die herrschende Lehre von der Zweigliedrigkeit des Streitgegenstandes vermag indes nicht zu überzeugen. Nach Auffassung des Gerichts muss aus dem Vorbringen des Anspruchstellers klar hervorgehen, welche Rechtsnormen zur Anwendung kommen sollen. Die Antragstellerin hätte daher über die Formulierung des Antrags und die Angabe des Anspruchsgrundes – Lebenssachverhalt - hinaus den Streitgegenstand auch im Hinblick auf das anzuwendende - deutsche oder ausländische - Recht genau bestimmen müssen. Wie das hätte geschehen sollen, bleibt offen. Im Ergebnis läuft die kollisionsrechtliche Verweisung also ins Leere, da auf deutsches Recht nicht verwiesen wurde, amerikanisches aber nicht Streitgegenstand sein soll. Die zur Begründung vergleichsweise angeführte Entscheidung BGH WRP 1992, 557, 559 f. hilft nicht weiter. Diese betraf die in der Tat unzulässige Einführung eines neue Streitgegenstandes, als der Kläger neben § 1 UWG sich zusätzlich auf § 3 UWG stützte, das Vorbringen aber nach dem BGH nur den Charakter einer hilfsweisen Begründung des alten Streitgegenstandes hatte. Ohne auf wettbewerbsrechtliche Besonderheiten einzugehen, passt dies hier schon deshalb nicht, da die von Gericht zutreffend als zwingend erkannte Kollisionsnorm nicht nur auf einen Anspruch des ausländischen Rechts, sondern auf seine Gesamtheit verweist. Darin liegt keine Änderung des Streitgegenstandes; auch nicht im Wettbewerbsrecht. Dort kann der Lebenssachverhalt und damit der Streitgegenstand zwar schon durch unterschiedliche Akzentuierung des Sachvortrags variiert werden. Um zum ausländischen Recht zu gelangen, ist eine solche Variation weder nötig noch erfolgt, sondern ergibt sich bereits aus dem schon vorgetrage-

Eher als *obiter dictum* fügt der Senat hinzu, dass eine Anwendung des deutschen Wettbewerbsrechts nur für den Fall als Ersatzrecht in Frage gekommen wäre, dass die Antragstellerin ihren Unterlassungsanspruch auf amerikanisches Recht gestützt hätte, eine Ermittlung der *ausländischen* Rechtsnormen und Erforschung wegen des Eilcharakters jedoch aus Zeitgründen nicht möglich gewesen wäre.

Einerseits könnte man aus der vorausschauenden Annahme von Schwierigkeiten nicht unbedingt eine erhöhte Bereitschaft und Freude an der Anwendung ausländischen Rechts ablesen. Andererseits - und das wiegt als logischer Fehler weitaus schwerer - musste man, der Meinung der Kammer folgend, auch in der Ersatzrechtsanwendung, die immerhin nicht wie die kollisionsrechtliche Verweisung aufgrund zwingenden Gesetzesrechts erfolgt, eine unzulässige Änderung des Streitgegenstandes - nur eben in der anderen Richtung - sehen. Denn hätte sich die Antragstellerin, wie von der Kammer verlangt, auf amerikanisches Recht „berufen", so müsste man in einer Ersatzrechtsanwendung erst recht eine Änderung des Streitgegenstandes - die Ausführungen des Gerichtes dazu als richtig unterstellt - sehen. Sollte diese Auffassung weiter Schule machen, so wird es noch schwieriger, dem Antragsteller einen konkreten Rat zu erteilen. Er müsste sich zwar einerseits auf das ausländische Recht, auf das nach seiner (Rechts-)auffassung die Kollisionsnorm verweist, „berufen", verliert andererseits den Prozess, wenn das Gericht seiner Rechtsauffassung zur Kollisionsnorm nicht folgt. Stellt das Kollisionsrecht inländisches Recht dar, sei es konsequent, bei Sachverhalten mit Auslandsberührung die einschlägige Kollisionsnorm wie jede andere Norm des nationalen Rechts von Amts wegen zur Anwendung zu bringen[572]. Gegen diese Grundsätze verstößt auch die Neigung einiger deutschen Gerichte, in Eilverfahren ohne Rückgriff auf die Kollisionsregeln stets die *lex fori* anzuwenden.[573] Da die mit der Eilbedürftigkeit zusammenhängenden Prob-

---

nen Sachverhalt in Verbindung mit der kollisionsrechtlichen Verweisung, so dass sich der Streitgegenstand nicht ändert. Das Gericht hätte daher dem Verweisungsbefehl folgen und im ausländischen Recht einen Rechtssatz suchen müssen, der das Klägerbegehren hätte tragen können. Ob die Antragstellerin insoweit schlüssig vorgetragen und glaubhaft gemacht hat, um die begehrte Rechtsfolge ausgesprochen zu erhalten, kann erst dann beantwortet werden.

[572] *Evangelou*, IPRax 1097, 263.

[573] *Evangelou*, IPRax 1097, 264.

leme weniger auf der Ebene der kollisionsrechtlichen Entscheidung, als auf Anwendungsebene liegen, ist ein generelles Absehen von der kollisionsrechtlichen Prüfung kaum vertretbar[574].

Gelingt also nach der Rechtsprechung die Feststellung ausländischen Rechts nicht, so verlangt sie dessen Darlegung und Glaubhaftmachung durch die Partei und weist die Klage ab, wenn dies nicht gelingt[575]. Eine Glaubhaftmachungslast lässt sich allerdings weder aus § 920 Abs. 2 ZPO - dieser nimmt Bezug auf § 294 ZPO, wonach nur Tatsachen glaubhaft zu machen sind - noch aus einer allgemeinen Mitwirkungspflicht herleiten[576]. Auch hier ist es nicht erforderlich, dass sich der Kläger beim Verfügungsanspruch, 935 ZPO, oder in Bezug auf das streitige Rechtsverhältnis, § 940 ZPO, auf das ausländische Recht beruft. Nur für den Fall, dass das berufene ausländische Recht nicht zeitnah – also ohne den Verfahrenszweck zu gefährden – festgestellt werden kann, sei auf die *lex fori* zurückzugreifen[577]. Zuvor ist jedoch in jedem Fall die international-privatrechtliche Frage zu stellen[578]. Kann das ausländische Recht nicht in der dem Gericht zur Verfügung stehenden Zeit bestimmt werden, so stellt sich die Frage des Ersatzrechts. Dabei ist grundsätzlich nach demselben Schema zu verfahren wie bei der Nichtermittelbarkeit ausländischen Rechts in einem eventuellen Hauptverfahren[579]. Das bedeutet systematisch etwas anderes als gleich die IPR-Frage fallen zu lassen. Es führt nämlich zu unterschiedlichen Ergebnissen, je nachdem welchen Weg man beschreitet, wenn der Inhalt einer kollisionsrechtlich berufenen Rechtsordnung nicht (zeitnah[580]) bestimmbar ist.

---

[574] Vgl. *Evangelou*, IPRax 1097, a.a.O.

[575] *Dethloff*, S. 292 m. w. N.

[576] *Dethloff*, S. 939 f.

[577] Vgl. *Zöller/Geimer*, § 293 ZPO Rdnr. 11.

[578] *Nagel/Gottwald*, § 10 Rdnr. 28.

[579] Siehe dazu unten ab S. 274.

[580] Das muss hier als den Verfahrenszweck gefährdend verstanden werden.

e) Fakultatives Kollisionsrecht

aa) Bestandsaufnahme

Nach der von *Flessner*[581] in die deutsche Rechtswissenschaft eingeführten Lehre vom fakultativen Kollisionsrecht sind Kollisionsnormen des internationalen Privatrechts vom Gericht zu beachten, wenn sich zumindest eine der Parteien auf ausländisches Recht beruft. Sie ist Ende der 60er Jahre vor dem Hintergrund entstanden, als mehr ausländische Rechtsordnungen als heute ausländisches Recht als Tatfrage eingestuft haben[582]. Ausgangspunkt ist die These, dass das gesamte internationale Privatrecht disponibel ist. Begründet wurde dies damit, dass die Qualität der Rechtsprechung bei der Anwendung ausländischen Rechts geringer sei als bei der *lex fori*[583]. Die mit der Anwendung ausländischen Rechts verbundenen Schwierigkeiten haben den Anstoß dazugegeben. Denn die Anwendung von ausländischem Recht an Stelle der *lex fori* berge eine erhöhte Gefahr von Fehlentscheidungen. Die Qualität der von den Gerichten erbrachten Dienstleistung nehme deshalb Schaden, weil der Richter selten über die notwendige Erfahrung und Sozialisation in der berufenen Rechtsordnung verfüge und daher dazu tendiere, am Buchstaben der fremden Gesetze oder Entscheidungen zu kleben[584].

Nach *Wagner* [585] ist die Lehre vom fakultativen Kollisionsrecht keineswegs als „wissenschaftliche Episode" anzusehen, sondern geeignet, einen Beitrag zur Überwindung der Spannungen zwischen Theorie und Praxis des IPR zu leisten. *Mäsch* findet sie rechtspolitisch bedenkenswert[586]. Argument der Vertreter eines fakultativen Kollisionsrechts ist auch die grundsätzliche Vermeidbarkeit von

---

[581] RabelsZ 34, 547 (1970), *Sturm* FamRZ 73, 405; ders., Festschrift für Konrad Zweigert, 329-351, dazu auch *Müller-Graff*, RabelsZ 48 (1984) , 289-318. *Koerner*, Fakultatives Kollisionsrecht in Frankreich und Deutschland, 1995; *Reichert – Facilides*, fakultatives und zwingendes Kollisionsrecht, 1995 sowie Wagner, fakultatives Kollisionsrecht und prozessuale Parteiautonomie ZEuP 7 (1999) 6 – 46. .a.A. *Schurig*, RabelsZ 59(1995), 229-24.

[582] *Spickhoff* S. 65.

[583] *Flessner* RabelsZ 34 (1970), 546, 550.

[584] *Flessner*, RabelsZ 34 (1970) 547, 549 ff.

[585] *Wagner* ZEuP 1999, 6-46.

[586] NJW 1996, 1454.

Gutachterkosten[587]. *Sturm* beschreibt die Schwierigkeiten, denen Standesbeamten und auch Gutachter ausgesetzt sind, wenn unter Anwendung unbekannten ausländischen Rechts entschieden werden müsse. Eine Lösungsmöglichkeit sei die Lehre vom fakultativen Kollisionsrecht[588]. *Wagner* spricht sich für die Annahme von fakultativem Kollisionsrecht in Gebieten aus, die von der Dispositionsmaxime beherrscht werden. Befürworter dieser Konzeption wollten sie aber auch auf Rechtsgebiete ausdehnen, in denen auch im jeweiligen materiellen Sachrecht keine Parteiautonomie herrscht[589]. Klarzustellen ist, dass es nicht um eine Verpflichtung des Richters geht, von den Parteien zusätzliches Tatsachenmaterial anzufordern. Darin läge ein Verstoß gegen die Dispositionsmaxime des Zivilprozesses. Erfüllt der von den Parteien vorgetragene Tatsachenstoff kein Tatbestandsmerkmal einer Kollisionsnorm, so muss es dabei sein Bewenden haben.

Fest seht zunächst, dass der Bundesgesetzgeber die Lehre vom fakultativen Kollisionsrecht nicht zur Grundlage der Reform von 1986 machen wollte[590]. Die weitere Entwicklung sollte jedoch ausdrücklich der wissenschaftlichen Entwicklung offen bleiben[591]. Darüber hinaus ist die konkrete Ausgestaltung der Anwendung nicht nur in Detailfragen offen und die Diskussion im Fluss.

bb) Beschränkte Fakultativität?

Man kann unterscheiden zwischen Parteifakultativität, wonach das Kollisionsrecht weitgehend „nachgiebig gegenüber abweichenden prozessualen Dispositionen der Parteien“ ist, und Gerichtsfakultativität[592].

Anhand verschiedener Beispiele wie Anerkenntnis und Erfüllung zeigt *Wagner* auf, dass den Parteien die Herrschaft über das Verfahren nicht alleine deshalb entzogen wird, weil sie über das zu Grunde liegende Rechtsverhältnis nicht ist

---

[587] *Küster*, Fn. 621.
[588] StAZ 1977, 213-218.
[589] *Flessner*, RabelsZ 34 (1970) 569.
[590] Entwurfsbegründung BT-Drucksache 10/504, S. 26.
[591] Vgl. auch *Wagner* ZeuP 1999, 6, 9.
[592] *Wagner* ZEuP 7 (1999), 21 ff.

disponieren können[593]. Im Kollisionsrecht sei die Grenze der prozessualen Dispositionsfreiheit dort erreicht, wo nicht mehr die Verhandlungsmaxime, sondern der Untersuchungsgrundsatz gelte[594]. Dies soll in Angelegenheiten der freiwilligen Gerichtsbarkeit sowie im familiengerichtlichen Verfahren so sein. *Wagner* erkennt, dass sowohl die Gefahr besteht, dass eine unkundige Partei aus Unwissenheit eine ihr günstige Rechtsposition aufgibt und dadurch den Prozess verliert[595]. Eine solche Gefahr bestünde jedoch nur in Verfahren ohne Anwaltszwang. In Verfahren, in denen sich die Parteien anwaltlich vertreten lassen müssen, bestünde quasi eine Sicherung, die u. a. in Schadensersatzansprüchen des Mandanten gegen seinen fehlerhaft arbeitenden Anwalt bestünde; in Verfahren ohne Anwaltszwang kompensiere § 139 ZPO die Sicherung durch die anwaltliche Vertretung [596]. Dies wirft die Frage auf, welche Anforderungen an die Kenntnisse und Beratungspflichten eines Anwalts in Verfahren mit Auslandsberührung zu stellen sind. Die Haftungsfragen sind allerdings völlig offen[597]. Viele Haftpflichtversicherer gewähren keinen Deckungsschutz mit der Folge, dass ein Haftungsprozess des Mandanten wenig erfolgversprechend ist. Darüber hinaus sind Fälle denkbar, in denen die Parteien eine Rechtsordnung wählen, an die kollisionsrechtlich nicht angeknüpft werden kann. Neben den dagegen bereits geäußerten Bedenken ginge es nur um die Beantwortung einer theoretischen Rechtsfrage, die mit der rechtsstaatlichen Funktion des Zivilprozesses nichts mehr zu tun hat. Konsequenterweise müsste man ferner eine bidirektionale Dispositionsfreiheit zulassen. Beide Punkte führen dazu, dass, wie *Wagner* richtig erkennt, die knappen, von der Gesellschaft subventionierten Justizressourcen - zu Lasten der übrigen Parteien - vergeudet würden[598].

Das Argument, die Parteien könnten auch bewusst falsche Tatsachen vortragen, um einen Anknüpfungspunkt auszufüllen, und so selbst zwingendes Recht umgehen[599], geht jedoch fehl. Ein solcher Verstoß gegen die Wahrheitspflicht, §

---

[593] *Wagner* ZEuP 7 (1999), 33, 36.
[594] *Wagner* ZEuP 7 (1999), 34.
[595] *Wagner* ZEuP 7 (1999), 28.
[596] *Wagner*, ZEuP 7 (1999), 28.
[597] Siehe unten Dritter Teil d) Sorgfaltspflichten der Prozessvertreter.
[598] *Wagner*, ZEuP 7 (1999), 41.
[599] *Wagner* a.a.O.

138 Abs. 1 ZPO kann zu Anwendung *jedes* ausländischen Rechts, nicht nur zur *lex fori* führen.

Gegen fakultatives Kollisionsrecht wird ins Feld geführt: Es bestehe kein Bedürfnis, kollisionsrechtliche Bestimmungen, die nicht auf Privatautonomie beruhen, im Prozess den Parteien zur Disposition zu stellen[600]. Die Anwendung ausländischen Rechts ist kein *sacrificium intelectus*[601]. Eine qualitative Verschlechterung ist zum einen bei den eingangs abgegrenzten Rechtsgebieten ebenso denkbar; andererseits bei ausländischem Recht keinesfalls zwingend. Es gibt keine kollisionsrechtliche „Rosinentheorie", nach der man sich nur die für sich selbst positiven Regelungen herauspicken darf[602]. Die Rechtskraft ist nicht ausreichend, um Dritte zu schützen[603].

In Gebieten, in denen weder auf der kollisionsrechtlichen Ebene noch im nationalen Sachrecht Parteiautonomie herrscht (z. B. Sachenrecht), droht aber ein Verwertungswiderspruch zur völligen Disponibilität des Internationalen Privatrechts *an sich*.

Im Bereich internationaler Übereinkommen kann im fakultativen Kollisionsrecht ein Verstoß gegen Völkervertragsrecht gesehen werden[604]. Ein Staat, der kollisionsrechtlichen Abkommen beitreten ist, übernimmt damit gerade die Verpflichtung, genau diese Normen in Fällen mit Auslandsberührung anzuwenden. Dies hat aber ohne Rücksicht darauf zu geschehen, ob die Parteien dies wollen oder nicht. Dazu tendiert jetzt sogar die traditionell einem dispositiven Kollisionsrecht verhaftete ähnliche Auffassung[605] für den Bereich des römischen EWG - Übereinkommens über das auf vertragliche Schuldverhältnisse anwendbare Recht. Bei Kollisionsnormen, die staatsvertraglicher Herkunft sind, ist die Anwendung einer nationalen fakultativen Theorie also zumindest zweifelhaft[606].

---

[600] *Evangelou*, IPRax 1987, 263.
[601] *Kegel/Schurig* 8. Aufl. 2000 § 15 III S. 444.
[602] *von Bar*, Internationales Privatrecht, Erster Band, Rn. 373
[603] *Kegel/Schurig* 8. Aufl. 2000 § 15 III S. 440.
[604] *Schack* Rdnr. 622.
[605] Dazu siehe *Spickhoff* ZZP 112 (1999), S. 277.
[606] *Spickhoff*, S.68 zum Schuldvertragsrecht.

Zudem entsteht Rechtsunsicherheit. Arbeitserleichterung erscheint zweifelhaft, da zumindest der Parteivertreter stets mindestens zwei Varianten des Falles prüfen muss, wenn man die Haftung als Argument bejaht. Die sodann zu treffende Entscheidung wird sich weniger an vorangegangenen Vorstellungen oder Verhalten der Partei orientieren als rein taktischer Natur sein.

Die richterliche Belehrungspflicht über den Verzicht der Anwendung ausländischen Rechts[607] verhindert letztendlich wesentliche Arbeitserleichterung, da zumindest bei einer nicht anwaltlich vertretenen Partei der Richter über den bloßen Hinweis hinaus Recherchen zum Ausgang des Verfahrens für den Fall der Entscheidung gegen die *lex fori* anstellen müsste, da sonst der Partei die Tragweite ihrer Entscheidung nicht im Entferntesten klar wäre. Sollte das IPR mit seinen Kollisionsnormen und ausländisches Recht als Entscheidungsgrundlage erst recht Zeit und Kraft verschlingendes Übel mit ungewissem Ausgang sein wie oft zumindest angedeutet, so käme mancher vielleicht in Versuchung, den Parteien die Wahl der *lex fori* ans Herz zu legen, etwa um einer vermeintlich unnötigen Verfahrensverzögerung zu entgehen.

Allerdings besteht schon jetzt dem Grunde nach eine Hinweispflicht nach § 139[608]. Der BGH sah den Anspruch der Parteien auf rechtliches Gehör verletzt, weil das Berufungsgericht erstmals und ohne den Parteien zuvor einen rechtlichen Hinweis erteilt zu haben, ausländisches Recht anwandte. Diese und der erstinstanzliche Richter waren stets von der Anwendung der *lex fori* ausgegangen und hatten während des gesamten Verfahrens ausländisches Recht nicht in Erwägung gezogen. Die in den Akten enthaltenen Sitzungsniederschriften gaben keinen Hinweis darauf, dass diese Frage mündlich mit den Parteien erörtert worden wäre. Angesichts dieses Prozessverlaufs durfte sich der Beklagte darauf verlassen, dass das Berufungsgericht durch einen entsprechenden Hinweis den Parteien Gelegenheit zur Stellungnahme geben werde, wenn es nunmehr die entscheidungserhebliche Frage der nach ausländischem Recht beurteilen wollte. Die Rüge aus § 139 ZPO greift ein, wenn das Berufungsgericht überraschend ausländisches Recht anwendet, während die Parteien ihren Ausführungen aus-

---

[607] *Reichert - Facilides* 82.

[608] BGH NJW 76, 474.

schließlich deutsches Recht zugrunde gelegt haben. Im Ergebnis hatte das Berufungsgericht durch seine Überraschungsentscheidung dem Beklagten jede Möglichkeit verschlossen, sich zu der interessierenden Rechtsfrage zu äußern[609].

Für das erstinstanzliche Verfahren gilt nicht anderes; schon deshalb, weil das Gericht eine Überraschungsentscheidung fällt, wenn es sich auf eine nicht erwähnte, von den Parteien erkennbar übersehene Anspruchsgrundlage stützt[610], also insbesondere, wenn sie einer ausländischen Rechtsordnung entstammt. Der richterliche Hinweis auf die Rechtsfolge der Kollisionsnorm ist folglich schon deshalb geboten, um nicht mit dem Verbot überraschender Entscheidungen, § 139 Abs. 2 ZPO, in Konflikt zu geraten. Daher muss das Gericht als Folge der richterlichen Aufklärungspflicht auch im Anwaltsprozess, § 139 ZPO, den Parteien spätestens in der mündlichen Verhandlung einen entsprechenden Hinweis geben und zudem auf eindeutige Erklärungen der Prozessvertreter hinwirken[611]. Letztendlich geht es um die Verletzung des Anspruchs auf rechtliches Gehör nach Art. 103 Abs. 1 GG[612].

f) Stillschweigende Rechtswahl im Prozess

Es handelt sich hierbei um ein Phänomen, das in Deutschland besonders in Rechtsgebieten auftritt, die in besonderem Maße der Parteiautonomie unterliegen und daher den Parteien weitgehende Gestaltungsfreiheit lassen, so beispielsweise im internationalen Schuldrecht. Die Gestaltungsfreiheit erstreckt sich dabei grundsätzlich auch auf die *lex causae*, d.h. die Parteien können wählen, welches Recht ihr Vertragsverhältnis und damit die jeweiligen Rechte und Pflichten regeln soll[613]. Die Rechtsprechung sieht im Prozessverhalten der Par-

---

[609] Da nach der Rechtsprechung des BGH zu §§ 549 Abs. 1, 562 ZPO das Revisionsgericht an die Entscheidung des Berufungsgerichts über Bestehen und Inhalt des ausländischen Rechts gebunden ist, kann die unterlegene Partei die für das ausländische Recht vom Berufungsgericht vertretene Auffassung nicht zur Überprüfung stellen.

[610] *Baumbach/Hartmann*, § 278 ZPO Rn. 16.

[611] vgl. *Kropholler*, IPR, 2. Aufl. 1994, § 40 IV 4 a.E.

[612] vgl. BGH NJW 1976, 474.

[613] Art. 27 Abs. 1 - 4 EGBGB. Dessen Abs. 2 ermöglicht den Parteien, das aufgrund einer einmal getroffenen Rechtswahl oder einer anderen Bestimmung des ersten Unterabschnitts anwendbare Recht jederzeit, also nachträglich, durch ein anderes zu ersetzen. Die Rechts-

teien ein Anzeichen für eine nachträgliche Rechtswahl in den Fällen, in denen beide übereinstimmend die Sache nach deutschem[614] oder einem ausländischen Recht behandeln[615]. Die Anforderungen der deutschen Gerichte daran sind gering: Die Erörterung des Streitstoffs durch die Parteivertreter auf Grundlage einer bestimmten Rechtsordnung oder die unwidersprochene Entscheidung einer bestimmten Rechtsfrage durch das Gericht aufgrund einer bestimmten Rechtsordnung soll genügen[616].

Die Auffassung der Rechtsprechung verdient keine Zustimmung: Ohne ein entsprechendes Erklärungsbewusstsein kommt keine Rechtswahl zustande[617]. Auch die rechtsirrige Behandlung des Falles im Prozess nach deutschem Recht genügt nicht den Anforderungen an eine Rechtswahl[618]. Nach alledem könnte man eine Rechtswahlvereinbarung nur noch dann bejahen, wenn die Parteivertreter zu-

---

wahl muss also nicht notwendigerweise beim Vertragsschluss getroffen werden, da sie gem. Abs. 2 auch zu einem späteren Zeitpunkt erfolgen kann, vgl. *Palandt/Heldrich*, Art. 27 EGBGB, Rn. 10. Allerdings unterliegt der Vertrag bis zu diesem Zeitpunkt der Rechtsordnung, die von den Regelungen, die für den Fall fehlender Rechtswahl gelten, vgl. Art. 28 EGBGB. Ein Wechsel des Vertragsstatuts infolge nachträglicher Rechtswahl wirkt im Zweifel nicht *ex tunc*, vgl. *Palandt/Heldrich*, Art. 27 EGBGB, m. w. Nw.

[614] so BGH NJW - RR 86, 546 (dazu Anmerkungen von *Schack*, IPRax, 86, 272 und *Mansel*, ZVglRWiss 87, 11); BGH WM 87, 1501; BGH NJW 88, 1592; BGH RIW 90, 930; BGH RIW 91, 1293; BGH RIW 92, 586; BGH NJW 92, 909; BGH NJW 92, 1380; BGH FamRZ 93, 290; BGH RIW 95, 412; BAG NJW - RR 88, 482; OLG Köln RIW 94, 971; OLG Hamm RIW 95, 682; LG Berlin RIW 96, 961.

[615] s. BGH NJW - RR 90, 249; OLG Celle; RIW 90, 322; BGH NJW 76, 1581; OLG Köln JurBüro 75, 778.

[616] (vgl. BGHZ 40, 320; 103, 84 (86); BGH NJW 1962, 1005; 1976, 1581; NJW 1984, 2762; NJW RR 1986, 456; WM 1987, 1501; NJW RR 1990, 249; RIW 1990, 930; NJW 1991, 1293; RIW 1992, 586; OLG Celle RIW 1990, 322; OLG München, NJW RR 1991, 23; OLG Düsseldorf, WM 1992, 1937; OLG Köln, RIW 1994, 970; *Ermann/Hohloch*, Art. 27 EGBGB Rdnr. 17; *Palandt/Heldrich*, Art. 27 EGBGB Rdnr. 7).

[617] BGH NJW 91, 1293 (übereinstimmende und rügellose Hinnahme der vom LG festgestellten Vereinbarung deutschen Rechts soll genügen, *besprechen*!); OLG Köln RIW 93, 1025; OLG München, RIW 96, 330;; dazu auch BGH NJW 93, 1126 (hält eine Rechtswahl über Art. 27 I 1 EGBGB mit der Begründung, die Klägerin habe ihren Anspruch auf deutsches Recht gestützt und der Beklagte habe nicht widersprochen, für zweifelhaft. Bespr. bei *Ullmann*, NJW 95, 1140, *besprechen*!); weiterhin Schack, NJW 84, 2739; IPRax 96, 248; *Sandrock*, RIW 86, 848; *Mansel* ZVglRWiss 87, 12; *Thode*, ZfBR 89, 45; *Lorenz*, IPRax 87, 273; *Straub*, IPRax 94, 433.

[618] Vgl. LG Hamburg, AWD 77, 787; OLG Köln, NJW 87, 1151.

mindest über *potentielles Erklärungsbewusstsein* verfügt hätten. Im Anwaltsprozess kann es zusätzlich auf eine entsprechende Vertretungsmacht ankommen[619].

Bewusstes Wählen zwischen zwei Möglichkeiten setzt deren Kenntnis voraus. Hier wird die falsche Anwendung des Kollisionsrechts kaschiert[620]. Solange das Kollisionsrecht nicht fakultatives sei, sollten die Gerichte soweit Zurückhaltung üben, dass nicht *sie* die stillschweigende Rechtswahl im Prozess treffen[621].

Schon in seiner Vorstellung der Bedeutung des Gesetzes zur Neuregelung des Internationalen Privatrechts vom 25 Juli 1986 kritisiert *Thode* die bisherige Praxis der Rechtsprechung und befindet, diese sei - neben den bisher dagegen sprechenden Argumenten - nunmehr definitiv unzulässig[622]. In Zukunft sei das Verhalten der Parteien im Prozess nur noch dann als Rechtswahl zu werten, wenn sich jene auf einen entsprechenden richterlichen Hinweis gem. den §§ 139 Abs. 1, 273 Abs. 1, Abs. 2 Nr. 1 in Verbindung mit § 293 ZPO zweifelsfrei im Sinne einer Rechtswahl geäußert hätten. Das neue Recht habe den Weg in das deutsche materielle Recht über die Fiktion einer Rechtswahl durch Prozessverhalten verstellt, sodass sich die forensische Praxis vermehrt mit der Frage befassen müsse, welches Recht anwendbar sei, wenn die Parteien keine Rechtswahl getroffen hätten[623]. Dies hat dann nach dem Staatsvertrag zur Verfügung gestellten Kriterien zu erfolgen. In die gleiche Richtung argumentiert Lorenz, vom alten zum neuen Internationalen Schuldvertragsrecht[624], indem er ebenfalls diese Praxis für unzulässig hält.

Letztlich geht es nicht darum, zu untersuchen, ob das Verhalten der Parteien vor Gericht ein *Indiz* dafür ist, dass ein stillschweigender Parteiwille *bei Vertragsschluss* auf die Anwendung der *lex fori* gerichtet war. Das Verhalten im Prozess würde dann gleichsam als Mittel benutzt, um auf den Willen bei Vertragsschluss zurück zu schließen. Dies richtete sich nach den allgemeinen Regeln der Art. 27

---

619 *Schack*, NJW 84, 2739; ; *Mansel* ZVglRWiss 87, 13.
620 *Schack*, Rechtswahl im Prozess?, NJW 1984, 2736 , 2739.
621 *Straub*, IPRax 1994, 432 f.
622 *Thode* ZfBR 1989, 43 - 48, 45 f.
623 *Thode* ZfBR 1989, 43 - 48, 46
624 IPRax 1987, 269 - 276, 273.

ff. EGBGB. Es geht vielmehr darum, ob die Tatsache, dass die Prozessbevollmächtigten im Prozess ausschließlich sich auf Gesetzesbestimmungen der *lex fori* beziehen, an sich eine (neuerliche) Rechtswahl darstellt. Dabei ist zu berücksichtigen, dass es, bevor es zu einer derartigen Vereinbarung kommt, bereits feststeht, welches Statut das Schuldverhältnis hat. Das heißt, es steht bereits fest, ob auf die vertraglichen Beziehungen zwischen den Parteien z.B. spanisches oder deutsches Recht Anwendung findet. Eine mögliche Vereinbarung im Prozess kann also entweder nur etwas bestätigen, was bereits gilt, oder sie hat abändernde Wirkung. Beziehen sich die Prozessvertreter ausschließlich auf gesetzliche Bestimmungen der *lex fori*, so kann das im Wesentlichen drei Ursachen haben[625], deren wiederkehrendes Auftreten typisch für die hier untersuchten Verfahren ist:

Im besten Fall liegt es daran, dass die Rechtsanwälte die Rechtslage nach beiden in Frage kommenden Rechtsordnungen geprüft haben. Ist die Anwendbarkeit der *lex fori* für die Partei zumindest nicht mit Nachteilen behaftet, so liegt ein entsprechender Vortrag vor.

Es könnte aber auch sein, dass die Prozessvertreter zwar die kollisionsrechtliche Problematik erkannt, aber vor den damit verbundenen Schwierigkeiten bei der Ermittlung, der Auslegung und dem Vortrag des Auslandsrechts kapituliert haben. Zumindest in Deutschland könnten die Parteien auf *iura novit curia* vertrauen. Man verhandelt so wie in Prozessen ohne Auslandsberührung: Der Vortrag umfasst den Sachverhalt und einige wesentliche Gesetzesbestimmungen. Zu Recht kann dann erwartet werden, dass der Richter von sich aus die zutreffende rechtliche Würdigung findet.

Im ungünstigsten Fall ist es so, dass keiner der beteiligten Parteien oder Anwälte damit rechnet, von einem spanischen Gericht könne etwas anderes als spanisches Recht oder von einem deutschen deutsches Recht angewendet werden. Dies ist besonders augenfällig, wenn der Anspruch nach der *lex causae* von bestimmten formellen Voraussetzungen und dem damit einhergehenden Vortrag - wie etwa § 326 BGB a.F. in Deutschland - abhängt. Besonders bedenklich ist

---

[625] *Maier* NJW 1962, 1345, 1346 (zu BGH NJW 1962, 1005).

dies, wenn aus dem Parteiverhalten in einem vorangegangenen Verfügungsprozess eine Rechtswahl für das Hauptsacheverfahren abgeleitet wird[626]. Noch bedenklicher ist die Auffassung des BGH[627], schon die Klageerhebung in Deutschland sei ein Hinweis auf eine stillschweigende Rechtswahl, weil die Klage auch im Ausland hätte erhoben werden können[628].

Das schlichte Übersehen der kollisionsrechtlichen Regelung, die falsche Anwendung der Kollisionsnorm oder die bloße Äußerung einer Rechtsauffassung im Prozess - die auch falsch sein kann- ist keine rechtsgeschäftliche Rechtswahl[629]. Eine Rechtswahlvereinbarung setzt wie jeder andere Vertrag zwei wirksame Willenserklärungen voraus, an denen es jedoch fehlt, wenn die Parteien wie selbstverständlich von der Anwendbarkeit deutschen Rechts ausgehen und sich darüber hinaus kein Erklärungsbewusstsein feststellen lässt[630]. Ferner hängt die Wirksamkeit einer solchen stillschweigenden Rechtswahl von der Vertretungsmacht der Prozessbevollmächtigten ab[631], die aber in der Regel über die formularmäßige Bevollmächtigung gegeben sein wird.

Die Relevanz dieses Problemkomplexes verstärkt sich vor dem Hintergrund des neuen Art. 40 EGBGB: Eine etwas veränderte Konstellation findet man im internationalen Deliktsrecht, sofern noch gar kein Recht gewählt wurde, eine solche Wahlmöglichkeit aber besteht, weil Handlungs- und Erfolgsort auseinander fallen.[632]. In diesem Zusammenhang sind die Änderungen des Einführungsgesetzes zum Bürgerlichen Gesetzbuch in der Fassung der Bekanntmachung vom 31. Mai 1999[633] relevant. Vor der Änderung war die uneingeschränkte alternative

---

626 *Maier* NJW 1962, 1345, 1346.

627 BGH IPRax 1986,292.

628 *Steinle*, ZfvglRw 93 (1994), 311.

629 *Firsching/von Hoffmann* IPR, § 10 Rdnr. 37; *Kropholler*, IPR, § 40 IV 4; *Schack*, NJW 1984, 2736 ff.; *Schack*, IPrax 1986, 272 ff.; *Schröder/Wenner* Rdnr. 253; *Wenner*, EwiR 1999, 353, 354; *Soergel/von Hoffmann*, Art. 27 EGBGB Rdnr. 52. Näher und sehr vernünftig dazu z.B. § 11 Abs. 2 österreichisches IPRG von 1978: „... eine in einem anhängigen Verfahren bloß schlüssig getroffene Rechtswahl ist unbeachtlich".

630 *Schack*, IPRax 1996, 247, 249.

631 *Schack* NJW 1984, 2739.

632 vgl. dazu *Palandt/Heldrich*, Art. 38 EGBGB, Rn. 2 ff.

633 BGBL I, S. 1026.

Anknüpfung an den Handlungs- und Erfolgsort möglich[634]. Daher war es nötig, dass der Richter von Amts wegen und auch für mehrere Instanzen erneut zwei oder sogar mehrere Rechtsordnungen darauf hin zu überprüfen hatte, ob sich aus einer der mit der Klage geltend gemachte Anspruch ergab[635]. Dies wurde als zum Teil überzogen angesehen, und zudem ist im Normalfall der Handlungsort einfacher zu bestimmen als der Erfolgsort[636]. Daher knüpft Art. 40 Abs. 1 Satz 1 EGBGB nunmehr für die unerlaubte Handlung generell an den Handlungsort an. Gemäß Art. 40 Abs. 1 Satz 2 EGBGB hat der Verletzte jetzt lediglich die Möglichkeit, ein Wahlrecht zu Gunsten der Anwendung des Rechts des Erfolgsorts auszuüben[637]. Mit der primären Anknüpfung an den Handlungsort war eine Entlastung des Richters bei der Anwendung ausländischen Rechts beabsichtigt[638]. Der gewünschte Effekt setzt jedoch eine Klage gerade dort voraus. Der nach altem Recht mögliche Günstigkeitsvergleich stellte für die Gerichte eine effiziente Methode dar, um die Anwendung des deutschen Sachrechts zu ermöglichen[639]. Durch den Wegfall der Forderungsbegrenzung gegen Deutsche aus Delikten im Ausland nach Art. 38 EGBGB a.F. ergibt sich ferner eine erweiterte Prüfungspflicht hinsichtlich des ausländischen Rechts: Bisher durften die Gerichte die Anspruchsprüfung im ausländischen Recht im Hinblick auf Art. 38 EGBGB a.F. schon dann unterlassen, wenn das deutsche Recht keinen Anspruch gewährte[640]. Jetzt muss das Gericht im verstärkten Maße von Amts wegen ermitteln, ob der Klageanspruch nach dem Recht am ausländischen Handlungsort begründet ist[641]. Ein neues Problemfeld öffnet sich durch die Möglichkeit der nachträglichen Rechtswahlvereinbarung. Art. 42 Satz 1 EGBGB lässt eine stillschweigende oder ausdrückliche Rechtswahlvereinbarung zu, die dann den übrigen Anknüp-

---

[634] Siehe z.B. OLG München, RIW 1996, 955. Zur Prüfungspflicht des Richters von Amts wegen, für den Fall, dass sich der Verletzte nicht für ein wählbares Recht entscheidet.

[635] Vgl. *Rolf Wagner*, Der Regierungsentwurf eines Gesetzes zum internationalen Privatrecht für außervertragliche Schuldverhältnisse und für Sachen, IPrax 1998, 429 - 436, 433.

[636] *Wagner*, a.a.O.

[637] *Wagner*, a.a.O., S. 433; Die Wahlmöglichkeit besteht nur im ersten Rechtszug und dort bis zum Ende des frühen ersten Termins, § 275 ZPO, oder, sollte ein schriftliches Vorverfahren nach § 276 ZPO angeordnet worden sein, bis zum Ende dieses; Art. 40 Abs. 1 Satz 3 EGBGB. *Wagner* führt dafür prozessökonomische Gründe ins Feld.

[638] *Wagner*, a.a.O., S. 433.

[639] *Wagner*, a.a.O., S. 433.

[640] *Wagner*, a.a.O., S. 434.

[641] *Wagner*, a.a.O., S. 434.

fungsregeln für außervertragliche Schuldverhältnisse vorgeht. Demnach hat das Günstigkeitsprinzip durch die IPR-Reform eine Veränderung erfahren[642]. Nach Art. 40 Abs. 1 S. 1 EGBGB gelangt grundsätzlich das *Recht des Handlungsortes* zur Anwendung. Nach S. 2 der Vorschrift kann der Geschädigte jedoch verlangen, dass das Recht des Erfolgsorts angewandt wird. Von diesem Optionsrecht zu Gunsten des *Recht des Erfolgsrotes* kann er indes nur im ersten Rechtszug bis zum Ende des frühen ersten Termins, § 275 ZPO, oder dem Ende des schriftlichen Vorverfahrens Gebrauch machen. Danach bleibt es bei der Maßgeblichkeit des Rechts des Handlungsortes. Eine generelle Pflicht des Gerichts zum Hinweis auf das Optionsrecht soll nicht bestehen[643].

Die Annahme einer stillschweigenden Rechtswahl ist letztendlich nichts anderes als Fiktion. Sie dient dem *Heimwärtsstreben*, was hier nichts anderes bedeutet, als die grundlose Bevorzugung der *lex fori*[644]. Parteien und Parteivertreter, die z.B. das kollisionsrechtliche Problem überhaupt nicht erkannt haben, haben kein Erklärungsbewusstsein. Denkbar ist auch, nicht von Willenserklärungen auszugehen, stattdessen aber eine Präklusion von Rechtsausführungen anzunehmen[645].

Das Problem verschärft sich dadurch, dass die Statutänderung auf Grund eines stillschweigenden oder mutmaßlichen Parteiwillens eine mittelbare Verfügung über den Streitgegenstand darstellt, sofern dadurch eine andere Entscheidung ergeht. Bedeutet dies ein (teilweises) Unterliegen in einer Partei, kann deren Anwalt u. U. in Haftung genommen werden. *Maier* empfiehlt daher dem vorsichtigen Anwalt, sich in Verfahren mit internationalem Bezug nicht auf eine bestimmte Rechtsordnung festzulegen[646]. So nützlich dieser Tipp in der Praxis auch sein mag, so wenig kann Sinn der vom BGH entwickelten Stilfigur sein. Ganz besonders aber stellt sich die Frage, ob in den Tatsacheninstanzen eine derart gewichtige Frage, wie die nach der anwendbaren Rechtsordnung, auf so

---

642 Vgl. *von Hoffmann*, IPR, 6. Aufl. 1999, § 11 Rdnr. 25.

643 BT-Drucks., 14/343, S. 11 – 12; s. hierzu insbes. S. *Lorenz* NJW 1999, 2215, 2217.

644 Vgl. BGB, NJW 1992, 909; RIW 1992, 586; OLG Koblenz, RIW 1992, 491; *Schack*, intern. Zivilverfahrensrecht, 2. Aufl. (1996), Rdnr. 623; *Schröder/Wenner* intern. Vertragsrecht, 2. Aufl. (1998), Rdnr. 248; („man strebt nach Hause, weil es bequem ist"; vgl. auch *Kegel* IPR, 7. Aufl. (1995), § 18 I 1, 1 c („... praktisch fast immer das deutsche Recht").

645 *Soergel/Hoffmann* Art. 27 EGBGB, Rdnr. 52

646 *Maier* NJW 1962, 1345, 1346.

wacklige Beine gestellt werden darf, wie es der BGH tut. Warum soll auf das Verhalten der Rechtsanwälte im Prozess zurückgegriffen werden, wenn sich das Gericht auf denkbar einfache Weise, nämlich durch entsprechenden Hinweis und Nachfrage, Gewissheit verschaffen kann? Die Frage muss mit den Prozessbeteiligten erörtert werden. Andernfalls ist das Recht auf rechtliches Gehör verletzt. Dies muss gerade dann gelten, wenn zur Frage des *ob* der Anwendbarkeit der *lex fori* keinerlei Ausführungen gemacht wurden[647]. So wie sich die überraschende Anwendung ausländischen Rechts unzulässig ist, gilt hier nichts anderes. Das Gericht muss einen Hinweis geben, wenn es den Fall auf Grund einer anderen Rechtsordnung entscheiden will als derjenigen, die bei Rechtshängigkeit Vertragsstatut war.

g) Kollisionsnorm und Ermittlungszielrichtung

Das berufene Recht ist von deutschen Richtern so anzuwenden, wie es ein Gericht der berufenen Rechtsordnung tun würde[648]. Die Kollisionsnorm verweist auf das im Ausland tatsächlich geübte Recht.[649] Daher kommt es nur bedingt auf den Wortlaut ausländischer Normen an. Der Richter muss das maßgebliche Recht so anwenden, wie es angewandt würde, stünde der Rechtsstreit im Ausland zur Entscheidung an[650]. Es besteht grundsätzlich auch die Möglichkeit und Verpflichtung, das anzuwendende Recht auf seine Vereinbarkeit mit dem ausländischen Verfassungsrecht zu überprüfen, sofern der ausländische Richter dazu berechtigt wäre.[651] In der Praxis scheint das kaum von Bedeutung zu sein[652]. Die Anwendungsproblematik hat *Goldschmidt*[653] mit dem bekannten Bild des Richters als Architekt oder als Fotograf beschrieben. Der Richter dürfe nicht mit Elementen der anderen Rechtsordnung und solchen der eigenen, wie z.B. Auslegungsregeln, eine dritte, praktisch nicht existente Rechtswirklichkeit

647 Vgl. LG Hamburg, AWD 1977, 787; OLG Köln, NJW 1987, 1151; OLG Köln ZIP 1993, 538 (540), *Mansel*, Zeitschrift vergleichende Rechtswissenschaft 1987, 12, *Palandt/Heldrich*, Art. 27 EGBGB Rdnr. 7.

648 Siehe insbesondere *Samtleben*, NJW 92, 3060.

649 *Kralik*, S. 97.

650 *Evangelou*, IPRax 1097, 264.

651 *Kegel*, IPR, S. 366.

652 *Evangelou*, IPRax 1097, 264.

653 *Goldschmidt*,

schaffen, die dem Sinn der kollisionsrechtlichen Verweisung zuwiderläuft[654]. Daher muss er auch und gerade die Theorie und Praxis der ausländischen Rechtsfindung berücksichtigen. Je entfernter die Rechtsordnung ist, desto umfangreichere Ermittlungen müssen zu diesem Punkt angestellt werden. Ein Gericht darf eine ausländische Norm nur dann abstrakt auf ihre Anwendbarkeit hin prüfen, wenn auch der ausländische Richter eine Prüfung etwa der Verfassungsmäßigkeit, der Gültigkeit oder einer sonstigen abstrakten Kontrolle vornehmen darf. Selbstverständlich darf er dabei – und dies wird wie bei inländischen Fällen eher die Regel als die Ausnahme sein – auch Fallgestaltungen entscheiden, die bisher von den ausländischen Gerichten nicht entschieden worden sind. Ob es sich dabei um eine Rechtsfortentwicklung handelt[655], kann dahinstehen, sofern das Ergebnis nicht den Rechtsfindungskriterien der ausländischen Rechtsordnung widerspricht.

Die Auswahl einer geeigneten Ermittlungsmethode muss sich an dem mit der Ermittlung verfolgten Zielobjekt ausrichten[656]. Dabei ist das Recht als Ganzes zu ermitteln, wie es sich in Rechtsprechung und Rechtslehre entwickelt hat und in der Rechtspraxis angewendet wird[657]. Die richterliche Verpflichtung beginnt damit, Gesetzestexte und Materialien zu ermitteln[658]. Fehlt es an kodifiziertem Recht, so muss gerade dann die ausländische Rechtsprechung herangezogen werden. Diese Verpflichtung soll so weit gehen, dass der Richter „sich Kenntnisse über Gesetzessystematik, Wertzusammenhänge und Entwicklung der entscheidenden Vorschriften verschaffen muss“[659]. Der Richter soll sich dabei davon leiten lassen, wie ein Richter des entsprechenden Landes bei der Bearbeitung des Falles verfahren würde[660]. Zu ermitteln und anzuwenden ist dabei nicht nur das ausländische Gesetzesrecht, sondern das Recht, wie es der Richter des betreffenden Landes auslegt und anwendet, also die ausländische Rechts*praxis*

---

654 *Kegel/ Schurig*, S. 442.
655 So *Zöller/Geimer*, § 293 ZPO, Rdnr. 26.
656 *Küster*, RIW 1998, 275.
657 BGH NJW-RR 1997, 1154-1155, WM 1997, 1245-1247, RIW 1997, 687-688.
658 *Fastrich* RIW 1998, 275.
659 *Fastrich* RIW 1998, 275.
660 BGH, NJW 1963, 253.

ist primäres Ermittlungsziel[661]. Das Gericht darf sich nicht auf die - naturgemäß an seinem eigenen Rechtsdenken orientierte - Auslegung einzelner Rechtsnormen beschränken[662]. Für die Anwendung ausländischen Rechts im Inland ist *hinsichtlich der Auslandswirkung* dieses Rechts allein die ausländische Rechtspraxis und Rechtslehre maßgeblich[663]. Der deutsche Richter habe sich vor einem Widerspruch zu feststehender ausländischer Praxis und Lehre zu hüten; er hat das ausländische Recht in der Gestalt zugrunde zu legen, wie es im Ausland tatsächlich angewendet wird[664]. Als Ergebnis steht fest, dass es nicht um eine deutsche Betrachtungsweise von auslandsrechtlichen Problemen geht, sondern darum, den Fall als hypothetisches Geschehen vor einem ausländischen Gericht ablaufen zu lassen[665]. Mittlerweile ist ein Trend zu erkennen, vermehrt ausländische, also dem berufenen Recht näherstehende Informationspersonen heranzuziehen, was den mit der Schaffung einer Kollisionsnorm bezweckten Zielen grundsätzlich näher kommt. Die Probleme, eine einzelne Norm „herauszufinden“, beschreibt *Fastrich*[666].

Zum Begriff der Rechtspraxis hat *Samtleben* klargestellt, dass es in erster Linie darum gehe, die gesetzlichen Wertungen und den in der Lehre dazu vertretenen Meinungsstand zu erforschen. Nicht gemeint sei damit etwa die Befragung einschlägiger Wirtschaftskreise[667]. Es komme nicht darauf an, ob eine bestimmte Praxis in der Wirtschaft – unter den hohen Anforderungen der Bildung von Gewohnheitsrecht – praktiziert werde. Der BGH lässt bei der Anwendung inländischen Rechts keine Zweifel, dass eine gesetzeswidrige Wirtschaftspraxis bedeutungslos ist, wie das von *Samtleben* zitierte Beispiel zur Zinsberechnung bei

---

[661] BGH WM 2001, 502-504; ZIP 2001, 675-676; Fortführung BGH, 21. Januar 1991, II ZR 50/90, NJW 1991, 1418 und BGH, 8. Mai 1992, V ZR 95/91, WM 1992, 1510.

[662] OLG Düsseldorf FamRZ 1996, 1154-1155 und insbes. BGH NJW 1991, 1419 ff; BGH NJW 1992, 2026 ff; BGH in NJW 1992, 3106 f.

[663] BayObLG MDR 1972, 876; *Küster,* RIW 1998, 275, 276 f.

[664] BayObLG MDR 1972, 876;. *Dölle*, Über die Anwendung fremden Rechts, Jahrbuch 1956 der Max-Planck-Gesellschaft S. 34/50.

[665] *Küster* RIW 1998, 275, 277.

[666] ZZP 97 (1984), 423, 428: Wie bei einem Subsumtionsvorgang zum inländischen Recht stehen Sachverhalt und Rechtsordnung mit ihren Normen oder auch Richterrecht in Wechselwirkung, die verbietet, von vornherein eine Norm herauszugreifen oder umgekehrt den Sachverhalt zu früh einzuengen.

[667] *Samtleben*, NJW 92, 3057, 3060, Fußnote 35.

Hypothekendarlehen belegt[668]. Umso erstaunlicher ist es, dass der BGH nunmehr zur Wirksamkeit einer selbständigen Garantie nach luxemburgischen Recht eine dort ansässige Bank befragen dazu möchte[669]. Der deutsche Richter ist daran gebunden, dass die ausländische Gerichtspraxis ein bestimmtes Rechtsinstitut nicht anwendet[670]. Foralrechte sind auch zu ermitteln[671]. Ein allgemeiner Grundsatz der Nichtanwendung ausländischen öffentlichen Rechts besteht nicht[672].

Um eine im ausländischen Recht umstrittene Rechtsfrage zu beurteilen, muss die ausländische Rechtspraxis ergründet werden. Wenn einschlägige Entscheidungen der ausländischen Gerichte nicht vorliegen, sind Auslegung und Rechtsfortbildung nur in der Weise zulässig, wie sie von dem ausländischen Richter, hätte er den Fall zu entscheiden, vorzunehmen sein würden[673]. In schwierigen und grundlegenden Fragen bedarf es hierzu eines ausreichenden Einblicks in das fremde Rechtssystem und das fremde Rechtsdenken, der dem einheimischen Richter oft fehlen wird[674]. Wenn danach der deutsche Richter nicht in der Lage ist, eine im ausländischen Recht umstrittene, in der Rechtsprechung noch nicht entschiedene Frage sicher zu beurteilen, kann er den Inhalt des zur Anwendung berufenen ausländischen Rechts insoweit nicht feststellen.

h) Rechtsmittel

Dass die Nichtbeachtung des deutschen internationalen Privatrechts von Amts wegen einen reversiblen Rechtsverstoß darstellt, hat der BGH zuletzt mit Urteil vom 25.09.1997[675] klargestellt. Die Parteien stritten um die Übertragung eines Miteigentumsanteils und Ansprüche aus Miteigentum an einem in Spanien gele-

---

668 *Samtleben*, a.a.O.

669 BGH, RIW 1997, 687.

670 OLG Hamm DStR 1994, 1471 zur Anwendung mexikanischen Rechts bei vorvertraglichen Verschuldenshaftung (*culpa in contrahendo*)

671 *Jayme* IPRax 1993, 80. 81.

672 *Palandt/Heldrich* Art. 3 EGBGB, Rn. 4

673 BGH NJW 1982, 1215-1216.

674 Vgl. *Buchholz*, Festschrift Hauß - 1978 - S. 15, 23. Zur Weiterbildung des türkischen Rechts AG Charlottenburg, IPRax 1983, 128.

675 RIW 1998, 318-319; BGH ZAP EN/NR 130/98.

genen Grundstück. Das Berufungsgericht hatte den Sachverhalt ohne Begründung nach deutschem Recht beurteilt, obwohl sich, so der Bundesgerichtshof, nach den Umständen des Falles die Frage der Anwendung spanischen Rechts "aufdrängte". Das Berufungsgericht hatte weder zur Frage des Eigentumsübergangs eine kollisionsrechtliche Prüfung vorgenommen und deshalb nicht die *lex rei sitae* herangezogen; ebenfalls fehlen im angegriffenen Urteil Ausführungen zum auf den Kaufvertrag anwendbaren Recht, dessen Abfassung in spanischer Sprache darauf hindeutete, dass dessen Parteien ihn dem spanischen Recht unterstellen wollten[676]. Somit konnte von der Revision zutreffend das Fehlen einer kollisionsrechtlichen Prüfung gerügt werden[677]. Darin sah der BGH zutreffend einen Rechtsfehler, der zur Aufhebung der angefochtenen Entscheidung führte[678]. Die Anwendung der Kollisionsnormen kann also in der Revision auf Rechtsfehler überprüft werden. Voraussetzung ist, dass der Revisionskläger die Verletzung des Kollisionsrechts rügt. Nach § 551 Abs. 1 ZPO muss er die Revision begründen. Nicht unbedingt ist der verletzte Paragraph oder Art. anzugeben[679]. Es genügt die Bezeichnung des Rechtssatzes seinem Gegenstande nach[680]. Wenn ein Urteil nicht erkennen lässt, welche Rechtsordnung das Instanzgericht seiner Entscheidung zu Grunde gelegt hat[681], ist es nicht mit Gründen versehen und der Revisionsgrund des § 547 Nr. 6 ZPO einschlägig. Dies soll jedoch nur für die Fälle gelten, in denen das Berufungsgericht das ausländische Recht gar nicht erwähnt oder einfach übersieht[682]. Nicht einschlägig dürfte § 547 Nr. 6 ZPO sein, wenn das Instanzgericht bewusst offen lässt, welche Rechtsordnung anwendbar ist, weil das Ergebnis nach deutschem wie nach ausländischem Recht identisch sei. Grundsätzlich sieht die Rechtsprechung in der Nichtentscheidung, welche Rechtsordnung zur Anwendung kommt, eine Gesetzesverletzung im Sinne des § 550 ZPO[683]. Zu beachten ist dabei allerdings,

---

[676] Art. 27 Abs. 2 EGBGB; im übrigen Art. 28 Abs. 3 EGBGB.

[677] RIW 1998, 318-319.

[678] RIW 1998, 318-319; (vgl. Sen.Urt. v. 6. März 1995 - II ZR 84/94, WM 1995, 1060 m.w.N.; BGH, Urt. v. 21. September 1995 - VII ZR 248/94, WM 1995, 2113 = NJW 1996, 54).

[679] BGH RR 90, 481.

[680] *Thomas/Putzo*, § 554, Rn. 6.

[681] Vgl. *Zöller/Geimer* § 293 Rdnr. 13.

[682] Vgl. *Zöller/Geimer* § 293 Rdnr. 11.

[683] Vgl. BGH NJW 63, 253.

dass die Revision nur dann Erfolg hat, wenn Kausalität vorliegt, da es sich um einen relativen Revisionsgrund handelt. Denkbar ist ferner, dass eine Revision dennoch keinen Erfolg hat, weil es an der Beschwer fehlt, wenn sich die Entscheidung über § 561 ZPO im Ergebnis als zutreffend erweist[684].

III. Rechtsvergleichendes Fazit

Die Kollisionsnorm als eine indirekte Nom oder Verweisungsnorm, die sich nicht in sich selbst erschöpft, sondern bestimmt, dass der Rechtsstreit unter Anwendung einer anderen Norm gelöst zu werden hat[685], kommt als Basis der Anwendung ausländischen Rechts von Amts wegen in Frage. Die praktische Anwendung und Ermittlung des ausländischen Rechts hat sich zwischen zwei feststehenden Säulen abzuspielen: Auf der einen Seite steht das verfassungsrechtliche Gebot effektiven Rechtsschutzes, auf der anderen Seite die vom Gesetzgeber gewählte Lösungstechnik mittels Kollisionsnormen. Die richtige Anwendung der Kollisionsnorm ist notwendige Voraussetzung für die Lösung des Rechtsstreites, löst diesen selbst aber noch nicht. Eine völlige Gleichstellung der Behandlung von ausländischem und inländischem Recht lässt sich nicht durchhalten[686]. Das Problem der Bestimmung des ausländischen Rechts war und ist in jenen Ländern besonders schwierig, in denen eine dem § 293 ZPO entsprechende Vorschrift fehlt[687]. Die Gleichstellung von in- und ausländischem Recht würde dazu führen, dass auf beide *iura novit curia* anzuwenden ist und daher beide nicht mit prozessualen Hilfsmitteln festgestellt werden dürfen. Diesem Ergebnis versucht man in Spanien dadurch zu entgehen, dass man den Satz *iura novit curia* durch restriktive Auslegung auf das inländische Recht beschränkte, weil der Gesetzgeber dem Richter doch nicht zumuten konnte, das ausländische Recht ohne alle Hilfe der Parteien und ohne prozessuale Mittel zu erforschen. Ist aber auf diese Weise der Satz *iura novit curia* für das ausländische Recht beseitigt, so meinte man, für dessen Erforschung nur mehr die allgemeinen für die

---

[684] Vgl. *Zöller/Geimer* § 293 Rdnr. 11.
[685] *Garcimartín Alférez*, S. 31.
[686] *Wagner* ZEuP 7 (1999), 25.
[687] Vgl. *Kralik*, S. 92.

Lösung der Tatfrage geltenden Regeln verbleiben[688]. So werden dann die Tatsachen der Rechtsfrage ermittelt wie solche der Tatfrage.

I. Fakultativität

In Verfahren, in denen das Gericht den Prozessstoff von Amts wegen ermittelt, muss dies auch für die Tatbestandsmerkmale der Kollisionsnorm gelten. Der Grund dafür liegt in dem öffentlichen Interesse an einem solchen Verfahren[689]. Das öffentliche Interesse bei Verfahren mit Auslandsberührung liegt dann darin, dass die Rechtsordnung angewendet wird, die von der heimischen Rechtsordnung dazu berufen ist. In vermögensrechtlichen Streitigkeiten gilt die Dispositionsmaxime. Zusammenfassend kann festgestellt werden, dass in beiden Rechtsordnungen den Parteien die Aufgabe zukommt, diejenigen Tatsachen, die die Tatbestandsmerkmale einer Kollisionsnorm ausfüllen können, in den Prozess einzuführen. Allerdings muss der Richter so eingeführte Tatsachen gegebenenfalls überprüfen und zur Entscheidungsgrundlage heranziehen, auch wenn die Parteien ihren Vortrag nicht darauf gestützt haben[690]. Die richterliche Handlungsweise bei der Tatsachenermittlung für Tatbestandsmerkmale von Kollisionsnormen bestimmt sich folglich nach der Qualität des materiell-rechtlich anwendbaren Rechts, wenn auch der zwingende Charakter der Kollisionsnorm die Handlungsweise des Richters bei feststehenden Tatsachen, die die Tatbestandsmerkmale einer Kollisionsnorm ausfüllen, bestimmt. Die Frage, ob Tatbestandsmerkmale der Kollisionsnorm von Amts wegen ermittelt werden, bestimmt sich daher letztendlich nach der anwendbaren Rechtsordnung. Dies erfordert einen schwierigen wechselseitigen Subsumtionsschritt, da in gewissem Maße die Kenntnis des zu ermittelnden Rechts Voraussetzung für seine Anwendbarkeit werden kann.

Dabei muss insoweit der Kritik von *Reichert - Facilides* an der auf § 293 ZPO gestützten Argumentation[691] zugestimmt werden, dass sich der zwingende Charakter der Verweisung nicht mit einer Pflicht des Gerichts, ausländisches Recht

---

688 Vgl. *Kralik*, S. 92.

689 *Garcimartín Alférez*, S. 25.

690 *Garcimartín Alférez*, S. 28.

von Amts wegen anzuwenden, begründen lässt. Es ist sicher in beiden Rechtsordnungen rechtstechnisch möglich und praktiziert, den Parteien in bestimmten Fällen den einvernehmlichen Rückzug auf die *lex fori* zu gestatten, den Richter jedoch zu verpflichten, ausländisches Recht von Amts wegen anzuwenden. Man kann dem zustimmen, dass sich der zwingende Charakter der Verweisung – bezogen auf das deutsche Recht – nicht aus § 293 ZPO über die Pflicht des Gerichts, den Inhalt des ausländischen Rechts ggf. von Amts wegen zu erforschen, begründen lässt[692]. Allerdings verdient die Meinung *Reichert - Facilides'*, der Gesetzgeber handle widersinnig[693], wenn er die Unabdingbarkeit der Normen des internationalen Privatrechts vorschreibt, dann aber die Ermittlung des fremden Rechts *allein*[694] den Parteien überlässt, dann keine Zustimmung mehr. Es fällt ins Auge, dass der spanische Gesetzgeber mit Art. 12.6 CC a.F. bzw. 281.2 LEC eine solche Konzeption grundsätzlich doch für möglich erachtet hat.

Wagner führt insbesondere die Begründung des österreichischen Gesetzgebers an, wonach „es die Parteien sonst in der Hand hätten, durch entsprechende Außerstreitstellung das vom Gericht anzuwendende Recht auch dort selbst zu bestimmen, wo ihnen der Gesetzgeber die Möglichkeit einer kollisionsrechtlichen Rechtswahl nicht eingeräumt hat"[695]. Der österreichische Gesetzgeber hat in § 2 des IPRG ausdrücklich die Gerichte dazu angehalten, „die für die Anknüpfung an eine bestimmte Rechtsordnung maßgebenden tatsächlichen und rechtlichen Voraussetzungen... *von Amts wegen festzustellen*". Im Umkehrschluss daraus folgert *Wagner*, dass der Grundsatz *iura novit curia* gerade nicht ausreicht, um die prozessuale Dispositionsbefugnis der Parteien auch über das IPR auszuschließen[696].

Rechtsvergleichend kann resümiert werden, dass eine Vorschrift wie Art. 12.6 CC *notwendig*, aber noch nicht *ausreichend* ist, um Kollisionsrecht zwingend zur Anwendung kommen zu lassen. Die Zugehörigkeit des Kollisionsrechts zur

---

691 *Reichert – Facilides*, S. 1, vgl dazu *Einsele* RabelsZ 60 (1996), 509, 516.

692 *Reichert – Facilides*, S. 1.

693 So *Reichert - Facilides*, S. 1.

694 Hervorhebung durch den Verfasser.

695 *Wagner* ZEuP 7 (1999), 24.

696 *Wagner* ZEuP 7 (1999), 24.

innerstaatlichen Rechtsordnung besagt nicht, dass das Gericht die Kollisionsnormen von Amts wegen anwenden muss. Wenn *Siehr* der Auffassung ist, die Forderung nach fakultativem Kollisionsrecht fände im Gesetz keine Stütze[697], so doch die nach einem zwingenden Kollisionsrecht ebenso wenig. Dies zeigt indirekt die Existenz des Art. 12.6 CC. Die Analyse von *Wagner* muss letztlich Zustimmung finden. Wenn ein fakultatives Kollisionsrecht in Deutschland anscheinend nicht gewollt ist, müsste der Gesetzgeber dafür etwas tun.

Ein Blick auf die Rechtsprechung des *Tribunal Supremo* hat gezeigt, dass *trotz* dieser Vorschrift keinesfalls automatisch die kollisionsrechtlich berufene Rechtsordnung der Entscheidung zugrundegelegt wird. Damit steht fest, dass Art. 12.6 CC nicht nur etwas ohnehin Selbstverständliches deklariert, sondern den beschriebenen Regelungsgehalt hat, der in der spanischen Literatur eine elementare Säule in der Argumentation derjenigen, die sich gegen die Rechtsprechung wenden, bildet. Allerdings zeigt Spanien, dass ein System, das die Anwendung des Kollisionsrechts zwingend vorschreibt, dadurch nichts an Flexibilität verlieren muss. Beleg dafür ist die Rechtsprechung, ungeachtet dessen, ob man ihr zustimmen möchte oder nicht. Bei allen Konzeptionen sollte man die Kosten nicht aus den Augen verlieren[698].

II. Hinweispflicht und Ermittlungsziele

Das Gericht hat nach § 139 Abs. 1 und 3 ZPO so früh wie möglich, § 139 Abs. 3 ZPO darauf hinzuweisen, dass nach seiner Ansicht ausländisches Recht zur Anwendung kommt, also die Tatbestandsmerkmale einer Kollisionsnorm erfüllt sind. Es muss den Parteien dann darüber hinaus Gelegenheit geben, zum Inhalt dieses Rechts Stellung zu beziehen[699]. Sonst kann eine Entscheidung nicht darauf gestützt werden, § 139 Abs. 2 ZPO. Der Hinweis ist aktenkundig zu machen, § 139 Abs. 4 Satz 1 ZPO. Eine ähnliche richterliche Verfügung ist in Spanien nach Art. 206 Abs. 2. Ziff. 1 LEC 2000 ist geboten, wenn das Gericht sein Urteil auf juristische Argumente stützen möchte, die die Parteien übersehen haben.

---

697 *Siehr*, S. 467.

698 Siehe dazu im Dritten Teil: 6. Kostenbelastung der Parteien in Spanien und Deutschland und C. Europarechtliche Konsequenzen

699 *Huzel*, S. 79.

Anscheinend soll dieser Hinweis aber nur die Funktion haben, den Parteien einen entsprechenden Vortrag unter Beweisantritt zu ermöglichen, um der Klageabweisung zu entgehen.[700]

Spickhoff hat nachgewiesen, dass zwingendes Sachrecht den Umfang richterlicher Hinweispflichten steigert und umgekehrt dispositives Recht diesen tendenziell verringert[701]. In gleichem Maße sind richterliche Aufklärungspflichten in den Bereichen des Kollisionsrechts, die nicht der Parteidisposition unterliegen, besonders hoch[702]. In diesen darf der Richter seine Entscheidung weder auf schlichten Parteivortrag noch auf ein sonst wie geartetes Parteiverhalten stützen. Anders soll es in Bereichen sein, in denen das Kollisionsrecht der Parteiautonomie unterliegt: hier soll das Gericht nicht nur einen übereinstimmenden Parteivortrag seiner Entscheidung zu Grunde legen können, sondern es soll auch Ermessensfehler frei davon aus gehen können, dass es in der berufenen Rechtsordnung die von einer Partei behaupteten, ihr günstigen Rechtsnormen nicht gibt, wenn diese deren bestrittenen Inhalt - nach erfolgtem Hinweis - nicht substantiiert darlegt[703].

Spickhoff zeigt folgende Parallelen auf: Der Privatautonomie im Sachrecht entspricht international - privatrechtlich die Parteiautonomie[704]. So wie Privatautonomie und Beibringungsgrundsatz von zwingendem Sachrecht eingeschränkt werden, so nehmen bei größerer Parteiautonomie richterliche Aufklärungspflichten bei der Ermittlung ausländischen Rechts ab[705]. Die sachrechtliche Privatautonomie bildet sich in der international-privatrechtlichen Parteiautonomie ab und darüber hinaus prozessrechtlich im Beibringungs- - und Dispositionsgrundsatz[706]. Dass die Parteien im Rahmen der Privatautonomie noch im Prozess das anwendbare Recht wählen können, steht auf einem anderen, nicht

---

[700] Vgl. die Beispiele bei *Calvo Caravaca/Carrascosa González*, Derecho Internacional Privado I, S. 238; SAP *Oviedo*, vom 13.03.1990, REDI, 1991, Volumen XLIII, Seiten 532, 535 und Anmerkung dazu von *Rodríguez Mateos*; SAP Las Palmas 31.5.1993.

[701] *Spickhoff*, S. 73.

[702] *Spickhoff*, S. 73.

[703] *Spickhoff*, S. 73.

[704] *Spickhoff*, S. 75.

[705] *Spickhoff*, S. 75.

[706] *Spickhoff*, S. 76.

verfahrensrechtlichen Blatt[707]. Beibringungs- und Dispositionsgrundsatz verlaufen weitgehend deckungsgleich zur Privatautonomie im materiellen Recht[708]. Allerdings ist der Amtsermittlungsgrundsatz nur teilweise der Gegenpart zu fehlender Privatautonomie[709]. Der Beibringungsgrundsatz wird über das Mittel der richterlichen Aufklärung modifiziert[710]. Dabei ist insbesondere das Rechtsgespräch von Bedeutung[711].

Zwischen Privatrecht, Kollisionsrecht und (internationalem) Prozessrecht besteht ein Wertungszusammenhang, der es ausschließt, den einen Bereich gegen den anderen auszuspielen[712]. Zwingendes oder nachgiebiges Recht können sein: das Prozessrecht, das materielle Privatrecht oder das Kollisionsrecht[713]. Nach *Wagner* ist es naheliegend, dass sich die Verfügungsbefugnis anhand des potenziell berufenen ausländischen Rechts und nicht nach der *lex fori* bestimmt[714]. Er folgte diesem Gedanken letztendlich jedoch nicht[715], obwohl die Überlegung eigentlich in vollem Umfange Zustimmung finden müsste. Die Dispositionsbefugnis kann sich dabei bei einer Gesamtverweisung[716] zum einen aus dem ausländischen Kollisionsrecht, darüber hinaus und insbesondere aber aus dem berufenen ausländischen materiellen Privatrecht ergeben. Infolge dessen muss das Gericht in der Tat diese Prüfung vornehmen, bevor es seine Entscheidung auf eine Disposition der Parteien stützen kann[717]. So kommt es letztlich auf den Charakter des materiellen Rechts als zwingendes oder nachgiebiges Recht an,

---

707 *Siehr*, S. 467.

708 *Spickhoff*, S. 23.

709 *Spickhoff*, Richterliche Aufklärungspflicht und materielles Recht, S. 34.

710 *Spickhoff*, S. 23.

711 *Spickhoff*, S. 23.

712 *Wagner*, ZEuP 7 (1999), 32.

713 *Wagner*, ZEuP 7 (1999), 30.

714 *Wagner*, ZEuP 7 (1999), 31.

715 *Wagner*, ZEuP 7 (1999), 37. - es sei nämlich nicht Aufgabe der *inländischen* Gerichte, die Grenzen der Privatautonomie einer *ausländischen* Rechtsordnung durchzusetzen.

716 Bei einer Gesamtverweisung stellt sich die Frage, wie eine mögliche Fakultativität des Kollisionsrechts der berufenen Rechtsordnung zu qualifizieren ist. Schlägt man es dem Prozessrecht zu, wird die *lex fori* darüber zu entscheiden haben. Zutreffend erscheint es jedoch, auf die Perspektive der *lex causae* abzustellen und dementsprechend vorzugehen.

717 *Wagner*, ZEuP 7 (1999), 31.

das im Prozess zur Diskussion in der Sachentscheidung steht[718]. Man kann diesen aber erst bestimmen, wenn die Kollisionsnorm angewendet wurde. Das Kollisionsrecht ist logisch mittelbar zwingendes Recht; entscheidend ist der Charakter des Rechts, auf das verwiesen wird, und der damit verknüpften Verfahrensart.

Die Haltung des *Tribunal Supremo*, an Stelle des vom spanischen Kollisionsrecht benannten ausländischen Recht mangels Beweises die *lex fori* anzuwenden, bedeutet letztlich nichts anderes als - vom Ergebnis gesehen - ein fakultatives Kollisionsrecht. Im internationalen Familienrecht geht die Tendenz dahin, es mit dem zwingenden Charakter des Kollisionsrechts ernst zu nehmen und deshalb bei fehlendem Nachweis die Klageabweisung ernsthaft in Betracht zu ziehen[719]. *De facto* folgt auch die Rechtsprechung des BGH im internationalen Schuldrecht dieser Theorie in Ansätzen, indem sie in einvernehmlichem Prozedieren nur unter Zugrundelegung deutschen Rechts eine schlüssige Rechtswahl sieht[720]. Die Rechtsprechung in Deutschland zum einstweiligen Rechtsschutz gleicht der des *Tribunal Supremo* im Hauptsacheverfahren des spanischen Zivilprozesses. Bei an sich zwingendem Kollisionsrecht kommt mangels Geltendmachung bzw. Beweis die *lex fori* zur Anwendung. Daher gleicht die Vorgehensweise deutscher Gerichte im Eilverfahren in ihrer Grundstruktur der der spanischen Gerichte in der Hauptsache. Das gilt insbesondere für die Anforderung, sich auf das ausländische Recht berufen zu müssen, also zu verlangen, den Streit nach der berufenen Rechtsordnung zu lösen und den Inhalt bestimmter Normen darlegen zu müssen. Dabei ist zu bedenken, dass eine zeitaufwändige gerichtliche Nachforschung in begründeten Fällen der Natur des einstweiligen Verfügungsverfahrens als summarisches Eilverfahren entgegensteht. Der Natur des einstweiligen Verfügungsverfahrens widerspricht es jedoch nicht, die kollisionsrechtliche Frage zunächst anhand der vom Antragsteller glaubhaft zu machenden Tatsachen zutreffend zu beantworten.

Über die Figur der stillschweigenden Rechtswahl führt die Rechtsprechung des

---

[718] *Garcimartín Alférez*, S. 20.

[719] Vgl. auch unten Dritter Teil.

[720] BGH WM 82, 1249; BGH NJW 90, 1508; BGH FamRZ 92, 291.

BGH zu den gleichen Ergebnissen wie die des Tribunal Supremo in Spanien. Selbst wenn man dem folgen möchte, wird man genauso wie bei der „überraschenden“ Anwendung ausländischen Rechts[721] hier aus der kollisionsrechtlich ebenfalls überraschenden Anwendung der *lex fori* einen richterlichen Hinweis fordern müssen.

Das Gebot effektiven Rechtsschutzes, mit dem die Rechtsordnung, nach der die Parteien ihr Verhalten tatsächlich ausgerichtet haben, zur Streitentscheidung herangezogen wird, verlangt, dass das Kollisionsrecht (zunächst) zwingendes Recht ist. Erst mittels seiner Prüfung kann geklärt werden, ob die Parteien darüber disponieren können. Das ist aber *de lege (non) lata* in Deutschland alles andere als eindeutig sichergestellt. Das zeigt die Existenz von Art. 12.6 Abs. 1 CC, der für die Literatur in Spanien ein wichtiges Mittel ist, um die Position der Rechtsprechung zu bekämpfen, und die Diskussion in Deutschland.

Die Forderung, den Rechtsstreit wie ein Richter des berufenen Rechts zu entscheiden, scheint ernstlich nie in Frage gestellt worden zu sein. Das ist verständlich, liegt doch in ihr ein scheinbar wesentliches Element des IPR in seiner jetzigen Konzeption. Man darf jedoch nicht verkennen, dass darin zugleich eine der Hauptursachen für die praktische Misere liegt. Der Richter droht im ausländischen Recht ein Nachahmer zu bleiben. Will er selbst anwendend tätig werden, steht er in der Angst, von einem „wahren Kenner“[722] des ausländischen Rechts zurückgerufen zu werden, da er nicht korrekt abgebildet hat und ihm selbst letztendlich die Autorität fehlt, um dagegen zu halten. Dieser Angst vor Blamage entspringt das Argument der Gegner einer Zulassung der Revision ausländischen Rechts, das nationale Obergericht könne dabei „patzen“ und sich lächerlich machen. Man könnte die Forderung nach analoger Entscheidung lockern, ohne sie ganz fallen zu lassen. Eine völlig deckungsgleiche Abbildung einer fiktiven ausländischen Entscheidung ist ohnehin erschwert, weil das ausländische Recht außerhalb seines Prozessrechts möglicherweise nur unharmonisch zu Entfaltung kommt. Ergänzend und behutsam können Rechtsgrundsätze herangezogen werden, wie solche zur Auslegung, auch wenn sie z.B. mehr der

---

[721] Siehe oben bb) Beschränkte Fakultativität?
[722] Der erwähnte Eingeborene.

lex fori als dem berufenen Recht entnommen sind. Voraussetzung ist, dass der Sachverhalt neben der engsten Beziehung zur berufenen Rechtsordnung auch eine solche zur *lex fori* aufweist.

Dann könnte man in Erwägung ziehen, diese strenge Abbildung der Tätigkeit des ausländischen Gerichts aufzulockern. Je intensiver der Auslandsbezug, desto eher beanspruchen vorgenannte Prinzipien absolute Geltung. Wächst jedoch der Inlandsbezug, wäre es denkbar, über das Einfallstor der *lex fori* als Verfahrensrecht, in deren institutionellem Ambiente die Auslandsrechtsanwendung stattfindet, auch deren Rechtsprinzipien einfließen zu lassen. Dies geschehe vor dem Hintergrund der Überlegung, dass die *lex fori* als Verfahrensrecht primär zur Realisierung des jeweiligen materiellen Inlandrechts geschaffen wurde und dementsprechend mit diesem verwoben ist.

Die Gefahr eines solchen Ansatzes liegt in seiner fehlenden Voraussehbarkeit und der damit entstehenden Rechtsunsicherheit. Es müssten nämlich allgemeine Regeln geschaffen werden, die z.B. eine Aussage darüber treffen, ob und wann sich ein Gericht mit der Feststellung des Wortlautes ausländischer Gesetzestexte oder allgemeiner Rechtsgrundsätze zufrieden geben kann[723]. Anhaltspunkt könnte aber ein eindeutig geäußerter Wille der Parteien sein. Das Gericht kann den Parteien seinen Ermittlungsstand und dabei besonders die herangezogenen Methoden und Auslegungsgrundsätze erläutern. Je stärker der Inlandsbezug ist, desto mehr wird sich eine Partei mit einer Anwendung nach inländischen Rechtsprinzipien einverstanden erklären. Da die *lex fori* stets Verfahrensrecht ist, wird sich ohnehin nie eine originalgetreue Abbildung des *gesamten* Rechtsfindungsprozesses eines ausländischen Entscheidungsträgers vornehmen lassen. Hier werden Berührungspunkte zur Theorie vom fakultativen Kollisionsrecht sichtbar. Wenn sich die Parteien einverständlich auf die Anwendung der *lex fori* über den Weg des fakultativen Kollisionsrechts zurückziehen können, so müsste man sich die Frage stellen, ob dies nicht ebenso für die modifizierte Rechtsanwendung einer berufenen ausländischen Rechtsordnung gelten kann. Voraussetzung hierfür ist jedoch stets ein entsprechendes übereinstimmendes, eindeutiges Prozessverhalten der Parteien nach erfolgter Belehrung.

---

[723] Bisher abgelehnt von der Rechtsprechung, siehe BGH NJW 91, 1419.

DRITTER TEIL: AUSLÄNDISCHES RECHT IM ZIVILVERFAHREN

Anhand der bislang herausgearbeiteten Grundsätze soll die Anwendungspraxis der Rechtssprechung einer Überprüfung unterzogen werden. Dies erfordert zunächst eine Bestandsaufnahme besonders der spanischen Rechtsordnung, da dort die Abweichungen zwischen Theorie und Praxis am größten sind. Im internationalen Vergleich ist die spanische Praxis neben der englischen[724] diejenige, die bisher am kategorischsten verlangt, ausländisches Recht wie eine Tatsache nachzuweisen. Die weitere Untersuchung der beiden Rechtsordnungen zerfällt zweckmäßigerweise in einzelne Teilfragen, die sich an den Prozesssubjekten und ihren Funktionen im Zusammenspiel mit den ihnen zur Verfügung stehenden Mitteln orientieren. Es geht also um die Aufgaben des Gerichts und der Parteien als primäre Ermittlungssubjekte im spanischen und deutschen Recht und die jeweilige Aufgabenzuweisung, ferner um die Ermittlungsmittel und die Frage des adäquaten Ermittlungszeitpunkts[725].

A. Aufgabenverteilung zwischen Gericht und Parteien

I. Funktion und Aufgabe des Gerichts in Spanien

Die spanische Verfassung legt mit Art. 24.1 u. 2. hohe Anforderungen an die richterliche Rechtsanwendung. Zu fragen ist, ob diese Anforderungen immer erfüllt werden. Es gilt jedoch auch, dass nur ein durchführbarer Rechtschutz, der die Gerichte in der Praxis nicht vor unüberwindliche Hürden stellt, effektiv ist. Die spanische Rechtsprechung hat Einflüsse der französischen erfahren[726].

---

[724] *Spickhoff*, S. 59.

[725] Vgl. *Kegel* in „Anwendung", Generalreferate, S. 158 ff.

[726] *Garcimartín Montero*, S. 100, Fn 135. Beide haben anfänglich eine ähnliche Entwicklung durchgemacht. Mitte des vergangenen Jahrhunderts bis zur Mitte des 20. Jahrhunderts wurde das ausländische Recht kategorisch als Tatsache behandelt. In der zweiten Hälfte dieses Jahrhunderts wurde die französische Rechtsprechung dann flexibler (Fall *Bisbal*), insbesondere was die Möglichkeiten des Richters angeht, das ausländische Recht auf eigene Faust zu ermitteln, vgl. *Hantel*, RabelsZ 55 (1991), 143, 151.*Schack* weist darauf hin, dass der französische Richter die Kollisionsnormen nunmehr - in Abweichung von der früher für diese Materie grundlegenden Entscheidung Bisbal, Cass.Civ Rev.crit. 1960, 62 - von Amts wegen anzuwenden habe, vgl. IZVR, Rn. 654. Zur neueren Entwicklung siehe *Ferrand*, ZEuP 1994, 126,137 und *Hartenstein* IPRax 2001, 477, 481.

1. Grundzüge der Rechtsprechung.

Das System von Darlegung und Beweis des ausländischen Rechts bei passivem Richter auf Initiative der Partei kann auf zahlreiche Präzedenzfälle in der Rechtsprechung des *Tribunal Supremo* vor 1974 zählen[727]. Schon in der Rechtsprechung vor 1974 finden sich Urteile, obwohl sehr vereinzelt und ohne klare Verbindungslinie, die die Kenntnis des Richters von der ausländischen Gesetzgebung für beachtlich erklären[728] und solche, in denen sich das *Tribunal Supremo* für Interventionsmöglichkeiten im Beweis des ausländischen Rechts ausgesprochen hat[729].

1974 trat dann der neue *título preliminar* des Código Civil in Kraft[730]. Es fällt auf, dass die Einfügung des Art. 12.6 CC seinerzeit keine Auswirkung auf die Rechtsprechung hatte[731]. Das *Tribunal Supremo* wich nicht einen Deut von seiner bisherigen Rechtsprechung ab. *Calvo Caravaca* zeigt zwei Erklärungsansätze: Art. 12.6. CC a.F. wurde vom Gesetzgeber erlassen, um eine Haltung der Rechtsprechung aus dem 19. Jahrhundert zu bestätigen ohne dabei irgendwelche Neuerungen in der Sache zu bringen. Diese Möglichkeit sei eher unwahrscheinlich. Wahrscheinlich aber sei viel mehr, dass schon Art. 12.6. CC a.F. verschiedenen Auslegungsmöglichkeiten zugänglich gewesen sei und das oberste Gericht sich derjenigen zugewandt habe, die am besten zu seiner bisherigen Rechtsprechung passte. Es steht zu befürchten, dass sich die Rechtsprechung aufgrund ihrer bisherigen Argumentation und eines gewissen Beharrungsvermögens auch unter Geltung der LEC 2000 nicht bewegt und auch Art. 281.2 als eine Bestätigung ihrer bisherigen Praxis verstehen wird. Das ausländische Recht wird als

---

[727] Siehe unter anderem STS vom 21.06.1864, 20.03.1877, 13.01.1885, 26.05.1887, 28.01.1896, 07.11.1896, 19.11.1904, 01.02.1934, 09.01.1936, 17.07.1937, 29.09.1956, 16.12.1960, 30.06.1962, 06.06.1969 und vom 05.11.1971. Dazu bereits oben S. 63.

[728] STS vom 13.01.1885 und STS vom 26.05.1887.

[729] So unter anderem STS vom 26.05.1887, STS vom 13.01.1885, STS vom 30.01.1930, STS vom 21.02.1935, STS vom 16.06.1935, STS vom 16.10.1940 und STS vom 14.12.1940. Zur Praxis auch *Samtleben* in: Die Anwendung ausländischen Rechts im internationalen Privatrecht, Festveranstaltung und Kolloquium anläßlich des 40 jährigen Bestehens des Max - Planck - Institutes für ausländisches und internationales Privatrecht, S. 49 , 65.

[730] Siehe oben S. 24.

[731] *Garcimartín Montero*, S. 102, Fn. 138.

„Prozesstatsache" dem Beweis durch die Parteien unterworfen. Die Auffassung des *Tribunal Supremo* geht von einer zweifachen Prämisse aus:

- Art. 12.6. Absatz CC fordert die Anwendung des spanischen Kollisionsrechts *ex officio*.

- Der Absatz 2 dieser Vorschrift überlies den Nachweis den Parteien und nicht dem Rechtsprechungsorgan. Es existierte eine Inkohärenz zwischen den beiden Absätzen dieses Artikels.

Die Beachtung des ersten bedingt die Nichtbeachtung des zweiten Absatzes und umgekehrt. Diese Auffassung der Rechtsprechung ist allerdings keinesfalls zwingend, da eine Auslegung möglich ist, die beide Absätze in harmonische Geltung zueinander stellt. Das *Tribunal Supremo* schließt sich dieser Interpretation jedoch grundsätzlich nicht an[732]. In erster Linie kann man dafür zwei Gründe ins Feld führen:

- Das *Tribunal Supremo* schlägt diesen Weg ein, um seiner eigenen traditionellen Rechtsprechung Kontinuität zu verleihen. Das ausländische Recht bleibt Prozesstatsache und dem Beweis durch die Parteien unterworfen.

- Das höchste spanische Gericht möchte vermeiden, dass der spanische Richter die Last, alle ausländischen Rechte und Gesetze kennen zu müssen, auf seinen Schultern tragen muss. Die Haltung der Rechtsprechung geht also von der Prämisse aus, dass Abs. 2 von Art. 12.6. CC a.F. bzw. jetzt. Art. 281.2 LEC Vorrang vor Art. 12.6 Abs. 1 CC hat. Dies bedeutet nichts anderes, als dass eine prozessrechtliche Norm Dominanz erlangt über eine Norm des materiellen Rechts. Denn es genügt der fehlende Nachweis des ausländischen Rechts durch die Parteien, damit es nicht zur Anwendung kommt.

---

[732] STS vom 09.01.1936, STS vom 16.12.1960, STS, Sala 1., vom 11.05.1989, STS, Sala 1., vom 10.12.1990, STS, Sala 1., vom 16.06.1991, STS, Sala 1., vom 17.12.1991, STS, Sala 1., vom 23.10.1992.

Liegt kein oder nur ein unvollständiger Nachweis ausländischen Rechts durch die Parteien vor, so genießt der Richter zwar nach der Rechtsprechung bestimmte Möglichkeiten, um den Nachweis zu führen. *Verpflichtet* dazu ist er jedoch nicht[733]. Er wird sich dieser Mittel bedienen, wenn er sie für angemessen und zweckmäßig hält. Es wird nicht mit hinreichender Genauigkeit geklärt, welcher Mittel sich der Richter bedienen kann[734]. Zu fragen ist, ob es das höchste spanische Gericht versäumt hat, den Instanzgerichten verlässliche Leitlinien an die Hand zu geben, um zu wissen, in welchen Fällen diese von den Ermittlungsmöglichkeiten Gebrauch zu machen haben und in welchen nicht.

a) Unmöglichkeit der Einbringung des ausländischen Rechts durch das Rechtsprechungsorgan.

Als logische Konsequenz des Vorstehenden ist es dem Gericht verwehrt, das ausländische Recht bei- und in den Prozess einzubringen[735]. Nach der Auffassung des *Tribunal Supremo* nimmt der Richter an der Einbringung und Darlegung des ausländischen Rechts nur wie ein reiner Zuschauer teil. Er hat dies in der gleichen Weise zu tun, wie er dazu verpflichtet ist, wenn die Parteien Tatsachen vorbringen. Die Rechtsprechung nimmt hier wieder ihre erste These auf und betont sie mit Nachdruck, indem sie jede Einmischung des Richters verboten hat[736]. An diese Rechtsprechung halten sich grundsätzlich auch die Untergerichte[737]. Ausnahmen finden sich im Urteil der *Audiencia Territorial de Valencia*[738] vom 3. April 1982 und auch in der obergerichtlichen Rechtsprechung[739]. Das *Tribunal Supremo* hat hier darauf hingedeutet, dass es die Möglichkeit einer Anwendung des ausländischen Rechts durch das Gericht gäbe, worin logischer-

[733] *Calvo Caravaca/Carrascosa González,* Introducción, S. 415.

[734] *Garcimartín Montero*, S. 100 zu Art. 12.6 CC a.F.

[735] *Calvo Caravaca/Carrascosa González,* Introducción, S. 417, Nr. 32.

[736] Kennzeichnend dafür: STS vom 13.01.1885, STS vom 26.05.1887, STS vom 07.11.1896, STS vom 19.11.1904, STS vom 01.02.1934, STS vom 09.01.1936, STS vom 16.12.1960, STS vom 06.06.1969, STS vom 05.11.1971 und nach in Kraft treten des Art. 12.6. CC a.F. STS vom 06.04.1979, STS vom 04.10.1982, STS vom 10.12.1990, STS vom 17.12.1991 und STS, Sala 1 vom 23.10.1992.

[737] So z.B. SJPI *Jaén* vom 24.01.1986.

[738] SAT *Valencia* vom 03.04.1982, RGD, 1983, Seite 1137 und REDI, 1983, Volumen XXXV, S. 554, 556 und Anmerkungen dazu von *Abarca Junco.*

weise auch die Möglichkeit dem Rechtsprechungsorgan gewährt werden muss, dieses selbst einzubringen.

b) Folgen der Prinzipien der Rechtsprechung

Es gilt das Prinzip der *Notwendigkeit* des Beweises des ausländischen Rechts. In Anbetracht, dass nach der Auffassung des *Tribunal Supremo* das ausländische Recht im Prozess wie eine Tatsache behandelt wird, muss es Objekt des Beweises sein, um bestimmt werden zu können und insbesondere damit der Richter bei seinem Urteilsspruch daran gebunden ist. Daher muss das ausländische Recht *immer* bewiesen werden. Es gibt *keine* Ausnahmen von diesem Grundsatz. Das *Tribunal Supremo* vertritt dies in ständiger Rechtsprechung und ohne erkennbare Ausnahmen[740]. Die Forderung der Rechtsprechung beruht auf zwei, zum Teil gegensätzlichen Ausgangspunkten:

- Wenn das ausländische Recht den Grundsätzen über Tatsachen im Prozess unterworfen ist, so muss es auch dementsprechend bewiesen werden, weil die Tatsachen grundsätzlich auch mit den von der Prozessordnung vorgesehenen Mitteln bewiesen werden müssen.

- Das ausländische Recht ist das wichtigste Element, um die Einschlägigkeit des Begehrens der Parteien zu bewerten. Diese Funktion – als rechtliches Referenzsystem – ist erheblich relevanter als diejenige, die von den einfachen, materiellen Tatsachen im Prozess wahrgenommen wird. Diese beschränken sich darauf, unter Rechtsnormen subsumiert zu werden. Gerade diese These begründet die Hartnäckigkeit, mit der die Rechtsprechung auf den Beweis ausländischen Rechts besteht.

---

739 STS, Sala 1. vom 17.03.1992.

740 Exemplarisch besonders STS vom 07.11.1896, STS vom 09.01.1936, STS vom 06.06.1969; STS vom 12.11.1976, STS vom 19.12.1977, STS Sala 1. vom 23.11.1992, STS, Sala 1. vom 18.02.1993, STS Sala 1. vom 10.03.1993.

c) Teilnahme des Richters an der Beweiserhebung

Auch wenn die Rechtsprechung die Position einnimmt, das ausländische Recht sei eine Tatsache – und müsse deshalb von den Parteien bewiesen werden -, so ergab sich schon aus Art. 12.6 CC eine Reihe von Korrekturmöglichkeiten vom Grundprinzip[741]. Diese Korrektionsmöglichkeiten sollen sich aus zwei Faktoren ableiten: Zum einen aus der besonderen Natur des ausländischen Rechts. Denn ausländisches Recht zu beweisen sei nicht das Gleiche wie der Beweis einer zur Subsumtion notwendigen Tatsache[742]. Der zweite Unterschied, der die reine Tatsachenbehandlung verwässert, ergibt sich aus der Funktion des ausländischen Rechts als rechtliches Referenzsystem. Letztendlich gestattete Art. 12.6 Abs. 2 CC der Rechtsprechung zufolge dem Richter eine bestimmte Teilhabefunktion im Beweisverfahren[743]. Der Richter soll ermächtigt sein, auch eigene Ermittlungen anzustellen[744]. Dabei handle es sich um eine Berechtigung, von der er Gebrauch machen kann oder nicht, gemäß seiner persönlichen Einschätzung[745]. Die Intensität in der Teilhabe des Richters im Beweisverfahren fällt je nach Parteiverhalten unterschiedlich aus:

aa) Prinzip der Geltendmachung und Darlegung

Dem *Tribunal Supremo* zufolge ist dem Richter die Einbringung des ausländischen Rechts untersagt. Die Geltendmachung und Darlegung obliegt ausschließlich den Parteien. Diese müssen sich auf das ausländische Recht berufen[746].

---

[741] *Calvo Caravaca/Carrascosa González*, Introducción, S. 420, Nr. 40.

[742] *Calvo Caravaca/Carrascosa González*, Introducción, S. 420, Nr. 40.

[743] Diese Teilhabefunktion und die sich daraus ergebenden Abweichungen vom Prinzip der reinen Tatsachenbehandlung finden sich besonders in den STS vom 26.05.1887, vom 13.01.1885, vom 30.01.1930, vom 21.02.1935, vom 16.06.1935, vom 16.10.1940 und vom 14.12.1940.

[744] Vgl. STS vom 12.11.1976 (RA 4921).

[745] S. STS vom 9.11.1984 (RA 5372).

746 STS vom 13.02.1974 (RAJ 491); vom 17.04.1976 (RAJ 1811); 12.11.1976 (RAJ 4921); vom 10.06.1988 (RAJ 10368); 07.11.1990 (RAJ 6855); vom 28.01.1994 (RAJ 572); 23.03. 1994 (RAJ 2167) Anmerkungen von *Sánchez-Tarazaga y Marcelino*, RAJ 1994, Nr. 2167, REDI 1995-I, 245, 248; vom 10.06. 1988 (RAJ 10368); vom 10.06.1995 (RAJ 4907) Anmerkung dazu von *Rodríguez Mateos* REDI, 1996/I, Volumen XLVIII, 368-371; vom

bb) Fehlendes Geltendmachen und keine Darlegung des ausländischen Rechts durch die Parteien.

Tritt also eine Situation in der Weise ein, dass keine der Parteien Ausführungen zum ausländischen Recht macht, so kann der Richter, auch dann, wenn ihm klar ist, dass international privatrechtlich ein ausländisches Sachrecht einschlägig ist, dieses nicht anwenden, da er es selbst nicht in den Prozess einbringen, also darlegen und somit auch nicht beweisen kann. Wenn die Parteien das ausländische Recht nicht beibringen, kommt das von der Kollisionsnorm angewiesene ausländische Recht auf das Anspruchsbegehren der Parteien nicht zur Anwendung, insbesondere auch deshalb, weil das Rechtsprechungsorgan es selbst nicht beibringen kann. Das ausländische Recht verliert damit seine Funktion als juristisches Referenzsystem. Infolge dessen muss dann ein anderes Referenzsystem gesucht werden, auf das sich die Parteien mit ihrem Anspruchsbegehren stützen können.

Nach dem *Tribunal Supremo* kommt eine Mitwirkung beim Beweis des ausländischen Rechts *nur dann* in Frage, wenn sich eine Partei zuvor darauf berufen hat. Dies ergebe sich aus der Verwendung des Wortes *además* durch den spanischen Gesetzgeber bei der Kodifikation von Art. 12.6 Abs. 2 CC a.F. Die Einbringung des ausländischen Rechts sei also Voraussetzung; ferner *(además)* könne dann das Gericht eingreifen[747].

Allerdings lässt der Wortlaut von Art. 12.6 a.F. Abs. 2 CC auch andere Auslegungsmöglichkeiten zu: Das Wort *aplicación* (Anwendung) kann auch in einem weiteren Sinn verstanden werden, nämlich in der Weise, dass Anwendung sowohl ein sich Berufen auf als auch dann den Beweis des ausländischen Rechts umfasst. Dann könnte sich der Richter zu beidem der ihm zusätzlich gewährten Instrumente bedienen. Die Rechtsprechung hat jedoch diese Auslegung nicht aufgegriffen, sondern stets nur die Linie verfolgt, dass die Geltendmachung und

---

25.01.1999 (RAJ 321); vom 19.02.1999 (RAJ 1054) sowie S. Aud. Prov. Pamplona, vom 17.01.1994 (AC 1994/25); S. Aud. Prov. Asturias vom 12.12.1994 (AC 1994/2180); S. Aud. Prov. vom Guipúzcoa, vom 31.12.1999 (AC 1999/2481); S. Aud. Prov. Balearen, vom 06.02.1999 (AC 1999/3244).

[747] STS vom 9.11.1984.

Darlegung durch die Parteien stets unentbehrlich sind und in keinem Fall vom Richter vorgenommen werden kann[748].

cc) Berufung der Parteien auf das ausländische Recht

Falls sich die Parteien auf das ausländische Recht berufen haben, befindet sich der Richter in einer anderen Position. In diesem Fall erlaubte Art. 12.6 Abs. 2 CC eine Teilnahme am Beweis des ausländischen Rechts. Das ausländische Recht kann seiner Funktion als Referenzsystem gerecht werden. Die Parteien können sich mit ihrem Begehren auf das ausländische Recht stützen. Hierbei soll auch ein minimaler Vortrag zum ausländischen Recht genügen, um es als Referenzsystem arbeiten zu lassen können. In diesem Fall soll gelten, dass der Richter nicht an das Vorbringen der Parteien gebunden ist, wie er es auch nicht ist, wenn die Parteien bei Anwendbarkeit spanischen Rechts Rechtsausführungen machen. Um aber letzten Endes seine endgültige Anwendung auf das Anspruchsbegehren zu gewährleisten, muss das ausländische Recht dann in der entsprechenden Prozessphase Objekt des *Beweises* sein.

dd) Prinzip des Vorrangs des Beweises

Nach der Rechtsprechung hat Beweis durch die Parteien Vorrang. Sie sind es in erster Linie, die das ausländische Recht beweisen müssen. Der Richter muss abwarten, wie die Parteien beim Beweis des ausländischen Rechts handeln. Nach der Rechtsprechung besagt Art. 12.6 Abs. 2 CC in erster Linie, dass bei der Durchführung des Beweises die Parteien Vorrang haben, da eben derjenige, der sich auf das ausländische Recht berufe, danach den Nachweis seiner Gültigkeit und seines Inhalts führen muss. Erst danach, weil in Satz 2 des zweiten Absatzes, sagt die Vorschrift aus, dass der Richter sich *darüber hinaus* bestimmter Instrumentarien bedienen könne, wenn er sie für nötig halte[749]. Aus den Worten

---

[748] Siehe als Beispiel besonders: STS vom 31.01.1885, STS vom 07.11.1896, STS vom 19.11.1904, STS vom 01.02.1934, STS vom 09.01.1936, STS vom 16.12.1960, STS vom 06.06.1969, STS vom 05.11.1971; sodann nach Inkrafttreten des Título Preliminar: STS vom 06.04.1979, STS vom 04.10.1982, STS vom 10.12.1990, STS, Sala 1., vom 17.12.1991 und STS, Sala 1., vom 23.10.1992.

[749] STS vom 09.11.1984 mit Anmerkungen *Guzmán Zapater*, RAJ 1984, Nr. 5372; REDI 1986, 316, 320 und 31.12.1994.

sin embargo und *además* leitet das *Tribunal Supremo* ab, dass sich der Richter erst dann aktiv in das Beweisverfahren einschalten kann, wenn feststeht, dass die Parteien den Beweis nicht oder nicht ausreichend erbracht haben. Der Sinn dieses nur ergänzenden Eingreifens beim Beweis ausländischen Rechts ist, den Parteien die Kosten des Beweises zuzuweisen und den Richter von dieser Arbeit soweit wie möglich zu entbinden[750]. Art. 281.2 bringt hier vom Wortlaut her keine Neuerung.

Hat der Richter sodann den Parteien den Vorrang beim Beweis des ausländischen Rechts eingeräumt, können wie schon bei der Darlegung verschiedene Situationen auftreten:

ee) Hinreichender Beweis

Das ausländische Recht wurde von den Parteien hinreichend bewiesen. Die Parteien, die schon vorher zum geeigneten Moment das ausländische Recht vorgetragen hatten, beweisen den Inhalt dieser Rechtsordnung. Wenn der Richter den Beweis für hinreichend erbracht hält, ist das ausländische Recht bewiesen und fungiert ab dann als juristisches Referenzsystem, um über die Parteibegehren zu entscheiden[751].

ff) Kein oder nicht hinreichender Beweis

Wenn die Parteien, die das ausländische Recht zuvor schon dargelegt hatten, sich dann vollständig des Beweises enthalten oder den Beweis in einer nicht ausreichenden Form führen, befindet sich der Richter in einer anderen Lage. Er könnte dann den Beweis selbst erheben, falls die Parteien ihn nicht geführt haben, und er ermöglicht ferner, falls die Parteien das ausländische Recht nur un-

---

[750] Diese Auffassung findet sich bestätigt durch die Motive (*Exposición de Motivos del* D. 1836/1974): Bei einer anderen Regelung wäre zwar der Charakter des Kollisionsrechts als zwingendes Recht festgeschrieben, dann ergäbe sich daraus aber die Verpflichtung des Richters, das ausländische Recht von Amts wegen anzuwenden. Durch die gewählte Formulierung der Bestimmungen wurde sichergestellt, dass derjenige, der sich auf das ausländische Recht beruft, es nachzuweisen hat; unbeschadet bleiben weitere bestimmte Möglichkeiten des Richters in der Erforschung desselben.

[751] *Calvo Caravaca/Carrascosa González*, Introducción, S. 471.

zureichend bewiesen haben, selbst ergänzende Beweise zu erheben. Das *Tribunal Supremo* betont, dass diese Optionen für das Gericht nur *fakultativer* Natur sind[752]. Dies ergebe sich aus dem Wortlaut, nämlich der Verwendung der Formulierung *podrá*. Das bedeutet, der Richter ist vom Wortlaut keinesfalls verpflichtet, Beweis zu erheben, sei es vollständiger oder auch nur ergänzender Art. Die Formulierung des Art. 281.2 LEC bringt hiermit dem Ausdruck „können" keine Neuerung bei grammatikalischer Auslegung[753].

d) Ergebnis

Dem *Tribunal Supremo* zufolge ist der Richter nicht verpflichtet, das ausländische Recht von Amts wegen zu erforschen[754]. Dazu ist er nur bei spanischem Recht verpflichtet. Das Eingreifen des Richters in die Beweisaktivitäten der Parteien ist nur als Ergänzung zu diesen zu verstehen. Es folgt diesen zeitlich nach und ist nur fakultativ[755]. Die Rechtsprechung des *Tribunal Supremo* hat allerdings bisher keine Kriterien aufgestellt, nach denen es dem Richter erkennbar wäre, wann er von den ihm an die Hand gegebenen Möglichkeiten Gebrauch machen soll. Zutreffend resümiert *Calvo Caravaca* zur Haltung des *Tribunal Supremo*, dass die Kollisionsnorm auf dem Altar des Prozessrechts geopfert werde[756]. Letztendlich – und besonders in der Praxis – ist das richterliche Eingreifen willkürlich. Dies stellt einen Verstoß gegen Art. 9.3 CE dar[757].

Die Gründe für den nur fakultativen Charakter des Eingreifens des Richters im Beweis um ausländisches Recht lassen sich durchaus finden[758]: Ein erster wurzelt in der internen Kohärenz des bisher vom spanischen internationalen Privatrecht verfolgten Modells bei der prozessrechtlichen Wertung ausländischen Rechts. Wird dieses wie eine reine Tatsache angesehen, kann das Gericht diese

---

[752] STS vom 09.11.1984 und 17.03.92 sowie SAP Guadalajara vom 18.10.1994.

[753] *... , **pudiendo** valerse el Tribunal de cuantos medios de averiguación estime necesarios para su aplicación*

[754] *Calvo Caravaca/Carrascosa González*, Introducción, S. 422, Nr. 46.

[755] STS 09.11.1984.

[756] *Calvo Caravaca/Carrascosa González*, Introducción, S. 415.

[757] *Garcimartín Alférez*, S. 43 – 44.

[758] *Calvo Caravaca/Carrascosa González*, Introducción, S. 421, Nr. 45.

nicht beweisen, wenn die Parteien es nicht getan haben. Es ist anerkannt, dass das ein Gericht Tatsachen nicht selbst in den Prozess einbringen und beweisen kann. Das obliegt den Parteien gerade in Verfahren, die dem Dispositionsgrundsatz unterliegen. Zweitens kann man den Richter nicht ganz aus *iura novit curia* entlassen: Er muss spanisches Recht von Amts wegen anwenden. Dieses muss von den Parteien weder dargelegt noch bewiesen werden. Diese Verpflichtung kann man allerdings nicht auf das ausländische Recht ausdehnen, falls es im Prozess als Tatsache behandelt werden soll. Das Gutachten des *Consejo de Estado* zur Reform des *titulo preliminar* war dafür, in dieser Frage das Gericht bei der Inhaltsbestimmung des von der Kollisionsnorm für anwendbar erklärten Rechts zu eigenen Nachforschungen zu ermächtigen, nicht aber zu verpflichten[759]. Auf der anderen Seite wäre es wenig realistisch gewesen, dem Gericht jedwede Möglichkeit zum Einschreiten zu verbieten. Diese Möglichkeiten sind als untere Grenze und Mindeststandard in jedem Fall aus verschiedenen Gründen sinnvoll: Zum einen ist das ausländische Recht das rechtliche Referenzsystem. Zum zweiten sind in vielen Fällen die Parteien nicht in der Lage, das ausländische Recht zu beweisen. Bei dieser Arbeit handelt es sich um eine solche, die – weil letztendlich Rechtsfindung – viel eher dem Berufsbild des Richters entspricht. Hinzu kommt, dass, auch wenn man es als Tatsache behandelt, seine Funktion doch eine rechtliche bleibt, anders als diejenige der auf reinen Fakten beruhenden Prozesstatsachen. Man hat hier das Gegenargument gebracht, dass die Beweiserhebung von Amts wegen es für die Parteien unmöglich macht, streitig über den Inhalt und die Auslegung dieses Rechts zu debattieren. Dieses Argument ist aber keineswegs zwingend[760].

2. Auffassung der spanischen Lehre

a) Grundzüge

Erwartungsgemäß beschäftigt sich auch die Lehre mit der Initiative des Richters in der Ermittlung des ausländischen Rechts.

---

[759] *Garcimartin*, Seite 42 -44.

[760] *Garcimartin Alférez*, S. 42-44.

Teilweise geht man auch davon aus, dass es grundsätzlich nicht dessen Sache, sondern die der Parteien ist, dass fremde Recht in den Prozess durch Vortrag und Beweis einzubringen. Vereinzelt wird die Haltung der Rechtssprechung in der Literatur verteidigt: Das spanische Prozessrecht ermögliche ja bereits kleinere Nachforschungen, die ein „Zugestehen" einer nichtexistenten *ausländischen* Vorschrift zunichte machen können, im Gegenzug sei es aber weit davon entfernt, einen rechtsvergleichenden „Amateurisme" bei den spanischen Richtern anzuregen, die dazu kommen könnten, ein improvisiertes und oberflächliches privates Wissen anzuwenden[761]. Die *ratio iuris* des Art. 12.6. CC sei eindeutig und den Parteien kommt der *onus probandi* des *ausländischen* Rechts zu. Damit sei auch mehr gefordert, als z.B. den Text einiger Vorschriften des französischen *Code Civil* zu kennen, was für jeden Richter mit bestimmten Möglichkeiten zu bibliographischer Recherche und einiger Neugier erreichbar sei[762].
Es bleibt die Frage, ob der Richter damit zu totaler Passivität verurteilt ist oder ob er ergänzend oder unterstützend tätig werden darf[763]. So sei zum einen zu bemerken, dass die Kenntnis des Richters vom Inhalt des fremden Rechts nicht seine Einbringung durch den Beweis ersetzt. *Meyer* hält diese Auffassung für konsequent vor dem Hintergrund der Behandlung fremden Rechts als Tatsache. Die Möglichkeit ergänzender Tätigkeit des Richters sieht er für den Fall, dass die beweispflichtige Partei nur einen unvollständigen Vortrag ausländischen Rechts bringt und leitet dies direkt aus Art. 12.6. CC ab. Eine Pflicht des Richters lasse sich daraus nicht entnehmen, da es sich nur um eine „Kannvorschrift" handle. Vertreter der Gegenauffassung stützen ihre Argumentation u.a. darauf, dass die Vorschriften des Kollisionsrechts schließlich von Amts wegen anzuwenden seien und sich daraus auch eine *Pflicht* zur Erforschung des ausländischen Rechts ergebe.[764]

Die weniger aktive Stellung des spanischen Richters kann Ursache für die Zurückhaltung bei der amtswegigen Ermittlung und Anwendung des ausländischen Rechts sein. Änderungsvorschläge müssen dem Rechnung tragen. Generell wird

---

[761] *De la Oliva/Miguel Angel Fernándes*, S. 288.
[762] *De la Oliva/Miguel Angel Fernándes*, S. 288.
[763] *Meyer*, IPrax 1993, 342.

die vom Gesetzgeber zur Verfügung gestellte Befugnis, das ausländische Recht, auf das sich die Parteien bereits berufen haben, selbst zu ermitteln, begrüßt[765]. Sie gestattet dem Gericht den genauen Umfang und Inhalt der berufenen Rechtsordnung zu bestimmen, falls dieser nach den Beweisen durch die Partei nicht hinreichend klar geworden ist.

Allerdings löst die Rechtsprechung keins der Hauptprobleme, das auftritt, wenn den Parteien eine Beweisführung wie bei Tatsachen aufgegeben wird: Zum einen die Möglichkeit, dass derjenige, der kein Interesse an der Anwendung der berufenen Rechtsordnung hat, diese auch nicht beweist und so erreicht, dass der Richter sie nicht berücksichtigen kann. Zum anderen wird die Absurdität nicht vermieden, dass es für die Parteien unmöglich sein kann, das ausländische Recht zu kennen oder zu ermitteln, der Richter jedoch, obwohl er es kennt, es nicht anwenden kann, weil es nicht bewiesen wurde. Nach *Garcimartín Montero* bleibt bei der gegenwärtigen Praxis nur zu hoffen, dass der Richter von seiner Ermittlungsbefugnis Gebrauch macht. Man sollte dem Richter auf Basis einer erweiterten Auslegung die Ermittlung von Amts wegen gestatten[766]. Nur so lassen sich beide Probleme und Widersprüchlichkeiten vermeiden. In der Praxis war bisher Gegenteiliges üblich und die Passivität offensichtlich: So liegt eine Entscheidung der DGRN[767] vor[768], die dem Beschwerdeführer, einem irakischen Asylanten, zwar eine faktische Unmöglichkeit, sein Heimatrecht mittels offizieller Dokumente oder Gutachten von Juristen aus seinem Heimatland nachzuweisen, bescheinigte; dennoch wurde der Beschwerdeführer nicht von den Verpflichtungen des Art. 12.6. CC befreit.

Es gibt bisher nur eine Ausnahme, in der das *Tribunal Supremo* von der prozessualen Gleichbehandlung zwischen nationalem und ausländischem Recht gesprochen hat[769]: Das Gericht hat dort zur Reversibilität einer ausländische Norm

---

764 Vgl. o. Fn. 31

765 *Garcimartín Montero*, S. 105.

766 *Garcimartín Montero*, S. 105.

767 DGRN – *Dirección General de Rigistros y Notariado*, Generaldirektion der Register und Notariate.

768 RDGRN vom 14.11.1992 (RA 10586).

769 STS vom 04.06.1964 (RA 3496).

ausgeführt, dass „diese nicht kann über den Weg von Nr. 7 angefochten werden, sondern nur über Nr. 1 des Art. 1692 LEC unter den gleichen Bedingungen wie die Rüge der Verletzung einer inländischen Norm". *Corriente Cordoba*[770] ist der Ansicht, dass das *Tribunal Supremo* seiner traditionellen Auffassung gefolgt wäre, um die Revision zurückzuweisen, wenn diese über den Weg des Art. 1692. Nr. 1 LEC 1881 eingelegt worden wäre. Der gleichen ist Auffassung *Pérez Voituriez*[771]. Er zeigt auf, dass das *Tribunal Supremo* soweit geneigt ist, in der Urteilsbegründung Nachdruck auf brillante Ausführungen zu legen; dies aber in dem Wissen, dass diese im konkret zu entscheidenden Fall keine Anwendung finden.

Ungeachtet der Rechtsprechung des *Tribunal Supremo* haben untere Gerichte gelegentlich die berufene Rechtsordnung von Amts wegen angewendet[772]. Hervorzuheben ist hier insbesondere das Urteil der *Audiencia Territorial de Valencia* vom 3. April 1982[773]. Das Gericht hat ausgeführt, dass ausländisches Recht nur dann des Beweises bedarf, wenn es dem Richter unbekannt ist. Der Beibringungsgrundsatz gelte nämlich hier nicht in der gleichen Weise wie bei Tatsachen. Es sei zwar prinzipiell dem Beweis unterworfen, weshalb auch in den Fällen, in denen es dem Gericht unbekannt ist, Beweislastgrundsätze angewendet werden können. Das Gericht dürfe allerdings von seinen Kenntnissen über dieses Recht Gebrauch machen und sei insbesondere im Rahmen seiner Möglichkeiten verpflichtet, den Inhalt und die Gültigkeit der vom spanischen Kollisionsrecht berufenen Rechtsordnung selbst zu erforschen. Die Gegenauffassung führe zu dem absurden Ergebnis, dass ein Gericht Rechtsnormen, obwohl es sie kenne, nicht anwenden könne[774].

In der Literatur wurde diese Entscheidung ausdrücklich begrüßt. Sie sei in Begründung und Schlussfolgerung repräsentativ für die Haltung, die man bei der

---

[770] RDLJ 1974, t. 237, S. 33.

[771] *La informacion*, S. 81.

[772] *Comentarios al CC*, *Iriarte Ángel*, S. 521; SAP Oviedo, Sec. 4°, vom 13. Mai 1990; SAP Granada, Sec. 3°, vom 12. Februar 1992.

[773] Zitiert bei *Comentarios al CC*, *Iriarte Ángel*, S. 521, *Aguilar Benítez de Lugo*, RGD, S. 6247 bis 6314 S. 6283 und *Garcimartín Montero*, S. 106.

[774] SAT *Valencia* 3 de abril de 1982.

Anwendung einnehmen sollte[775]. *Garcimartín Montero*[776] ist der Auffassung, dass dieses Urteil sowohl hinsichtlich seines Gedankengangs wie auch der daraus gezogenen Schlussfolgerungen stellvertretend für die Haltung ist, die man bei der Auslegung von Art. 12.6 CC a.F.. einnehmen sollte. Wenige weitere Entscheidungen befinden sich auf dieser progressiven Linie[777].

b) Progressive Linie

Zahlreiche überzeugende Argumente sprechen dafür, schon in Art. 12.6. CC a.F. eine Vorschrift zu sehen, die die Anwendung ausländischen Rechts von Amts wegen verlangt[778]. Demzufolge verfügten das spanische IPR und Prozessrecht schon *de lege lata* über ein System, in dem ausländisches Recht *ex officio* angewandt werden musste und über den Sachverhalt nach den Normen, die ihn nach dem Willen des Gesetzgebers regeln sollen, entschieden wird. Verhalten sich die Parteien passiv, so wird der Richter das entsprechende Recht anwenden. Im Wesentlichen werden in der Literatur folgende Argumente angeführt:

aa) Ist die Kollisionsnorm zwingend – so der eindeutige Wortlaut von Art. 12.6 Abs. 1 CC -, ist ihr gesetzlicher Auftrag ebenfalls imperativisch. Das berufene Recht, sei es das spanische oder ein ausländisches, muss dann ebenso zwingend angewandt werden, da sich nur so der zwingende Charakter auch in der Praxis umsetzen lässt.

---

[775] *Iriarte Ángel*, S. 521; *Aguilar Benitez de Lugo*, RGD, 6247, 6283; *Ramos Méndez* in *La prueba del derecho extranjero*, S. 673 ff. und *Garcimartín Montero*, S. 106.

[775] SAT *Valencia* 03.04.1982.

[776] S. 106, Fn. 146.

[777] STS vom 17.03.1991 (RA 2195), vom 12.11.1976 (RA 4921) und vom 10.06.1995 (RA 4907) sowie RDGRN vom 18.03.1984 (RA 2956). Allerdings sprechen diese nicht direkt von einer Verpflichtung des Richters.

[778] *Calvo Caravaca*, 1. Aufl. S. 410, 17. Progressivere Auffassungen vertreten insbesondere *Espulgues Mota*, El derecho internacional privado y la nueva ley española de enjuiciamiento civil, de 7 de enero de 2000, Rivista di diritto internazionale privato e processuale 2001.2, S. 279-320; *Maseda Rodríguez*, Contrato de transporte marítimo: Ley extranjera aplicable y principio de iura novit curia "atenuado", Anmerkungen zu: STS 03.0.1997, La Ley 1997, 3766; *Cuartero Rubio*, Prueba del Derecho extranjero y tutela judicial efectiva, Derecho Privado y Constitución 14 (2000), 21 – 61; *Garcimartín Alférez*, Sobre la norma de conflicto y su aplicación judicial.

bb) Art. 12.6 a.F. widmet sich folglich zwei verschiedenen Problemen, die in einem Stufenverhältnis zueinander stehen:

aaa) Die Kollisionsnormen des CC sind zwingendes Recht für die spanischen Gerichte und Behörden. Die dann zur Anwendung kommenden Rechtsnormen haben zweifellos den Charakter von Recht, unabhängig davon, ob es das spanische Recht oder ein ausländisches Recht ist, die hier gleichwertig nebeneinander stehen. Der eindeutige Wortlaut von Art. 12.6 a.F. Abs. 1 CC verhindert, dass hier noch andere Auslegungsmöglichkeiten getroffen werden können. Darauf baut die nächste Stufe auf.

bbb) Dies ist die prozessuale Behandlung des (ausländischen) Rechts. Der Richter wird informiert und angewiesen, was er zu tun hat, wenn die Kollisionsnorm nicht auf spanisches, sondern auf ausländisches Recht verweist. Art. 12.6 a.F. *Abs. 2* und jetzt Art. 281.2 LEC CC erklären sodann, *wie* dieses *Recht* bei der Falllösung beigebracht und nachgewiesen werden soll. Beide Fragen sind scharf voneinander zu trennen. Im nächsten Schritt ergibt sich die Erkenntnis, dass der erste, die Anwendung des ausländischen Rechts, als zwingender Vorgang den zweiten bedingt, nämlich die prozessuale Behandlung desselben. Diese muss in einer Weise erfolgen, die den Charakter der Kollisionsnorm nicht gefährdet. Insofern existiert kein Widerspruch zwischen den Vorschriften.

cc) Art. 12.6 Absatz 2 und 281.2 LEC normieren eine prozessuale Behandlung, die Nachweis und Anwendung sicherstellen will. Deshalb wird normiert, welche Beweismittel zur Verfügung stehen und wer ggf. den Beweis zu führen hat. Dies geht aber ausnahmslos davon aus, dass es das berufene Recht ist, das die Streitfrage löst. Die Nichtanwendung des berufenen Rechts kann nicht die Folge sein.

dd) Diese Sichtweise fördert in besonderem Maße die Rechtssicherheit und steht daher mit diesem verfassungsrechtlichen Gebot des Art. 9.3 CE besser im Einklang als andere Auslegungen. Es lässt sich von vornherein klären, welches Recht die Rechtsbeziehungen der Parteien bestimmt und darüber entscheiden wird. Dadurch wird das Vertrauen des Einzelnen in die Rechtsordnung, hier in das Internationale Privatrecht, gestärkt. Gerichtliche Entscheidungen werden vorhersehbar. Die Gegenauffassung, insbesondere die des *Tribunal Supremo* macht das internationale Privatrecht zum Spielball der Parteien. Äußern sich insbesondere Parteivertreter aus Unkenntnis nicht zum anwendbaren Recht, so wird ein Einzelner möglicherweise um sein Recht gebracht, obwohl er sein Verhalten danach ausgerichtet hatte. Ebenso gut können die Parteien vorsätzlich schweigen. Mit einer Nichtanwendung des berufenen Rechts verstößt das Gericht dann gegen zwingendes Recht, möglicherweise sogar *zweimal*, wenn zusätzlich zwingendes ausländisches Sachrecht nicht zur Entscheidung herangezogen wird.

ee) Mit dieser Auffassung gewinnt man einen erhöhten Grad an internationalprivatrechtlicher Gerechtigkeit. Der spanische Gesetzgeber hat entschieden, auf bestimmte Sachverhalte nicht die *lex fori* anwenden zu lassen, sondern ein ausländische Recht, weil es gerechter ist[779]. Mit dieser Zielsetzung sind die Normen des IPR auszulegen, wobei das Prozessrecht dazu dient, das materielle Recht umzusetzen[780]. Es ist unzulässig, auf prozessuale Normen zurückzugreifen, um die substantielle Gerechtigkeit, die die Kollisionsnorm verkörpert, auszuhebeln[781]. Wenn sich der Gesetzgeber also dafür entschieden hat, dass sich die Erbfolge nach der Staatsangehörigkeit des Erblassers bestimmt, Art. 9.8 CC, so liegt es daran, dass er dieses Ergebnis als gerecht empfunden hat. Die Anwendung des nationalen Rechts des Erblassers ist für alle Beteiligten angemessener und gerechter. Denkbar und wahrscheinlich ist, dass der Erblasser zuvor nach seinem nationalen Recht testiert oder Vermögensdispositionen getroffen hat und dabei dies unausgesprochen zur Grundlage seines sozialen Verhaltens gemacht hat. Insofern liegt zunächst die Ermittlung des Erbstatuts in den Händen der geschulten Parteivertreter, die dieses ohnehin bei der Prüfung der materiellen Rechtslage analysieren müssen[782]. Endet diese Phase ohne oder mit

---

[779] Siehe oben S. 14.

[780] Siehe oben

Erster Teil: Recht und Prozess.

[781] *Garcimartín Alférez*, S. 14.

[782] Insofern besteht die Gefahr eines Zirkelschlusses: Die Parteien müssen das ausländische Recht zur Beurteilung der Erfolgsaussichten prinzipiell nur dann heranziehen, wenn es von Amts wegen angewandt wird. Es kann aber nicht Sinn von Art. 12.6. CC a.F. sein, die Parteien davon zu entbinden, entweder in der Hoffnung, der Richter werde von zusätzlichen

unvollständigem Ergebnis, wird der Richter die Ermittlung und Anwendung selbst vornehmen oder ergänzend tätig, so dass der Fall so gerecht, wie der Gesetzgeber es gewollt hat, entschieden wird.

ff) Da das ausländische Recht als juristisches Referenzsystem die Normen enthält, die auf den Streitgegenstand angewendet werden müssen, hat es den Charakter von Recht. Schon deshalb ist es unangemessen, es im Prozess so wie subsumtionsfähige Tatsachen zu behandeln.

gg) Die Bewertung der rechtsgeschichtlichen Erkenntnisse untermauert das[783]. Die Vorschrift wurde im vorkonstitutionellen Ambiente abgefasst, als sich Spanien noch in einer Art Isolierung befand[784]. Zu dieser Zeit war die soziale Realität, in der die Vorschrift angewandt werden sollte, anders als heute[785]. Die Lösung von „Konflikten zwischen Gesetzen" war über eine öffentlich-rechtliche Auffassung von IPR der Vergangenheit verhaftet. Man nahm an, die Anwendung ausländischen Rechts sei eine *Ausnahme* vom *Normalfall* der Anwendung des spanischen Rechts. Das ausländische Recht nahm einen niedrigeren Rang ein als das dispensierte spanische. Die Anwendung ausländischen Rechts war ein beträchtliches Zugeständnis, das man anderen Staaten machte. International privatrechtliche Fallgestaltungen vor den Gerichten waren selten, die Anwendung ausländischen Rechts etwas außergewöhnliches, das man den Parteien überließ. Die Rechtsprechung nahm eine fast feindselige Haltung dem ausländischen Recht gegenüber ein. Als nicht nationales Recht betrachtete man es mit Misstrauen und Argwohn; es waren fremde Rechtsgedanken aus einem fremdartigen Justizapparat. Die spanischen Richter wandten ausländisches Recht nur dann an, wenn die Parteien unbedingt darauf bestanden und es sodann auch nachwiesen[786]. Dieses Ambiente aber hat sich von Grund auf geändert. Die

---

Ermittlungsmöglichkeiten (dazu siehe oben) keinen Gebrauch machen oder das Ergebnis manipulieren wollen.

[783] Siehe dazu schon oben S. 24.

[784] *Calvo Caravaca/Carrascosa González*, Introducción, S. 412.

[785] *Calvo Caravaca/Carrascosa González*, Introducción, a.a.O.

[786] Aufschlussreich ist das Urteil des *Tribunal Supremo* vom 16.12.1960: *Die Gerichte können die Anwendung unserer Gesetze nicht ablehnen, indem sie von Amts wegen den Código Civil außen vorlassen und seine Geltung negieren. Das ausländische Recht haben sie nicht zu kennen und berufen sich die Parteien nicht darauf, hat man das so zu sehen, dass auf*

Auslegung muss dem folgen. Sachverhalte, in denen das IPR auf ausländisches Recht verweist, nehmen weiter zu[787]. Die Anwendung von ausländischen Rechtsordnungen durch den spanischen Richter nimmt ständig zu[788]. Die Anwendung einer ausländischen Rechtsordnung als juristisches Referenzsystem wird nicht länger als Ausnahme zu einem Normalfall der Anwendung spanischen Rechts verstanden, sondern wie eine vom Gesetzgeber bewusst gewählte Alternative. Es gibt also keinen Grund mehr, einer ausländischen Rechtsordnung, die zur Falllösung berufen ist, eine inferiore Stellung zuzuweisen. Schon die Verfassung von 1978 wurde von dem Willen getragen, dass Spanien an der Stärkung und Entwicklung von friedlichen Beziehungen und einer effizienten internationalen Zusammenarbeit zwischen allen Völkern der Erde mitwirkt. Damit zerstreut sich jede feindselige Haltung gegen ausländisches Recht und die Gerechtigkeit, die dieses mit sich bringt. Eine Überprüfung der Rechtsprechung anhand der verfassungsrechtlichen Vorgaben bestätigt das[789].

Maseda Rodríguez führt aus[790], dass das *Tribunal Supremo* in seinem Urteil von einem Grundsatz des abgeschwächten *iura novit curia* ausgehe. Dies sei aber ein Begriff, der nicht weniger als das ausdrückt, dass nämlich der Richter den Inhalt des ausländischen Rechts zwar nicht kennen, aber doch von Amts wegen ermitteln und anwenden muss. Auf jeden Fall habe der Richter die Pflicht, eine von einer Partei begonnene Ermittlung mit den ihm zur Verfügung stehenden Mitteln fortzuführen und zu beenden.

---

die Anwendung verzichtet wird. Zitiert nach *Calvo Caravaca/Carrascosa González*, Introducción, S. 412.

[787] Siehe dazu oben Einleitung.

[788] *Calvo Caravaca/Carrascosa* González, *Introducción*, S. 412.

[789] Siehe sogleich
3. Verfassungsrechtliche Vorgaben.

[790] Contrato de transporte marítimo: Ley extranjera aplicable y principio de iura novit curia "atenuado", Anmerkungen zu STS 03.0.1997, La Ley 1997, 3766;

3. Verfassungsrechtliche Vorgaben

a) Verfassungskonforme Auslegung

Bei der bisherigen Praxis wird ein Verfassungsverstoß gegen Art. 24 CE[791] erwogen[792]. Die einzig logische Lösung für den Fall des Fehlens des Beweises des ausländischen Rechts ist, dass das Gericht sich einer Entscheidung über den Klagegrund enthält. Das ausländische Recht kann nicht angewandt werden, weil es nicht bewiesen wurde; auch kann das spanische Recht nicht zur Geltung kommen, da dieses von Abs. 1 des Art 12.6. CC verboten wird. Also bleibt der Rechtsstreit ohne Entscheidung, weil es kein materielles Recht gibt, das zur Anwendung kommen könnte. Nach Art. 24 CE ist eine solche Lösung allerdings nur zulässig, wenn eine vom *Gesetz* genau definierte Prozessvoraussetzung nicht vorliegt. So gesehen ist allerdings der Beweis des ausländischen Rechts aber keine Prozessvoraussetzung. Auch wenn man da anderer Meinung sein sollte, ist sie nicht im Gesetz genau bestimmt, da sie dies nur dann wäre, wenn eine Klageabweisung dort ausdrücklich angesprochen und mit dem Fehlen der Voraussetzung (Nachweis ausländischen Rechts) explizit verknüpft wäre[793].

Wenn man allerdings den Beweis des ausländischen Rechts nur als Tatbestandsvoraussetzung der materiell-rechtlichen Anspruchsgrundlage und nicht als Prozessvoraussetzung begreift, liegen die Gefahren einer Justizverweigerung auf der Hand[794]. Die reine Anwendung des internationalen Privatrechts mit seinen Kollisionsnormen eignet sich nie, den Rechtsstreit zu lösen, da dieser sich immer um materielles, nie nur um Kollisionsrecht bewegt. Stets kommt, also auch bei der Anwendung ausländischen Rechts, und unter Berücksichtigung der ver-

---

[791] Art. 24 CE 1. *Todas las personas tienen derecho a obtener la tutela efectiva de los jueces y Tribunales en el ejercicio de sus derechos e intereses legítimos, sin que, en ningún caso, pueda producirse indefensión. 2. Asimismo, todos tienen derecho al Juez ordinario predeterminado por la ley, a la defensa y a la asistencia de letrado, a ser informados de la acusación formulada contra ellos, a un proceso público sin dilaciones indebidas y con todas las garantías, a utilizar los medios de prueba pertinentes para su defensa, a no declarar contra sí mismos, a no confesarse culpables y a la presunción de inocencia.*

[792] So untersucht von *Garcimartín Alférez*, S. 34 f.

[793] Vgl. Urteil des Spanischen Verfassungsgerichtes STC 216/1989 vom 21.12. (BJC, 105, 1990, S. 150 ff) und *Garcimartín Alférez*, S. 34.

fassungsrechtlichen Grundsätze des effektiven Rechtsschutzes, nur eine Lösung in Frage, die dem Kläger den begehrten Anspruch zuspricht oder nicht. Denn er ist entweder Inhaber des Anspruches, für den er Rechtsschutz begehrt, nicht zuletzt weil ihm der Staat Selbstjustiz verboten hat, oder er ist es nicht.

Hinzu kommt, dass die Ermittlung des ausländischen Rechts durch die Parteien bei diesen erhebliche Kosten produziert[795], was ein nur schwer zu rechtfertigendes Hindernis bei dem verfassungsrechtlich garantierten freien Zugang zu den Gerichten darstellt und zudem auf eine Partei negative Wirkung haben kann, da sie mit den entsprechenden Auslagen in Vorlage gehen müssen[796].

b) Die Entscheidung des spanischen Verfassungsgerichts vom 17. Januar 2000

Mit der hier untersuchten Materie beschäftigte sich zum ersten Mal nunmehr auch das Verfassungsgericht in seiner Entscheidung der *Sala* 1. vom 17. Januar 2000[797]. Der Fall vermag neben einem Einblick in den Verfahrensablauf die Strenge zu illustrieren, mit der die spanische Rechtsprechung das Beweiserfordernis verfolgt. Die Verfassungsbeschwerde der Klägerin, mit der sie sich gegen ein Urteil wandte, das ihre Klage auf *separación* abgewiesen hatte, war erfolgreich. Das Verfassungsgericht nahm einen Verstoß gegen das Gebot des effektiven Rechtsschutzes und zugleich gegen das Recht, sich in Verfahren sämtlicher zulässiger und sachdienlicher Beweismittel zu bedienen, an[798]. Die vorinstanzliche *Audencia Provincial* hatte es nicht nur unterlassen, einen für den Klageanspruch entscheidenden Beweis zu erheben, wodurch das Recht der Klägerin auf Verwendung geeigneter Beweismittel verletzt wurde, sondern darüber hinaus

---

794 So zu Recht *Garcimartín*, S. 35 oben.

795 Dazu siehe unten 6. Kostenbelastung der Parteien in Spanien und Deutschland.

796 *Garcimartín Alférez*, S. 35.

797 Urteil 10/2000 Berichterstatterin *Maria Emilia Casas Baamond*, *El Derecho*, 26.04.2000, Seite 4, 6. Die Entscheidung erging zwar nach Inkrafttreten der LEC 2000, betraf aber einen noch davor entschiedenen Fall.

798 Als Konsequenz wurde die angegriffene Entscheidung für nichtig erklärt und das Verfahren in den Stand zurückversetzt, den es vor derjenigen gerichtlichen Verfügung hatte, die die Wiederholung des Rechtshilfeersuchens anordnete, damit dann die Beweiserhebung betreffend das auf den Fall anwendbare ausländische Recht durchgeführt werde.

noch die Klage auf *separación* als Konsequenz der fehlerhaften Beweiserhebung abgewiesen, wodurch Rechtsschutzlosigkeit[799] verursacht wurde.
Genauer gesagt richtete sich die Verfassungsbeschwerde gegen ein Urteil *der Audencia Provincial de Vizcaya* vom 02. Juni 1997, mit dem die Berufung der Beschwerdeführerin gegen ein Urteil des Gerichts erster Instanz von *Bilbao* vom 29. Juni 1995 zurückgewiesen wurde. Mit ihrer ersten Klage hatte die Beschwerdeführerin die *separación* von ihrem Ehemann, beide Parteien waren armenische Staatsangehörige, beantragt. Sowohl im erstinstanzlichen wie auch im Berufungsverfahren wurde die Klage mit der Begründung abgewiesen, dass die damalige Klägerin und jetzige Beschwerdeführerin das auf den Fall anzuwendende ausländische Recht nicht in geeigneter Weise nachgewiesen habe und so nicht dem genügt, was Art. 12.6. CC - hier in Beziehung auf Art. 9.2 und 107.1 CC – von der entsprechenden Partei verlange.

Die Beschwerdeführerin hatte mit ihrer Verfassungsbeschwerde vorgebracht, dass beide Urteile, insbesondere das der *Audencia Provincial*, sowohl ihr verfassungsmäßig verbürgtes Recht aus Art. 21.1 CE auf effektiven Rechtsschutz als auch Art. 24.2 CE, nämlich das Recht, geeignete Beweismittel zu verwenden, verletzt haben. Die Vorderinstanzen seien nicht auf das eigentliche Anspruchsbegehren eingegangen. Insbesondere beruhe dies direkt auf der fehlerhaften Nichterhebung des Beweises über das armenische Recht.

Zur Prozessgeschichte muss angemerkt werden, dass die Umstände, unter denen eine Beweiserhebung stattfand, und deren Resultate in den jeweiligen Instanzen verschieden waren[800]. In der *ersten Instanz* wurde durch die Beschwerdeführerin und damalige Klägerin Beweis durch die Beibringung und Vorlage eines Exemplars des Zivilgesetzbuches der UdSSR von 1987[801] und einer unbeglaubigten, einfachen Übersetzung des Abschnitts, der sich mit den Scheidungsgründen befasst, angeboten. Die Klage wurde daraufhin abgewiesen mit der Begründung, die Klägerin habe das anwendbare armenische Recht nicht hinreichend nachge-

---

799 *Indefensión.*

800 Siehe Urteil 10/2000, *El Derecho*, 26.04.2000, S 4 f..

801 Im Ergebnis gültig für die Republik Armenien, so auch der Vortrag der Beschwerdeführerin, was allerdings erst seine Bestätigung fand anlässlich des ersten Rechtshilfeersuchens in der nächsten Instanz.

wiesen, insbesondere, weil es der einfachen Privatübersetzung an Verlässlichkeit fehle.

In ganz anderer Weise ging die *Audencia Provincial* als *Berufungsinstanz* vor. Dieses Vorgehen war es, in dem das Verfassungsgericht den Verfassungsverstoß[802] sah: Der erkennende Senat der *Audencia Provincial* leitete ebenfalls das Beweisverfahren ein und ließ somit eine Beweisführung der Berufungsklägerin im Hinblick auf das armenische Recht zu. Daran hatte diese im Hinblick auf Art. 862 LEC besonderes Interesse. Aufgrund ihrer Erfahrungen in der Vorinstanz lag der Berufungsklägerin an einer Zusammenarbeit mit dem Gericht zum Zwecke einer korrekten Beweiserhebung. Das Gericht wandte sich dann in amtlicher Funktion über die entsprechende Abteilung des Justizministeriums an das Ministerium für auswärtige Angelegenheiten der Republik Armenien und stellte ein entsprechendes Rechtshilfeersuchen. Von dort wurde eine amtlich beglaubigte Kopie eines Abschnitts aus dem armenischen Familienrecht zurückgesandt. Nach der Übersetzung stellte sich heraus, dass es nicht das ersuchte Kapitel war. Dieses allerdings befand sich schon zur Disposition des Berufungsgerichts, da es von der Berufungsführerin und erstinstanzlichen Klägerin bereits in der Form des Zivilgesetzbuchs für die Bürger der UdSSR von 1987 vorgelegt wurde. Denn ungeachtet des falschen Textabschnitts brachte das Rechtshilfeersuchen die Bestätigung, dass das Sowjetische Zivilgesetzbuch für die Republik Armenien gültig ist und dort Anwendung findet. Das einzige, was noch fehlte, war die Übersetzung des auf den Fall anwendbaren Abschnitts. Mit dieser Absicht und auf erneuten Antrag der Klägerin verfügte das Gericht ein zweites Rechtshilfeersuchen mit dem Ziel, den besagten Fehler zu beheben.

Allerdings wartete das Berufungsgericht nicht die Beantwortung des Rechtshilfeersuchens ab, sondern fällte sein Urteil. Die Berufung wurde mit der Begründung zurückgewiesen, die Berufungsführerin und jetzige Beschwerdeführerin habe das auf den Fall anwendbare ausländische Recht nicht nachgewiesen und somit nicht dem genügt, was Art. 12.6 in Verbindung mit Art. 9.3 und 107.1 CC von ihr verlange.

---

[802] Urteil 10/2000, *El Derecho*, 26.04.2000, S 4.

Das Verfassungsgericht untersuchte nun, ob die Entscheidung des Berufungsgerichts, das Verfahren abzuschließen und ein die Berufung zurückweisendes Urteil zu sprechen, das die Klageabweisung erster Instanz bestätigt, ohne den Ausgang des zweiten Rechtshilfeersuchens abzuwarten, die Rechte der Berufungsführerin auf effektiven Rechtsschutz, Art. 24.1 CE insbesondere in Beziehung auf das Recht, sämtliche einschlägigen und sachdienlichen Beweismittel zu verwenden, Art. 24.2 CE, verletzt hat. Dazu hat das Verfassungsgericht in seiner ständigen Rechtsprechung bereits mehrfach ausgeführt, dass zwischen beiden Absätzen des Art. 24 CE eine enge Verbindung besteht, denn beide gewähren dem Bürger Rechte von höchstem Rang. Dies gilt sowohl für den Zugang zu den Organen der rechtsprechenden Gewalt wie auch zum Ablauf des Verfahrens vor diesen mit dem Zweck, dem Bürger einen effektiven Rechtsschutz bei der Ausübung und Verteidigung seiner legitimen Interessen zu garantieren[803]. Dem Recht auf effektiven Rechtsschutz wird im Wesentlichen genügt mit einer rechtlich fundierten, mit Gründen versehenen und insgesamt vernünftigen Antwort der Gerichte auf das rechtliche Begehr desjenigen, der sich an sie wendet, um seine Interessen zu verteidigen[804]. Die Antwort des Gerichts kann in der Weise willkürlich erscheinen, als dass sie zwar formell auf der Basis geltenden Rechts begründet ist, tatsächlich jedoch nicht im Wege des geltenden Rechts getroffen wurde. Das ist dann der Fall, wenn Handlungen oder Nichthandlungen eines Gerichts sich als Justizverweigerung darstellen[805]. In solchen Sachverhalten ist das

---

[803] Vgl. insbesondere STC 46/1982 vom 12.07.1982.

[804] Das Gericht hat folgende vier Fallgruppen herausgearbeitet, in denen eine Verletzung dieses Verfassungsrechts feststeht: Dem Grundrechtsträger wird der Zugang zur rechtsprechenden Gewalt versperrt. Er tritt dort auf, erhält aber keine Antwort. Er erhält zwar eine Antwort, dieser fehlt es jedoch an einer Rechtsgrundlage oder sie ist willkürlich. Die Entscheidung ist zwar rechtlich begründet, der ausgesprochene Tenor entspricht dem jedoch nicht. Vgl. STC 324/1994 zu den Einzelheiten.

[805] Das Gericht fällt ein Urteil, das scheinbar auf dem sein Verfahren bestimmenden Prozessrecht beruht, in Wirklichkeit aber jeder Begründung entbehrt oder willkürlich ist. Das Gericht wendet eine Rechtsnorm nur als Vorwand an, um den Rechtsstreit nach anderen, eigenen Maßstäben, zu lösen. Eine solche Entscheidung kann formell korrekt sein, verstößt jedoch gegen die Verfassungsgarantien der Art. 24.1 und 3 CE, da das Gericht sich über seine Aufgabe, die verfassungsmäßigen Rechte der Beteiligten zu wahren, hinwegsetzt. Dies kann der Fall sein in einer Situation, in der es das Gericht selbst ist, dass durch sein Handeln die Führung eines bestimmten Beweises einer Partei, den es zuvor noch für zulässig erklärt und darüber hinaus an seiner Erhebung mitgewirkt hat, zunichte macht. Infolge dessen ist derjenige, der den Beweisantrag stellt und die Mitwirkung des Gerichtes beantragt hat, an der Wahrung seiner Rechte gehindert.

Wesentliche nicht, dass das Klagebegehren der Partei abgewiesen wurde[806]. Das Entscheidende ist vielmehr, dass die Klageabweisung sich als Folge einer vorherigen Verletzung eines Grundrechtes der Partei durch das Gericht darstellt, wobei sich hinter einer scheinbar auf dem Recht beruhenden Entscheidung in Wahrheit Rechtsverweigerung verbirgt[807]. So kann es sein, dass das verletzte Grundrecht dasjenige auf Verwendung der geeigneten Beweismittel zur Rechtsverteidigung ist. Das rechtsprechende Organ verursacht dann Rechtsschutzlosigkeit, wenn es das Anspruchsbegehren einer Partei zurückweist, weil diese angeblich nicht hinreichend Beweis geführt habe, es aber an einer exakten Rechtfertigung fehlt, warum genau das Gericht die korrekte Erhebung des Beweises abschließend zurückgewiesen hat[808]. Dadurch begrenzt das Gericht die Rechte des Klägers, indem es ihm die Beweismittel, auf die er seinen Anspruch stützen wollte, aus Gründen verweigert, die nur ihm, dem Gericht selbst zurechenbar sind und nur formal korrekt die Klage mit der Begründung abweist, der Kläger habe seinen Anspruch nicht ausreichend bewiesen[809].

Das Verfassungsgericht kam zum Ergebnis, dass die erwähnten Grundsätze auf die zu entscheidende Beschwerde Anwendung fanden. Die Beschwerdeführerin hatte in der ersten Instanz die besonderen Schwierigkeiten beim Beweis des armenischen Rechts, der von ihr nach Art. 12.6. CC über Art. 9.2 und 107.1 CC verlangt wurde, dargelegt. Zu diesem Zweck wies sie auf die besondere politische Situation in der Armenischen Republik hin[810]. Weder die russische Bot-

---

[806] Nach ständiger Rechtsprechung verlangt das Grundrecht auf effektiven Rechtsschutz nicht ein materiell-rechtlich korrektes Urteil über das Klagebegehren einer Partei, sondern eine Entscheidung auf Basis des geltenden Rechts, vgl. exemplarisch STC 55/1993 vom 15.02.1993.

[807] Vgl. STC 1/1996 vom 15.01.1996, 217/1998 vom 16.11.1998 und 183/1999 vom 11.10.1999 dazu.

[808] Vgl. dazu SSTC 217/1998 vom 16.11., 221/1998 vom 24.11. und 183/1999 vom 11.11

[809] Vgl. dazu SSTC 48/1984 vom 04.04., 90/1987 vom 03.06., 29/1990 vom 26.02. und 138/1999 vom 22.07.

[810] Im Jahre 1994, als die erstinstanzliche Klage eingereicht wurde, war das Land bereits unabhängig von der untergegangenen UdSSR und befand sich im Inneren wie nach außen hin im Kriegszustand. Es gab keine diplomatische Repräsentanz in Spanien und keine spanische in Armenien. Am Wohnsitz der Beschwerdeführerin gab es keinen vereidigten Dolmetscher der russischen Sprache.

schaft noch Konsulate verfügten über die armenische Gesetzgebung. Unter ausdrücklicher Berufung auf Art. 24.1 CE beantragte die Beschwerdeführerin vor dem Richter der ersten Instanz die Anwendung des spanischen Rechts – also der *lex fori* - auf ihr Klagebegehren für den Fall, dass der Beweis armenischen Rechts nicht gelinge. Zu diesem Punkt hatten sich erste wie zweite Instanz gleichermaßen nicht geäußert.

Ungeachtet der evidenten Schwierigkeiten bei der Beweisführung brachte die Beschwerdeführerin ein Exemplar des Gesetzbuches für die UdSSR bei und wies darauf hin, dass dieses Gesetz gültig sei und noch Anwendung in der Armenischen Republik fände. Zudem reichte sie eine unbeglaubigte Übersetzung derjenigen Abschnitte ein, die sich auf die Gründe für eine Trennung und Scheidung beziehen. Aus den Prozessakten ergab sich ferner, dass der Beschwerdeführerin vom Gericht erster Instanz eine Übersetzerin beigestellt wurde[811].

Dem Berufungsgericht war dies alles bekannt, weil in Akten und Protokoll festgehalten. Hinzu kommen die Begebenheiten im Berufungsverfahren selbst:
Die Prozessvertreter der Berufungsklägerin und Beschwerdeführerin waren an einer Zusammenarbeit mit dem Berufungsgericht bei der Beweiserhebung interessiert; insbesondere mit den Mitteln internationaler Kooperation in Justizsachen. Den Beteiligten waren die Gründe für die Klageabweisung in erster Instanz[812] und die Schwierigkeiten bei der Beweiserhebung ebenfalls bekannt. Das Berufungsgericht veranlasste dann ein entsprechendes Auskunftsersuchen über die zuständige Abteilung des Justizministeriums. Nach einiger Zeit wurde das Ersuchen mit einem Text des armenischen Rechts beantwortet. Dieser wurde auf Veranlassung des Berufungsgerichts von einem privaten Übersetzungsbüro übersetzt. Obwohl sich dabei herausgestellt hatte, dass der zurückgesandte Gesetzestext eine andere Materie behandelte als diejenige, um deren Auskunft man gebeten hatte, bestätigte das Ersuchen ja die Existenz und Gültigkeit des besagten *Gesetzbuchs für die Bürger der UdSSR* für die Armenische Republik, über das das Gericht bereits verfügte, nachdem es von der Klägerin in der ersten Instanz beigebracht wurde. Das zweite Auskunftsersuchen wurde auf erneute Ver-

---

[811] Urteil 10/2000, *El Derecho*, 26.04.2000, S 5.

[812] Der nicht erfolgte Beweis des ausländischen Rechts.

anlassung der Berufungsklägerin mit dem Zweck gestellt, den Irrtum zu korrigieren. Nachdem sich herausstellte, dass dieses zweite Auskunftsersuchen fehlgeleitet worden war, beschloss das Gericht, es zu wiederholen. gleichzeitig aber im Hinblick auf den Zeitablauf das Verfahren nicht, wie beantragt, auszusetzen. 1 ½ Monate später wurde Termin zur mündlichen Verhandlung bestimmt und nach weiteren 1 ½ Monaten sprach das Berufungsgericht klageabweisendes Urteil[813].

Das Verfassungsgericht erkennt sodann, dass sich das Problem in der zweiten Instanz darauf reduziert, eine verlässliche *Übersetzung* der armenischen Gesetzgebung über die Gründe von *separación* und Scheidung zu erlangen[814].

Das Verfassungsgericht führt dann aus: *Wenn es auch sicherlich vorherrschende Meinung und Praxis bei den Untergerichten ist, dass das ausländische Recht eine „Tatsache" ist, die von dem, der sie vorträgt, bewiesen werden muss, gestützt auf den zweiten Absatz von Art. 12.6. CC, so bleibt eine solche Interpretation und Anwendung der zitierten Vorschrift zunächst nur eine einfach gesetzliche Frage. Dies gilt auch für das Verfahren vor dem Verfassungsgericht, unbeschadet dessen, dass der Gesetzgeber am Ende der besagten Vorschrift geregelt hat, dass „sich das Gericht derjenigen Nachweismittel bedienen kann, die es für nötig hält, und dass es das dazu Erforderliche anordnen kann".*

---

[813] Das wiederholte zweite Auskunftsersuchen war bis dahin nicht beantwortet worden. Hinzu kam, dass der Beklagte von Beginn des Berufungsverfahrens an säumig war und aus den Akten hervorgeht, dass der Vertreter des öffentlichen Interesses weder Termin zur mündlichen Verhandlung beantragt noch irgend eine Verfahrensverzögerung bemängelt hatte. Der Antrag der Berufungsklägerin, das Verfahren, bis zur Beantwortung des zweiten, wiederholten Auskunftsersuchen zur Vermeidung von Rechtsschutzlosigkeit, da ein anderer Beweis nicht gelingen konnte, auszusetzen, blieb ungehört. Die Berufung wurde dann mit der Begründung zurückgewiesen, das ausländische Recht sei nicht nachgewiesen; Urteil 10/2000, El Derecho, 26.04.2000, S 5 f.

[814] Denn der Gesetzestext war bereits zu Händen des Berufungsgerichts. Und zwar nicht nur die mit dem ersten Auskunftsersuchen fälschlicherweise übermittelten Textstellen, sondern auch diejenigen, die die Beschwerdeführerin schon dem Richter erster Instanz überlassen hatte. Das Berufungsgericht hatte sich an ein privates Übersetzungsbüro zum Zweck der Übersetzung des ersten Auskunftsersuchens gewandt, ist dann aber nicht in gleicher Weise mit dem von der Beschwerdeführerin erstinstanzlich vorgelegten Gesetzestext verfahren, nachdem der Fehler im ersten Auskunftsersuchen bemerkt wurde; Urteil 10/2000, *El Derecho*, 26.04.2000, S. 6

Hinzu kommt aber: „*In besonderen Fällen – wie dem vorliegenden – kann die einfach rechtliche Entscheidung des Gerichts über den Gebrauch der Befugnis, die diese zivilrechtliche Vorschrift gewährt, im Lichte von Art. 24 CE verfassungsrechtliche Relevanz bekommen. Diese Entscheidung muss nämlich immer unter Beachtung der Verpflichtung eines jeden Gerichts getroffen werden, den Parteien einen – effektiven - Rechtsschutz zur Wahrung ihrer Rechte und Interessen zu gewähren. Ganz besonders gilt dies, wenn die Anwendung ausländischen Rechts geboten ist, weil den Parteien von der spanischen Rechtsordnung auferlegt und als Folge des von den Parteien im Rechtsstreit vorgetragenen Stoffes. Die einfach rechtliche Aufgabe der Ausübung des Ermessens, das die Vorschrift des Art. 12.6. CC dem Gericht gewährt, kann sich in eine verfassungsrechtlich relevante wandeln*[815].

In Sachverhalten wie dem vorliegenden und unter Berücksichtigung seiner besonderen Umstände, kann sich der Nachweis des ausländischen Rechts und die Intervention des Gerichts bei seinem Beweis über die Grenzen einer einfachen Beweiswürdigung einer von einer Partei vorgetragenen Tatsache hinausentwickeln.

So stellte das Verfassungsgericht fest, dass das Fehlschlagen der Beweiserhebung in der Berufungsinstanz ausschließlich dem Berufungsgericht zuzurechnen ist. Es gab keinen Grund, und das Berufungsgericht hat auch keinen angegeben, wonach es nötig gewesen wäre, die Beantwortung des zweiten Auskunftsersuchens nicht abzuwarten. Insbesondere haben keine konkreten Risiken für Grundrechte anderer Prozessbeteiligter oder von Dritten bestanden. Grundrechte könnten die Verteidigungs- und Prozessrechte einer Partei einschränken, auch wenn das erkennende Gericht dies nicht ausdrücklich ausgesprochen hat[816]. Darüber hinaus ist es ständige Rechtsprechung des Verfassungsgerichts, dass ein Gericht eine Beweisführung nicht vereiteln kann unter Berufung auf gewiss

---

[815] Entscheidung 10/2000, El Derecho, 26.04.2000, S 5 f.

[816] siehe S.U.SSTC 130/1986 vom 29.10., 237/1988 vom 13.12., 21/1989 vom 31.01., 9/1993 vom 18.01., 86/1994 vom 14.03., 196/1994 vom 04.07. und von den neueren Entscheidungen STC 62/1999 vom 26.04., 162/1999 vom 27.09. und 165/99 vom 27.09.

wichtige, aber vom Rang doch niedrigere Prinzipien, wie das der Prozess-Ökonomie oder das eines schleunigen und zügig zu Ende geführten Verfahrens[817].

Darüber hinaus musste Beachtung finden, dass in diesem Fall der Beweis, dessen vollständige Führung am Fehlen einer Übersetzung des zur Anwendung kommenden ausländischen Rechts gescheitert ist, nicht rein über Tatsachen zu führen ist, sondern über *Rechtsnormen*[818]. Deswegen handelt es sich hier im konkreten Fall nicht darum, dass die Beschwerdeführerin etwas beweist, das sie vorgetragen hat[819], sondern um den Nachweis des ausländischen Rechts auf den Fall infolge *zwingender* Verweisung der Vorschrift des Art. 107 CC. Dies hätte im Licht der Garantien, die Art. 24.1 CE gewährt, *von den Gerichten eine aktivere Teilnahme - und die Einzelheiten müssen dann in den Akten festgehalten werden – in der Beweiserhebung erfordert, nachdem die Partei bereits einigen Beweis erbracht hatte.* Es gab zu keinem Zeitpunkt des Verfahrens einen Grund dafür, dass das Gericht nicht andere, ergänzende Mittel herangezogen hat unter Berücksichtigung der Befugnisse, die Art. 12.6 CC *in fine* den Gerichten überträgt.

Im Ergebnis stellt das Verfassungsgericht fest, dass die Fehler im Beweisverfahren nicht nur die Rechte der Beschwerdeführerin auf Verwendung sämtlicher Beweismittel bei Gericht aus Art. 24.2 CE verletzt, sondern darüber hinaus auch Rechtsschutzlosigkeit verursacht haben, worin ein Verstoß gegen Art. 24.1 CE zu sehen ist, da die Klageabweisung die Folge des fehlerhaften Beweisverfah-

---

[817] vgl. SSTC 51/1985 vom 10.04. statt aller. In diese Richtung scheint allerdings der Beschluss des Berufungsgerichts zu gehen, mit dem zwar die Wiederholung des zweiten Auskunftsersuchens angeordnet wurde, jedoch auch das Verfahren unter Berufung auf die schon abgelaufene Zeit anhängig blieb und nicht zum Ruhen gebracht wurde. Es war die Beschwerdeführerin, die alle Versuche unternommen hatte, das armenische Recht, das aufgrund einer *zwingenden* Verweisung des *Código Civi* Art. 107 in Verbindung mit Art. 9.2 CC anwendbar ist, einzubringen und darzulegen. Sie war es, die ein Beweismittel einbrachte, das in den weiteren Ermittlungen Bestätigung fand. Beide Auskunftsersuchen wurden auf Antrag der Berufungsklägerin und Beschwerdeführerin unternommen, die dabei auch beantragte, das Berufungsverfahren so lange auszusetzen, bis das zweite beantwortet wurde.

[818] Siehe Urteil 10/2000, El Derecho, 26.04.2000, S 5 f.

[819] Die Anwendung des armenischen Rechts auf den Fall.

rens war und nur dem Gericht selbst anzulasten ist[820]. Daher wurde der Verfassungsbeschwerde stattgegeben[821].

c) Konsequenzen für die Auslegung von Art. 281.2 LEC 2000

Das Gericht stellt klar, dass der Begriff der *facultad* nicht nur im wörtlichen Sinne als Befugnis zu sehen ist. Die Befugnis wandelt sich zur Verpflichtung, von dem das Gericht dann Gebrauch machen muss, wenn im Falle des Nichtgebrauchs ein Verfassungsverstoß das Ergebnis wäre. Insofern wird klar, dass der Begriff der *facultad* dem der *Befugnis* des § 293 ZPO vergleichbar ist und sich in einer ermessensfehlerfreien Tätigkeit des Gerichts konkretisieren muss, deren Einzelheiten dann in den Akten festgehalten werden. Die Beweiserhebung dreht sich nicht um Tatsachen in reiner Form, sondern um Rechtsnormen. Insofern nimmt es die herrschende Praxis der Untergerichte bis dahin zunächst mit der Begründung hin, es handle sich um eine einfach rechtliche Frage, die insoweit einer (abstrakten) Verfassungsmäßigkeitsprüfung entzogen ist. Sodann, und dies ist der entscheidende Schritt in die Zukunft, zeigt das Gericht[822], dass es auf Kollisionsrecht ankommt. Das Gericht hat zunächst nämlich klargestellt, dass die Anwendung dieser speziellen „Tatsache" nicht auf dem beruht, was die Klägerin vorgetragen hat – womit das Gericht Bezug nimmt auf die Formulierung von Art. 12.6 CC, sondern auf die kollisionsrechtlichen Vorschriften des *Código Civil* selbst. Es handelt sich um den Nachweis des schon von der Kollisionsnorm zur Anwendung berufenen ausländischen Rechts. Die Kollisionsnormen der Art. 9.2 und 107 CC sind von Amts wegen anzuwenden. Das Gericht lässt offen, was

---

[820] Siehe Urteil 10/2000, El Derecho, 26.04.2000, S 5 f. Offensichtlich war, dass die vereitelte Beweisführung in Beziehung auf das armenische Recht der Beschwerdeführerin zum Schaden gereicht hat. In der Unmöglichkeit, dieses Recht nachzuweisen, die u.a. auf der unbegründeten Entscheidung des Berufungsgerichts beruht, die Beantwortung des zweiten Auskunftsersuchen nicht abzuwarten und statt dessen das Verfahren mit dem Urteil abzuschließen, liegt nämlich auch der Grund für die Klageabweisung.

[821] Allerdings kann das Verfassungsgericht das Berufungsgericht weder anweisen noch ihm aufzeigen, welche Maßnahmen es konkret ergreifen soll, um die unfertige Beweiserhebung bezüglich des ausländischen Rechts zu Ende zu führen. Der diesbezügliche Antrag der Beschwerdeführerin war nicht statthaft und das Berufungsverfahren wurde in den Stand vor der Verfügung, mit der die Wiederholung des zweite Auskunftsersuchen angeordnet wurde, zurückversetzt; Siehe Urteil 10/2000, El Derecho, 26.04.2000, S. 6.

[822] Urteil 10/2000, El Derecho, 26.04.2000, S. 6.

in anderen Fällen zu tun ist. Hier jedenfalls erfordern die Garantien des Art. 24.1 CE eine aktivere Teilnahme bei der Beweiserhebung, nachdem die Klägerin bereits einen Teil-Beweis geführt hatte. Bei einer zwingenden Verweisung muss das Gericht also aktiv an der Ermittlung des ausländischen Rechts teilnehmen. Das Verfassungsgericht muss andere Vorschriften folglich nicht für zwingend halten.

Ingesamt könnte Art. 281.2 LEC so ausgelegt werden, dass er vom Gericht die Anwendung *ex officio* verlange. *Calvo Caravaca* schlägt vor, ausländisches Recht grundsätzlich von Amts wegen anzuwenden, aber dem Beweis durch die Parteien als Vorstufe eine Präferenz einzuräumen[823]. Allerdings, so stellt er fest, konstatiert die Vorschrift auch ein *Prinzip der Vorzugswürdigkeit* für den Beweis des ausländischen Rechts. Zunächst sind die Parteien berufen, dieses vorzutragen und zu beweisen. Das ist logisch, denn es sind die Parteien, die an der Anwendung des ausländischen Rechts *Interesse* haben. Der Beweis durch die Parteien kann das Verfahren beschleunigen und den Nachweis eines Rechts sicherstellen, zu dessen Nachweis das Gericht möglicherweise in einer schlechteren Lage ist. Wenn allerdings die Parteien das ausländische Recht nicht vortragen oder nachweisen, muss das Gericht dies tun. Dies natürlich nur unter der Voraussetzung, dass es möglich ist, da niemand zu etwas Unmöglichen gezwungen ist[824].

Es sei allerdings daran erinnert, dass diese Meinung vom *Tribunal Supremo* bisher nicht aufgegriffen wurde. Nur die mutige Rechtsprechung einiger Untergerichte hat so oder ähnlich argumentiert[825]. Die obergerichtlichen Entscheidungen STS, Sala 1. vom 17.03.1992 und STS Sala 1. vom 10.06.1995 scheinen in die hier vorgeschlagene Richtung zu gehen, verfolgen die Linie jedoch nicht mit letzter Konsequenz und mit weniger Klarheit als die vorgezeichneten Entscheidungen.

---

[823] *Calvo Caravaca/Carrascosa González,* Introducción, S. 413.

[824] *Calvo Caravaca/Carrascosa González,* Introducción, S. 413 (26).

[825] SAT Valencia vom 03.04.1982, SAP Oviedo vom 13.03.1990, SAP Granada vom 12.02.1992.

Es bleibt abzuwarten, ob von der Neufassung der LEC ein Impuls ausgeht, die über hundertjährige Rechtsprechung zu ändern. Der Wortlaut der neuen Vorschrift gibt nicht allzu vie Hoffnung[826], so dass in jedem Fall auf die hier aufgezeigten Argumente rekurriert werden muss. So spricht zumindest die Kontinuität der höchstrichterlichen Rechtsprechung gegen einen baldigen Wechsel. Dafür spricht die starke Zunahme von internationalen Übereinkommen. Aber auch andere Rechtsordnungen, in denen die Anwendung des ausländischen Rechts nur auf Parteibetrieb hin in der Rechtsprechung jahrzehntelang fest verankert war, haben eine Wende bewerkstelligt[827].

Zu Art. 281 LEC 2000 wurde nunmehr zutreffend vertreten, dass das Gericht beim Beweis nicht mehr eine nur ergänzende Aktivität entfalte[828]. Weil das Wort *además* weggefallen sei, entfalle der komplementäre Charakter der Ermittlungstätigkeit des Richters *dabei*. Welche Ermittlungshandlungen er im Einzelnen vornehmen könne, sei weitgehend unklar[829]. Eine Auslegung habe jedoch unter Berücksichtigung von Art. 24 CE zu erfolgen[830].

Ziff.1 des Art. 281 LEC 2000 erklärt zunächst Tatsachen für beweisbedürftig. *Daneben* ist auch das ausländische Recht Beweisobjekt, Ziff. 2. Das spricht dafür, dass der spanische Gesetzgeber es also nicht als Tatsache ansieht. Andernfalls hätte schon Ziff. 1 ausgereicht. Dies hat zwar zunächst für die Ermittlungslast nur indirekte Bedeutung[831]. Möglicherweise wollte der Gesetzgeber damit klarstellen, dass die beiden folgenden Ziffern 3 und 4 keine Anwendung finden. Mit Ziffer 3 werden unstreitige Tatsachen bei dispositivem Streitgegenstand vom Beweis ausgenommen, mit Ziffer 4 notorische. Die Wortwahl und Abfolge der Ziffern sprechen dafür. Da zu unterstellen ist, dass dem Gesetzgeber die dargestellte Rechtsprechung bekannt war, kann man sicherlich anneh-

---

826 Vgl. *Esplugues Mota*, Rivista di diritto internazionale privato e processuale 2001.2, 319 f..

827 Siehe das französische IPR, sowie Art. 14 des neuen italienischen IPR-Gesetzes von 1995.

828 *Calvo Caravaca*, 2. Auflage, S. 234 Ziff. 9 Nr.3.

829 Vgl. *Esplugues Mota*, Rivista di diritto internazionale privato e processuale 2001.2, 279, 311 ff., der die Neuerungen des Gesetzgebers als halbherzig und inkonsequent bezeichnet, weil sie zu den entscheidenden Problemen keine klare Aussage enthalten.

830 *Cuartero Rubio*, Derecho Privado y Constitución 14 (2000), 61.

831 Siehe schon oben S. 58.

men, dass er sie *in diesen beiden Punkten* bestätigen wollte. Zur Verstärkung kommt bei Ziff. 3 das Argument hinzu, dass man es sich im Bereich des IPR nicht ausschließlich um Rechtsverhältnisse handelt, die zur Disposition der Parteien stehen. Infolge dessen gibt es nach der Neuregelung auch kein offenkundiges ausländisches Recht, da die Regelung für notorische Tatsachen, Ziff. 4, ebenfalls nicht verwandt werden kann. Erste Stimmen in der Literatur gehen in diese Richtung: Mit der neuen Bestimmung ändere sich die bisherige Behandlung des ausländischen Rechts nicht wesentlich in dem Punkt, als dass es weiterhin dem Beweis unterworfen ist, was seinen Inhalt und die Gültigkeit angeht[832]. Die neue Norm bestätigt die Besonderheit des ausländischen Rechts aus der Perspektive des Prozessrechts, nämlich auf halbem Weg zwischen seiner Einstufung als wahre Rechtsnorm auf der einen und als reine Tatsache auf der anderen. Die Notwendigkeit, das ausländische Recht zu beweisen, bedeutet nicht seine Gleichsetzung aus prozessrechtlicher Sicht mit der für Tatsachen vorgesehenen Behandlung[833]. Die Eigentümlichkeit des ausländischen Rechts manifestiert sich in der Irrelevanz einer Übereinstimmung der Parteien über seinen Inhalt oder seine Gültigkeit und in der Rolle, die das Gericht bei der Beweiserhebung spielen kann[834]. Was die Aktivität des Gerichts angeht, so könnte die neue Regelung den Streit zwischen den verschiedenen Positionen bei der Ermittlung des ausländischen Rechts schlichten; zumindest bedeutet sie eine erste Annäherung[835]. Hier zeigt sich nunmehr ein wesentlicher Unterschied zu Art. 12.6 a.F. Abs. 2 CC. Dessen Zweideutigkeit findet sich in Art. 281 LEC 2000 so nicht wieder. Diese Bestimmung nimmt nicht Bezug auf ein Sich-Berufen auf das ausländische Recht[836]. Daraus kann man nunmehr in Übereinstimmung mit der herrschenden Meinung in der Lehre ableiten, dass es nicht nur unnötig ist, dass sich die Parteien das ausländische Recht anführen oder sich darauf als Voraussetzung seines Beweises und seiner Anwendung berufen, sondern auch dass es

---

[832] *Gómez de Liaño González*, S. 349.
[833] *Gómez de Liaño González*, S. 349.
[834] *Gómez de Liaño González*, S. 349.
[835] *Gómez de Liaño González*, S. 349.
[836] *Invocar* findet sich im neuen Gesetzestext nicht wieder. Siehe dazu unten III. Funktion und Aufgabe der Parteien in Spanien, 1. Das Prinzip der Geltendmachung und Darlegung, b) Art. 281.2 LEC 2000.

die Parteien sein müssen, die den Beweis initiieren[837]. Dies entspricht der verfassungsrechtlichen Wertung. Um diesen Schluss zu stützen, muss ein Blick auf eine weitere neue Bestimmung, nämlich Art. 282 LEC 2000 geworfen werden. Vorstehende Interpretation kann man aus dieser Vorschrift ableiten. Sie gestattet dem Gericht – neben der Initiative, die nach Satz 1 den Parteien zukommt – von Amts wegen bestimmte Beweise zu erheben, *sobald es so gesetzlich vorgesehen ist*. Letztgenannte Anforderung kann als erfüllt angesehen werden mit dem, was Art. 281.2 LEC am Ende sagt. Während der Beweis des ausländischen Rechts nötig bleibt, kann sich das Gericht derjenigen Ermittlungsmittel bedienen, die es für nötig hält, um das ausländische Recht anzuwenden. Es fällt auf, dass diese Interpretation kohärenter ist mit der Verpflichtung, das Kollisionsrecht von Amts wegen anzuwenden, siehe Art. 12.6 CC. Dessen ungeachtet kann man aus dem Wortlaut der Vorschrift selbst nicht mehr als eine Befugnis (*facultad)* des Gerichts ableiten (*el Tribunal podrá ...*) aber nicht eine wirkliche Verpflichtung. Es ist also vergleichbar dem, was sich schon bei der wörtlichen Interpretation von Art. 12.6. CC a.F. ergeben hat, siehe oben. Man darf es allerdings nicht bei einer wörtlichen Interpretation belassen, sondern muss die neue Vorschrift und das dort gebrauchte Wort *facultad* in Verbindung mit der Rechtsprechung des *Tribunal Constitucional* sehen. Fügt man beide zusammen und ergänzt sie um die Analyse, dass Beweisaktivität nicht notwendigerweise von den Parteien auszugehen hat, so muss der Begriff *facultad* so verstanden werden, dass er dem Gericht eine Befugnis gewährt, die es bei der Ermittlung von Tatsachen nicht hat: nämlich erstens auf eigene Initiative tätig zu werden und zweitens Beweismittel heranzuziehen, die von den Parteien nicht oder nicht so benannt worden sind. Hier ist rechtsvergleichend der Bogen zur Interpretation von § 293 ZPO zu ziehen. Dieser wird dadurch möglich, dass durch den Einzug des Begriffs der *Befugnis* jetzt das entsprechende Umfeld verstärkt hervortritt. In der Literatur wird betont, dass es auch nach der neuen Regelung bei der Notwendigkeit des Beweises *an sich*, sei es auf Initiative der Parteien oder des Gerichts, bleibt. Der zwingende Wortlaut der Vorschrift verhindere Zweifel daran[838]. Damit soll es nicht in Frage kommen, das ausländische Recht vom Beweis auszunehmen,

---

[837] *Gómez de Liaño González*, S. 349.

[838] *El derecho extranjero deberá ser probado...*

wenn der Richter es aus seinem privaten Wissen heraus kennt[839]. Eine solche Auffassung stehe mehr im Einklang mit den Prinzipien des Zivilprozesses als kontradiktorisches Verfahren mit dem Recht auf wechselseitiges Gehör[840]. Diese gebieten, das ausländische Recht nicht nur zu beweisen, sondern dies in einem Moment zu tun, in dem die Parteien darüber diskutieren und ihren Vortrag entsprechend angleichen können. Dem ist entgegenzuhalten, dass dazu ein richterlicher Hinweis nötig, aber auch ausreichend ist.

II. Funktion und Aufgabe des Gerichts in Deutschland

1. Grundsatz

Die deutschen Gerichte haben den Inhalt des ausländischen Rechts unabhängig vom Vorbringen der Parteien im Rahmen eines Erkenntnisverfahrens von Amts wegen zu ermitteln, wobei sie jedoch nicht an die in der ZPO behandelten Beweismittel gebunden sind. Wenn auch der Wortlaut nicht davon spricht, so ist der Richter dennoch gehalten, von allen ihm zur Verfügung stehenden Erkenntnisquellen Gebrauch zu machen[841].

2. Erkenntnisverfahren

Die Ermittlung ausländischen Rechts ist nach ZPO § 293 S. 2 Aufgabe und Pflicht des Tatrichters[842]. In welcher Weise der Tatrichter das ihm unbekannte ausländische Recht ermittelt, stellt § 293 ZPO in sein pflichtgemäßes Ermessen. Art und Umfang der gebotenen Maßnahmen richten sich insbesondere danach, welche Schwierigkeiten tatsächlicher oder rechtlicher Art die erforderliche Feststellung bereitet. Tragen die Parteien zu der maßgeblichen Rechtsfrage eingehend und kontrovers vor, kann es geboten sein, die zugänglichen Erkenntnismittel umfassend auszuschöpfen[843]. Dabei ist das Recht als Ganzes zu ermitteln,

---

839 Vergleiche *Gómez*, S. 350.

840 So auch Art. 24.1 LEC dazu oben.

841 Stein-Jonas/Leipold, § 293 Rn. 33.

842 BGH WM 2001, 502, 504, ZIP 2001, 675, 676; BGH NJW 1991, 1418 und BGH, 8WM 1992, 1510.

843 BGH NJW-RR 1997, 1154, 1155; WM 1997, 1245, 1247; BGHZ 118, 151, 163 f.

wie es sich in Rechtsprechung und Rechtslehre entwickelt hat und in der Rechtspraxis angewendet wird. Eine Verletzung dieser Pflicht kann ungeachtet der §§ 549 Abs. 1, 562 ZPO mit der Verfahrensrüge beanstandet werden[844].

Die zu § 293 entwickelten Grundsätze zur Rollenverteilung zwischen Gericht und Parteien gelten theoretisch für das zivilgerichtliche Erkenntnisverfahren und darüber hinaus[845].

3. Urkundenprozess

Im Urkundenprozess sind die beweisrechtlichen Sonderregelungen der §§ 592 Satz 1 und 595 Abs. 2 ZPO im Anwendungsbereich des § 293 ZPO gerade nicht zu gebrauchen[846]. Der Richter bleibt ermittlungspflichtig, darf aber zur Ermittlung ausländischen Rechts ein Sachverständigengutachten einholen[847]. § 293 ZPO behandelt das Verfahren zur Feststellung des fremden Rechts; die Vorschrift bezieht sich nicht auf Tatsachen, für die allein die Regeln der §§ 592 Satz 1, 595 Abs. 2 ZPO gelten[848]. Ebenso wie die Prüfung der Sachurteilsvoraussetzungen und aller übrigen von Amts wegen zu beachtenden Fragen[849] unterliegt die Feststellung ausländischen Rechts im Urkundenprozess keinen Einschränkungen. Die Literatur stimmt dem zu[850]. Auch im Urkundenprozess ist das Gericht verpflichtet, den Inhalt des einschlägigen ausländischen Rechts zu ermitteln. Mit dem BGH ist *Ultsch* der Ansicht, dass inso-

---

844 BGH NJW-RR 1997, 1154, 1155, RIW 1997, 687, 688; BGHZ 118, 151, 162; BGH, WM 1991, 862, 863.

845 Zum Wechselprozess *Dölle*, Bemerkungen zu § 293 ZPO, FS Nikisch. 1958, 185, 196 f. Auch bei Patentverletzungsklagen mit internationalem Bezug, auch im einstweiligen Rechtsschutz, bestehen die aus § 293 ZPO abgeleiteten Grundsätze, vgl. *König* MittdtschPatAnw 1996, 296, 307.

846 BGH NJW-RR 1997, 1154, 1155, „Garantie Luxemburg", mit zustimmenden Anmerkungen von *Ultsch*, WuB VII A. § 293 ZPO 1.97; *Schütze* DZWir 1997, 331, 332; *Küster* RIW 1998, 270, 275,; zum Urkundenprozess ferner *Dölle*, Festschrift Nikisch. 185, 196.

847 BGH NJW-RR 1997, 1154-1155, WM 1997, 1245-1247, RIW 1997, 687, 688.

848 BGH NJW-RR 1997, 1154-1155, WM 1997, 1245-1247, RIW 1997, 687, 688.

849 Vgl. dazu *MüKo-ZPO/Braun*, § 595 Rdnr. 3; *Stein/Jonas/Schlosser*, ZPO 21. Aufl. § 595 Rdnr. 5.

850 *Ultsch* WuB VII A. § 293 ZPO 1.97 zu BGH, WM IV 1997, 1245.

fern auch in einem Urkundenprozess eine förmliche Beweisaufnahme oder ein Freibeweis zulässig sind und dass über ZPO § 293 nur Art und Mittel in richterlichem Ermessen stehen[851]. Folgt man der herrschenden Meinung und sieht ausländisches Recht als Recht und nicht als Tatsache an, ist es nur konsequent, die Ermittlung ausländischen Rechts als nicht von § 592 ZPO erfasst zu sehen[852]. Denn auch für die Prozessvoraussetzungen und sonstige prozessuale Fragen, z.B. Wiedereinsetzung, gilt ebenfalls nicht der Grundsatz des § 592 Satz 1 ZPO, dass die anspruchsbegründenden Tatsachen durch vorlegbare Urkunden beweisbar sein müssen, sondern es bleibt bei der Prüfung von Amts wegen[853]. Gilt die Beschränkung der Beweismittel nicht für die Inhaltsermittlung ausländischen Rechts, dann kann dafür auch ein förmliches Beweisverfahren oder die Erhebung eines Freibeweises nicht unzulässig sein[854]. Folglich kann auch im Urkundenprozess ein Sachverständiger beauftragt werden[855].

4. Ausblick

Primär ermittlungspflichtig ist also das Gericht nach bisher herrschender Meinung in Literatur und Rechtsprechung, wobei in Begründung[856] und Ausnahmen[857] durchaus stärkere Variationen bestehen.

Hinsichtlich des Ergebnisses könnte man daher theoretisch auf die Ausführungen im ersten Teil zu B. „iura *novit curia*" und die Rechtsqualität des ausländischen Rechts vor dem Hintergrund der Verfahrensmaximen verweisen und diesen knappen Abschnitt mit der Konklusion schliessen: Das Gericht muss alles, die Parteien – ausser dem ohnehin nötigen Tatsachenvortrag - nichts tun und dürfen sich entspannt zurücklehnen.

---

[851] *Ultsch*, WuB VII A. § 293 ZPO 1.97.

[852] *Ultsch*, WuB VII A. § 293 ZPO 1.97.

[853] *Thomas/Putzo*, ZPO, § 593, RN 5 f.

[854] *Ultsch*, WuB VII A. § 293 ZPO 1.97.

[855] Daher gelten auch dort die unten unter d) Förmliches Beweisverfahren: Sachverständigengutachten dargestellten Grundsätze.

[856] Dazu siehe bereits die Einzelheiten oben S. 58 ff.

[857] Im Folgenden IV. Funktion und Aufgabe der Parteien in Deutschland.

Leider wird der folgende Teil der Untersuchung zeigen, dass man auch in Deutschland die Funktion des Gerichtes in der Praxis nach dem Parteiverhalten ausrichtet. Weil das aber bisher nicht so deutlich hervorgetreten ist wie in Spanien und um nicht zu weit vorzugreifen, soll zunächst ein Blick auf deren Funktion geworfen werden:

III. Funktion und Aufgabe der Parteien in Spanien

1. Das Prinzip der Geltendmachung und Darlegung

a) Art. 12.6 Absatz 2 CC

Nach konstanter Rechtsprechung des *Tribunal Supremo* obliegt es den Parteien, sich auf das ausländische Rechts zu berufen und dessen Inhalt darzulegen[858]. Die höchstrichterliche Rechtsprechung hat dies sowohl vor wie nach Inkrafttreten des Art. 12.6. CC a.F. entschieden.

Berufung bedeutet hier Einführung des ausländischen Rechts in die prozessuale Debatte. Der Auffassung der Rechtsprechung zu Folge geht Art. 12.6 Abs. 2 CC von der notwendigen Darlegung des ausländischen Rechts im Prozess aus. Es ist hinsichtlich der Notwendigkeit seiner Beibringung den Grundsätzen der Tatsachenbeibringung unterworfen. Behandelte man das ausländische Recht im Prozess genau so wie das spanische, würde keine der Parteien eine Verpflichtung treffen, sich darauf zu berufen. Für den materiellen Inhalt der spanischen Rechtsordnung gilt der Grundsatz *iura novit curia* mit der Folge, dass das Rechtsprechungsorgan entsprechende Kenntnis im Prozess (zu haben) hat.

Die Frage des *Sich Berufens* auf das ausländische Recht ist diejenige, in der sich die Widersprüchlichkeit innerhalb des Art. 12.6 a.F. CC am schärfsten fokussierte[859]. Abs. 1 fordert die Anwendung des Kollisionsrechts von Amts wegen. Ungeachtet dessen verlangte Abs. 2 nicht nur den Beweis, sondern darüber hin-

---

[858] So insbesondere STS, Sala 1. vom 09.01.1936, STS, Sala 1. vom 12.11.1976, STS, Sala 1. vom 11.05.1989, STS vom 10.12.1990, STS vom 16.06.1991, STS vom 17.12.1991, STS, Sala 1. vom 23.10.1992.

[859] *Calvo Caravaca*, Seite 417.

aus noch die Darlegung von der „Partei, die sich auf das ausländische Recht beruft". Wäre es nicht der Terminus „sich berufen"[860], so müsste man es so verstehen, dass das ausländische Recht keiner Darlegung bedürfe. Denn seine Anwendung würde hinreichend von der Kollisionsnorm der *lex fori* eingefordert[861]. Diese bindet den Richter als nationales Recht und braucht von den Parteien *nicht* dargelegt zu werden. Es würde sich dann um eine Konstellation handeln, in der der Beweis nötig wäre, nicht aber die Darlegung[862]. Die Rechtsprechung hat diesen Widerspruch bisher bewahrt, indem sie weiterhin Darlegung und Beweis in der Weise fordert, dass eine Partei, sobald ihr klar wird, dass das anzuwendende Recht nicht das nationale ist, sich schon in der Klage auf das ausländische Recht beruft, und es später beweist, entsprechend den Regeln für Tatsachen[863]. Besonders kategorisch zeigt sich die Haltung der Rechtsprechung, wenn sie die fehlende Geltendmachung und Darlegung durch die daran interessierte Partei als Verzicht versteht"[864].

Ausnahmecharakter besitzt das bereits zitierte Urteil des *Tribunal Supremo* vom 09.11.1994[865]. Es zeigt sich progressiver in Bezug auf die Notwendigkeit der Geltendmachung und Darlegung des ausländischen Rechts, auch wenn im Fall das ausländische Recht in der Vorinstanz dargelegt worden war. Der Senat führt aus, dass die Vorinstanz richtig gehandelt habe, als sie das mit der Klage geltend gemachte spanische Recht nicht anwendete, da in jedem Fall wegen Art. 10 Nr. 5 CC das Schweizer Recht zur Anwendung kam und dies ohne die Notwendigkeit, sich darauf zu berufen. Es bestand also keine Notwendigkeit, sich auf die Dokumente, die der Duplik beigefügt waren, zu berufen. Diese Dokumente enthielten die ausdrückliche Unterwerfung der Parteien unter das Schweizer Recht. Daher sollte die Anwendung dieses Rechts für das Instanzgericht zwingend sein. Auch hier erscheint es wiederum erstaunlich, dass das *Tribunal Supremo* nur

---

860 *Invocar.*

861 Vgl. *Garcimartín Montero*, S. 103.

862 Vgl. *Garcimartín Montero*, S. 103.

863 So exemplarisch STS vom 10.06.1934 (CL t. 214 Nr. 115), STS vom 03.02.1975 (RA 327) und nach der Reform des *título preliminar* STS vom 04.10.1982 (RA 5537), STS vom 10.12.1990 (RA 9762) STS vom 16.07.1991 (RA 5389) und STS vom 23.10.1992 (RA 8280) stellvertretend für andere.

864 STS vom 16.12.1960 (RA 4097).

865 RA 5372.

dann zeigt eine progressive Haltung, wenn es nicht darauf ankommt. Es verneint die Notwendigkeit der Darlegung des ausländischen Rechts und ein Sich-darauf-berufen in einem Fall, in dem genau dieses schon erfolgt war.

Nach Art. 399 Ziff. 4 LEC hat der Kläger in Spanien zwar die Rechtsgrundlagen seines Klagebegehrens in der Klageschrift anzuführen, das Gericht kann jedoch wegen *iura novit curia* von den vom Kläger genannten Normen abweichen[866]

Grundsätzlich kann niemand die Parteien verpflichten, zum ausländischen Recht vorzutragen. Tun sie dies also nicht, kann das ausländische Recht keine Anwendung finden, um den Rechtsstreit auf der von der Kollisionsnorm bezeichneten Rechtsordnung zu entscheiden. Der Richter muss also ein anderes juristisches Referenzsystem finden, wenn er denn den Rechtsstreit entscheiden will. Das wird dann, so *Calvo Caravaca* zur Auffassung der Rechtsprechung, das spanische Recht sein. Er beschreibt dies plastisch unter Verwendung des deutschen Ausdrucks: *Passivität = lex fori*[867].

b) Art. 281.2 LEC 2000

Nimmt man die Argumentation des *Tribunal Supremo*[868] beim Wort, so dürfte ein Sich-Berufen nach dem Wegfall der Formulierung *invocar* nicht mehr nötig sein. Das aktiviert die Imperativität des Kollisionsrechts[869].

c) Berufungs- und Darlegungslast

Die Haltung des *Tribunal Supremo* ist zwar konsequent, da sie ohne weiteres in dessen Auffassung von der „Prozesstatsache“ passt, muss aber die Frage klären, welche Prozesspartei sich wann worauf berufen und das ausländische Recht darlegen muss, denn es besteht die Möglichkeit durch den Kläger oder den Beklagten, ggfls. beider. Dies soll nach den gleichen Grundsätzen, die für Tatsa-

---

[866] *Gómez de Liano*, Art. 399, S. 435.

[867] Seite 415.

[868] Siehe oben Fn. 746.

[869] *Esplugues Mota*, Rivista di diritto internazionale privato e processuale 2001.2, 279, 320.; *Calvo Caravaca/Carrascosa González*, Derecho Internacional Privado I S. *234 Nr. 3.*

chen gelten, geschehen. Jede Partei trägt die Tatsachen vor, auf denen ihr Anspruchsbegehren beruht oder die dem gegnerischen entgegenstehen. Eine Partei muss sich auf das ausländische Recht berufen und es darlegen, sobald und soweit ihr Anspruch auf diesem gründet[870]. Es kann daher sein, dass beispielsweise eine Partei die ausländische Kollisionsnorm, die eine Rückverweisung ausspricht, Art. 12.2 CC, darlegt, die andere jedoch das ausländische Sachrecht, das zur Entscheidung herangezogen werden soll. Die Darlegung kann also durch den Kläger wie den Beklagten erfolgen und korrespondiert mit der Partei, die an diesem Ergebnis interessiert ist[871]. Weiterhin gilt, dass die an der Anwendung des ausländischen Sachrechts interessierte Partei zwar dessen Normen vortragen muss. Sie ist jedoch nicht verpflichtet, das Fehlen von Normen des ausländischen internationalen Privatrechts, die auf das spanische Recht zurückverweisen, darzulegen[872]. Das *Tribunal Supremo* fordert von der *interessierten* Partei, dass sie sich auf das ausländische Recht beruft, es darlegt und beweist.

2. Beweis des ausländischen Rechts durch die Parteien

a) Grundsatz

Dem *Tribunal Supremo* zufolge tragen die Parteien die Beweislast. Die an der Anwendung des ausländischen Rechts *interessierte* Partei muss es beweisen[873]. Das hat in vollständiger und unzweifelhafter Weise geschehen; und zwar nicht nur durch Vorlage des jeweiligen Gesetzestextes, sondern es müssen auch seine Reichweite und Interpretation durch die Gerichte des betroffenen Landes nachgewiesen werden, weil der spanische Richter bei der Anwendung des ausländischen Rechts verpflichtet ist, es so zu tun, wie wenn er Richter des betreffenden Landes wäre[874].

---

[870] so schon STS 04.12.1935; STS 17.04. 1956.

[871] STS vom 09.01.1936; STS 04.10.1982 und STS 10.06.1995.

[872] *Fernandez Rozas*, Art. 12.6. CC a.F....., 1995, Seite 1022 bis 1023; a.A. *Tomas Ortiz de la Torre*, D.I.P.r. II, 1990, Seite 298 – 299.

[873] *Fernández Rozas/Sánchez Lorenzo* Derecho Internacional Privado, 1. Auflage, Madrid 2000 Ziff. 212.

[874] STS vom 05.11.1971 betreffend die Trennung zweier US - Amerikaner aus dem Staat Connecticut.

b) Beweislast

Allerdings variiert diese Beweislast, in gleicher Weise wie beim Beweis materieller Tatsachen mit der jeweiligen Interessenlage der Parteien. Hinsichtlich der Beweislast gilt grundsätzlich das zur Darlegungslast ausgeführte. Die Rechtsprechung hat verschiedene Fälle entschieden: Sowohl Kläger[875] als auch Beklagter[876] können entsprechende Beweise führen[877]. Es kann derjenige sein, der sein Heimatrecht angewendet haben möchte[878] oder sein Klagebegehren auf eine bestimmte ausländische Norm stützt[879]. Grundsätzlich soll es der sein, der sich auf das ausländische Recht beruft oder eine Abweichung von der *lex fori* behauptet[880]; auch der, der eine Einrede aus der fremden Rechtsordnung behauptet[881]. Differenzierter dürfte die Ansicht sein, die verlangt, dass diejenige Partei, die an der Anwendung eines bestimmten ausländischen Sachrechts interessiert ist, dieses beweisen müsse[882]. Umgekehrt muss eine Partei, die an einer Rückverweisung interessiert ist, die entsprechende ausländische *Kollisionsnorm* beweisen.

---

[875] STS vom 03.02.1975 zum Wechselrecht sowie STS de 19.12.1977 zur Unterhaltsklage einer Deutschen gegen ihren deutschen Ehemann, beide Residente in Spanien. Vgl. auch *Aguilar Benítez de Lugo*, RGD, 6247, 6276.

[876] STS vom 17.04.1956 zur Vorschusspflicht eines österreichischen Ehemannes für die Prozesskosten seiner französischen Ehefrau sowie STS vom 29.11.1956 in einer Unterhaltsklage einer Mexikanerin gegen ihren mexikanischen Ehemann, den das Gericht für verpflichtet hielt, sein Heimatrecht wie rechtshindernde Tatsachen zu beweisen.

[877] Zur Frage, wie die Parteien ihrer Verpflichtung nachkommen können, siehe unten 3. Erkenntnisquellen aus der Sphäre der Parteien in Spanien.

[878] STS vom 04.12. 1935 zur Schiedung eines Engänder und einer Spanierin: *"a la parte litigante que se acoja a la ley de su país, le incumbre probar su existencia como una mera cuestión de hecho."*

[879] STS vom 04.11.1982 zur Beweislast konkreter Vorschriften, hier des französischen Grundstücksrechts.

[880] STS 13.02.1974 zur Trennung von Tisch und Bett einer Spanierin gegen ihren deutschen Ehemann: *"..que ha de probar quien lo invoque, puersto que si el normal es el de mantener la nacionalidad, el marido que trade de contradecirlo es quien debe probar que conforme a las leyes del pais de donde él es nacional le corresponde el matrimonio adquirir la nacionalidad de su marido."* Zuletzt ebenso STS 08.02.1999.

[881] STS vom 17.04.1956.

[882] STS vom 09.01.1936 zur Scheidung zwischen einer Deutschen und einem Spanier.

Aus Art. 12.2 CC ergibt sich ein weiteres beweisrechtliches Problem[883]. Die Norm verbietet die Weiterverweisung zweiten Grades[884] nach dem einmal durch die spanische Kollisionsnorm die anwendbare Rechtsordnung bestimmt wurde, bleibt eine Weiterverweisung durch das Kollisionsrecht der berufenen Rechtsordnung außer Betracht. Es sei denn, es handelte sich um eine Rückverweisung auf die *lex fori.* In diesem Zusammenhang wurde diskutiert, ob von der Partei, die sich auf das ausländische Recht beruft, verlangt werden kann, dass diese auch das ausländische Kollisionsrecht beweist um aufzuzeigen, dass dieses nicht auf das spanische Recht zurückverweist[885]. Eine solche Auslegung zu Art. 12.6. CC a.F. wurde letztendlich als zu rigoros verworfen[886]. Vielmehr soll es so sein, dass die Gegenseite, die die Anwendung des spanischen Rechts für sich reklamieren will, auch nachweisen muss, dass eine Kollisionsnorm der berufenen Rechtsordnung existiert, die auf das spanische Recht zurückverweist[887].

Das ausländische Recht braucht keine irgendwie geartete relevante Verbindung mit dem Sachverhalt zu haben, um die Beweiserhebung erst zu ermöglichen[888]. Denn hier handelt es sich nicht um die Bindung von Tatsachen zu Rechtsnormen, sondern um die Rechtsnorm selbst. Die Frage der Erheblichkeit ist daher beim ausländischen Recht nicht zu stellen; oder wenn man es anders formulieren will, ist die anzuwendende berufene Rechtsordnung immer erheblich[889].

3. Übereinstimmender Parteivortrag zum fremden Recht

Auch im spanischen Zivilprozess gilt, dass zugestandene Tatsachen grundsätzlich vom Beweis ausgenommen sind[890]. Dass sind solche Tatsachen, die zwischen den Parteien - ausdrücklich oder stillschweigend - unumstritten sind. In

---

883 Art. 12.2 CC lautet: Die Verweisung auf ein ausländischen Recht versteht sich als Verweisung auf sein materielles Recht ohne Rücksicht auf eine Weiterverweisung auf ein anderes Recht außer dem spanischen.

884 Vgl. *Garcimartín Montero*, S 115.

885 Vgl. *Garcimartín Montero*, S. 115.

886 Vgl. *Fernandez Rozas*, S. 525.

887 Vgl. *Garcimartín Montero* a.a.O.

888 Vgl. *Garcimartín Montero*, S. 110 f.

889 Vgl. *Garcimartín Montero*, S. 111.

890 Exemplarisch dazu STS 23.03.1984.

einem Verfahren, das vom Dispositionsgrundsatz beherrscht wird, können die Parteien über den Streitgegenstand frei verfügen[891]. In solchen Konstellationen verhindert die Beachtung des Parteiwillens eine Beweiserhebung über unstreitige Tatsachen. So macht ein übereinstimmender Parteivortrag bestimmter Tatsachen grundsätzlich einen Beweis derselben überflüssig und unzulässig. Das Gericht ist an den Vortrag gebunden und muss ihn ohne Beweiserhebung seiner Urteilsfindung zugrunde legen. Es handelt sich um ein charakteristisches Element für Verfahren, die durch die Dispositionsmaxime gekennzeichnet werden[892].

Inwieweit diese Grundsätze auf den Vortrag *ausländischen* Rechts anwendbar sind, ist umstritten. Ließe man hier die Lehre von den *zugestandenen Tatsachen*[893] zu, könnte dies zu einer Übereinkunft zwischen den Parteien über den Inhalt und die Auslegung des ausländischen Rechts führen.[894] Ein solcher Pakt würde dann das entsprechende ausländische Recht dem Beweis entziehen.[895]

a) Rechtsprechung

Zunächst und vor der Reform des *Titulo Preliminar* tendierte das *Tribunal Supremo* dazu, die Grundsätze der Lehre von den zugestandenen Tatsachen auch auf das ausländische Recht auszudehnen[896]. Es war möglich, das ausländische Recht dem Beweis zu entziehen. Dies stand unter dem Einfluss der radikalen Angleichung und Gleichsetzung des ausländischen Rechts mit den reinen Tatsachen im Prozess. Diese Gleichsetzung mit den Tatsachen musste logischerweise zur Zulassung der Lehre von den zugestandenen Tatsachen führen[897].

---

[891] *Fernández Rozas*, 2. Aufl. S. 242.

[892] Siehe dazu bereits S. 14 ff.

[893] *Doctrina de los hechos admitidos.*

[894] Siehe *Garde Castillo*, S. 467 und 861.

[895] *Garde Castillo*, a.a.O.

[896] STS 01.02.1934 (RAJ 227) *Aguilar Benitez de Lugo*, RGD, S. 6247, 6281, 6314. STS 10.12.1966. STS vom 27.04. 1977, *Iriarte Ángel*, S. 521.

[897] Siehe STS vom 09.06.1895, STS vom 09.01.1936 und STS vom 01.02.1934.

Eine Beweiserhebung ist überflüssig in Fällen, in denen es zwischen den Parteien unstreitig ist. [898]. Auch nach der Reform von 1974 hält die Rechtsprechung diese Linie aufrecht[899]: Dort führt das Gericht aus, dass wegen des Tatsachencharakters Nachweis nötig ist durch die Partei, die sich darauf beruft; dies allerdings nur, soweit beide Parteien nicht über Gültigkeit und Inhalt der berufenen ausländischen Rechtsordnung konform gehen.
Das Gericht ging sogar einen Schritt weiter, indem es über die Fälle eines ausdrücklichen Zugestehens auch solche von konkludenter Zustimmung erfasste[900]. Das heißt, nachdem das ausländische Recht einmal von einer Partei dargelegt worden ist und die andere nicht widerspricht bzw. bestreitet, muss es der Richter berücksichtigen[901].

Nachdem das höchste spanische Gericht mit Urteil vom 5. November 1971 seine Rechtsprechung also geändert hatte, forderte es seitdem, dass das ausländische Recht *immer* bewiesen werden muss[902]. In dieser Entscheidung[903], die ein Geständnis oder das Unstreitigstellen von ausländischem Recht für unwirksam hält, hat das *Tribunal Supremo* festgestellt, dass die Übereinstimmung der Parteien den vom Gesetzgeber geforderten Beweis nicht ersetzen kann, also für die spanischen Gerichte nicht bindend sei, da sonst die wesentliche Funktion der geforderten Beweiserhebung nicht gewährleistet sei. Die Entscheidung wird zwar all-

---

[898] Vgl. insbes. STS vom 01.02.1934 (RA 227), in der das Gericht festgestellt hat: „Nachdem der Kläger Art. 231 des französischen *code civil* dargelegt und eingebracht hatte und diese Behauptung durch den Beklagten in keiner Weise bestritten wurde, bestätigt er sie, indem er sie in seinem Klageerwiderungsschriftsatz übernimmt. Daher ist es offensichtlich, dass beide Parteien in dieser wichtigen Tatsachenfrage völlig übereinstimmen, weshalb sich jede weitere Beweiserhebung darüber erübrigt". Die gleiche Ansicht befindet sich in STS vom 09.01.1911 (CL t.120 Nr. 8), STS vom 10.07.1934 (CL t.214 Nr. 115) und STS vom 19.12.1935 (RA 2345).

[899] Vgl. STS vom 04.10.1982 (RA 5537).

[900] Vgl. STS vom 09.07.1895 (CL t. 78 Nr. 14).

[901] So in vorzitiertem Urteil: „Nachdem durch die Parteien die Tatsache, dass in Italien die vom Kläger zitierten Vorschriften des italienischen CC gültig sind, so hingenommen wurde, in dem sie sich nicht widersprochen haben, wäre es nicht rechtmäßig, im Kassationsverfahren eine Frage aufzuwerfen, die weder in der ersten noch in der zweiten Instanz Gegenstand der Debatte gewesen ist".

[902] STS 05.11.1971 (RAJ 4524) ähnlich auch STS vom 06.06.1969 zur *separación* eines Ehepaares aus dem US-Bundesstaat Connecticut. Siehe auch *Aguilar Benitez de Lugo* RGD, S. 6247 bis 6314 S. 6281 dazu.

[903] STS vom 05.11.1971 (RA 4524).

gemein als ein Schritt in die richtige Richtung bezeichnet[904]. Allerdings ist die Haltung des spanischen Obergerichts nicht ganz eindeutig. Freilich lässt es im zu entscheidenden Fall eindeutig nicht zu, dass fehlende Streitigkeit zum Entfallen des Beweiseserfordernisses führt. In der gleichen Entscheidung jedoch hält es für möglich, dass der Beweis bei Konformität zwischen den Parteien für den Fall entfallen könne, wenn es sich um Rechtssätze handelt, deren Geltung unzweifelhaft ist. Das *Tribunal Supremo* hält den Beweis dann für entbehrlich, wenn das ausländische Recht sowohl unstreitig als auch offenkundig ist[905]. Ob die eine oder andere Voraussetzung für sich allein genommen genügt, kann aus der Entscheidung nicht abgeleitet werden[906].

Das *Tribunal Supremo* folgt nunmehr wieder der *doctrina de los hechos admitidos*[907]. Die spanische Rechtsprechung geht jetzt mehrheitlich davon aus, dass in einem solchen Fall der Beweis des fremden Rechts nicht mehr erforderlich ist [908].

b) Fazit

Die Lehre hat nicht gezögert, die sich aus dieser Haltung ergebenen Missbrauchsmöglichkeiten aufzuzeigen und zu kritisieren[909]. Wird ein nicht existentes oder inhaltlich anderes Recht zugestanden oder anerkannt, kann dies zu der absurden Situation führen, dass der Richter einen nicht existenten Inhalt auch in dem Fall anwenden muss, in dem ihm das Gegenteil bekannt ist[910].

---

904 Vgl. *Garcimartín Montero*, S. 110.

905 Vgl. *Garcimartín Montero*, S. 110.

906 Vgl. *Garcimartín Montero*, aa.O,

907 STS vom 27.04.1978 und vom 04.10.1982; *Fernandez Rozas y Sanchez Lorenzo*, S. 530 ff. STS vom04.10.1982 (RAJ 5537) zu den Auswirkungen einer fehlenden Jahreszahl vor einer von einem französischen Notar errichtete *Escritura*.

908 *Meyer*, IPrax 1993, 342. Ähnlich TSJ de Madrid vom 15.04.1999 (RAJ 1076) zu Fragen eines Arbeitsvertrages nach Schweizer Recht.

909 Vgl. *Corriente Cordoba*, S. 531 m. w. N.

910 Vgl. *Garcimartín Montero*, S. 109.

Die neuerliche Zuwendung der Rechtsprechung stehe nicht im Einklang mit der Funktion des ausländischen Rechts als juristisches Referenzsystem.[911] Wendet man also die Grundsätze der zugestandenen Tatsachen auf das ausländische Recht an, kann dieses zur Anwendung kommen, ohne bewiesen worden zu sein. Es ist jedoch mehr als bedenklich, bestimmte Inhalte mit normativem Charakter aus dem ausländischen Recht einfach einzuwenden, ohne dass diese glaubhaft gemacht oder bewiesen worden sind.[912] Die Entbindung von der Nachweispflichtigkeit kompromittiert letztlich die eigentliche Funktion des ausländischen Rechts selbst: Es wird als ausländisches Recht etwas angewandt, von dem Niemand in irgendeiner Weise nachgewiesen hat, dass es auch das Recht des entsprechenden ausländischen Staates ist.[913] Kritiker bemängeln, dass gerade der Beweis dem gesetzlichen Wortlaut nach das fremde Recht in den Prozess einführt und man daher nur schwerlich darauf verzichten könne[914].

Grund für die obergerichtliche Haltung ist ja nicht, die Parteien gänzlich vom Beweis zu entbinden, sondern das bestehende System bis zur letzten Konsequenz durchzuziehen.

Insbesondere im Familienrecht hält die Literatur es für unmöglich, eine gerichtliche Entscheidung zu treffen, die ausschließlich auf einem übereinstimmenden Vortrag der Parteien zum Inhalt des ausländischen Rechts beruht[915]. Dass sei ein Verstoß gegen die Imperativität von Art. 107 Abs. 1 CC und Art. 12.6 Abs. 1 CC. Bleibt der Inhalt einer berufenen Rechtsordnung unstreitig, sollte der Richter überprüfen, ob er mit dem von den Parteien unterstellten Inhalt existiert[916].

---

[911] *Calvo Caravaca/Carrascosa González,* Introducción, S. 424; zum juristischen Referenzsystem siehe schon oben S.10.

[912] *Calvo Caravaca*, S. 424.

[913] Daher hat letztendlich das *Tribunal Supremo* mit Urteil vom 05.11.1971 diese Haltung aufgegeben und seine Rechtsprechung geändert, wenn auch nicht in besonders klarer und stringenter Art und Weise. Unverständlicherweise hat das Gericht später den Grundsätzen der *zugestandenen Tatsachen* teilweise wieder Raum gewährt, so in den Urteilen vom 27.04.1978 und 04.10.1982.

[914] *José Carlos Fernandez Rozas y Sixto Sanches Lorenzo*, S. 530.

[915] Seite 424.

[916] Vgl. so den Vorschlag von *Garcimartín Montero*, S. 110.

Bei dem hier analysierten Komplex handelt es sich um einen der kritischsten Punkte bei der Anwendung ausländischen Rechts[917]. Wegen der Missbräuche, die stattfinden können, ist es unakzeptabel, dass die Parteien den Richter binden können, was das anzuwendende Recht angeht. Daher wäre es mehr als wünschenswert – und nur sofern überhaupt am gegenwärtigen System festgehalten werden kann - , wenn das *Tribunal Supremo* die mit dem Urteil STS vom 05.11.1971 begonnene Linie aufnimmt und verstärkt. Damit würde eindeutig klargestellt, dass die anwendbare Rechtsordnung nicht unstreitig sein kann und entsprechende Prozesssituationen keinerlei Bindungswirkung für das Gericht entfalten. Auf das Element der „Streitigkeit“ kommt es daher auf keinen Fall an; diese Begrifflichkeit passt nur auf Tatsachen im eigentlichen Sinne und damit hier nicht. Als weiteres Argument ist ins Felde zu führen, dass das ausländische Rechts quasi von Amts wegen unbekannt ist[918]. Da es also stets dem Gericht unbekannt ist, kann der Beweis nicht nur für den Fall der Streitigkeit gefordert werden.

c) Irrelevanz einer Übereinstimmung der Parteien über Inhalt oder Gültigkeit unter Art. 281.2 LEC

Erste Stimmen in der Literatur tendieren dazu, dass die Lehre von den zugestandenen Tatsachen nicht mehr auf Inhalt und Gültigkeit des ausländischen Rechts anwendbar ist[919]. Das heißt mit anderen Worten: Während Gewohnheitsrecht und Tatsachen grundsätzlich vom Beweis ausgenommen sind, wenn die Parteien Einigkeit demonstrieren über deren Inhalt, so ist dies beim ausländischen Recht gerade nicht mehr der Fall[920]. Dies ist eine neue und wichtige Erkenntnis, die sich aus einer Interpretation *a senso contrario* der Ziffern zwei und drei des neuen Art. 281 LEC 2000 ergibt. Dort ist nämlich ausdrücklich nur das *Gewohnheitsrecht* für den Fall vom Beweis ausgenommen, dass die Parteien hin-

---

[917] *Garcimartín Montero* S. 110.

[918] *Iura novit curia* gilt nicht; der Gesetzgeber selbst geht davon aus, dass den Gerichten das ausländische Gericht grundsätzlich unbekannt ist.

[919] *Calvo Caravaca*, 2. Aufl. S. 241 Nr. 21. Anders jedoch die soeben dargestellte Hauptlinie der Rechtsprechung, vgl. STS, Sala 1. vom 09.07.1895, vom 01.02.1934, vom 09.01.1936, vom 27.04.1978 und vom 04.10.1982.

[920] *Gómez de Liaño González*, S. 349.

sichtlich Existenz und Inhalt konform gehen. Absatz drei formuliert das Gleiche für die Tatsachen, nämlich dass auch diese bei vollständiger Konformität der Parteien vom Beweis ausgenommen sind, es sei denn, der Streitgegenstand entziehe sich der Dispositionsbefugnis der Parteien. Das sollte dann erst recht für nicht dispositives Recht in der Sache selbst gelten. Wenn man Art. 281 LEC so versteht, dass der Beweis immer notwendig ist, so entfällt diese Notwendigkeit nicht wegen einer Übereinstimmung der Parteien über den Inhalt der berufenen Rechtsordnung. Damit wird die rechtliche Funktion des ausländischen Rechts garantiert[921]. Dies gilt besonderes in den Fällen, in denen es zwingende Regelungen enthält, da nur so sich Gesetzesumgehungen verhindern lassen, die sich entwickeln könnten, wenn das ausländische Recht vom Beweis angenommen wird aufgrund einer wirklichen oder auch nur scheinbaren Übereinkunft der Parteien über seinen Inhalt, der absolut fiktiv sein kann[922]. Bei Rechtsverhältnissen, über die die Parteien nicht disponieren können, fordert die Literatur zutreffend ein Tätigwerden des Richters von Amts wegen ungeachtet einer Übereinstimmung zwischen den Parteien[923].

4. Offenkundiges ausländisches Recht?

Die tatsachengleiche Behandlung wirft nicht nur die Frage auf, ob das ausländische Recht streitig sein muss, sondern führt auch zu der Überlegung, ob es in der Weise offenkundig sein kann, dass die Partei, die sich darauf beruft, vom Beweis entpflichtet ist[924]. Das bereits erwähnte Urteil des *Tribunal Supremo*[925] scheint die Möglichkeit anzunehmen, dass es offenkundig ausländisches Recht geben kann. Im dort entschiedenen Fall trugen die Parteien, die hinsichtlich der Anwendung der berufenen Rechtsordnung einer Auffassung waren, vor, dass ein Beweis nicht nötig wäre. Dazu zitierten sie verschiedene Urteile des *Tribunal*

---

921 *Gómez de Liaño González*, S. 349; *Calvo Caravaca/Carrascosa González*, Derecho Internacional Privado V I, S. 241 Nr. 21'.

922 *Gómez de Liaño González*, S. 349.

923 *Azparren Lucas*, Nuevas perspectivas del papel del juez frente a la aplicación judicial del derecho extranjero, in: Problemas actuales de la aplicación del derecho internacional privado por los jueces españoles, S. 223.

924 Vgl. *Garcimartín Montero*, S. 111.

925 STS vom 05.11.1971 (RA 4524).

Supremo, in denen aufgrund eines unbestrittenen Vortrags zum ausländischen Recht entschieden wurde. Ungeachtet dessen erklärte das *Tribunal Supremo*, dass es in dem zitierten Urteil zwar um eine Entscheidung aufgrund unstreitigen ausländischen Rechts ginge, dies aber vor dem Hintergrund von Gesetzestexten von unbestreitbarer Unwirksamkeit wie dem französischen *code civil* und in Beziehung auf konkrete Vorschriften. Die Parteien beschränken sich darauf, deren Anwendbarkeit zur Lösung ihres Streits anzuerkennen.

Die Idee von der „unbestreitbaren Gültigkeit" eines Gesetzestexts, die mit diesem Urteil eingeführt wurde, scheint sich auf die Möglichkeit zu beziehen, dass es bestimmte Normen oder Kodifikationen gibt, deren Gültigkeit offenkundig ist[926]. *Garcimartín Montero*[927] hat zu Recht darauf hingewiesen, dass die Auffassung von *Corriente Cordoba*[928] unzutreffend ist. Dieser hatte festgestellt, dass das *Tribunal Supremo* in diesem Urteil eine Ausnahme von der tatsachengleichen Behandlung gemacht habe. Allerdings ist vielmehr das Gegenteil zutreffend. Die Annahme, dass ein Beweis wegen Offenkundigkeit entfällt, setzt voraus, dass ein solcher überhaupt nötig war, was wiederum nur bei Tatsachen, nicht jedoch bei Recht sein kann[929].

Das Urteil lässt aber noch bestimmte Zweifel zu: So muss man fragen, was geschehen würde, wenn die Parteien Zweifel hätten und darüber hinaus, welche prozessuale Behandlung die „unbestreitbar gültigen" Normen erfahren[930]. Ferner ist unklar, wie sich dieses Kriterium exakt definieren lässt. Es wurde vorgeschlagen, dass dies zumindest solche Gesetze und Kodifikationen sind, die in

---

[926] Vgl. *Garcimartín Montero*, S. 111.

[927] A.a.O.

[928] S. 34.

[929] Allerdings, wie bereits angesprochen, scheint es so, dass das *Tribunal Supremo* die Offenkundigkeit eines Gesetzes nicht eindeutig als ausreichend erachtet, um die Notwendigkeit des Beweises entfallen zu lassen. Vielmehr soll die Offenkundigkeit eine Art Voraussetzung sein, damit das fehlende Bestreiten oder Zugestehen einer Partei Relevanz erlangen kann. Man kann vermuten, dass die Offenkundigkeit gefordert wird als eine Art zusätzliches Kontrollkriterium in den Fällen der unbestrittenen Darstellung des Inhalts einer berufenen Rechtsordnung, um Fälle der Nichtexistenz oder Inexaktheit leichter aufdecken zu können. Die Offenkundigkeit dient dann als schnelles und leicht erreichbares Kontrollmittel.

[930] Vgl. *Garcimartín Montero* S. 112.

einer Übersetzung des Gerichtsstaats erschienen sind[931]. Es bleibt zweifelhaft, ob dies hinreichend präzise ist und ob es ausreicht, dass allein die Veröffentlichung in der Sprache eines anderen Staates es in ihm offenkundig macht.

Generell spricht nichts dagegen, die Möglichkeit der Offenkundigkeit des ausländischen Rechts zuzulassen, um für diese Fälle die Parteien von der Beweispflicht zu entbinden[932]. Es ist möglich, dass die Existenz einer Norm offenkundig bekannt ist; das *Tribunal Supremo* verlangt aber den Nachweis von Inhalt und Gültigkeit des ausländischen Rechts. In diesem Bereich wird es sehr schwierig sein, dass Offenkundigkeit in einem entsprechend hohen Grad entsteht[933]. *Garcimartín Montero* scheint die Anwendbarkeit ausländischen Rechts über das „Offenkundigkeitsprinzip" zu befürworten, obwohl sie die Tatsachen mit gleicher Behandlung grundsätzlich ablehnt. Beabsichtigt ist damit, dem Richter unter Beibehaltung der Tatsachenbehandlung dennoch einen Weg zu bauen, um das ausländische Recht von Amts wegen einfließen zu lassen und dabei sogleich die Manipulationsmöglichkeiten einzuschränken. Darüber hinaus bekommt der Richter noch eine Möglichkeit in die Hand, seine Kenntnis mittels einfach zu erreichender Quellen zu erlangen. Dieser Vorschlag entbehrt nicht einer gewissen Logik und taktischer Geschicklichkeit; er hat jedoch den Nachteil, letztendlich nur eine Scheinlösung zu sein, da das Problem nicht an der Wurzel gepackt wird.

IV. Funktion und Aufgabe der Parteien in Deutschland

1. Mitwirkungsrechte der Parteien

Vertreter der herrschenden Meinung folgern aus der Tatsache, dass ausländisches Recht seine Rechtsqualität behält, das Fehlen einer Beweislast. Genauer gesagt, die Parteien trifft keine subjektive Beweislast dahingehend, den Inhalt des ausländischen Rechtssatzes darzulegen und entsprechende Beweisangebote

---

931 *Sentis Meleno*, S. 130.
932 Garicamartin Montero, a.a.O.
933 *Garcimartín Montero*, a.a.O.

zu bringen[934]. Als Konsequenz ergibt sich die Unmöglichkeit, eine Klage mit der Begründung abzuweisen, der Kläger habe das Bestehen oder den genauen Inhalt der fremden Anspruchsgrundlage nicht vorgetragen oder nachgewiesen[935].

Aus dem verfassungsrechtlichen Gebot auf rechtliches Gehör, Art. 103 Abs. 1 GG, folgt unzweifelhaft das Recht der Parteien, an der Ermittlung des ausländischen Rechts durch entsprechenden Vortrag *teilzuhaben*[936]. Dieses Recht kann nur dann verwirklicht werden, wenn das Gericht den Parteien in wesentlich weiterem Maße als bei der Anwendung deutschen Rechts Hinweise gibt, wie sich die Rechtslage aus seiner Sicht darstellt[937]. Wendet das Gericht ausländisches Recht überraschend an, so liegt ein reversibler Verstoß gegen § 139 ZPO vor[938].

Am wenigsten problematisch ist noch der Fall, dass die Partei zum ausländischen Recht vorträgt. Dies kann geschehen, z. B. um der Anwendung der *lex fori* wegen vermeintlicher Nichtermittelbarkeit vorzubeugen. Äußert sich die Partei nicht, ist sie möglicherweise genau damit zufrieden, weil sie die *lex fori* für günstig hält. Die Motivlage ist dabei die gleiche, wie bei der Figur der stillschweigenden Rechtswahl. Andererseits enthält ein Mitwirkungsrecht auch das Recht, davon keinen Gebrauch zu machen.

---

934 *Kindl*, S. 180, Fußnote 12 mit weiteren Nachweisen.

935 *Kindl*, a.a.O.

936 *Stein/Jonas/Leipold* § 293 ZPO Rn. 53; *Huzel* IPRax 1990, 77, 79.

937 *Stein/Jonas/Leipold* § 293 ZPO Rn. 53

938 *Stein/Jonas/Leipold* § 293 ZPO Rn. 53 zu § 278 Abs. 2 ZPO in der bis 31.12.2002 geltenden Fassung.

2. Mitwirkungspflichten der Parteien

a) Grundsatz

Kann das Gericht die Ermittlungen selbst nicht oder nicht vollständig durchführen, so liegt es nahe, die Parteien daran zu beteiligen und sie auch gegebenenfalls sanktionsbewehrt dazu anzuhalten[939]. Dies setzt eine entsprechende Verpflichtung voraus. *Huzel* erkennt eine zunehmende Tendenz der Gerichte, die Parteien zur Ermittlung des für das konkrete Verfahren maßgebenden Rechts anzuhalten[940]. Die allgegenwärtige Arbeitsüberlastung könnte den Richter dazu veranlassen, die Verantwortung ohne weiteres auf die Parteien zuzuschieben. Gutachtenanfragen an Institute belegen diese zunehmende Tendenz[941]. Die Gerichte gehen dabei teilweise so weit, dass sie von den Parteien verlangen, die gesamte Begründetheit der Klage nach dem kollisionsrechtlich berufenen Recht darzulegen[942]. Auch in der Literatur wird die Ansicht vertreten, dass das Gericht sich das ausländische Recht auch von den Parteien nachweisen lassen kann[943].

Keine Partei *muss* von ihrem Recht auf rechtliches Gehör Gebrauch machen; vielmehr kann ein entsprechender Vortrag unterbleiben, etwa weil sie mit der Anwendung der *lex fori* besser zu fahren gedenkt und auf deren Anwendung hofft. Dennoch sollen Parteien nach § 293 ZPO zur Mitwirkung verpflichtet sein[944]. Die Begründung soll allerdings nicht in § 293 ZPO selbst liegen, sondern in der allgemeinen Prozessförderungspflicht[945]. Das gehe sogar so weit, dass auch nachteilige Erkenntnisse vorgelegt werden müssten[946]. Rechtsprechung[947] und teilweise die Lehre[948] nehmen eine Pflicht der Partei an, „das Ge-

---

[939] Siehe dazu *Fastrich*, ZZP 97 (1984), 423, 426; *Krause* S.9

[940] *Huzel*, Erhard, Zur Zulässigkeit eines "Auflagenbeschlusses" im Rahmen des § 293 ZPO, IPRax 1990, 77-82.

[941] *Huzel*, S. 77 mit Beispielen.

[942] *Huzel*, S. 77.

[943] *Luther*, FS Bosch, S. 559, 568.

[944] Zuletzt wieder *Mankowski*, MDR 2001, 194, 195.

[945] *Huzel* IPRax 1990, 77, 79.

[946] So anscheinend *Stein/Jonas/Leipold* § 293 ZPO Rn. 50.

[947] BGHZ 118, 164; BGH NJW 1972, 391, 394; BGH NJW 1976, 1581; BGH NJW 1982, 933, 934; OLG Frankfurt MDR 1983, 410.

richt im Rahmen des Zumutbaren zu unterstützen, vor allem dann, wenn sich die Partei ohne besondere Schwierigkeiten Zugang zu den ausländischen Rechtsquellen verschaffen kann“[949].

Die Rechtsprechung bietet in verschiedenen Stellungnahmen ein uneinheitliches Bild: Tragen die Parteien eine bestimmte ausländische Rechtspraxis detailliert und kontrovers vor, soll der Richter regelmäßig umfassendere Ausführungen zur Rechtslage zu machen - gegebenenfalls sämtliche ihm zugänglichen Erkenntnismittel zu erschöpfen - haben, als wenn der Vortrag der Parteien zu dem Inhalt des ausländischen Rechts übereinstimmt[950] oder sie zu dem Inhalt dieses Rechts nicht Stellung nehmen, obwohl sie dessen Anwendbarkeit kennen oder mit ihr rechnen[951]. Auch dies hänge jedoch stets von den Besonderheiten des einzelnen Falles ab. Haben die Parteien zu den Erkenntnisquellen einer ausländischen Rechtsordnung unschwer Zugang, soll man in der Regel erwarten können, dass sie das ausländische Recht konkret darstellen[952]. *Koch*[953] kritisiert die Anforderungen an einen ausdrücklichen Parteivortrag zur Anwendung ausländischen Rechts.

Damit eine auf § 293 ZPO gestützte Verfahrensrüge Erfolg haben könne, müsse eine Parteibehauptung vorgelegen haben, die geeignet gewesen ist, eine Pflicht des Gerichts zur Ermittlung des ausländischen Rechts auszulösen[954].

---

948 *Zöller/Geimer* § 293 ZPO Rn. 16; *Fastrich* ZZP 97 (1984), 423, 426; *Huzel* IPRax 1990, 77, 79.

949 BGH NJW 1976, 1583.

950 BGHZ 118, 151-170; vgl. auch BAGE 27, 99, 109; *Baumbach/Lauterbach/Hartmann*, ZPO 50. Aufl. § 293 Anm. 2 D; Stein/Jonas/Leipold § 293 Rn. 34.

951 vgl. KG VersR 1982, 1199

952 vgl. *Geimer*, Internationales Zivilprozessrecht Rn. 2141; *Gottwald* IPRax 1988, 210, 212; *Thode* EWiR 1990, 515 f; auch *Stein/Jonas/Leipold* § 293 Rn. 47 ff.

953 *Koch* JZ 1991, 1039, 1041 zu BGH JZ 1991, 1038.

954 BGH NJW 1995, 1032-1033 mit Hinweis auf (BGH, Urt. v. 4. Juni 1992 - IX ZR 149/91, ZIP 1992, 1256, 1260. Ähnlich OLG Frankfurt, OLGR 1994, 120: Behaupte eine Partei eine abweichende Regelung von dem Grundsatz, dass aus der Vereinbarung einer bestimmten materiellen Rechtsordnung nicht auf eine ausschließliche internationale Zuständigkeit geschlossen werden kann, habe sie konkret vorzutragen, auf welcher Rechtsgrundlage - Gesetzesnorm, Richterrecht - der ausländischen Rechtsordnung diese Regelung beruht.

Aufgrund ihrer Mitwirkungspflicht seien die Parteien gehalten, das Gericht bei der Ermittlung ausländischen Rechts zu unterstützen[955]. Dieser Mitwirkungspflicht genüge eine Partei nicht, wenn sie unsubstantiiert behaupte, ein rechtlich relevanter Umstand verstoße gegen das ausländische Recht oder sei in einem bestimmten Sinne geregelt[956].

Andererseits zum französischen Recht OLG Koblenz[957]: Die Klage sei bei Anwendung französischen Rechts auch nicht unschlüssig, weil die Klägerin die einschlägigen französischen Rechtsnormen nicht genügend vorgetragen hätte[958]. Die Hinweise der Klägerin zum französischen Recht, insbesondere zur Behandlung bestrittener Aufrechnungsforderungen im französischen Recht, genügen,

---

955 OLGR Frankfurt 1994, 120.

956 OLGR Frankfurt 1994, 120: Soweit der Beklagte unter Beweisantritt durch Einholung eines Sachverständigengutachtens behauptet habe, das Recht des Staates Virginia enthalte eine bestimmte Regelung, sie diese Behauptung unsubstantiiert und deshalb nicht beachtlich. Es hätte eines konkreteren Vortrags bedurft, aufgrund welcher Rechtsgrundlage - sei es einer Gesetzesnorm, sei es Richterrechts - gerade in dem US-amerikanischen Bundesstaat Virginia eine von dem allgemeinen Grundsatz abweichende rechtliche Regelung bestehen solle. Das habe der Beklagte nicht getan. Seine Behauptung seien vielmehr pauschal "ins Blaue hinein" aufgestellt. § 293 ZPO stehe dem nicht entgegen, Es könne dem deutschen Gericht nicht zugemutet werden, das gesamte Recht des Staates Virginia daraufhin durchzuforschen, ob es einen Rechtssatz der behaupteten Art dort gebe(!). Ohne substantiierte Darlegung sei das erkennende Gericht gehindert(!), die Richtigkeit der behaupteten Rechtslage zu überprüfen (ähnlich OLG Hamm - 9.6.1980 - WM 1981.882 (886)). Der Beklagte habe zwar die Anwendung virginischen Rechts verlangt, jeden konkreten Vortrag vermissen lassen, auf welcher Rechtsnorm die von ihm behauptete Rechtslage bestehen solle. Dies aber habe von ihm erwartet werden können. Das Fehlen eines konkreten Vortrags der einschlägigen Rechtsgrundlage, auf die der Beklagte seine Behauptung stützt, werde auch nicht dadurch ersetzt, dass er sich für seine Behauptung auf Sachverständigenbeweis beruft. Dieses Verhalten soll eher erkennen lassen, dass auch dem Beklagten eine entsprechende Rechtsgrundlage nicht bekannt ist und seine Behauptung "ins Blaue hinein" aufgestellt sei. Dem Beklagten wäre aber ein entsprechender substantiierter Vortrag zumutbar gewesen, weil er zu einem anderen für entscheidungserheblich gehaltenen Umstand eine Auskunft „seines" amerikanischen Rechtsanwalts vorgelegt habe und dementsprechend hätte er sich auch ohne große Mühe von diesem die angeblichen Rechtsgrundlagen virginischen Rechts für seine verschiedenen Behauptungen zur dortigen Rechtslage beschaffen können. Es sei widersinnig, dem Beklagten zulasten des Klägers Rechte zuzubilligen, deren Ausübung er von vornherein ablehne Dies ist ein Ausdruck des Grundsatzes von Treu und Glauben, wie er in allen Rechtsordnungen (vgl. im deutschen Recht: BGH - 22.9.1983 - Z 88.240 (248)). enthalten sei. Der Beklagte hat nicht vorgetragen, dass dies im virginischen Recht anders sei.

957 RIW 1993, 934, 938.

um der sich aus § 293 ZPO für das Gericht ergebenden Verpflichtung nachzukommen[959].

Anders wiederum OLG Köln zur Darlegung des ausländischen Steuerrechts im Regressprozess[960]: Mache der Kläger Schadensersatzansprüche gegen einen Steuerberater wegen Festsetzung einer zu hohen Einkommensteuerschuld im Ausland geltend, enthebe ihn § 293 ZPO nicht von der Pflicht zu einem substantiierten Vortrag des ausländischen Steuerrechts. Die Amtsermittlung des ausländischen Rechts setze einen konkreten Vortrag voraus, sofern der Partei ein substantiierter Vortrag zumutbar sei.

In Verfahren nach § 495 a ZPO seien die Parteien „mindestens“ wie sonst bei § 293 zur Mitarbeit angehalten[961].

Nach der Rechtsprechung ist eine wie auch immer geartete Mitwirkungspflicht der Partei folglich nicht in Frage zu stellen[962]. Es bleibt aber unklar, worauf sie gestützt werden soll. *Huzel* stellt auf die allgemeine Prozessförderungspflicht ab[963]. *Mankowski* meint, bei verfügbaren Recherchemitteln könne auch eine eigenständige Prüfung der ausländischen Rechtslage durch die Parteien verlangt werden, dies gelte aber nur soweit, wie dadurch eine vollständige Klärung der Rechtsfragen möglich sei[964]. Eine Konkretisierung allgemein gültiger Art ist bisher nicht gelungen. Die Unbestimmtheit der verwendeten Begriffe verhindert einen praktischen oder theoretischen Nutzen. Die Ermittlungspflicht der Partei selbst bestimmt sich der Rechtsprechung zufolge auch nach deren Möglichkeit, Zugang zu den ausländischen Rechtsquellen zu erlangen[965]. Nicht mehr als ein Anhaltspunkt bietet der gewöhnliche Aufenthalt oder Sitz der Partei. Ein Anknüpfungspunkt könnte eine Anwaltszulassung im Ausland, das Verwenden

---

958 OLG Koblenz RIW 1993, 934, 938.

959 OLG Koblenz RIW 1993, 934, 938.

960 GI 2000, 169-171.

961 Baumbach/Lauterbach/Hartmann § 495 a ZPO Rdnr. 47.

962 *Huzel*, S. 80.

963 *Huzel*, S. 80.

964 Mankowski, Peter, Privatgutachten über ausländisches Recht - Erstattungsfähigkeit der Kosten, MDR 2001, 194-199.

ausländischer akademischer Grade und Titel sowie die Beteiligung eines ausländischen Verkehrsanwalts[966] sein. Diese sollen eine erweiterte Haftung bei Auslandsberührung begründen können[967] sowie den Umfang der Mitwirkungspflicht der Parteien steigern[968].

Im **Verfahren um einstweiligen Rechtsschutz** stellt sich die Frage, ob ein Verfügungskläger eine Mitwirkungspflicht dahin gehend trifft, dass er den Inhalt des ausländischen Rechts gem. § 920 Abs. 2 ZPO glaubhaft machen muss. *Schack* ist der Auffassung, die Verfügungsklägerin müsse den Inhalt des ausländischen Rechts gem. § 920 Abs. 2 ZPO glaubhaft machen und wirft im Zusammenhang mit der Frage der Ermittlung ausländischen Rechts dem OLG Koblenz[969] vor, die Glaubhaftmachungslast in ZPO § 920 Abs. 2 nicht ausreichend beachtet zu haben[970]. Diese erstrecke sich nicht nur auf die anspruchsbegründenden Tatsachen, sondern auch auf den Inhalt der anwendbaren ausländischen Rechtsordnung[971]. Gelingt diese Glaubhaftmachung nicht, ist umstritten, ob der Antrag zurückgewiesen werden muss oder ersatzweise die *lex fori* zur Anwendung kommt[972]. Beide Ansätze können gleichermaßen nicht befriedigen, weil sie entweder effektiven Rechtsschutz verweigern oder sehenden Auges das Risiko falscher einstweiliger Verfügungen - für den Antragsteller nicht ungefährlich wegen des Schadensersatzanspruches des § 945 ZPO - erhöht[973].

Eine dem Tatsachenbeweis entnommene *Beschränkung* auf präsente Beweismittel ist aber nicht geboten. Auch im summarischen Verfahren ist das Gericht gem. § 293 ZPO verpflichtet, den Inhalt des anwendbaren ausländischen Rechts von Amts wegen zu ermitteln. Die Eilbedürftigkeit des Verfahrens rechtfertigt es nicht, schlechthin die *lex fori* anzuwenden[974].

---

965 Zuletzt BGH, NJW 1995, 1032.
966 So auch OLGR Frankfurt 1994, 120.
967 *Gruber*, DZWir 1997, 461-463.
968 *Mankowski*, *Kerfack* IPRax 1990, 372-378.
969 In OLG Koblenz IPRax 1995, 171, 172.
970 *Schack* IPRax 1995, 158-161.
971 *Schack* IPRax 1995, 161.
972 *Schack* IPRax 1995, 161.
973 *Schack* IPRax 1995, 161.
974 *Schack* IPRax 1995, 160.

In der Vertragspraxis kann sich bei Vereinbarung fremden Rechts die Rechtsprechung speziell bei vorläufigem Rechtsschutz negativ bemerkbar machen und sollte deshalb berücksichtigt werden[975]. Was nützt eine für den Mandanten günstige Rechtswahl, wenn im Eilverfahren die dann wahrscheinlich ungünstigere *lex fori* Anwendung findet. Der interne Entscheidungseinklang kann nur durch die Anwendung ein und desselben Rechts in Eil- und Hauptsacheverfahren gewährleistet werden[976].

Das Gebot effektiven Rechtsschutzes erfordert, dass die Ansprüche, die das kollisionsrechtlich berufene Recht gewährt, im Rahmen der von *der lex* fori zur Verfügung gestellten Verfahren durchgesetzt werden können[977]. Es widerspricht der internationalprivatrechtlichen Gerechtigkeit, nicht das Recht anzuwenden, mit dem der Sachverhalt die engste Verbindung aufweist[978]. Die nicht rechtzeitige Ermittelbarkeit mit der Nichtermittelbarkeit gleichzusetzen, erscheint gerade im Wettbewerbsrecht problematisch, weil dessen deutsche Sachnormen im internationalen Vergleich besonders streng sind[979]. Das könnte dem Antragsteller einen nicht nur Anreiz schaffen, eine ihm mögliche Mitwirkung zu unterlassen, sondern auch ein nach der *lex causae* erlaubtes Verhalten bewusst in Erwartung der Anwendung der schärferen *lex fori* anzugreifen[980]. Die von den Parteien - freiwillig - beigebrachten Nachweise können im einzelnen Verfügungsverfahren vor dem Hintergrund der einschlägigen Rechtsprechung noch gesteigerte Bedeutung erfahren.[981]

b) Auflagen- oder Hinweisbeschluss

Es stellt sich die Frage, ob dem Gericht prozessuale Mittel zur Verfügung stehen, mit denen es die Parteien anhalten kann, an der Ermittlung mitzuwirken.

---

[975] *Von Westphalen* NJW 1994, 2113-2120.
[976] *Dethloff*, S. 287.
[977] *Dethloff*, S. 288.
[978] *Dethloff*, S. 288.
[979] *Dethloff*, S. 291.
[980] *Dethloff*, S. 292.
[981] *Dethloff*, S. 298.

Dies ist in der Praxis mittels prozessleitender Anordnung durchaus üblich[982]. Danach soll in erster Linie der Partei, die sich auf das ausländische Recht beruft, der erforderliche Nachweis aufgegeben werden[983]. Als Voraussetzungen wurde auch eine gerichtliche Aufforderung zur Hilfeleistung angesehen[984]. Anerkannt ist wenigstens, dass es sich keinesfalls um eine Anordnung nach § 273 Abs. 2 Nr. 1 ZPO handelt[985]. Eine „Auflage" nach § 273 ZPO sei bedenklich. Sie dient der Aufklärung des Sachverhalts im Rahmen der Vorbereitung des Verhandlungstermins nach § 273 Abs. 2 Nr. 1 ZPO[986]. Sie ist nicht isoliert anfechtbar[987]. Ein Verstoß gegen eine solche Auflage kann, wenn sie unter Fristsetzung erfolgt, zum Ausschluss des Vorbringens als verspätet führen, § 296 Abs. 1, Abs. 4 ZPO. Eine Präklusion nach § 296 Abs. ZPO und Klageabweisung als Sanktion scheiden aber aus.

Vielmehr soll es sich um einen Maßnahme *sui generis* handeln, für die die Bezeichnung „Auflagenbeschluss nach § 293 ZPO" vorgeschlagen wurde[988]. Sie setzt voraus, dass das Gericht bereits über eigene Erkenntnisse infolge eigener Ermittlungen verfügt und diese den Parteien auch mitteilt. Mit einer prozessleitenden Verfügung nach § 293 ZPO erfüllt das Gericht somit zum einen den Anspruch der Partei auf rechtliches Gehör. Zum zweiten kann sie eine Rolle für die Frage der korrekten Ermessensausübung spielen: Hat sich das Gericht bereits mittels der zulässigen Erkenntnismittel eine gefestigte Auffassung von der Rechtslage gebildet und diese den Parteien auch mitgeteilt, so kann von einer Partei, die eine abweichende Rechtsauffassung vorträgt, ergänzender Vortrag verlangt werden.

Unterlässt es eine Partei dann, ihr zumutbare Wege der Erschließung des Inhalts des ausländischen Rechts zu beschreiten, so kann das Gericht dies dergestalt zum Nachteil der Partei werten, indem es ein vom Parteivortrag abweichendes

---

982 S. die Beispiele bei *Huzel*, IPRax 190, 77. Vgl. auch *Schellack* S. 206.
983 *Stein/Jonas/Leipold* § 293 ZPO Rn. 47.
984 *Hök*, JurBüro 1987, 1760-1765.
985 *Stein/Jonas/Leipold* § 293 ZPO Rn. 48; *Huzel* IPRax 1990, 77, 80.
986 *Stein/Jonas/Leipold* § 273 Randziffern 15,19.
987 *Stein/Jonas/Leipold* § 273 Randziffern 40.
988 *Huzel*, IPRax 1990, 78, 82.

Gutachten als zutreffend erachtet[989]. Weitergehende Sanktionen sind in jedem Falle abzulehnen.

Vorrausetzung ist zunächst, dass das Gericht der ihm obliegenden Pflicht, die Rechtslage schlüssig darzustellen, genügt hat. Es kann von der Partei nicht erwartet werden, fehlende oder unvollständige Ermittlungen selbst vorzunehmen, zu ergänzen oder zu erläutern. Fehlt es bereits an einem schlüssigen Ermittlungsergebnis des Gerichts, so trifft die Partei keinerlei Mitwirkungspflicht. Ist dies nicht der Fall, müssen die Ausführungen durch die Partei mittels entsprechender Nachweise umso detaillierter ausfallen, je präziser die gerichtliche Darstellung ist. Als Maßstab für den Vortrag sollte jedoch nicht derjenige genommen werden, der für ein substantiiertes Bestreiten eines Tatsachenvortrages gilt.

Ein Auflagenbeschluss, mit dem einer Partei aufgegeben wird, ein Gutachten über ausländisches Recht beizubringen, soll nicht beschwerdefähig sein[990]. Es entsteht keine Beweisgebühr, § 34 Abs. 1 BRAGO, für die Anwälte, wenn das Gericht den Parteien aufgibt, bestimmte Rechtssätze nachzuweisen[991].

c) Sanktionen

Fehlen im Parteivortrag Hinweise auf fremdes Recht, soll das dazu führen können, dass das Gericht nicht mit dessen Anwendbarkeit rechnen muss[992]. Ein solcher Schluss kann nicht nur „keine allgemeine Gültigkeit" beanspruchen[993], sondern ist schon vom Ansatz her verfehlt. Dies sieht auch der überwiegende Teil der Rechtsprechung so, wenn sie feststellt, dass das Gericht als Sanktion nicht deshalb deutsches Recht anwenden darf, weil die Parteien den Inhalt des ausländischen Rechts nicht vorgetragen haben[994]. Präklusionsfähig sind grundsätzlich nur Angriffs- und Verteidigungsmittel, § 296 ZPO, nicht jedoch Ausführungen

---

[989] Vgl. BGH NJW 1976, 1581, 1583.
[990] OLG Frankfurt MDR 1983, 410-410.
[991] *Musielak/Huber*, § 293 Rn. 14.
[992] so BGHZ 77, 32, 38.
[993] *Gottwald*, IPRax 1988, 210, 211.
[994] BGH WM 1985, 450, 453; BGH NJW 1982, 1215 und bereits RGZ 39, 371, 376.

zur Rechtsfrage[995]. Erörtern die Parteien kontrovers das ausländische Recht, ggf. unter Vorlage entsprechender Nachweise, soll die Ermittlungspflicht des Gerichts gesteigert sein[996]. Nach *Kindl* führt aber ein unsubstantiierter Vortrag nicht dazu, das richterliche Ermessen zu beeinflussen[997]. Berücksichtigung sollen dabei die Möglichkeiten des Zugangs zu den Erkenntnisquellen finden [998]. Man könnte dies dadurch konkretisieren, dass - entsprechend den Überlegungen zur Anwaltshaftung - auf die Zulassung des Prozessvertreters abgestellt wird.

Daran erkennt man, worin die eigentliche Funktion des Parteivorbringens zu sehen ist: Dessen Funktion liegt in der Möglichkeit der Steuerung des richterlichen Ermessens.

Das bestätigt sich in einer neueren Entscheidung, in der sich das Berufungsgericht im Wesentlichen auf das von den Klägern vorgelegte Gutachten gestützt, aber mit der gegenteiligen Auffassung des von den Beklagten hinzugezogenen Gutachters nicht auseinandergesetzt hatte[999]. Zu einer tiefer gehenden Erforschung des spanischen Rechts bestand deswegen Anlass, weil die Auffassung der Beklagten nicht fern liegend erschien, so dass der Tatrichter sämtliche ihm zugänglichen Möglichkeiten hätte ausschöpfen müssen, um die Rechtslage zu klären [1000].

Insgesamt wäre es besser, von einer Mitwirkungspflicht der Parteien überhaupt nicht zu sprechen[1001]. Nach der herrschenden Meinung in der Strafrechtswissenschaft liegt in falschem Rechtsvorbringen – anders beim Tatsachenvortrag - keine Täuschung im Sinne von § 263 StGB, wenn der Täter sich bewusst wahrheitswidrig auf amtliche Texte - Gesetzes bzw. Entscheidungstexte – beruft, womit auch ein Unterlassen so nicht sanktionierbar wäre [1002]. Klar dürfte im Er-

[995] *Schack* NJW 1984, 2736, 2739.
[996] *Kindl*, S. 184.
[997] *Kindl*, S. 184.
[998] *Kindl*, S. 184.
[999] BGH, ZfIR 1999, 264, 268.
[1000] BGH, ZfIR 1999, 264-268.
[1001] *Kindl*, 192.
[1002] *Seier*, Zeitschrift für die gesamte Strafrechtswissenschaft 102, 563-595 (1990).

gebnis jedenfalls sein, dass es sich bei der Mitwirkung der Parteien *nicht* um ein weiteres (formloses) Hilfsmittel handelt, auf das das Gericht im Rahmen seiner Ermessensausübung zurückgreifen könnte. Der BGH hat bisher offen gelassen, ob eine Verspätung nach §§ 282 Abs. 1, 528 Abs. 2 ZPO eintreten kann[1003]. *Lüderitz*[1004] spricht sich dafür aus; dagegen das Reichsgericht in RGZ 151, 44.

Es ist Sache der Partei, rechtlich relevante Tatsachen darzulegen und nötigenfalls zu beweisen; Aufgabe des Gerichts ist es, auf vollständigen Sachvortrag hinzuwirken und darauf das berufenen Recht anzuwenden, um den Rechtsstreit in der Sache zu entscheiden. Diese grundlegende Rollenverteilung im Zivilprozess darf sich auch in Verfahren, in denen Kollisionsrecht zwischengeschaltet ist, nicht ändern. Eine umfängliche oder unbedingte Mitwirkungspflicht ist daher abzulehnen[1005]. Schon vom Wortsinn her kann eine *Mit*wirkungslast sich nicht in eine *Allein*verpflichtung einer Partei verwandeln[1006].

d) Sorgfaltspflichten der Prozessvertreter

Dem OLG Hamm zufolge[1007] macht sich ein Rechtsanwalt bei einem Fall mit Auslandsberührung wegen Schlechterfüllung seiner Pflichten aus dem Anwaltsvertrag schadensersatzpflichtig, wenn er sich die Erkenntnisquellen für die Anwendung des ausländischen Rechts nicht im Rahmen des Zumutbaren beschafft. Die Zumutbarkeit sei dann zu bejahen, wenn die ausländischen Gesetze auch in deutscher Sprache veröffentlicht wurden (im Fall der *Codice Civile*). Das Gericht hatte die Berufung des beklagten Rechtsanwalts, der erstinstanzlich verurteilt worden war, den italienischen Kläger von allen Unterhaltsansprüchen frei zu stellen, zurückgewiesen. Der Beklagte hatte übersehen, dass die von ihm eingelegte Vaterschaftsanfechtungsklage nach Art. 19 Abs. 1 EGBGB nach italienischem Recht zu entscheiden war und infolgedessen die Jahresfrist des *Codice Civile* nicht beachtet.

1003 BGH RIW 84, 646.
1004 IPR II, 1992, Rdnr. 179.
1005 Vgl. *Huzel* IPRax 1990, 77, 79 sowie die dort in Fn. 55 f. zitierte Rechtssprechung.
1006 *Mankowski/Kerfack*, IPRax 1990, 372, 378.
1007 Entscheidung vom 14. 03. 1995.

Gruber stellt zutreffend klar, dass die Haftung des Rechtsanwalts in erster Linie auf der übersehenen kollisionsrechtlichen Fragestellung beruhe. Er verneint eine entsprechende Heranziehung von ZPO § 293 für Anwälte. Die Vorschrift sei nur aus ihrem historischen Kontext heraus zu verstehen und allenfalls geeignet, die *richterliche* Pflicht zur Rechtsanwendung zu lockern[1008].

Darüber hinaus ist die Frage der Haftung des Rechtsanwalts für mangelhafte Prozessführung, in denen das Gericht § 293 ZPO anwendet, weitgehend ungeklärt[1009] Je klarer ein ausländisches Recht anwendbar ist, desto größere Anstrengungen muss der Prozessbevollmächtigte unternehmen, um die Erfolgsaussichten der Klage bei der Anwendung dieses Rechts zu ermitteln[1010].
In der Tendenz wird man mit *Sieg* davon ausgehen können, dass ein Mandant es grundsätzlich nicht erwarten kann, dass der von ihm beauftragte deutsche Rechtsanwalt Kenntnisse in ausländischen Rechtsordnungen hat, es sei denn, er hat sich ausdrücklichen Anwaltsvertrag verpflichtet, auch ausländisches Recht zu prüfen[1011].

Dabei besteht ein gewisser Wertungswiderspruch zu gerichtlichen Entscheidungen, die von einer Mitwirkungspflicht der Parteien und damit mittelbar auch deren Anwälte ausgehen. Eine Haftung derselben bei schuldhafter Verletzung einer Mitwirkungspflicht lässt sich nur schwer begründen und geht damit letztlich zu Lasten der Partei. Klar dürfte aber auch sein, dass es letztlich schwer fallen wird, die Ermittlungspflicht der Rechtsanwälte höher anzusiedeln als die des Gerichts. Damit kann das Haftungsargument als Schutzfunktion zugunsten der Parten letztlich keine Wirkung entfalten.

3. Übereinstimmender Parteivortrag

Im Zusammenhang mit Rechten und Pflichten der Parteien ist auch der im spanischen Rechts bereits analysierte übereinstimmende Vortrag der Parteien zum

---

1008 *Gruber*, S. 461.

1009 *Gruber*, S. 461 ff. m. w. N.

1010 *Schack*, NJW 1984, 2736, 2739.

1011 *Sieg*, ZAP Fach 23, 239-248 (1996). Eine ausländische Zulassung kann dabei Bedeutung gewinnen ebenso wie das Führen ausländischer akademischer Grade.

ausländischen Recht zu sehen: Die Auffassung der Rechtsprechung[1012] dazu geht auf eine Entscheidung des BAG aus dem Jahre 1974 zurück[1013]. Demnach kann das Gericht in aller Regel einen übereinstimmenden Parteivortrag zum Inhalt des ausländischen Rechts seiner Entscheidung als richtig zugrunde legen ohne gegen seine Ermittlungspflicht nach § 293 ZPO zu verstoßen[1014]. Diese Linie hat die Rechtsprechung wiederholt verfolgt: So dürfe der Tatrichter seiner Entscheidung den vorgetragenen Inhalt des ausländischen Rechts zugrunde legen, wenn der Parteivortrag zum Inhalt übereinstimme oder eine Partei zu der Darstellung der Rechtslage durch die andere Partei keine Stellung nehme, es sei denn, er müsse vernünftige Zweifel daran hegen, dass der Parteivortrag zutreffe[1015].

Die Übereinstimmung wird in der Regel darin liegen, dass eine Partei das ausländische Recht substantiiert darstellt[1016] und diese Darstellung unwidersprochen bleibt. Das Gericht soll eigene weitere Ermittlungen unterlassen oder beenden können[1017]. Der übereinstimmende Vortrag bewirkt nicht, dass das ausländische Recht als zugestanden gilt, sondern ermöglicht es dem Richter, die Vorträge der Parteien als Erkenntnismittel heranzuziehen. Die Übereinstimmung im Vortrag soll die richterliche Überzeugung von der Richtigkeit der Rechtsansicht der Parteien über die ausländischen Gesetze bilden.[1018] Das Gericht ist aber grundsätzlich nicht an einen übereinstimmenden Parteivortrag gebunden[1019]. Es wird demnach weder durch ein Geständnis noch durch ein Nichtbestreiten einer

---

[1012] Vgl. BGHZ 77, 32, 38; BGHZ 118, 151, 164; BGH, NJW 1981, 522, 526; BGH, NJW 1988, 648; BGH NJW 1995, 1032.

[1013] BAGE 27. Indiz für seine Richtigkeit war die Übereinstimmung im Vortrag infolge Nichtbestreitens durch den Kläger gerade in Verbindung mit der Tatsache, dass der Kläger amerikanischer Staatsbürger und die Beklagte eine amerikanische Gesellschaft waren. Die Tatsache, dass beide übereinstimmend ihr gemeinsames Heimatrecht berichten, ist zur richterlichen Überzeugungsbildung nur sehr begrenzt geeignet.

1014 BAGE 27, 99.

[1015]. Vgl. BGHZ 118, 151, 170; BGHZ 77, 32, 38; BGH NJW 1976, 1581, 1583; OLG Düsseldorf OLGR 1994, 115-116; In der Literatur dazu *v. Bar*, IPR Bd. 1 Rn. 373; *Gottwald* IPRax 1988, 210, 211; *Huzel* IPRax 1990, 77, 78 *Krause*, S. 26 f .; *Sommerlad/Schrey* NJW 1991, 1377, 1380; *MüKo/Prütting*, ZPO § 293 Rn. 51 f).

[1016] Etwa mittels Parteigutachten, s. dazu den Dritten Teil.

[1017] *Stein - Jonas/Leipold*, § 293 ZPO, Rn. 34

[1018] BAG NJW 1979, 1119.

[1019] Vgl. *Zöller/Geimer*, § 293 Rdnr. 17, der dies mit der Rechtsqualität des ausländischen Rechts begründet.

Partei gebunden. Allerdings kann sich eine sonst ermessensfehlerhafte Entscheidung als *fehlerfrei* darstellen, wenn beide Parteien der berufenen Rechtsordnung angehören und zu deren Inhalt übereinstimmend vortragen. In diesem Fall soll aus dem Konsens der Parteien ermessensfehlerfrei geschlossen werden können, dass eine inhaltliche Richtigkeitsvermutung für den vorgetragenen Inhalt bestehe.[1020] Dies bedeutet aber nichts anderes, als dass sich der übereinstimmende Parteivortrag zum zulässigen Erkenntnismittel für das Gericht wandelt, von dem es Gebrauch machen kann, ohne gegen das ihm eingeräumte Ermessen zu verstoßen, sofern es nur angibt, dass es ihn als solches herangezogen hat. *Leipold* sieht darin eine Lockerung der Ermittlungspflicht[1021].

Binden können die Parteien das Gericht in Fragen der Rechtsanwendung nicht[1022]. Dennoch soll sich das Gericht mit einem fundierten Vortrag – untermauert z.B. durch Gesetzeszitate mit Übersetzung – begnügen können[1023]. Vorraussetzung soll die Überzeugung sein, dem Vortrag folgen zu können[1024]. Die Vorlage einer einzigen Entscheidung aus der anwendbaren Rechtsordnung kann aber kaum genügen[1025].

Luther hält den Standpunkt der Rechtsprechung für bedenklich; man verstieße gegen die richterliche Ermittlungspflicht. Praktischen Erfahrungen nach sei größte Vorsicht geboten.[1026] Zu Recht, denn hier droht der kollisionsrechtliche Anwendungsbefehl umgangen zu werden. Das Verfahrensrecht dient dann nicht mehr seinem Zweck, dem materiellen Recht zur Durchsetzung zu verhelfen. Diese Bedenken teilt *von Bar*:[1027] Zwar entlaste eine Auffassung wie die des BAG den Richter, jedoch werden die Grenzen des § 293 ZPO überdehnt. Kollisionsrechtliche Grundentscheidungen werden mit verfahrensrechtlichen Mitteln

---

1020 Vgl. BAG MdR 75, 874; teilweise andere Auffassung: *MüKo/Prütting*, § 293 Rdnr. 50.

1021 *Stein* - Jonas/Leipold, a.a.O.

1022 *Huzel*, IPRax 190, 77, 78.

1023 *Huzel*, IPRax 190, 77, 78.

1024 *Huzel*, IPRax 190, 77, 78.

1025 *Franz*, NJW 1969, 1540 zu OLG Frankfurt NJW 1969, 981.

1026 *Luther*, FS Bosch, S. 559, 568.

1027 *von Bar*, Erster Band, Rn. 373

unterlaufen.[1028] Das ist zutreffend, da Kollisionsrecht nach Auffassung der Rechtsprechung nicht fakultativ ist. Meinungen, die den Parteien mit verfahrensrechtlichen Mitteln doch noch gestatten wollen, sich nur „die Rosinen herauszupicken“[1029], vermögen nicht zu überzeugen. Auch aus systematischer Sicht wäre der Weg über das fakultative Kollisionsrecht letztlich sogar folgerichtiger.

Das Gericht kann nicht aus der Übereinstimmung des Parteivortrages auf dessen Richtigkeit schließen[1030]. Ob es sich bei dem übereinstimmend vorgetragenen Recht um das gemeinsame Heimatrecht der Parteien handelt, ist unerheblich[1031]. Warum sollte ausländischen Parteien mehr Vertrauen geschenkt werden als inländischen beim Vortrag ihres Rechts? Auch wenn beide Parteien unabhängig voneinander bestimmte Rechtsansichten vortragen, so kann das kaum einen Anspruch auf Vollständigkeit geschweige denn Richtigkeit haben. Das muss umso mehr für Fälle gelten, in denen der übereinstimmende Vortrag nur auf „Nichtbestreiten“ der von der anderen Partei vorgetragenen Rechtsansichten beruht. Ob das aus Unwissenheit oder mit bestimmten Absichten geschieht, kann der Richter nicht erkennen. Es ist möglich, dass es im beiderseitigen Parteiinteresse liegt, bestimmte Vorschriften, die etwa die Nichtigkeit eines Vertragsverhältnisses bewirken können oder bestimmte familienrechtliche Folgen haben[1032], unerwähnt zu lassen. Vermutet der Richter, ihm sei von den Parteien etwas vorenthalten worden, so muss er weitere intensive eigene Ermittlungen anstellen[1033]. Das ist stets der Fall, es sei denn, es gibt über den übereinstimmenden Vortrag (auch eines gemeinsamen Heimatrechtes) hinaus konkrete Anhaltspunkte, den Parteien Glauben zu schenken. Ein solcher kann die Vorlage von übereinstimmenden Parteigutachten sein.

[1028] *von Bar*, , a.a.O.

[1029] *von Bar*, a.a.O.

[1030] *Zöller/Geimer* § 293 ZPO Rn. 17.

[1031] A.A *Krause* S. 28.

[1032] Man denke nur an ein Scheidungsverbot oder bestimmte Vorschriften über die Erforderlichkeit und Dauer einer Trennung.

[1033] vgl. *von Bar*, a.a.O.

Unter bestimmten Umständen soll eine stillschweigende Rechtswahl vorliegen[1034]. Das ist insbesondere von den Parteivertretern zu beachten.

Das – unbestrittene - Aufstellen von Rechtsbehauptungen durch eine Partei kann zwar die Intensität der Ermittlungsbemühungen des Gerichts erhöhen, diese jedoch keinesfalls ersetzen, so auch die neuere Rechtsprechung: Das Berufungsgericht hatte zu dem im Zeitpunkt des Vertragsschlusses geltenden spanischen Recht keinerlei eigene Feststellungen getroffen. Der Pflicht zu dessen Ermittlung im Rahmen der Schlüssigkeitsprüfung des Klagbegehrens war es nach zutreffender Auffassung des BGH nicht dadurch enthoben, dass der Kläger in einem der Schriftsätze, die in dem angefochtenen Urteil pauschal in Bezug genommen wurden, die Rechtsbehauptung aufgestellt hat, der Abschluss eines privaten Kaufvertrages genüge für den Eigentumsübergang nach spanischem Recht[1035]. Insbesondere hätte er selbst zu klären gehabt, ob die notarielle Beglaubigung für eine *escritura* als Übergabeersatz gem. Art. 1462 Abs. 2 *Código Civil* genügt oder in anderer Weise ein wirksamer Miteigentumswechsel stattgefunden hat[1036].

Ausländisches Recht kann letztlich nicht zugestanden werden und wird auch nicht von Geständnisfiktionen erfasst[1037]. Ein übereinstimmender Parteivortrag ist insgesamt nicht geeignet, die richterliche Ermittlungstätigkeit zu beenden[1038].

4. Verfahren in Abwesenheit einer Partei

Erscheint eine Partei nicht zum Termin, so kann gegen sie ein Versäumnisurteil ergehen. Da es im Säumnisverfahren regelmäßig am kontroversen Parteivortrag fehlt, stellt dies insoweit nur einen Sonderfall der hier untersuchten Konstellation dar, der dementsprechend zu beurteilen ist. Die Pflicht des Richters zur Er-

---

1034 s. BGH NJW 1981, 1606.

1035 BGH, IPRax 1999, 45, 47. unter verweis auf *Zöller/Geimer*, § 293 ZPO Rn. 17 f..

1036 BGH, IPRax 1999, 45, 47.

1037 So den §§ 331, 542 Abs. 2 ZPO, vgl. Anm. *Küppers*, NJW 1976, 489 f. zu OLG München NJW 1976, 489.

1038 so auch *Gottwald*, IPRax 1988, 210, 211.

mittlung des ausländischen Rechts besteht unverändert[1039]. Es existiert kein Raum, die vom Gesetzgeber für Tatsachen geschaffenen Fiktionsregeln anzuwenden.[1040]

Die Auffassung des OLG München, wonach es im Versäumnisverfahren für den Nachweis ausländischen Rechts ausreichend sei, wenn der Kläger für den von ihm behaupteten Inhalt der anzuwendenden Norm Beweis anbietet[1041], ist auf Ablehnung gestoßen und folgerichtig vereinzelt geblieben: *Küppers* bemerkt dazu, dass ausländisches Recht nicht wie vom OLG als Tatsache behandelt werden könne[1042]. Die Rechtsprechung[1043] hat zu Unrecht die Geständnisfiktion des § 542 Abs. 2 Satz 1 auf das ausländische Recht angewandt. Im Säumnisverfahren sei allenfalls der Umfang der richterlichen Prüfungspflicht eingeschränkt.

Die Geständnisfiktion der §§ 331 Abs. 1 Satz 1, 542 Abs. 2 Satz 1 ZPO erstreckt sich auf den Tatsachenvortrag einer Partei[1044]. Der gestellte Sachantrag muss gerechtfertigt sein aus dem als zugestanden anzusehenden tatsächlichen Vorbringen des Klägers. Für den Fall der Säumnis des Klägers ergeben sich keine Probleme; es gilt § 330 ZPO mit der Folge der Klageabweisung. Erscheint der Beklagte nicht, so fehlt es zumindest an einer kontroversen Auseinandersetzung über das fremde Recht. Dies gilt umso mehr, wenn der Kläger dazu mehr oder weniger ausführliche Ausführungen gemacht hat. Infolge dessen lässt sich allenfalls unter Zugrundelegung der Ausführungen zum richterlichen Ermessen eine Reduzierung desselben vertreten. Eine mögliche Reduzierung des Ermessens bewirkt jedoch nicht, dass das ausländische Recht nicht mehr von Amts wegen zu ermitteln ist. Eine mögliche Erleichterung in der richterlichen Überzeugungsbildung erscheint noch vertretbar. Sie muss jedoch vor dem Hintergrund gesehen werden, dass es nicht Sinn und Zweck des Säumnisverfahrens ist, die Rechtsanwendung, sondern nur die Tatsachenfeststellung zu erleichtern. Kann

---

1039 Vgl. *Zöller/Geimer*, § 293 ZPO, Rdnr. 18.

1040 Siehe *Stein-Jonas/Leipold*, § 293 ZPO, Rdnr. 54; andere Auffassung: OLG München, NJW 76, 489.

1041 OLG München NJW 1976, 489.

1042 *Küppers*, NJW 1976, 489, 490.

1043 OLG München, NJW 1976, 489, siehe oben Fn. 1041.

1044 *Thomas/Putzo*, ZPO, § 331 RN 5.

sich der Richter im Säumnisverfahren keine ausreichende Kenntnis zur Überzeugungsbildung verschaffen, so will *Kindl* den Antrag auf Erlass eines Versäumnisurteils gemäß § 335 Abs. 1 Nr. 5 ZPO zurückweisen[1045].

Die Partei trägt für den Inhalt des kollisionsrechtlich berufenen Rechts aber keine Beweislast[1046]; auch nicht für das Bestehen einer ihr günstigen Norm. Logischerweise bleibt das Gericht auch im Säumnisverfahren verpflichtet, die Existenz einer solchen Norm *selbst* zu überprüfen. Zwar besteht durch das Behaupten oder Verschweigen einer Rechtswahl immer eine gewisse Manipulationsgefahr. Schon um diese zu minimieren, sind Geständnisfiktion auf ausländisches Recht nicht anzuwenden. Die Wechselwirkung zwischen Verfahrenszweck und Ermessenausübung darf aber nicht dazu führen, dass der Verfahrenszweck gegen elementare Grundsätze gerichtet wird und sich so selbst ad absurdum führt. Die rechtliche – nicht tatsächliche – Richtigkeit darf nicht riskiert werden.

V. Rechtsvergleichung zur Funktion der Prozesssubjekte

1. Kritik an der bestehenden Praxis

Die Rechtsprechung in Spanien und Deutschland unterscheidet sich im Ergebnis in vielen Punkten trotz unterschiedlicher Ausgangsposition nicht wesentlich. Diese Ergebnisse haben negative Auswirkung auf die Gerechtigkeit im Internationalen Privatrecht[1047]. Angriffspunkte für Kritik sind folgende:

Es dominiert eine prozessrechtliche Konstruktion über eine des materiellen Rechts. Die Anwendung der Anspruchsgrundlage des ausländischen Rechts hängt vom Parteiverhalten ab. Das gilt in Spanien wie in Deutschland gleichermaßen. Zwar bekennt sich die deutsche Rechtsprechung mehrheitlich und im „normalen“ Erkenntnisverfahren auch relativ konsequent zur richterlichen Ermittlungspflicht. Die Untersuchung hat jedoch ergeben, dass es auch dort zahl-

---

1045 *Kindl*, S. 186.
1046 BGH NJW 1961, 410; *Küppers*, NJW 1976, 489.
1047 *Calvo Caravaca*, S. 415.

reiche Sonderkonstellationen gibt, in denen es entscheidend auf das Parteiverhalten ankommt; insbesondere, wenn den Parteien Mitwirkungspflichten auferlegt werden. Letztendlich bedingt die Behandlung im Prozess in beiden Rechtsordnungen das materiell-rechtliche Ergebnis des Verfahrens. Kritikwürdig erscheint, dass die Haltung der Rechtsprechung in Spanien den Parteien zahlreiche Manipulationsmöglichkeiten an die Hand gibt.

Der vom spanischen Gesetzgeber gewollte imperative Charakter des Kollisionsrechts wird beeinträchtigt. Die Rechtsprechung verhindert, dass die Kollisionsnormen in der Praxis als zwingendes Recht angesehen werden[1048]; sie sind folglich nur formell zwingendes Recht. Das tauge am Ende gar nichts, so formuliert drastisch *Calvo Caravaca*[1049]. Das internationale Privatrecht leidet also unter einer andauernden Missachtung, da seine eigentliche Funktion, nämlich Gerechtigkeit in international-privatrechtliche Rechtsverhältnisse zu bringen, permanent auf dem Spiel steht. Die Auffassung des *Tribunal Supremo* verursacht *Rechtsunsicherheit*, weil die Anwendung der berufenen Rechtsordnung vom Prozessverhalten der Parteien und des Richters abhängt. Es ist also unmöglich *a priori* zu sagen, welches Recht auf einen international–privatrechtlichen Sachverhalt angewandt wird[1050]. Denn wie dargestellt, finden sich keine konkreten Leitlinien, anhand derer man vorhersagen könnte, welches Recht zur Anwendung kommt. Weder die Parteien noch der Richter sind letztendlich zu seiner Ermittlung *verpflichtet*. Der Richter kann mit den Parteien zusammenarbeiten und diese unterstützen, muss es aber nicht.

Die Aufgabe der Kollisionsnorm ist nicht beendet, bevor nicht der Prozess auf der Grundlage des Rechts, auf das verwiesen wurde, entschieden worden ist. Die Wirksamkeit eines solchen Systems verlangt also mindestens, dass dem Richter die Pflicht obliegt, den Inhalt des ausländischen Rechts, auf das verwiesen wurde, selbst zu bestimmen und nicht den Parteien zu überlassen[1051]. Dies gilt umso mehr, als dass für den Fall des Fehlens des Beweises die einzig logische Lösung wäre, den Rechtsstreit nicht zu entscheiden. Hinzu kommt das Argu-

---

[1048] *Fernández Rozas* S. 420, 431.

[1049] Seite 415.

[1050] *Calvo Caravaca*, S. 416.

ment, dass es sich unzweifelhaft um einen *rechtlichen* Komplex handelt, wozu der Richter naturgemäß besser geeignet ist als die Parteien. In seiner Entscheidung vom 23. Oktober 1992[1052] hat das *Tribunal Supremo* selbst ausgeführt, dass bei der bisherigen Praxis möglicherweise die Gefahr bestehe, dass die Rechtsprechungsfunktion auf die Parteien übertragen wird.

Die exklusive Anwendung der *lex fori* in Fällen der nicht hinreichenden Feststellbarkeit des ausländischen Rechts führt faktisch dazu, dass sich nur diejenige Partei, zu deren Gunsten es von der *lex fori* abweicht, um den Nachweis bemüht[1053]. Führt also eine Partei den Nachweis nur unzureichend oder gar nicht, so kommt die *lex fori* zur Anwendung, obwohl das kollisionsrechtlich berufene Recht objektiv ermittelbar wäre[1054].

Durch die Belastung desjenigen, der sich auf das ausländische Recht beruft, mit der Darlegungs- und Beweislast, kann es zur einer ungerechtfertigten Umkehr der Beweislastregeln kommen[1055].

Letztendlich bietet das internationale Privatrecht nur ein Minimum an Rechtssicherheit an. Darin liegt ein Verstoß gegen das verfassungsrechtlich garantierte Gebot der Rechtssicherheit, Art. 9.3 CE. Entscheiden Gerichte auch Rechtsfragen nur noch dann, wenn sie streitig sind, würde die rechtserfahrenere Partei bevorteilt. Es ginge nicht nur Rechtssicherheit und richterliche Rechtsfortbildung verloren, sondern darin läge auch eine Missachtung international vereinheitlichten Rechts[1056].

Die Partei in Spanien treffen objektiv allerdings mehr Pflichten als die deutsche. Die spanische Rechtsprechung geht insoweit zutreffend von einer Selbstverständlichkeit kann aus: Eine fehlerfreie Klage wird kaum gelingen, wenn sich die Parteien und hier insbesondere der sie vertretende Rechtsanwalt sich nicht

---

[1051] *Garcimartín Alférez*, S. 32.
[1052] STS vom 23. Oktober 1992, RAJ, 8280.
[1053] *Schellack*, S. 68.
[1054] Vgl. *Schellack*, S. 68.
[1055] Vgl. *Brauksiepe*, S. f.
[1056] *Schack* NJW 1984, 2736, 2739.

zuvor Kenntnis vom Inhalt der berufenen Rechtsordnung verschafft hat. Alles andere käme einer Fahrt ins Blaue gleich, bei der die vorgetragenen Tatsachen bestenfalls auf einem Rückschluss aus der *lex fori* oder allgemeinen Rechtsgrundsätzen beruhen dürften.

Insoweit sind die Parteien in der Tat gut beraten[1057], wenn sie zur Klagevorbereitung die nötigen Informationen einholen. Nach der Praxis der deutschen Gerichte kann damit ein nicht zu unterschätzender Einfluss auf das richterliche Ermessen genommen und darüber hinaus verhindert werden, dass sich die Partei die Verfahrensrüge in der Rechtsmittelinstanz abschneidet. Umgekehrt jedoch steigen die Anforderungen an die richterliche Ermittlungspflicht, wenn die Parteien die Rechtslage ausführlich und konkret gegensätzlich erörtern und dabei z.B. Quellen und Inhalt ausländischer Rechtsprechung oder Privatgutachten beibringen[1058]. Ist dies der Fall, so verlangt die Rechtsprechung, das erkennende Gericht müsse alle zugänglichen Erkenntnisquellen ausschöpfen[1059]. Der Vortrag muss substantiiert sein[1060]. Dies deutet erneut darauf hin, dass bei der Partei selbst eine Ermittlungspflicht begründet werden soll.

Unter der bestehenden Rechtsprechung in beiden Rechtsordnungen muss den Parteien also geraten werden, sich selbst über das ausländische Recht zu informieren und vorzutragen. Von Bedeutung ist dies auch für die Revisionsinstanz. Information und Vortrag wird in der Regel durch den von der Partei zu beauftragenden Anwalt vorgenommen. Dessen Aufgaben und Pflichten müssen dem Vorgesagten dann entsprechen.

Schwartze meint zutreffend, mit § 293 ZPO habe der deutsche Gesetzgeber einen Mittelweg bei der Verantwortlichkeit für die Information des Gerichts über ausländisches Recht eingeschlagen[1061]. Die spanische Formulierung " Beweisobjekt sind auch ... " sowie die des Paragrafen 293 ZPO"... *bedürfen des Beweises* nur insofern, als sie dem Gericht unbekannt sind. " unterscheiden sich im zwei-

---

1057 *Kindl*, S. 184.
1058 *Kindl*, S. 184.
1059 BGH NJW-RR 1997, 1154.
1060 *Kindl*, S. 184.
1061 *Schwartze*, Festschrift Fenge, S. 131.

ten Halbsatz von § 293 ZPO „..., *als sie dem Gericht unbekannt sind*", was in Art. 281.2 LEC 2000 fehlt. Wenn sie dem deutschen Gericht bekannt sind, wäre kein Beweis nötig, in Spanien jedoch stets. Die in der LEC vorgesehene Beweiserhebung bleibt mithin zum einen nicht auf Tatsachen beschränkt – das gleiche gilt wegen § 293 ZPO auch für die ZPO[1062] - zum anderen nicht auf die daselbst aufgeführten Mittel definiert. So kommt es in beiden Rechtsordnungen zu einer verfahrensrechtlichen Erweiterung des Beweisbegriffes[1063]. Fraglich ist aber, ob die spanische Bestimmung so zu verstehen ist, dass der Gesetzgeber dem Richter damit die Befugnis erteilt, auch Beweis über Recht zu erheben (als Ausnahme zu Ziff. 1, so wie bei § 293 ZPO) oder eine Verpflichtung kodifiziert hat, nach der ausländisches Recht immer bewiesen werden muss.

In Deutschland ist ein Beweis entbehrlich, wenn das ausländische Recht nicht mehr „dem Gericht unbekannt" ist[1064], also durch eigene Erfahrungen oder Ermittlungen. Es spricht gerade im rechtsvergleichenden Zusammenhang letztlich einiges dafür, dass ausländisches Recht vom Grundsatz *iura novit curia* ausgenommen ist ("... nur insofern, als sie dem Gericht unbekannt sind. "). Erkenntnisse für die prozessuale Behandlung und die Wechselwirkung mit den kollisionsrechtlichen Verweisungsbefehl lassen sich dadurch aber kaum gewinnen.

Weil diese Formulierungen im spanischen Recht fehlt, liegt in der Tat der Schluss nahe, ein Beweis sei immer nötig. Damit ist allerdings nicht gesagt, dass dieser Beweis notwendigerweise einen entsprechend Parteiantrag voraussetzt. *Martín Ostos* ist der zutreffenden Ansicht, dass ein solcher Antrag nicht nötig sei, weil das Gericht von Amts wegen den Beweis zu erheben habe[1065]. Auch deutsche Gerichte verlangen von der Partei, eine Abweichung von der *lex fori* substantiiert vorzutragen. Dieses Urteil unterscheidet sich nicht mehr wesentlich von der Auffassung des *Tribunal Supremo*. Kein Gericht darf Rechtsausführungen der Parteien ungeprüft übernehmen. Es muss im konkreten Fall über eine Plausibilitätsprüfung hinaus kontrollieren, ob die dargelegten Quellen geeignet sind, eine hinreichende richterliche Überzeugung zu begründen. D.h. es muss

---

1062 Vgl. *Schellack*, S. 125.
1063 Vgl. zur deutschen Rechtsordnung *Müller*, Kolloquium MPI, S. 66.
1064 *Kindl* 186.

gewürdigt werden, inwieweit die Quellen verlässlich sind, welche Manipulationsmöglichkeiten ggf. bestehen etc.
Bei der Ermittlung ausländischen Rechts in Deutschland findet eine nicht unerhebliche Annäherung in der Praxis hin zur Anwendung des Beibringungsgrundsatzes und einer damit korrespondierenden Darlegungslast statt[1066]. *Spickhoff* fordert eine uneingeschränkte richterliche Aufklärung des Inhalts der berufenen Rechtsordnung im internationalen Sachen - und Gesellschaftsrecht, da dort nachherrschende Auffassung auch keine Möglichkeit zur parteiautonomen Rechtswahl bestünde[1067]. Das findet seine Entsprechung auf sachrechtlicher Ebene, wo Typenzwang und Drittschutz wesentliche Gesichtspunkte sind[1068]. Im Wesentlichen von der Parteiautonomie ausgeschlossen ist darüber hinaus das internationale Familien - und Erbrecht[1069]. Dort ist die Parallele weniger auf sachrechtlicher Ebene zu finden denn im Prozessrecht, wo der Amtsermittlungsgrundsatz den Beibringungsgrundsatz verdrängt[1070]. Im Scheidungsverfahren muss das Familiengericht anzuwendendes ausländisches Recht von Amts wegen ermitteln[1071]. Auch in Spanien möchte die Lehre das Gericht bei Kollisionsnormen, die keine parteiautonome Rechtswahlmöglichkeit kennen, zu uneingeschränkter Ermittlungstätigkeit verpflichten. Das sieht das Verfassungsgericht nunmehr auch so. Man kann den Begriff der *facultad* mit dem der *Befugnis* des § 293 ZPO vergleichen. Er wird sich in einer ermessensfehlerfreien Tätigkeit des Gerichts konkretisieren, deren Einzelheiten dann in den Akten festgehalten werden.

Ein übereinstimmender Parteivortrag sollte in beiden Rechtsordnungen nur nach erfolgtem richterlichen Hinweis als Erkenntnisquelle herangezogen werden. Auch privates Wissen, zum Beispiel solches aus Vorprozessen, erfordert ebenfalls einen richterlichen Hinweis, bevor es zur Entscheidungsgrundlage werden kann. Sonst besteht die Gefahr, dass der gleiche Fall von verschiedenen Gerich-

---

[1065] Comentarios a la Nueva Ley de Enjuiciamiento Civil, 1759.
[1066] *Spickhoff*, S. 71.
[1067] *Spickhoff*, S. 71.
[1068] *Spickhoff*, S. 72.
[1069] *Spickhoff*, S. 72.
[1070] *Spickhoff*, S. 72.
[1071] OLG Frankfurt, FamRZ 2000, 37-38

ten mit unterschiedlichem privaten Wissen der jeweiligen Rechtsordnung auch unterschiedlich gehandhabt werden kann[1072]. Der Hinweis muss stets so detailliert sein, dass eine argumentative Auseinandersetzung mit dem Inhalt der berufenen Rechtsordnung möglich wird und darf sich daher nicht in einer kollisionsrechtlichen Stellungnahme erschöpfen[1073]. Nur so kann man dem nachvollziehbaren Gedanken, ausländisches Recht müsse immer bewiesen werden, wirkungsvoll entgegentreten. Im Anwaltsprozess wirkt sich die ungeklärte Haftungslage letztlich zu Lasten der Partei aus und führt dazu, das das Gericht in diesen Verfahren nicht anders handeln darf als in solchen ohne berufsmäßige Parteivertreter.

2. Wege hin zu einer verbesserten Regelung

Dafür gibt es verschiedene Lösungsvorschläge, die sich im Wesentlichen auf drei Positionen konzentrieren lassen: Verpflichtung der Partien zum Beweis des ausländischen Rechts, Zusammenarbeit zwischen Richter und Parteien oder Verpflichtung des Richters zur Ermittlung des ausländischen Rechts:

- Das spanische Beweismodell, das zwangsläufig zu einer zumindest tatsachenähnlichen Behandlung des ausländischen Rechts führt, und Strömungen in Deutschland, die in diese Richtung gehen, müssten wegen ihrer zahlreichen Nachteile sowohl in theoretischer wie praktischer Hinsicht verworfen werden[1074]. Wer dennoch so verfahren will, sollte einen Ansatz über fakultatives Kollisionsrecht suchen.
- Das könnte für eine Zusammenarbeit der einzelnen Prozessrechtssubjekte sprechen: Obwohl diese Lösung zweifellos besser als die vorherige ist, leidet sie auch an Unzulänglichkeiten. Sie gewährt Richter und Parteien die Befugnis zur Zusammenarbeit, legt dies aber keinem als Verpflichtung auf[1075]. Die Frage bleibt ungeklärt, was im Falle von Passivität zu tun ist und wo die Grenzen der Pflichten der Prozesssubjekte verlaufen. Als

---

[1072] *Spickhoff*, S. 73.

[1073] Zum Hinweis dazu siehe oben Zweiter Teil: Kollisionsrecht im Zivilverfahren, III. Rechtsvergleichendes Fazit.

[1074] Vgl. die dazu bisher durchgeführte Analyse.

[1075] Vgl. *Garcimartín Montero*, S. 107.

Ausweg neben Anwendung von Amts wegen wurde vorgeschlagen, dass grundsätzlich der Kläger den Nachweis des ausländischen Rechts führen muss, wenn er seinen Anspruch begründet[1076].

- Aus diesen Gründen erscheint es als erforderlich, dass nur ein Prozessrechtssubjekt die Verpflichtung, im Falle der Parteien die Darlegungs- oder Beweislast, zur Ermittlung des Inhalts der berufenen Rechtsordnung haben[1077]. Ausgehend davon, dass deren Inhalt anwendbares Recht ist und bleibt, ist es logisch, diese Aufgabe dem Richter zuzuweisen[1078]. Dabei muss er die Prozessprinzipien, vor allem das eines kontradiktorischen Verfahrens, respektieren[1079].

Der Richter ist derjenige, der auf die Mechanismen zwischenstaatlicher Informationsgewährung und Justizhilfe zurückgreifen kann. Die Parteien können dies grundsätzlich nicht. Auskünfte im Rahmen von internationalen Abkommen vermitteln eine offizielle und damit verlässlichere Darstellung einer ausländischen Rechtsordnung. *Garcimartin Montero* weist daraufhin, dass man die besondere Natur des ausländischen Rechts als *tertium genus* berücksichtigen müsse[1080]. Daher sei zweckmäßig, die Zusammenarbeit der Prozessrechtssubjekte neben der Ermittlungsverpflichtung des Gerichts zu ermöglichen, wobei man von Folgendem ausgehen sollte:

a) Wenn keine der Parteien das ausländische Recht vorträgt und auch nicht beweist, muss es der Richter uneingeschränkt von Amts wegen tun.
b) Falls die Parteien das ausländische Recht vortragen und nachweisen, können sich zwei Situationen ergeben:
aa) Wenn das Gericht den Nachweis für ausreichend hält, wird der Rechtsstreit in Übereinstimmung mit dem entsprechenden ausländischen Recht entschieden.
bb) Falls die Parteien das ausländische Recht nicht in hinreichender Weise nachweisen, muss das Gericht dessen Inhalt selbst weiter erforschen und die beigebrachten Nachweise durch die Parteien entsprechend ergänzen.

[1076] Vgl. Schellack, S. 69.
[1077] *Garcimartin Montero*, S. 107.
[1078] *Garcimartin Alférez*, S. 32.
[1079] *Batiffol*,S. 384.
[1080] S. 107.

B. BESONDERHEITEN BEI DER RECHTSFINDUNG

I. Erkenntnisquellen und Verfahren

Den Prozessrechtssubjekten stehen verschiedene Instrumentarien zur Verfügung, um ausländisches Recht zu ermitteln.

1. Erkenntnisquellen aus der Sphäre des Gerichts in Spanien

Räumt man dem Richter das Recht ein, sich der nötigen Mittel zur Nachforschung zu bedienen und geeigneten Maßnahmen zu ergreifen, können es folgende sein[1081]:

a) Privates Wissen als Erkenntnisquelle

Der Richter darf den Beweis nicht ersetzen oder ergänzen durch privates Wissen[1082] vom ausländischen Recht und es damit der Notwendigkeit des Beweises entziehen[1083]. Der Grund soll darin liegen: Das ausländische Recht müsse immer bewiesen werden und besagter Beweis sich auch in den Prozessakten wiederfinden. Das steht im Kontrast zu der Bedeutung, die privates Wissen der Notare und Registerbeamten bei der außergerichtlichen Anwendung des ausländischen Rechts hat. Daran soll auch Art. 281.2 LEC nichts ändern: Der Beweis darf nicht durch privates Wissen ersetzt oder komplettiert werden; die Beweiserhebung muss sich immer in den Akten wiederfinden[1084].

Einige Autoren wollen den Rückgriff auf das private Wissen zu einer Pflicht in den Fällen erklären, in denen die anwendbare Norm im Prozess bisher keinen Nachweis erfahren hat[1085]. Zwar ist es so, dass diese Möglichkeit ihm im Be-

---

[1081] *Calvo Caravaca*, 2. Aufl. S. 242 Nr. 22-25; *Fernández Rozas/ Sánchez Lorenzo*, Ziff. 220 - 224.

[1082] Im Spanischen *conocimiento privado*; oft in der Literatur auch mit dem deutschen Begriff *Privates Wissen* bezeichnet. Siehe dazu ausführlich: *Stein*, Das private Wissen des Richters.

[1083] *De la Oliva/ Angel Fernándes*, a.a.O.

[1084] *Calvo Caravaca/Carrascosa González*, S. 242 Nr. 22.

[1085] *Gutiérrez de Cabiedes*, ADI, II, 1975, 43 – 83, 62, *Montero Aroca*, S. 54. *Sentis Meleno* S. 160.

reich der Tatsachen verwehrt ist. Allerdings muss man dem Rechnung tragen, dass das ausländische Recht zumindest im engen Sinne zu diesem nicht gezählt werden kann und es im Prozess anwendbares Recht bleibt.

b) Instrumente zur Ermittlung des ausländischen Rechts.

Dem Wortlaut nach gestattete Art. 12.6 Abs. 2 CC dem Richter die Verwendung jedweden Mittels, das vom Gesetzgeber zugelassen ist und insgesamt zur Erreichung des angestrebten Zwecks als geeignet erscheint. Art. 281.2 LEC ermächtigt das Gericht nach Meinung der Literatur ebenfalls, sich jedweden gesetzlich vorgesehenen Mechanismus zu bedienen[1086].

Das können Anfragen bei Notaren, spanischen oder ausländischen diplomatischen Vertretungen sein. Eröffnet ist auch die Möglichkeit, die Mittel der modernen Kommunikationsgesellschaft einzusetzen. Dies gilt sowohl für die gegenwärtigen wie auch für die zukünftigen. Dies sind in erster Linie die Möglichkeiten des Internet (WWW, E-Mail, etc.), wie etwa ein juris- Zugriff bei entsprechender Lizenz.

Im Besonderen ermöglicht es Art. 281.2 LEC dem Gericht, sich sämtlicher Methoden zu bedienen, die internationale Verträge und Abkommen zu dieser Thematik zur Verfügung stellen. Für Spanien sind dies in erster Linie die folgenden Übereinkommen:

aa) Londoner Abkommen

Das Europäische Übereinkommen von London betreffend die Information über ausländisches Recht vom 7. Juni 1968[1087], ergänzt durch das Straßburger Zusatzprotokoll vom 15. März 1978, das unter der Obhut des Europarats entstanden ist, stellt ein System zur Information über die Rechtsordnungen der jeweiligen Vertragsstaaten zur Verfügung. Der Anwendungsbereich umfasst die Information

---

[1086] *Calvo Caravaca/Carrascosa González*, S. 242 Nr. 22.

[1087] in Deutschland abgedruckt im BGBl. 1974 II 938; Ausführungsgesetzes vom 5. Juli 1974 in BGBl I 1433. Die Ausführungen gelten für beide Mitgliedsstaaten Spanien und Deutschland.

im Zivil- und Handelsrecht sowie im Prozessrecht betreffend Zivil- und Handelssachen sowie über die Gerichtsverfassung der Vertragsstaaten, Art. 1.1. Das Abkommen ist freilich keine spanische Besonderheit, sondern gilt auch in Deutschland[1088].

α) Empfangs- und Übermittlungsstelle

Jeder Staat bezeichnet eine einzige Behörde, die zuständig ist, Anfragen aus anderen Ländern entgegenzunehmen und diese weiterzuleiten[1089]. Jeder Staat kann nach Art. 2.2 eine oder mehrere Übermittlungsbehörden bestimmen, die die Anfragen an die ausländischen Empfangsbehörden weiterleiten. In Spanien ist die *Secretaría General Técnica del Ministerio de Justica e Interior* sowohl Übermittlungs- wie auch Empfangsbehörde.

β) Ersuchende Stelle und Inhalt der Petition

Die Petition um Information muss nach Art. 3 des Abkommens von dem Gericht eines Vertragsstaates in einem laufenden Verfahren ausgehen. Nach Art. 4 des Übereinkommens muss die Petition erkennen lassen, welches das ersuchende Gericht ist, um welche Angelegenheit es geht, die Punkte, über die Information begehrt wird, und das in einer möglichst detaillierten Weise. Für den Fall, dass im ersuchten Staat verschiedene Rechtsordnungen herrschen, sollte die jeweilige Teilrechtsordnung bezeichnet werden. Das Ersuchen muss ferner eine Darstellung der dem Fall zu Grunde liegenden Tatsachen enthalten, da diese sowohl für das Verständnis in der Sache selbst als auch zur Formulierung einer exakten Antwort nötig sind.

[1088] Dazu auch unten Fn.1127. Vertragsstaaten sind neben Spanien und Deutschland sowie Österreich, Belgien, Bulgarien, Costa Rica, Zypern, Dänemark, Spanien, Finnland, Frankreich, Großbritannien, Griechenland, Ungarn, Island, Italien, Liechtenstein, Luxemburg, Malta, Norwegen, die Niederlanden, Polen, Portugal, Rumänien, Rußland, Schweden, die Schweiz, die Türkei und die Ukraine. Zum Abkommen detailliert *Pérez Voituriez*, El procedimiento de información de la ley extranjera en el Derecho español; ders., Técnicas actuales de información y valoración jurídica de la ley extranjera, 380, 434.

[1089] Vgl. Art. 2.1 des Abkommens.

γ) Übermittlung und Beantwortung des Auskunftsersuchens

Nach Art. 5 des Übereinkommens richtet sich das Ersuchen der Übermittlungsbehörde des ersuchenden Staates an die Empfangsbehörde des ersuchten Staates. Die Empfangsbehörde formuliert selbst die Antwort auf das Ersuchen. Allerdings ist es gestattet, dass die Empfangsbehörde das Ersuchen an eine andere staatliche Institution weiterleitet und diese dann die Antwort gibt. Der Empfangsbehörde ist es bei entsprechendem Sachverhalt ebenfalls erlaubt, das Ersuchen an eine private Institution weiterzuleiten oder einen entsprechend qualifizierten Juristen zu beauftragen, Art. 6 des Übereinkommens.

Die Antwort hat objektiv und unparteiisch über den Inhalt der Rechtsordnung des angefragten Staates zu informieren. Nötigenfalls sind entsprechende Gesetzestexte, Verordnungen und Gerichtsentscheidungen beizufügen. Nach Art. 7 sind ggf., um eine optimale Information des Ersuchenden zu gewährleisten, ergänzende Unterlagen, wie Auszüge von Lehrbüchern, Aufsätze oder Textstellen aus Kommentaren hinzuzugeben. Art. 8 stellt klar, dass die so gegebene Auskunft für das ersuchende Gericht keine Bindungswirkung entfaltet. Die Empfangsbehörde des ersuchten Staates übermittelt gem. Art. 9 des Abkommens die Antwort an die Übermittlungsbehörde des ersuchenden Staates[1090]; sie sollte bei der ersuchenden Behörde ergänzende Informationen einfordern, wenn diese zur Formulierung der Antwort nötig sind, Art. 13.

δ) Sprachen und Kosten.

Ein Ersuchen muss in einer Amtssprache des ersuchten Staates abgefasst oder mit einer entsprechenden Übersetzung versehen sein. Die Antwort wird ebenfalls in der Sprache des ersuchten Staates abgefasst, Art. 14. Außer in den Fällen

---

[1090] Die Empfangsbehörde des ersuchten Staates ist verpflichtet, das Ersuchen weiterzuleiten, Art. 10.1. Dies gilt nicht für den Fall, dass staatliche Interessen des ersuchten Staates durch den Rechtsstreit, auf den sich die Anfrage bezieht, beeinträchtigt sind oder dass die Antwort geeignet wäre, die Souveränität oder Sicherheit des ersuchten Staates zu beschädigen, Art. 11. Art. 12, die Antwort sollte so schnell wie möglich gegeben werden. Art. 12.

des Art. 6.3 des Übereinkommens werden für die Antwort keine Kosten erhoben, Art. 15[1091].

ε) Stellungnahme und Verbesserungsvorschlag

Ungeachtet der an sich positiven Erfahrungen und der schnellen und kostengünstigen Erledigung steht die Praxis beider Länder dem immer noch wenig bekannten Abkommen skeptisch gegenüber[1092]. Die Gerichte in allen Staaten Europas haben zwar zunehmend ausländisches Recht anzuwenden, weshalb das EuAuskÜbk zunächst begrüßt wurde[1093]. Das EuAuskÜbk wurde auch in Spanien nur sehr selten angewandt[1094]. Es wird kritisiert, denn es bringe nur einen kleinen Fortschritt, weil die Staaten, über deren Recht man wenig informiert sei, diesem nicht beigetreten sind[1095] und die Praxis wohl ein allgemeingültiges Verfahren wünscht. Vor allem wird es angegriffen, weil es nur die Beantwortung abstrakter Rechtsfragen ermögliche[1096]. Das im Abkommen vorgesehene Verfahren sei ineffektiv[1097]. Ungeklärt ist zudem in der Tat die Frage der Haftung im Falle einer falschen Auskunft[1098].

[1091] Das Straßburger Zusatzprotokoll vom 15. März 1978 erweitert den Anwendungsbereich auf das Strafrecht, Art. 1.1 und hinsichtlich des Kreises der zum Auskunftsersuchen berechtigten Behörden. Nach Art. 3 a des Zusatzabkommens kann jedwede Autorität oder Person, die sich in einem offiziellen System mit der Rechtsberatung oder rechtlicher Hilfestellung beschäftigt, Auskunftsersuchen stellen für wirtschaftlich schwache Parteien. Nach Art. 3 e ist es zulässig, die Information nicht erst nach Beginn eines Verfahrens, sondern auch dann schon anzufordern,

[1092] *Pérez Voituriez*, La Información, S. 149 ; *Linke*, Rn. 277.

[1093] *Wolf*, NJW 1975, 1583, 1586. Wobei es oft schwierig sei, dieses Recht zu ermitteln, so *Wolf* dort. Detailliert zu den Problemen *Otto*, Jahrbuch für italienisches Recht, Band 4 (1991), S. 139, 147, ders. Jahrbuch für italienisches Recht, Band 7 (1994), S. 231, 238. Ders. zu den Mißständen bei der Anwendung zwischen Italien und Deutschland, Jahrbuch für italienisches Recht, Band 8 (1995), S. 229, 230. *Vgl. auch* Wollny, StAZ 1984, 479 f.

[1094] *Pérez Voituriez*, La Información, S. 149, 206 ; zur Kritik und Uraschen aus deutscher Sicht vgl. *Otto*, FS Firsching, S. 223, 229 ff und Jb. Für das italienische Recht 7 (1994) 236 ff.; *Schellack*, S. 156 ff u. Anhang.

[1095] *Sturm* StAZ 1977, 213, 218.

[1096] *Kindl*, S. 187 m. w. N.

[1097] *Hetger*, DNotZ 1994, 88, 100.

[1098] *Hetger*, FamRZ 1995, 654.

Bei der Ursachenforschung erkennt man in einem Punkt jedoch eine Verbesserungsmöglichkeit: Die Frage sollte in der Heimatsprache des ersuchenden Staates abgefasst werden. Die Antwort kann der ersuchte Staat schon jetzt in seiner Sprache abfassen und übermitteln. Art. 14 Abs. 1 des Abkommens wäre entsprechend zu ändern, bzw. sämtliche Vertragsstaaten sollten von der in Absatz 2 angebotenen Möglichkeit einer abweichenden Regelung Gebrauch machen. Es empfiehlt sich, allgemeine, begleitende Informationsschreiben zum Zivilprozess in den jeweiligen Vertragsstaaten zu entwerfen. Die Zugangsschwelle für das Stellen eines Ersuchens wird gesenkt. Es ist erwiesenermaßen einfacher, - auch für besonders spracherfahrene Juristen – die Fragestellung aus einer fremden Sprache in die eigene hinein zu übersetzen und zu verstehen, als einer oftmals schiefe Übersetzung zu folgen. Spiegelbildlich verhält es sich bereits mit der Fragestellung. Von einer Änderung ist eine deutliche Belebung in der Anwendung des Londoner Übereinkommens zu erwarten. Die Schwierigkeit liegt dort darin, für die ersuchende Behörde aktiv in die fremde Sprache zu übersetzen, obwohl bei der ersuchten Behörde ebenfalls Juristen oder beauftragte Übersetzer vorhanden sind. Es ist also kein sachlich gerechtfertigter Grund sichtbar, warum die ersuchende Behörde ihr Ersuchen in die Sprache des ersuchten Landes übersetzen soll. Dabei sei nur am Rande auf die mit der Übersetzung verbundenen Schwierigkeiten und Gefahren hingewiesen, eine Interpretation des eigenen oder fremden Rechts bereits vorzunehmen. Sendet die ersuchende Behörde ihr Ersuchen dann an die Empfangsstelle des ersuchten Landes, so kann diese dann dort entscheiden, ob sie eine Übersetzung vornimmt oder die Anfrage direkt an einen fachlich und sprachlich versierten Juristen ihres Landes zur Beantwortung weiterleitet. Die Antwort wird dann in jedem Fall in der Landessprache des ersuchten Landes verfasst und an die zuständige Stelle des ersuchenden Landes zurückgesandt. Dort kann dann entschieden werden, ob sie direkt an das ersuchende Gericht weitergeleitet wird oder zunächst eine Übersetzung erfährt. Erstgenanntes wird dann der Fall sein, wenn das Gericht über hinreichende Sprachkenntnisse verfügt[1099]. Anderenfalls wird die zweite Möglichkeit gewählt. An der Verteilung der entstehenden Kosten ändert sich im Saldo nichts.

[1099] was insbesondere bei der Bildung von Spezialsenaten sicher der Fall sein wird, dazu siehe schon ...

Art. 14 sollte wie folgt geändert werden:

Abs. 1 Das Auskunftsersuchen und seine Anlagen werden in der Sprache oder einer der Amtssprachen des ersuchenden Staates abgefasst.

Abs. 2 (entfällt)

Des weiteren ist in Rechtsordnungen, in denen der Nachweis ganz oder teilweise von den Parteien verlangt wird, der Rechtsanwaltschaft die Nutzung zu gestatten. Es kann nicht sein, dass einerseits die Nutzung den Gerichten vorbehalten ist, andererseits diese keinen Gebrauch machen und die Parteien, denen der Zugang verwehrt ist, mit der Ermittlung belasten.

bb) Interamerikanisches Übereinkommen betreffend den Nachweis und die Information über ausländisches Recht von Montevideo vom 8. Mai 1979[1100]:

Es handelt sich um ein Abkommen im Rahmen der OEA und der CDIP, dessen Anwendungsbereich sich auf Informationsgesuche betreffend die Rechtsordnung eines Vertragsstaates erstreckt. Einschränkungen hinsichtlich der Rechtsmaterien gibt es nicht. Das Übereinkommen benennt in Art. 3 einen offenen Kanon hinsichtlich der Nachweismittel für das ausländische Recht:

- Der Urkundsbeweis. Dieser besteht aus beglaubigten Abschriften von Gesetzestexten unter Angabe des Datums ihres Inkrafttretens und der Gültigkeit.

- Juristische Präzedenzfälle.

- Der Sachverständigenbeweis. Das sind Gutachten von Rechtsanwälten oder anderen Experten in der jeweiligen Materie.

1100 Vertragsstaaten sind Argentinien, Kolumbien, Ecuador, Spanien, Guatemala, Mexiko, Paraguay, Peru, Uruguay und Venezuela.

- Auskunftsberichte des ersuchten Staates selbst über Gesetzestexte, Gültigkeit, Sinn und Reichweite seines Rechts für bestimmte Aspekte.

Berechtigt zur Anforderung von juristischer Information sind die Gerichte der Vertragsstaaten, Art. 4 des Übereinkommens. Nach Art. 5 muss ein Informationsbegehren enthalten:

Das Gericht, von dem es ausgeht, die Bezeichnung der Angelegenheit, die begehrten Nachweismittel, die Punkte, auf die sich die Anfrage bezieht unter Angabe von Sinn und Reichweite derselben sowie die Angabe der Tatsachen, die zum Verständnis nötig sind.

Die Ersuchen können direkt von dem Ausgangsgericht oder über eine zentrale Behörde des ersuchenden Staates an die entsprechende zentrale Behörde des ersuchten Staates geleitet werden. Dabei ist eine Beglaubigung oder Überbeglaubigung nicht notwendig, Art. 7. Nach Art. 9 muss jeder Staat eine zentrale Behörde benennen, die Aufgaben nach diesem Abkommen wahrnimmt. In Spanien ist es die *Secretaría General Técnica del Ministerio de Justicia e Interior*.

Die ersuchte Stelle hat die angefragten Punkte dem Ersuchen entsprechend und so komplett wie möglich zu beantworten. Nach Art. 6 ist jeder Vertragsstaat verpflichtet, die dem Übereinkommen entsprechenden Ersuchen eines anderen Vertragsstaates mittels der zentralen Behörde zu beantworten. Diese ist berechtigt, die Ersuchen an andere Stellen des ersuchten Staates weiterzuleiten.

Das Ergebnis der Antwort bindet die ersuchenden Gerichte nicht. Der ersuchte Staat kann die Beantwortung ablehnen, wenn die begehrte Information Interessenskonflikte der beteiligten Staaten bedeuten kann oder die Antwort die Souveränität oder Sicherheit eines Vertragsstaates beeinträchtigen kann, Art. 10. Sprachprobleme gibt es nicht, da Spanisch gemeinsame Muttersprache.

cc) Bilaterale Abkommen

Ferner gibt es einige von Spanien unterzeichnete bilaterale Abkommen, die die Information über die Rechtsordnungen der jeweiligen Vertragsstaaten zum Gegenstand haben. So das Übereinkommen zwischen Spanien und Mexiko vom 1. Dezember 1984 über den Austausch von Informationen zwischen den Vertragsstaaten über ihre jeweiligen Rechtsordnungen; die Art. 31 bis 33 des Übereinkommens betreffend die juristische Zusammenarbeit auf dem Gebiet des Zivilrechts zwischen Spanien und Brasilien vom 13. April 1989; Art. 10 des Übereinkommens vom 4. Mai 1987 über die Rechtshilfe, Anerkennung und Vollstreckung von Urteilen in Zivilsachen zwischen Spanien und der damaligen Tschechoslowakei[1101]. Zu dem Art. 27 des Übereinkommens vom 2. Mai 1992 zwischen Spanien und der Volksrepublik China betreffend die Rechtshilfe in Zivil- und Handelssachen und Art. 25 des Übereinkommens vom 23. Mai 1993 betreffend die Rechtshilfe in Zivilsachen zwischen Spanien und Bulgarien.

dd) *Diligencias para mejor proveer*

Als Ermittlungsmittel, die das Gericht verwenden kann, scheiden die *diligencias para mejor proveer*[1102] nach deren Wegfall aus. Diese waren das traditionell befürwortete Ermittlungsmittel[1103]. Um bestimmen zu können, was funktionell an ihre Stelle treten könnte, muss deren vormaliger Anwendungsbereich geklärt sein.

Die *diligencias para mejor proveer* waren Ermittlungen durch und auf Initiative des Rechtsprechungsorgans, mit denen es sich eigene Überzeugung vom Prozessmaterial bildete dem Ziel, richterliche Überzeugung zu gewinnen oder eine bereits gebildete Überzeugung zu bekräftigen[1104].
Art. 340 LEC gestattete den Gerichten, zwischen mündlicher Verhandlung und Urteilsspruch zusätzliche Verfügungen zur Aufklärung des Sachverhaltes zu

---

[1101] Hinsichtlich der Rechtsnachfolge der Tschechoslowakei bestehen Unklarheiten, vgl. *Calvo Caravaca/Carrascosa González*, Introducción, S. 428.

[1102] Art. 340 der LEC von 1881.

[1103] Vergleiche oben und *Gómez*, S. 350.

[1104] Vgl. STS vom 28.11.1961, STS vom 02.06.1987 und STS vom 06.06.1991. Der Senat hat wiederholt darauf hingewiesen, dass gerichtliche Maßnahmen nach Art. 340 LEC fakultativ sind und das Gericht frei und souverän über deren Gebrauch entscheiden kann. Der Wortlaut der Vorschrift sei eindeutig, weshalb auch keinerlei Rechtsmittel gegeben seien, vgl. STS vom 27.12.1990, STS vom 06.06.1991, STS vom 20.03.1992, STS vom 01.06.1995 und STS vom 17.06.1996. Vgl. auch STS vom 30.04.1992 und 26.01.1996.

treffen, wobei diese Vorschrift kein subjektives Recht für eine der Parteien begründete[1105]. Das bedeutete nichts anderes als eine Möglichkeit des Richters – *podrán acordar*[1106]-, die in Absatz 1 Nr. 1 bis 5 erwähnten Verfügungen zu treffen. Auch aus Art. 24 CE ergibt sich nichts anderes: In den Verfahren, die vom Dispositionsgrundsatz dominiert werden, gibt es keinen Anspruch darauf, dass das Gericht Maßnahmen nach Art. 340 LEC ergreift[1107]. Bei einer anderen Auslegung würde man unzulässigerweise eine neue und systemwidrige Beweisart einführen[1108]. Die Möglichkeit des Gerichts, beantragte Verfügungen anzuordnen oder nicht, konnte eine Verfassungsbeschwerde nicht begründen, da sich aus Art. 340 LEC kein subjektives Recht für eine der Parteien ableiten ließ[1109]. Machte der Richter von den Möglichkeiten der Art. 340 und 341 LEC keinen Gebrauch, so konnten er dafür eine Begründung abgeben, musste es aber nicht[1110].

Richterlichen Untersuchungshandlungen nach Art. 340 LEC widersprachen an sich dem Parteibetrieb und dem Dispositionsgrundsatz als Grundmuster der alten Prozessordnung[1111]. Nach Auffassung der Rechtsprechung standen dem Richter die *diligencias para mejor proveer* als annähernd einziges Mittel zur Verfügung, um den Inhalt einer ausländischen Rechtsordnung selbst zu ermitteln[1112].

Allerdings machte es einen Unterschied, ob die richterlichen Untersuchungshandlungen auf die Ermittlung eines ausländischen Rechts gerichtet sind oder ob es um Tatsachen ging. Der Unterschied lag darin, dass bei den materiellen Tat-

1105 *Martínez-Pereda Rodríguez*, Ley de enjuiciamiento civil y leyes complementarias, comentarios, jurisprudencia, concordancias y formularios, Art. 610 LEC, S. 269.

1106 *Können anordnen*. Vgl. auch STS 12.11.1976 (RAJ 4921)

1107 Vgl. STC 98/1987.

1108 STC 98/1987.

1109 *Martínez-Pereda Rodríguez*, Ley de enjuiciamiento civil y leyes complementarias, comentarios, jurisprudencia, concordancias y formularios; Art. 610 LEC, S. 141.

1110 *Martínez-Pereda Rodríguez*, Ley de enjuiciamiento civil y leyes complementarias, comentarios, jurisprudencia, concordancias y formularios, Art. 610 LEC, S. 141.

1111 Siehe STS vom 28.01.1972, STS vom 30.05.1975, STS vom 06.04.1981, STS vom 24.04.1996 und STS vom 21.09.1991.

1112 Vgl. STS vom 30.06.1962 (RA 3322), vom 09.11.1984 (RA 5373), vom 09.12.1986 (RA 7224) und vom 10.03.1993 (RA 8034).

sachen, die *diligencias para mejor proveer* eine Beweisaktivität der Parteien nicht ersetzen konnten, da sie nur als ergänzender Mechanismus für nicht ausreichend bewiesene Tatsachen zu verstehen waren. Genau das aber bewahrheitete sich nicht bei der Ermittlung ausländischen Rechts. Der Richter war hier insoweit freier in seiner Anordnung, da er Maßnahmen nach Art. 340 LEC auch dann anordnen kann, wenn noch keine Beweise durch die Parteien erbracht worden sind. Er verstieß damit auch nicht gegen den Grundsatz, über die *diligencias para mejor proveer* keine neuen Tatsachen in den Prozess einzuführen, denn auch nach der Rechtsprechung des *Tribunal Supremo* gibt es keine ja vollkommene Gleichsetzung des ausländischen Rechts und materieller Tatsachen.

Eine Ausnahme vom Beibringungsgrundsatz und der Dispositionsmaxime darf aber nicht dazu führen, dass auf direkte oder indirekte Weise neue Tatsachen in den Prozess eingeführt werden[1113]. Ebenso wenig dürfen die Tatsachen in Frage gestellt werden, die zwischen den Parteien unstreitig sind, sei es durch ausdrückliches Zugestehen oder durch *ficta comfessio*[1114]. Ein Parteiantrag hatte nur die Funktion, das Gericht auf die Möglichkeiten des Art. 340 LEC aufmerksam zu machen[1115]. Ein solcher Antrag war sicherlich zulässig, schmälerte aber nicht die Möglichkeit des Gerichts, nach freiem Ermessen über die Vornahme von Handlungen nach Art. 340 LEC zu entscheiden[1116]. Maßnahmen nach Art. 340 LEC konnten nur innerhalb der für die Beweisaufnahme geltenden Fristen vorgenommen werden, Art. 341 Satz 1 LEC. Sinn der Vorschrift war es, eine Verfahrensverzögerung zu vermeiden[1117]. Die Gerichte dürfen ihre Möglichkeit zu eigenen Untersuchungshandlungen nicht missbrauchen, um eine Inaktivität einer Partei zu ersetzen[1118]. Auch das *Tribunal Supremo* hat klargestellt[1119], dass die richterliche Ermittlung nach Art. 340 LEC nicht eine fehlende Geltendmachung

---

[1113] *Pajares Giménez/Javier Medina Guijarro*, Enjuiciamiento civil, Art. 340 LEC, Fußnote 265.

[1114] Wie in der letzten Fußnote.

[1115] Vgl. STS vom 10.10.1952.

[1116] Siehe STS vom 01.12.1949.

[1117] *Pajares Giménez/Javier Medina Guijarro*, Enjuiciamiento civil, Art. 340 LEC, Fußnote 265.

[1118] So STS vom 14.02.1930, STS vom 08.03.1933 und STS vom 08.11.1991.

[1119] STS vom 12.11.1976, und SJPI Palma de Mallorca vom 18.01.1967.

des ausländischen Rechts ersetzen kann. Der Richter ist insoweit auf ein solches Vorbringen angewiesen.

Art. 281.2 LEC 2000 will die dem Gericht zur Verfügung stehenden Beweismittel nicht einschränken, sondern sämtliche weiteren geeigneten Beweismittel an die Hand geben und deren Verwendung letztendlich anordnen[1120].

Nach *Esplugues*[1121] ist nunmehr offen, was Richter nach neuem Recht wählt. Denkbar sind *Diligencias finales*, um einen Gutachter von Amts wegen zu bestellen[1122]. Offenbar hat sich die Rechtsprechung dieses Vorschlages bisher in keiner Weise angenommen, was darauf hin deutet, weiterhin die Parteien als primäres Ermittlungsmittel in die Pflicht nehmen zu wollen. Welche Möglichkeiten es gibt, einen Gutachter von Amts wegen zu bestellen, werden die Ausführungen zum deutschen Recht zeigen.

2. Erkenntnisquellen aus der Sphäre des Gerichts in Deutschland

a) Übersicht

Hier geht es um die richtige Auswahl, Bewertung und Einschätzung der Ermittlungsmittel durch das Ermittlungssubjekt. *Krause* unterscheidet drei verschiedene Verfahrensweisen: Die persönliche Recherche, das Einholen von formlosen Auskünften und zuletzt die Durchführung eines förmlichen Beweisverfahrens[1123]. Eine Dreiteilung nehmen auch *Heldrich*[1124] und *Ultsch*[1125] vor: Das Gericht könne Ermittlungen „auf eigene Faust“ anstellen[1126], das Europäische Übereinkommen betreffend Auskünfte über ausländisches Recht vom 07.06.1968[1127] bemühen oder einen Sachverständigen mit der Erstellung eines

---

[1120] Vergleiche so auch *Gomez*, S. 350.
[1121] *Esplugues Mota*, Rivista di diritto internazionale privato e processuale 2001.2, 279-320.
[1122] Dazu sogleich S. 267.
[1123] S. 66.
[1124] *Heldrich*, Festschrift für Hideo Nakamura, 243, 252.
[1125] *Ultsch*, WuB VII A. § 293 ZPO 1.97
[1126] so *Heldrich*, Festschrift Nakamura, 1996, S. 244, 245.
[1127] BGBl. 1974 II, S. 938; 1975 II, S. 300.

Rechtsgutachtens beauftragen. *Kindl* stellt fest, dass es den deutschen Gerichten nicht verwehrt sei, ausländisches Recht in den Formen des Beweisrechts zu ermitteln[1128]. Eine Unterscheidung nach förmlichen und formlosen Vorgehen erwägt *Schellack*[1129]. Die Wahl des Ermittlungsmittels wird dabei von der Ermittlungszielrichtung beeinflusst[1130].

b) Selbstermittlung durch das Gericht

Zunächst ist möglich, dass der Richter aus eigener Kenntnis den Inhalt des fremden Rechts feststellt. Das Vorgehen dabei entspricht im Wesentlichen der Ermittlungstätigkeit in so genannten rechtlichen Spezialmaterien[1131]. Dies soll Spezialkenntnisse voraussetzen.[1132] Zumindest wird man fordern müssen, dass der Richter über rechtsvergleichende Kenntnisse verfügt. Je fremder die Rechtsordnung bzw. je entfernter der Rechtskreis, aus dem diese entstammt, umso höhere Anforderungen müssen daran gestellt werden. Ermessensfehlerhaft wäre eine Entscheidung eines Gerichts, das, ohne eigene Spezialkenntnisse zu haben, der Parteianregung auf Sachverständigenrat nicht folgt[1133]. Eine eigene Ermittlungstätigkeit darf nicht mit dem Endergebnis „allgemeiner Rechtsgrundlagen" enden.[1134].

Macht sich der Richter das anwendbare ausländische Recht selbst bekannt, so kann er in Deutschland ohne weiteres auf private Kenntnisse zurückgreifen[1135]. Geht es um eine häufig wiederkehrende Fragestellung, etwa aus dem Familienrecht, kann hinsichtlich der Intensität der Forschungsbemühungen das Studium

---

[1128] *Kindl*, ZZP 111 (1998), 177, 179.

[1129] S. 136. Zur Organisation bereits *Kegel* Festschrift Nipperdey, Band I, S. 453, 470. Vgl. auch *Troller*, Festschrift für Wengler, Band 2, Berlin 1973, S. 839, 848.

[1130] Diese ergibt sich aus der Funktion des Kollisionsrechts, dazu siehe Zweiter Teil: Kollisionsrecht im Zivilverfahren, C. Pflicht zur kollisionsrechtlichen Entscheidung? Zum Vorgehen *Sommerlad* RIW 1991, 856.

[1131] Siehe oben S. 37.

[1132] *Luther*, Festschrift Bosch 1976, 569.

[1133] BGH IPRax 95, 38.

[1134] BGH NJW 92, 3106.

[1135] Huzel, S. 79.

des Gesetzestextes ausreichen[1136]. In solchen Fällen liegt zudem eine Anfrage nach dem Europäischen Übereinkommen nahe, so dass der Richter, will er nicht beide Methoden kumulativ verwenden, begründen sollte, warum er sich für die eine und nicht für die andere entschieden hat. Unterscheidet man nach Ermittlungen im Wege des Freibeweises, sind es:

- Amtliche Auskünfte aus dem entsprechenden Land,
- Rechtsgutachten wissenschaftlicher Institute und
- sonstige Sachverständige.

c) Ermittlung im formlosen Verfahren

Grundsätzlich ist es empfehlenswert, das zu untersuchende Problem möglichst frei von Systembegriffen der eigenen Rechtsordnung auszudrücken, da diese den Blick leicht verstellen und den Gang der Untersuchung einseitig beeinflussen können[1137]. Es wurde daher im Zusammenhang mit der formlosen Vorgehensweise des Gerichts vorgeschlagen, den Begriff des *Beweises* durch den des *Nachweises* ausländischen Rechts zu ersetzen[1138]. Begründet wird dies gedanklich richtig damit, dass nur Tatsachen beweisbedürftig und beweisfähig seien. Dem wäre insoweit zuzustimmen und der Begriff daher so zu verwenden, als dass damit eine bessere Abgrenzung zum Beweis von Tatsachen und gegenüber Rechtsordnungen, die einen Beweis im engeren Sinne verlangen, gelingt und es nicht jedem Praktiker sofort klar sein dürfte, dass das Wort Beweis hier vom üblichen Sprachgebrauch abweicht und somit der Boden für fehlerhafte Rechtsanwendung genährt wird. Die Terminologie hat sich aber nicht durchgesetzt und sieht sich mit dem Vorwurf, farblos zu sein, konfrontiert. In der Sache bedeutet dieser Begriff nichts anderes, und man kann weiterhin von Freibeweis sprechen, wenn man sich klarmacht, dass damit kein förmliches Beweisverfahren gemeint ist.

[1136] *Kindl*, S. 183.

[1137] vgl. *Zweigert/Kötz*, S. 33 und oben Fn. 31.

[1138] *Schack* IZPR, RN 625; *Riezler*, IZPR 493; *Koehler*, JR 1951, 550; *Dölle*, FS *Nikisch*, S. 188 und *Geisler*, ZZP 91 (1978); anderer Auffassung *Bendref*, MDR 1983 892-895.

Das Gericht kann als formlose, nach § 293 Satz 2 ZPO zulässige Ermittlungshandlung bei ausländischen diplomatischen Vertretungen im Inland oder deutschen diplomatischen Vertretungen im Ausland nachfragen[1139]. *Kroppholler* bezweifelt den Nutzen solcher Anfragen, da das Ergebnis weitgehend vom Zufall abhängig sei[1140]. Diese Institutionen sind mit den entsprechenden komplexen Fragestellungen regelmäßig überfordert[1141]. Im Übrigen fallen Auskunftserteilungen nicht in deren Aufgabengebiet[1142].

In Deutschland besteht nach einer Anordnung des Bundesministers des Auswärtigen aus dem Jahre 1969 theoretisch die Möglichkeit, vom Bundesverwaltungsamt Auskünfte über ausländisches Recht zu erhalten[1143]. Diese Möglichkeit besteht insbesondere auf dem Gebiet des Familien-, Erb-, Staatsangehörigkeits-, Personenstands-, Aufenthalts- und Fremdenrechts. Mangels entsprechender Quellenausstattung ist dieses Verfahren in der Praxis jedenfalls bei der Beantwortung schwieriger Fragen ohne Bedeutung[1144].

Bei der Ermittlung ausländischer Seehandelsrechtsnormen kann eine Auskunft der BIMCO[1145] als Erkenntnisquelle benutzt werden[1146].

In einer neueren Entscheidung[1147] hat sich der BGH kritisch mit einer Ermittlung im formlosen Verfahren auseinandergesetzt: Das Berufungsgericht hatte seine Ausführungen zum spanischen Recht ausschließlich auf zwei Auskünfte des spanischen Justizministeriums gestützt. Diese seien aber unergiebig und nicht

---

1139 *Sommerlad/Schrey* NJW 1991,1377, 1379 m. w. N.

1140 IPR, S. 547.

1141 *Hetger*, FamRZ 1995, 654.

1142 *Hetger*, FamRZ 1995, 654.

1143 Bundesanzeiger Nr. 95 vom 24.5.1969, S. 1.

1144 *Hetger*, Die Ermittlung ausländischen Rechts, FamRZ 1995, 654.

1145 Bei der BIMCO (*The Baltic and International Maritime Conference*) handelt es sich um eine Organisation von Reedern und Reederverbänden, die insbesondere auf dem Gebiet des Seerechts bewandert ist und eine Übersicht über den aktuellen Stand der ausländischen Gesetzeslage hat.

1146 OLG Hamburg TranspR 1993, 107-108.

1147 BGH WM 2001, 502, 504, ZIP 2001, 675, 676

geeignet, das Berufungsurteil zu tragen[1148]. Die auf die Auskünfte des spanischen Justizministeriums gestützte Ansicht des Berufungsgerichts, die Klägerin habe es im Verfahren vor dem spanischen Amtsgericht versäumt, Verzugszinsen einzuklagen, vollstreckbar seien aus dem Urteil des spanischen Gerichts also nur Zinsen ab Erlass des Urteils, entbehre somit – so die zutreffende Auffassung des BGH - einer tragfähigen Grundlage. Von einer ermessensfehlerfreien Ermittlung spanischen Rechts, insbesondere der spanischen Rechtspraxis bei der Auslegung eines Ausspruchs „zuzüglich der anfallenden Zinsen" im Urteilstenor eines spanischen Gerichts, könne keine Rede sein. Zur insoweit entscheidungserheblichen Rechtspraxis spanischer Gerichte fehle im Berufungsurteil vielmehr jede Ermittlung und Feststellung.

Das angefochtene Urteil wurde aufgehoben und die Sache zwecks weiterer Feststellungen zum spanischen Recht und zur spanischen Rechtspraxis - durch Einholung einer Auskunft eines *spanischen* Gerichts oder eines Gutachtens eines *spanischen*[1149] Professors für Zivilprozessrecht, so die ausdrückliche Empfehlung des BGH - an das Berufungsgericht zurückverwiesen.

Daraus folgt, dass auch innerhalb einer formlosen Ermittlung anhand der Ermittlungszielrichtung der geeignete Weg ermessensfehlerfrei zu bestimmen ist,

---

[1148] Eine Auskunft beschränkte sich auf eine wörtliche Wiedergabe der Art. 385 und 921 LEC, deren kurze Erläuterung und die Mitteilung der gesetzlichen Zinssätze in den Jahren 1994 bis 1998. Art. 385 LEC befasst sich nur mit der vorläufigen Vollstreckbarkeit eines Urteils, Art. 921 LEC ausschließlich mit den ab Erlass eines Urteils zu zahlenden Zinsen, nicht aber mit vorher anfallenden Verzugs- oder Prozesszinsen. Auf die im Fall entscheidungserhebliche Frage, ob mit den Worten „zuzüglich der anfallenden Zinsen" im Urteilstenor eines spanischen Gerichts nach spanischer Rechtspraxis auch vorprozessuale Verzugszinsen, zumindest aber mit Klageerhebung anfallende Prozesszinsen vollstreckbar ausgeurteilt werden, ging die Auskunft mit keinem Wort ein. Gleiches galt für eine ergänzende Auskunft des spanischen Justizministeriums. Sie beschränkt sich auf die wörtliche Wiedergabe der Art. 1100, 1101 und 1108 *Código Civil* über Verzugsvoraussetzungen und -zinsen, die Mitteilung der gesetzlichen Zinssätze, die Abgrenzung von Verzugs- und Prozesszinsen und den Hinweis, dass Verzugszinsen zumindest ab Klageeinreichung anfallen, im Gegensatz zu Urteilszinsen aber vom Kläger mit der Klage geltend gemacht werden müssen. Dass ein Antrag „zuzüglich der anfallenden Zinsen" nach der spanischen Rechtspraxis weder Verzugszinsen noch ab Klageerhebung anfallende Prozesszinsen erfasst, war der ergänzenden Auskunft des spanischen Justizministeriums, die auf die spanische Rechtspraxis, insbesondere die Rechtsprechung, nicht eingeht, nicht zu entnehmen.

[1149] Hervorhebungen hinzugefügt.

wobei unverkennbar ist, dass der BGH eine Auskunftsperson aus der berufenen Rechtsordnung bevorzugt und sich damit eine weitere Parallele zur spanischen höchstrichterlichen Rechtsprechung eröffnet.

In einem ähnlichen Fall zur Beitreibung von auf einer ausländischen Urteilsausfertigung quittierten Gebühren im Vollstreckungsverfahren hielt der BGH das deutsche Gericht für verpflichtet, die Frage durch ein entsprechendes Auskunftsersuchen nach dem Übereinkommen aufzuklären zu suchen[1150]. Das Beschwerdegericht hätte seine Zweifel an der italienische Rechtspraxis nach dem Europäischen Übereinkommen und § 1 des Ausführungsgesetzes vom 5. Juli 1974 beheben oder zumindest der Antragstellerin einen Hinweis geben müssen.

Wegen der Rechtsprechung des BGH, der die Ladung des Sachverständigen auf Parteienantrag hin verlangt, spricht sich die herrschende Meinung gegen die Einholung von formlosen Auskünften bei Stellen, die sonst mit der Erstellung von Rechtsgutachten beschäftigt sind[1151]. Dagegen spricht, dass bei der Einholung von Auskünften nach dem Europäischen Übereinkommen die Vernehmung des Sachverständigen ebenfalls unzulässig ist, § 4 des Ausführungsgesetzes.

Darüber hinaus ist es denkbar und wird auch in vielen Fällen ratsam sein, zunächst eine formlose Anfrage an die begutachtende Stelle zu richten, um die dem abzufassenden Beweisbeschluss zugrundelegende der Fragestellung überhaupt hinreichend zu konkretisieren und mit den Parteien erörtern zu können. Eine solche Vorab-Information ermöglicht den Parteien, ggf. nach entsprechendem richterlichen Hinweis auch zu einem kostengünstigen Vorgehen nach dem Europäischen Abkommen, den Tatsachenvortrag zu ergänzen.

Ein beachtenswerter Vorschlag kam von *Nagel*[1152]. Über persönlich bekannte ausländische Juristen kann das ausländische Recht vielfach besser als über andere Wege beschafft werden. Dieser Weg empfiehlt sich in jedem Fall für Par-

---

[1150] BGH NJW 1983, 2773, 2775 mit Amn. Prütting IPRax 1985, 137, 140. zur Ermittlung nach dem Europäischen Abkommen siehe noch BGH NJW 1988, 647, 648; IPRax 1988, 228, 229.

[1151] Siehe *Kindl*, S. 187 f.

[1152] *Nagel*, IZPR Rn. 436.

teivertreter, die schwerpunktmäßig in einer bestimmten ausländischen Rechtsordnung tätig sind. Wegen der Vielzahl der möglichen Rechtsordnungen ist der Anwendungsbereich für den Richter in der Regel reduzierter[1153]. Entsprechende Kontakte sind natürlich stets Voraussetzung. Hier zeigt sich wiederum die Bedeutung eines Auslandsaufenthaltes schon als Bestandteil des Studiums.

d) Förmliches Beweisverfahren: Sachverständigengutachten

§ 293 ZPO eröffnet dem Gericht die Möglichkeit, sich für die Ermittlung der Methoden der formellen Beweiserhebung zu bedienen[1154]. Daraus folgt aber nicht, dass bei Nichtermittelbarkeit des ausländischen Rechts nach Beweislastgrundsätzen zu entscheiden sei. Das wird von der Rechtsprechung nicht konsequent durchgehalten. So hat *Geimer* durchgreifende Bedenken insoweit, als sie dem Kläger die Beweislast für das Bestehen der Gegenseitigkeit auferlege[1155]. Das steht im Widerspruch zu ZPO § 293[1156]. Im Regelfall genügt der Tatrichter seiner Erforschungspflicht, wenn er das Gutachten eines mit den einschlägigen Fragen vertrauten wissenschaftlichen Instituts einholt und auf Antrag der Parteien den Gutachter seine Ausführungen mündlich erläutern lässt[1157]. *Simitis*[1158] sieht im Gutachter die einzige Möglichkeit für den Richter, seine Verpflichtung tatsächlich zu erfüllen. In Bayern gibt es darüber hinaus die Möglichkeit, nach der „Bekanntmachung des Justizministeriums über das Sachverständigenwesen" zu verfahren[1159]. Die Haftungsfrage ist offen[1160].

[1153] Ein entsprechender Richteraustausch kann diese Kontakte fördern, wo sie besonders sinnvoll sind, etwa bei Familienrichtern, die aufgrund lokaler Gegebenheiten häufig mit der Anwendung türkischen Familienrechts beschäftigt sind.

[1154] Zur rechtshistorischen Begründung der Gutachtenpraxis *Spickhoff*, ZZP 112 (1999), 269 f. Kritisch zur Praxis von. Rechtsgutachten *von Münch* NJW 1998, 1761 f..; speziell zu der des Bundesverfassungsgerichtes, Rechtsgutachten über deutsches Recht einzuholen, *Spickhoff* a.a.O.

[1155] *Schütze*, RIW 1983, 460 f..

[1156] *Schütze*, RIW 1983, 460 f.; ders. Zur Ausländersicherheit in Panama, RIW 1990, 674 f.

[1157] BGH NJW 1991, 1418, 1420.

[1158] StAZ 1976, 8.

[1159] BayJMBl. 1979, 174 i. d. F. der Änderung vom 21.11.1983, BayJMBl. 1983, 225.)

[1160] *Hetger*, FamRZ 1995, 654).

Die Durchführung einer Beweisaufnahme ist grundsätzlich in das Ermessen des Gerichts gestellt. Wird sie durchgeführt, sollen nach herrschender Meinung die einschlägigen Voraussetzungen der ZPO eingehalten werden[1161]. Es hat ein Beweisbeschluss zu ergehen[1162]. Umstritten ist, ob ein Sachverständiger auf Antrag einer Partei zum Termin der mündlichen Verhandlung geladen werden muss und für die Einholung eines Sachverständigengutachtens über ausländisches Recht die Beweisvorschriften der ZPO (Strengbeweis) gelten[1163]. Der BGH hat die Ermittlung ausländischen Rechts erneut als fehlerhaft bezeichnet, wenn das Gericht dem Antrag auf ergänzende Anhörung des gerichtlichen Sachverständigen nicht stattgibt[1164]. Dies heißt insbesondere, dass der Sachverständige auf entsprechenden Antrag einer Partei hin zur mündlichen Verhandlung zu laden ist, wie sich aus §§ 402, 377 und 397 ZPO ergibt. Wird ein Sachverständigengutachten eingeholt, so sind demnach die Vorschriften der §§ 402 ff. u. 375 ff. ZPO einzuhalten[1165]. Den Parteien steht nach Einholung des erstatteten Sachverständigengutachtens gemäß §§ 402, 397 ZPO ein Recht auf Ladung des Sachverständigen zu, um diesem Fragen zur Erläuterung seiner schriftlichen Ausführungen vorlegen zu lassen[1166]. Dabei genügte es, wenn sie angeben, in welcher Richtung sie durch ihre Fragen eine weitere Aufklärung herbeizuführen wünschten[1167]. Statt „Beweis" wurde auch hier die Formulierung „Nachweis" vorgeschlagen[1168].

Ausländisches Recht ist nach herrschender Meinung in Deutschland keine dem Zeugenbeweis zugängliche Tatsache; die Befragung eines Gutachters nach § 414 ZPO ist nur hinsichtlich vergangener Tatsachen oder Zustände möglich und

---

1161 BGH NJW 75, 2142; *Schütze* DIZPR 119.

1162 *Bendref*, MDR 1983, 892, 894.

1163 *Otto*, IPRax 1995, 299, 305.

1164 BGH IPRax 1995, 322. Fortführung von BGH NJW 75, 2142. Zur Begründung der Entscheidung des BGH NJW 1975, 2142 und fortbestehenden Bedenken gegen den verfahrensrechtlich abgesicherten Zwang zur Ladung des Sachverständigen vgl. *Geisler*, ZZP 91(1978), 176-197 und *Arens*, Festschrift für Zajtay S.7, 20.

1165 *Huzel* IPRax 1990, 77, 79.

1166 BGH NJW 1994, 2959-2960; (BGH, Urteil vom 10. Juli 1975 - II ZR 174/74 = WM 1975, 1058 unter II 2 a und b).

1167 BGH NJW 1994, 2959-2960 mit Verweis auf BGHZ 24, 9, 15.

1168 *Huzel* IPRax 1990, 77, 79; *Riezler*, IZPR 493.

scheidet deshalb hier aus[1169]. Der Sachverständige kann aber auch im Ausland ansässig sein[1170]. Wird ein ausländischer Sachverständiger bestellt, so ist zu beachten, dass das Gericht sein Erscheinen nicht erzwingen kann[1171]. Es müsste dann nach § 363 ZPO vorgehen[1172].

Die Gutachter haben sich in der Regel speziell auch mit der Rechtsvergleichung befasst, verfügen über die entsprechenden Sprachkenntnisse und zudem über weitere ausländische Qualifikationen, wie z.B. Auslandserfahrung. Sie haben sich meist intensiv mit der Rechtsentwicklung des jeweiligen Länderreferats oder den betreuten Rechtsgebieten beschäftigt und werden zudem von erfahrenen Kollegen überwacht[1173]. Jedoch gibt es nicht für jedes Spezialgebiet oder jede ausländische Rechtsordnung einen entsprechenden Experten. Möglicherweise ist die Folge, dass sich der Gutachter zum ersten Mal mit der angefragten Rechtsordnung oder Spezialmaterie befasst. Gerade dies aber hat der BGH heftig kritisiert.[1174]

Zutreffend argumentiert *Samtleben*, dass dies für in Rechtsvergleichung geschulte Juristen nichts Ungewöhnliches ist[1175]. Die Beschäftigung mit unbekannten Rechtsgebieten ist tägliches Brot für jeden Juristen; beim ausländischen Recht kommt ggf. das Sprachproblem hinzu. Die Tätigkeit des Richters in diesen Gebieten unterscheidet sich nicht von der des Gutachters; ein Urteil wird nicht deswegen angezweifelt, weil sich der Richter zum ersten Mal mit einem Rechtsgebiet befasst.

Hetger veröffentlicht in unregelmäßigen Abständen eine Liste von Sachverständigen für ausländisches Recht und internationales Privatrecht und weist auf die zunehmende Bedeutung ausländischer Rechte für die Entscheidung von Rechts-

---

[1169] *Samtleben*, NJW 1992, 3057, 3059 mit Verweis auf OLG Bremen – 1 U 147 / 87.
[1170] s. *Ultsch*, WuB VII A. § 293 ZPO 1.97 unter Verweis auf §§ 40, 48 ZRHO.
[1171] Vgl. *Zöller/Geimer*, § 293 Rdnr. 21.
[1172] Vgl. BGH MdR 80, 931 und *Fuchs* RWE 95, 807.
[1173] Siehe *Samtleben*, NJW 1992, 3057, 3059.
[1174] BGH, NJW 1991, 1418, 1419.
[1175] *Samtleben*, a.a.O.

streitigkeiten und die daraus folgenden Schwierigkeiten hin, weshalb die Zuziehung von Sachverständigen anzuraten sei[1176].

aa) Anforderungen des BGH an Sachverständigengutachten

Die Anforderungen an den Gutachter hat die Rechtsprechung in letzter Zeit stark erhöht: „Lehrbuchgutachten" eines Sachverständigen, der keine Spezialkenntnisse des anzuwendenden Rechts und dessen Praxis habe, sollen nicht genügen[1177]. Die Gerichtspraxis, nach der Gutachten zum ausländischen Recht eine wichtige Informationsquelle sind, wurde nach der *prendas navales* Entscheidung des BGH vorübergehend in Frage gestellt[1178]. Nach Ansicht *Samtlebens* beruht die Entscheidung jedoch auf falschen Voraussetzungen und konnte seiner Meinung nach weder theoretisch noch praktisch befriedigen. So reichte für die Ermittlung ausländischen Rechts nicht aus, dass der Gutachter sich auf die Auswertung der ihm zugänglichen Literatur und die Auslegung der einschlägigen Gesetze beschränkte[1179]. Es ist nämlich die oben dargestellte Zielrichtung der Ermittlung zu beachten. Der Tatrichter genügt mit der im Regelfall zur Ermittlung ausländischen Rechts hinreichenden Einholung des Gutachtens eines mit dem fremden Recht vertrauten wissenschaftlichen Instituts dann nicht seiner aus § 293 ZPO folgenden Erforschungspflicht, wenn es entscheidend auf die ausländische Rechtspraxis ankommt und der Gutachter nicht über spezielle Kenntnisse derselben verfügt, vielmehr allein auf die Auswertung der ihm zugänglichen Literatur angewiesen ist[1180]. Dies gilt natürlich nicht nur für den Richter, sondern auch für den Gutachter selbst. Denn der Richter der Tatsacheninstanz, den

---

[1176] *Hetger*, DNotZ 1994, 88-100; vgl. auch ders. DRiZ 1995, 267-269. Ergänzt wird die Namensliste (mit Anschriften und Telefonnummern) durch Übersichten, die Auskunft darüber geben, welcher Sachverständige welches Zivilrechtsgebiet bearbeitet; welche Sachverständigen auch außerhalb des Zivilrechts (Völkerrecht, Europarecht, Staatsangehörigkeitsrecht, Fremdenrecht, Strafrecht, Steuerrecht, Insolvenzrecht, Konsularrecht, Immunitätsrecht, Sozialrecht, Enteignungsrecht, Währungsrecht, Kartellrecht, Versicherungsrecht, Speditionsrecht, Baurecht, öffentliches Recht) tätig sind und wer für welches Land zuständig ist.

[1177] BGH IPrax 92, 324 mit Anmerkungen *Runke*, IPrax 92, 303. Hierzu vergleiche auch die kritischen Anmerkungen von *Samtleben*, NJW 92, 3057 und *Hetger* FamRZ 95, 654.

[1178] *Samtleben*, NJW 1992, 3057, 3062 zu BGH WM 1991, 862, 864, NJW-RR 1991, 1211, 1213 und BGH NJW 1991, 1418..

[1179] NJW 1991, 1418, 1420.

[1180] BGH WM 1991, 862, 864, NJW-RR 1991, 1211, 1213.

der Gutachter unterstützen soll, darf sich nicht auf die naturgemäß an seinem eigenen Rechtsdenken orientierte Auslegung ausländischer Normen beschränken; er ist vielmehr gehalten, das Recht als Ganzes zu ermitteln, wie es sich in Rechtsprechung und Rechtslehre entwickelt hat und in der Praxis Anwendung findet[1181]. Das kann logischerweise nur gelingen, wenn sich der Gutachter an denselben Vorgaben orientiert.

Die Besonderheit des Falles sieht der BGH auch darin, dass das Berufungsgericht nicht von den ihm von dem Kläger aufgezeigten weiteren Erkenntnismöglichkeiten über das vorgelegte Privatgutachten Gebrauch gemacht hatte[1182], womit wiederum zwischen den Anforderungen an das Gutachten und dem Parteiverhalten eine Verbindung hergestellt wird.

Die Entscheidung betreffend die venezolanischen Schiffspfandrechte findet ihre Fortsetzung im Urteil des Bundesgerichtshofs vom 13.05.1997[1183]. Das Berufungsgericht bejahte dort die Wirksamkeit einer Garantieerklärung einer Privatperson nach luxemburgischem Recht[1184]. Die Revision hatte Erfolg, weil das Berufungsgericht sich mit Einwänden nicht erkennbar auseinandergesetzt

---

[1181] NJW 1991, 1418, 1420. Vergleiche ferner BGH, 1960-02-06, II ZR 133/59, LM Nr. 1 zu Art 92 WG, und 1986-10-29, II ZR 28/62, LM Nr. 2 zu Art 93 WG, und 1976-03-30, VI ZR 143/74, NJW 1976, 1581

[1182] BGH NJW 1991, 1418-1420

[1183] BGH WM IV 1997, 1245 - 1247, BGH RIW/AWW 1997, 687 – 688; BGH MdR 1997, 879 – 880.

[1184] Für dieses Rechtsinstitut gebe es zwar in Luxemburg ebenfalls keine gesetzliche Grundlage, jedoch sei es als Vertrag eigener Art anerkannt. Aus dem eingeholten Rechtsgutachten ergebe sich, dass die Garantie jedenfalls im internationalen Rechtsverkehr keinen besonderen Beschränkungen unterliege. Das Revisionsgericht stellt fest, dass das Gutachten keine eindeutige rechtliche Wertung enthalte, ob die Erklärung des Beklagten und Revisionsklägers eine gültige Verpflichtung begründe. Es bezeichne die relevanten Umstände lediglich als Aspekte, auf die sich im vorliegenden Falle „mit aller Vorsicht" abstellen lasse. Insoweit habe der Sachverständige die Frage nach der Wirksamkeit der erteilten Garantie nicht abschließend beantwortet. Das Berufungsgericht hätte schon deshalb die vom Beklagten angebotenen Erkenntnismöglichkeiten nutzen müssen. Dies insbesondere deshalb, weil ein luxemburgischer Anwalt grundlegende Bedenken gegen die Wirksamkeit der Garantie erhoben hatte. Er führt aus, dass eine betragsmäßig nicht festgelegte Hauptschuld nur durch Bürgschaft abgesichert werden könne; eine entsprechende Garantie sei unwirksam. Wortlaut und Inhalt der Erklärung sowie die Bankpraxis im Geschäftsverkehr mit Privaten in Luxemburg spreche zudem gegen eine Garantie.

hatte. Es habe nach Auffassung des BGH weitere Ermittlungen zur Erforschung der Rechtslage in Luxemburg anstellen müssen:

- So hätte es einen französischen oder luxemburgischen Rechtsgelehrten mit einem weiteren Gutachten beauftragen können.

- Die Einwände des luxemburgischen Anwalts hätten dem ersten Sachverständigen zur Kenntnis gebracht werden können mit der Bitte um eine Ergänzung des Gutachtens.

- Die in Luxemburg nach dem europäischen Übereinkommen über Auskünfte betreffend ausländisches Rechts zuständige Stelle in Luxemburg hätte um eine Rechtsauskunft ersucht werden können.

- Ein luxemburgischer Anwalt oder Richter hätte mit einer Stellungnahme beauftragt werden können.

- Das Berufungsgericht hätte eine Bank um Mitteilung bitten können, ob und unter welchen Voraussetzungen eine selbständige Garantie im Geschäftsverkehr mit Privatleuten verwendet werden.

Das Gericht – und damit letztlich der Gutachter bei korrekter Fragestellung durch das Gericht – hat nicht nur auf die positiven Rechtsnormen abzuheben, sondern auch zu berücksichtigen, wie diese aufgrund der Rechtslehre und der Rechtsprechung in Wirklichkeit ausgestaltet sind[1185]. Hat das deutsche Gericht z.B. die Frage der Fristversäumnis für eine Ehelichkeitsanfechtungsklage nach türkischem Recht zu prüfen, darf sich das Gericht für die Entscheidung nicht allein auf ein Rechtsgutachten stützen, das sich auf eine Auslegung der türkischen Vorschriften im Vergleich zum schweizerischen Recht beschränkt, ohne diese Auslegung durch Quellen aus der türkischen Rechtsliteratur, durch Entscheidungen türkischer Gerichte oder sonst wie belegen zu können[1186]. Die Rechtsprechung fordert an dieser Stelle, es müsse ersichtlich sein, dass der Ver-

---

[1185] BGH NJW 1976, 1589.

[1186] OLG Düsseldorf FamRZ 1996, 1154-1155.

fasser des Gutachtens über spezielle Kenntnisse des ausländischen Rechts verfüge[1187].

Nach ständiger Rechtsprechung[1188] muss das Gericht, wenn es einem gerichtlichen Sachverständigengutachten nicht folgen will, seine abweichende Überzeugung begründen. Diese Begründung muss erkennen lassen, dass die Beurteilung nicht von einem Mangel an Sachkunde beeinflusst ist. Der Richter hat sorgfältig zu prüfen, ob er seine Zweifel an dem Gutachten ohne weitere sachkundige Hilfe zur Grundlage eines Urteils machen kann; dies etwa deshalb, weil er bereits durch die ihm vom Sachverständigen vermittelte sachliche Information dazu befähigt worden ist. Fehlt es hieran und verschließt sich das Gericht der zwingenden Erwägung, zur Klärung seiner Bedenken den Sachverständigen zu beauftragen, so bewegt es sich bei seiner Überzeugungsbildung außerhalb des dem tatrichterlichen Ermessen eingeräumten Bereichs. Das Gericht sollte nicht nur das Gutachten an sich prüfen, also unter anderem fragen, ob es in sich schlüssig, nach wissenschaftlichen Kriterien und rechtsvergleichend widerspruchsfrei ist, sondern auch in eine Prüfung des Rechts an sich einsteigen.

Erscheint dem Gericht das Gutachten schlüssig, soll seine Ermittlungspflicht damit enden[1189].

bb) Zwischenfazit

Besonders Vertreter des fakultativen Kollisionsrechts haben die Gefahr erkannt, die ein externes Gutachten mit sich bringt[1190]. Ein solches Verfahren kostet nicht nur Zeit und Geld (nach geltendem Recht das der Parteien), sondern verlagere vor allem die Entscheidungsfindung *de facto* aus dem Gerichtssaal heraus und bringe den Richter in weit reichende Abhängigkeit von Sachverständigen[1191].

[1187] OLG Düsseldorf FamRZ 1996, 1154-1155.

[1188] Vgl. u.a. BGH, Urt. v. 05.06.1981 - V ZR 11/80, NJW 1981, 2578; Urt. v. 27.05.1982 - III ZR 201/80, NJW 1982, 2874 f.; Urt. v. 09.05.1989 - VI ZR 268/88, BGHR ZPO § 286 Abs. 1 - Sachverständigenbeweis 4; BGH IPRax 1995, 38 f.

[1189] *Huzel*, IPRax 190, 77, 78.

[1190] Dazu siehe oben im Zweiten Teil C. Pflicht zur kollisionsrechtlichen Entscheidung?

[1191] *Flessner*, RabelsZ 34 (1970) 547, 550 ff.

Nach geltendem Revisionsrecht fehlt dazu wegen §§ 549 Abs. 1 ZPO im Grunde genommen eine Instanz[1192]. Dieser Qualitätsverlust deckt sich mit der Erfahrung vieler Praktiker[1193]. Die Abhängigkeit des Gerichts von naturwissenschaftlichen Sachverständigen wird aber regelmäßig größer sein, weil das Gericht Ausführungen über die Rechtslage in einem fremden Land leichter als technische Sachverhalte nachvollziehen kann[1194].

Allerdings gehen manche Gutachtenaufträge bereits von einer falschen kollisionsrechtlichen Lösung aus[1195]. Vorrangige Staatsverträge sowie die Möglichkeit einer Rück - oder Weiterverweisung durch das IPR der zunächst berufenen Rechtsordnung werden übersehen[1196]. Gerichte erkennt nicht, dass innerhalb eines Streitgegenstandes verschiedene Anknüpfungen vorzunehmen sind (z. B. im Falle von Scheidung, Sorgerecht, Unterhalt). Nicht selten werden Gutachten in Auftrag gegeben, die Auskunft „zur Rechtslage nach internationalem Recht“ geben sollen[1197]. Bedauerlicherweise ist diese Praxis weitgehend folgenlos geblieben[1198]. *Spickhoff* stellt zutreffend fest, dass darin eine Entziehung des gesetzlichen Richters liegt. Art. 101 Abs. 1 Satz 2 GG verbietet, in die eigentliche richterliche Tätigkeit vom zuständigen Richter auf Dritte zu übertragen[1199].

Schütze hält die vom BGH an die Ermittlung ausländischen Rechts gestellten Anforderungen für überzogen und gegenüber den von den Instanzgerichten zu Rate gezogenen Rechtssachverständigen für rufschädigend[1200]. Die Überlegungen *Rabes* gelten zustimmend der vom BGH vorgenommenen Beurteilung der Rechtspraxis des Auslandes als von maßgeblicher Bedeutung und seiner Absage an ein nur die Rechtstheorie berücksichtigendes Gutachten[1201].

[1192] *Flessner*, RabelsZ 34 (1970) 547, 554 ff.
[1193] *Wagner*, ZEuP 7 (1999), 7.
[1194] *Kindl*, S. 189.
[1195] *Huzel*, S. 77.
[1196] *Spickhoff*, ZZP 112 (1999), 270.
[1197] *Spickhoff*, ZZP 112 (1999), 270.
[1198] *Spickhoff*, ZZP 112 (1999), 271.
[1199] *Spickhoff*, ZZP 112 (1999), 271.
[1200] *Schütze* DZWir 1997, 331-332.
[1201] *Rabe* EWIR 1991, 571-572.

Die Anforderungen sowohl an das Verfahren selbst als auch an den Sachverständigen sind nichts anderes als die Folge, rechtsfehlerhafte Ergebnisse über diesen als einzigen gangbaren Weg zu korrigieren.

Mit gewissen Einschränkungen zuzustimmen ist *Hetger,* der in der Beauftragung von Einzelpersonen als Gutachter insgesamt die zeitsparendste und praktikablere Lösung sieht[1202]. Dem Auskunftsersuchenden steht eine natürliche Person als Ansprechpartner zur Verfügung, die gegebenenfalls auch haftungsrechtlich belangt werden kann[1203]. Er weist darauf hin, dass der Auftrag zur Erstattung eines Gutachtens insbesondere in gerichtlichen Beweisbeschlüssen nicht nur auf die Ermittlung des Inhalts der ausländischen Rechtsordnung gerichtet sein, sondern darüber hinaus auch die Rechtsanwendungsfrage enthalten sollte[1204]. Nach *Hetger* soll die Fragestellung in Anlehnung an die Bekanntmachung des bayerischen Justizministeriums folgende Fragen enthalten[1205].

- Welches Recht ist anwendbar?
- Wie ist die Rechtslage, wenn das ausländische materielle Recht zur Anwendung kommt?
- Geht die Anfrage bereits davon aus, dass das Recht eines bestimmten Staates maßgebend ist, so ist dem Sachverständigen Gelegenheit zu geben, auch hierzu Stellung zunehmen.

Wie bereits festgestellt, muss das Gericht die kollisionsrechtliche Frage selbst beantworten, so dass die Frage nach dem anwendbaren Recht unzulässig ist. Die Anfrage hat stets davon auszugehen, dass eine bestimmte Rechtsordnung berufen ist. Daher ist nur die zweite Frage zulässig. Fragen sollten schriftlich, möglichst unter Beifügung der einschlägigen Akten oder zumindest vollständiger Kopien, an den betreffenden Gutachter gerichtet werden[1206].

1202 *Hetger*, FamRZ 1995, 654.
1203 *Hetger*, FamRZ 1995, 654.
1204 *Hetger*, FamRZ 1995, 654.
1205 *Hetger*, FamRZ 1995, 654, 655.
1206 *Hetger* FamRZ 1995, 655).

e) Das Auswahlermessen der Gerichte

Auf *welche* Erkenntnisquellen sich das Gericht stützt, hat es nach pflichtgemäßem Ermessen zu entscheiden[1207]. Dass das Ermessen des Gerichts nicht schrankenlos, sondern pflichtgebunden ist, scheint unstreitig zu sein[1208], und dies ergibt sich schon aus dem Begriff selbst. Welche Faktoren auf das richterliche Ermessen Einfluss nehmen, wird nicht immer einheitlich gesehen:

Kindl ist der Auffassung, allgemeine Aussagen über Umfang und Intensität der richterlichen Ermittlungsbemühungen könnten nur in sehr eingeschränktem Maße getroffen werden[1209]. Entscheidend soll der Einzelfall sein. Art und Umfang der gebotenen Maßnahmen sollen sich insbesondere danach richten, welche Schwierigkeiten tatsächlicher oder rechtlicher Art die erforderliche Feststellung bereitet[1210]. In diesem Zusammenhang wiederholt der BGH, dass es geboten sein kann, die zugänglichen Erkenntnismittel umfassend auszuschöpfen, wenn die Parteien zu der maßgeblichen Rechtsfrage eingehend und kontrovers vortragen[1211]. Der daraus mögliche Gegenschluss, dass es andernfalls nicht so sei, deutet wiederum auf Mitwirkungsobliegenheiten der Parteien hin. Der Einfluss von Vortrag und sonstigen Beiträgen wie etwa Privatgutachten der Parteien auf das Ermittlungsermessen wird in Literatur und Rechtsprechung wiederholt betont[1212].

[1207] Ständige. Rspr., so BGH Urt. V. 30. Januar 2001 XI ZR 357/99 BGH WM 2001, 502-504, ZIP 2001, 675-676; NJW 1991, 1418-1420; Senatsurteil vom 29. Juni 1987 - II ZR 6/87, NJW 1988, 647 m.w.N.; ferner BGH Urt. v. 6. Februar 1960 - II ZR 133/59, LM Art. 92 WG Nr. 1; Urt. v. 29. Oktober 1962 - II ZR 28/62, LM Art. 93 WG Nr. 2; Urt. v. 30. März 1976 - VI ZR 143/74, NJW 1976, 1581, 1582 f; Urt. v. 10. Mai 1984 - III ZR 206/82, IPrax 1985, 158, 159 = NJW 1984, 2763.

[1208] *Kindl*, S. 182 mit weiteren Nachweisen

[1209] *Kindl*, S. 182 f.

[1210] BGH NJW-RR 1997, 1154-1155, WM 1997, 1245-1247, RIW 1997, 687-688; BGHZ 118, 151, 163 f. BGH NJW 1961, 410-412; so auch BGH, 4. Mai 1956, VI ZR 138/54, MDR 1957, 31.

[1211] BGH NJW-RR 1997, 1154-1155, WM 1997, 1245-1247, RIW 1997, 687-688; BGHZ 118, 151, 163 f.

[1212] BGHZ 118, 151-170; BGHZ 77, 32, 38; BGH NJW 1976, 1581, 1583; v. Bar, IPR Bd. 1 Rn. 373; *Gottwald* IPRax 1988, 210, 211; Huzel IPRax 1990, 77, 78; *Sommerlad/Schrey* NJW 1991, 1377, 1380; *MüKo/Prütting*, ZPO § 293 Rn. 51 f).

Andere Entscheidungen sehen das Gericht stets verpflichtet, alle zugänglichen Quellen zu Rate zu ziehen[1213]. In besonders komplizierten oder komplexen Fällen sowie bei ausnehmend fremden Rechtsordnungen könne sich das Ermessen auf Null reduzieren, so dass einzig die Erteilung eines Gutachtenauftrages ermessensfehlerfrei sei[1214]. Keinesfalls reicht dann ein Blick in den Gesetzestext[1215]. Es wird angenommen, die Schwierigkeit des zu erforschenden Rechtsstoffes wirke sich direkt auf das richterliche Ermessen aus[1216]. Bei komplexen Rechtsfragen sollen regelmäßig umfassende Nachforschungen nötig sein, und dies insbesondere, wenn eine dem deutschen Gericht völlig fremde Rechtsordnung zur Entscheidung berufen sei. In anderen Fällen soll das Studium des Gesetzestextes genügen, wenn es um eine wiederkehrende und einfache Rechtsfrage geht[1217].

Entscheidend für die Ermessensentscheidung könnten auch Zweckmäßigkeitsgesichtspunkte sein[1218]. Da ein Feststellungszwang nicht bestehe, soll eine Ermessensreduzierung durch das Kriterium des „unverhältnismäßigen Aufwandes" bewirkt werden können[1219]. Bei geringen Streitwerten in vermögensrechtlichen Streitigkeiten soll das Gericht auf aufwändige und kostenintensive Ermittlungen verzichten[1220]. Im Einzelfall könne Unverhältnismäßigkeit eine Grenze ziehen. Dies sei Ausdruck des Grundsatzes der Verhältnismäßigkeit bei der Ermessensausübung[1221]. Aufwändige und kostenintensive Ermittlungsmethoden seien bei geringen Streitwerten unangemessen[1222]. Dagegen wird zu Recht eingewandt, dass § 293 ZPO auch in Verfahren nach § 495 a ZPO in vollem Umfang gilt[1223]. Der Richter darf keinesfalls von den notwendigen Ermittlungen Abstand

---

[1213] RG Urt. V. 14.11.1929 - IV 665/28; RGZ 126, 196, 202; BGH MDR 1957, 31 m. Anm. *Pohle*; BGH WM 1971, 1094; BGH MDR 1976, 832; BGH MDR 1982, 566.

[1214] Vgl. BGH NJW 1982, 522; BGH MDR 1985, 125; *Kindl*, ZZP 111 (1998), 177, 188.

[1215] Vg. *Schellack*, S. 208.

[1216] *Kindl*, S. 183; dies solle zudem unmittelbar einleuchten.

[1217] *Kindl*, S. 183

[1218] *Huzel* IPRax 1990, 77, 79.

[1219] Vgl. BGHZ 69, 387-395, 393.

[1220] *Kindl*, ZZP 111 (1998), 183.

[1221] *Kindl*, ZZP 111 (1998), 183.

[1222] *Kindl*, S. 183

[1223] *Baumbach/Lauterbach/Hartmann* § 495 a ZPO Rdnr. 47.

nehmen, wenn dies nicht durch eine kollisionsrechtliche Wertung ermöglicht wird. Nicht ermessensfehlerhaft soll es sein, einen „Parteiantrag" auf Einholung eines Sachverständigengutachtens unbeachtet zu lassen, wenn das Gericht sich auf eine kosten- und zeitsparendere Art Kenntnis verschaffen kann[1224]. Ein Ermessensfehler liegt aber vor, wenn das Gericht von einer Nichtermittelbarkeit des ausländischen Rechts ausgeht, andererseits aber auf die Möglichkeit eines Sachverständigengutachtens hinweist, ohne selbst davon Gebrauch zu machen[1225].

Dass Umfang und Intensität der Ermittlungspflicht in der Praxis von den Umständen des Einzelfalls, der Komplexität und Fremdheit des ausländischen Rechts abhängen, verursacht aber ein nicht unerhebliches Maß an Rechtsunsicherheit. An die Ermittlung spanischen Vertragsrechts z.B. sollen keine hohen Anforderungen zu stellen sein, da das spanische Recht gegenüber dem deutschen Recht keine grundlegenden Unterschiede aufweise[1226]. Andererseits kann es ermessensfehlerhaft sein, wenn das Gericht, ohne eigene Spezialkenntnisse zu besitzen, bei schwierigen Rechtsfragen eigene Nachforschungen anstellt, statt ein von einer Partei beantragtes Sachverständigengutachten einzuholen[1227]. So einleuchtend dies auf den ersten Blick sein mag, so muss man es doch vor dem Hintergrund der revisionsrechtlichen Kontrolle sehen. Da der Richter darzulegen hat, welches Ermittlungsmittel er gewählt hat und dies auch zu begründen hat, so muss er konsequenterweise ebenfalls begründen, warum diese Rechtsmaterie für das erkennende Gericht einfacher ist als jene. Ob damit etwas gewonnen ist, darf bezweifelt werden.

Neueren Untersuchungen zu Folge[1228] könnte mittels einer Stufenprüfung die Unsicherheit hinsichtlich der ermessensfehlerfreien Auswahl des Ermittlungsmittels gemindert werden. *Küster* schlägt vor, das Gericht solle zunächst feststellen, ob das zur Anwendung kommende Recht das eines Vertragsstaats des

---

[1224] *Huzel* IPRax 1990, 77, 79.
[1225] *Stein/Jonas/Leipold* § 293 ZPO IV Rn. 32, Fn. 48 m. w. N.w.
[1226] BGH ZfIR 1999, 264, 268.
[1227] *Stein/Jonas/Leipold* § 293 ZPO IV Rn. 32; vgl. BGHZ 78, 318, 35.
[1228] *Küster* RIW 1998, 275, 278.

europäischen Rechtsübereinkunftsabkommens ist[1229]. Wenn dies der Fall sein und es sich auf der nächsten Stufe abzeichnen sollte, dass nicht positives Recht, sondern die ausländische Rechtspraxis Ziel der Ermittlung sein wird, schlägt *Küster* vor, zunächst die Möglichkeiten des Übereinkommens zu nutzen und sich nicht auf die Einholung von Gutachten deutscher Sachverständiger zu beschränken. Der Vorschlag *Küsters* ist begrüßenswert, weil er in die richtige Richtung zielt. Verlangt der BGH die Prüfung aller zugänglichen Erkenntnisquellen[1230], so heißt das bei der in Deutschland gegebenen juristischen Infrastruktur, dass ein Sachverständigengutachten und ein Vorgehen nach dem europäischen Übereinkommen[1231] für die Gerichte stets geboten, weil möglich ist, wenn andere Quellen unzugänglich oder deren Nutzung ermessensfehlerhaft wären.

Letztlich besteht im Wesentlichen Einigkeit darin, dass umso erschöpfendere Nachforschungen nötig sind, je komplexer die Rechtsmaterie ist[1232]. Schließt man sich dem an und versucht eine weitere Konkretisierung, so wächst die Anforderung an die Ermittlung bei gleichzeitiger Ermessensreduzierung mit:

- Fremdheit der Rechtsordnung (EU/Rechtskreise),
- Schwierigkeit der Rechtsfrage für einen Juristen der *lex causae* und
- Schwierigkeit der Rechtsfrage für einen Juristen des Forumstaates.

Die kollisionsrechtliche Möglichkeit der Parteien zu einer Rechtswahl kann auf das richterliche Ermittlungsermessen reduzierenden Einfluss nehmen[1233]. Dieses Kriterium weist im Gegensatz zu den anderen vorgenannten zumindest den Vorteil auf, *ex ante* zuverlässig und objektiv bestimmbar zu sein.

Kindl führt zutreffend aus, dass der dem Gericht eingeräumte Ermessenspielraum keinesfalls so weit sei, dass erst die Entscheidung des Gerichts zwischen formlosem und förmlichem Verfahren eine Unterscheidung zwischen beiden

---

[1229] *Küster*, S. 278.

[1230] Unlängst wieder in BGH IPRax 1995, 38-39.

[1231] Insbesondere mit verbessertem Verfahren, wie oben auf Seite 213 vorgeschlagen.

[1232] *Kindl* ZZP 111 (1998), 183.

[1233] Vgl. *Spickhoff*, S. 73.

Verfahrensarten ermögliche. Damit wäre letztendlich eine Ermessenskontrolle unmöglich. Wegen dieser Abgrenzungsschwierigkeiten stellt sich die Frage, ob die Abgrenzung überhaupt Sinn macht. Es ist in der Tat nicht zu erkennen, weshalb die Einholung einer formlosen Auskunft durch das Gericht die Gefahr in sich berge, den Parteien zustehende verfahrensmäßige Rechte zu unterlaufen[1234]. Auch im formlosen Verfahren muss das Gericht den Parteien insbesondere rechtliches Gehör gewähren und eine ermessensfehlerfreie Ermittlung durchführen[1235]; durch die Unterscheidung zwischen formlosem und förmlichen Verfahren suggeriert man, dies sei nicht so.

Generell ist zu sagen, dass die Ermessensausübung dem jeweiligen Verfahrenszweck zu dienen hat, wovon die Forderung umfasst ist, dass sie diesen nicht gefährdet[1236]. Im Verfahren um einstweiligen Rechtsschutz sollen die Grenzen der Ermessensausübung weiter zu ziehen sein.[1237] Es liegt nahe, dass bestimmte Fehler bei der Ermessensausübung bei Entscheidungen durch Beschluss, § 922 ZPO, besondere Brisanz durch die Tatsache gewinnen, dass entgegen § 839 BGB eine Amtshaftung des Richters im Raum steht[1238]. Dies freilich nur dann, wenn er den für den einstweiligen Rechtsschutz spezifischen Anforderungen an die Ermessensausübung nicht gerecht wird. Das Gebot effektiven Rechtsschutzes verhindert so regelmäßig, im einstweiligen Verfügungsverfahren die Einholung eines Sachverständigengutachtens im förmlichen Beweisverfahren oder einer Auskunft nach dem Europäischen Übereinkommen[1239]. Zeitaufwändige gerichtliche Nachforschungen stehen der Natur des einstweiligen Verfügungsverfahrens als summarisches Eilverfahren entgegen. Im Eilverfahren müssen dessen Zweck - Eilbedürftigkeit bei möglichst korrekter Entscheidung - und die gerichtliche Pflicht zur vollständigen Ermittlung des ausländischen Rechts miteinander in Einklang gebracht werden[1240]. Für Modifikationen des bisher Gesag-

---

[1234] So aber *Stein/Jonas/Leipold* § 293 ZPO Rdnr. 44.
[1235] Siehe dazu oben Fn. 1147.
[1236] *Sommerlad/Schrey*, NJW 1991, 1377, 1381 f.
[1237] *Dethloff*, RabelsZ 62 (1998), 299; mehr dazu siehe unten.
[1238] *Mankowski/Kerfack*; RabelsZ 62 (1998), 300, mit Verweis auf BGHZ 10, 55.
[1239] *Dethloff*, RabelsZ 62 (1998), 296.
[1240] Vgl. *Münchner Kommentar/Prütting*, Rdnr. 52.; *Brannekämper* WRP 1994, 661, 668.

ten ist daher nur Raum, was die Wahrscheinlichkeit des Ermittlungsergebnisses angeht[1241].

Kommt es im Zusammenhang mit dem Erlass einer einstweiligen Verfügung auf die Feststellung ausländischen Rechts an, so darf sich das Gericht der Rechtsprechung zufolge wegen der Eilbedürftigkeit der Entscheidung auf alle präsenten und erreichbaren Erkenntnisquellen beschränken[1242]. Es muss sich eine hinreichend sichere Entscheidungsbasis verschaffen. Für einstweilige Anordnungen in Familien- und Kindschaftssachen nach §§ 620, 641 b ZPO gilt nichts anderes[1243]. So genügte es z.B. zur Feststellung des Rechts und seiner Auslegung, Einblick in zwei ausländische Kommentare zu nehmen[1244]. *Schack* stimmt der herrschenden Meinung zu, nach der sich das Gericht auf präsente Quellen beschränken darf. Im Besuch der Richter des OLG Koblenz im Bonner Universitätsinstitut sieht *Schack* sogar eine überobligatorische Leistung des Gerichts. Fehlerhaft sei es dann jedoch gewesen, sich mit dem „überwiegend wahrscheinlichen Norminhalt“ zu begnügen[1245]. Das Gericht kann Rechtsfragen grundsätzlich in keiner Verfahrensart ausweichen. Insbesondere kann es sich im Verfahren um einstweiligen Rechtsschutz nicht auf ein abgesenktes Beweismaß zurückziehen[1246]. Im einstweiligen Verfügungsverfahren wird sich selbst bei Ausschöpfung aller zur Verfügung stehenden Quellen häufig nicht mehr als eine Wahrscheinlichkeitsaussage über das ausländische Recht treffen lassen[1247]. *Dethloff* schlägt für einstweilige Verfügungsverfahren in Wettbewerbssachen - zu Recht, weil Rechtssicherheit und Vorhersehbarkeit fördernd - vor, die Richtlinie des Rates zur Angleichung der Rechts - und Verwaltungsvorschriften der

---

[1241] vgl. *Mankowski*, MDR 2001, 194, 196 und *Zöller/Geimer*, § 293 Rn. 20.

[1242] OLG Koblenz IPRax 1995, 171, 172 unter Hinweis auf *Mankowski/Kerfack* in IPRax 1990, 372 ff. und OLG Hamburg in IPRax 1990, 400 ff

[1243] Vgl. *Zöller/Geimer*, § 293 ZPO, Rdnr. 19.

[1244] OLG Koblenz IPRax 1995, 171, 172. Den - vom Antragsgegner vorgetragenen - Text und die Auslegung des Art. 1916 des *Codice Civile* hatte der Senat durch Einsichtnahme zweier Kommentare des italienischen Rechts im Institut für internationales Privatrecht und Rechtsvergleichung der Universität Bonn überprüft. Ein Mitglied des erkennenden Senats war des Italienischen genügend mächtig, um den wesentlichen Inhalt der Kommentierung zu verstehen.

[1245] *Schack* IPRax 1995, 161.

[1246] *Schack* IPRax 1995, 161.

[1247] *Dethloff*, S. 299.

Mitgliedsstaaten über ihre führende Werbung vom 10. September 1984 unmittelbar heranzuziehen[1248].

3. Erkenntnisquellen aus der Sphäre der Parteien in Spanien

Der Gebrauch von Beweismitteln durch die Parteien setzte nach Auffassung der Literatur bisher voraus, dass das ausländische Recht als Tatsachenfrage qualifiziert wurde[1249]. Hätte man es als Recht angesehen, dürfte man nicht von Beweismitteln im eigentlichen Sinne sprechen[1250]. Im Sprachgebrauch des Gesetzes konnten Beweisobjekte nur Tatsachen und niemals das Recht sein[1251]. Umgekehrt musste man dann davon ausgehen, dass die Parteien grundsätzlich über sämtliche vom Gesetz vorgesehene Beweismittel verfügen konnten, wobei einige eher geeignet waren als andere. In diesem Zusammenhang wurde der prozessuale Charakter des Art. 12.6 a.F. Abs. 2 CC[1252] besonders deutlich. Demnach mussten die Parteien den Beweis erbringen *mit den nach spanischem Recht zulässigen Beweismitteln*[1253]. Daraus ließen sich zunächst zwei Schlussfolgerungen ziehen: Im Umkehrschluss stand fest, dass die Beweisführung mit Beweismitteln aus einem ausländischen Recht nicht gestattet war. Das spanische Zivilprozessrecht als *lex fori* bestimmt den Kanon der Beweismittel. Art. 12.6 Abs. 2 CC hat ganz allgemein auf die nach spanischem Recht möglichen Beweismittel verwiesen. Daher musste die Verweisung auch so verstanden werden, als dass damit sämtliche Vorschriften über die Erbringung von Beweisen gemeint waren. Dies waren einerseits die Art. 12.4 bis 12.54 CC und die Art. 578 bis 667 LEC. Schon hier war und ist eine Auswahl anhand der Eignung des Beweismittels unter Berücksichtigung des Beweisthemas zu treffen. Der Zeugenbeweis, eine richterliche Inaugenscheinnahme oder ein gerichtliches Geständnis sind zur Beweisführung ungeeignet. Daher hat sich die Rechtsprechung angeschickt, herauszuarbeiten, welche Beweismittel einschlägig und passend sind und was Gegenstand des Beweises zu sein hat. Art. 281.2 LEC 2000 erwähnt nicht mehr die

---

[1248] *Dethloff*, S. 301.
[1249] *Garcimartín Montero*, S. 115.
[1250] *Garcimartín Montero*, S. 116.
[1251] Vgl. schon Art. 565 und 566 LEC.
[1252] Konsequenterweise wurde Art. 281 als Vorschrift der LEC kodifiziert.
[1253] *Calvo Caravaca/Carrascosa González*, Introducción, S. 422 Nr. 49 d)

vom spanischen Recht gebotenen Beweismittel, sondern fordert nur noch den Beweis an sich, was aber im Ergebnis keine Änderung bedeuten dürfte[1254].

a) Beweisthema

Die Aussagekraft von Art. 12.6 Abs. 2 CC begrenzte sich darauf, dass demjenigen, der sich auf das ausländische Recht beruft, aufgegeben wird, dessen *Inhalt und Gültigkeit* nachzuweisen. Die Rechtsprechung verlangt in Anwendung dieser Vorschrift, dass *Existenz, Gültigkeit und Interpretation* der ausländischen Norm bewiesen werden[1255]. Sie spricht insofern vom Nachweis des „genauen Wesens" der Norm und dem „Sinn", den diese durch die Rechtsprechung der ausländischen Gerichte erfährt. Die Rechtsprechung spricht auch von „Inhalt" und „Geltungsbereich"[1256]. Teilweise wird der zu erbringende Nachweis mit den Worten „Inhalt" und „Gültigkeit" beschrieben[1257].

Das *Tribunal Supremo* hat präzisiert, welche Punkte in jedem Falle Gegenstand des Beweises zu sein haben[1258]:

aa) Existenz des ausländischen Rechts;

Der Beweis der *Existenz* der Norm ist nötig, damit der Richter diese überhaupt berücksichtigen kann. Erforderlich soll sein, dass die Partei den Gesetzestext mit den anzuwendenden Normen konkret bezeichnet.

1254 *Calvo Caravaca, 2. Auflage, S. 239 18. 2) und* S. 240 Nr. 19-21.

1255 Vgl. hierzu STS vom 03.03.1975 (RA 327), STS vom 12.01.1989 (RA 100), STS vom 10.07.1970 (RA 5792) und vom 07.09.1990 (RA 6855).

1256 STS vom 19.06.1991 (RA 4637).

1257 So in STS vom 13.04.1992 (RA 3101).

1258 Im Hinblick auf die vorstehenden Punkte siehe insbesondere: STS vom 12.07.1904, STS vom 19.12.1935, STS vom 30.06.1962, STS vom 05.11.1971, STS vom 03.02.1975, STS Sala 6., vom 09.05.1988, STS, Sala 1., vom 11.05.1989, STS, Sala 1., vom 07.09.1990, STS, Sala 1., vom 16.07.1991, STS, Sala 1., vom 13.04.1992, STS, Sala 1., vom 16.07.1993; *Calvo Caravaca/Carrascosa González,* Introducción, S. 419.

bb) Gültigkeit des ausländischen Rechts

Sowohl der Gesetzgeber bei der Kodifikation des Art. 12.6. CC wie auch die Rechtsprechung verwenden den Begriff *Gültigkeit*[1259], der geeignet ist, Zweifel hervorzurufen. In den Urteilen des *Tribunal Supremo* erscheint die Gültigkeit als etwas anderes als die bloße Existenz. So fordert das Gericht[1260], dass derjenige, der sich auf das ausländische Recht beruft, „zuerst die Existenz der entsprechenden Gesetze, die er angewandt haben will und sodann im nächsten Schritt die Gültigkeit derselben nachweist". Nach dem Beweis der Existenz wird also darüber hinaus der Beweis der Gültigkeit gefordert; dies muss den Nachweis bedeuten, dass das entsprechende Gesetz nicht derogiert ist[1261]. Das kann bedeuten, den Beweis einer negativen Tatsache zu fordern - mit den damit verbundenen bekannten Schwierigkeiten[1262]. Die Parteien müssen bei ihrer Beweisführung also den maßgeblichen Gültigkeitszeitpunkt beachten. Bei entsprechender Verweisung wie auf das Recht ehemaliger sozialistische Staaten kann es auf einen früheren Zeitpunkt ankommen[1263]. Normalerweise geht um die Gültigkeit zum Zeitpunkt der Klage[1264]. Man könnte daran denken, diesen Nachweis mit einem Urteil, dass besagte Norm anwendet, zu beweisen[1265]. Damit wird allerdings auch nicht der Beweis geführt, dass diese Norm zu Beginn des spanischen Prozesses noch gültig ist. Die Rechtsprechung[1266] hielt es für ausreichend, Beweis zu führen „mittels gutachterlicher Stellungnahme zweier Schweizer Juristen als Nachweis der Gültigkeit dieses Rechts in der Schweiz". Das adäquate Nachweismittel dürfte also ein aktuelles Gutachten eines Juristen aus dem entspre-

---

1259 *Vigencia.*

1260 STS vom 19.12.1935 (RA 2345).

1261 Vgl. *Garcimartín Montero*, S. 113.

1262 *Garcimartín Montero* a.a.O.

1263 *Aguilar Benítez de Lugo*, RGD S. 6247, 6314, 6258; STS 29.11. 1961 zur Frage einer wirksam geschlossene Ehe nach dem zum Zeitpunkt der Trauung geltenden bulgarischem Recht. Daneben auch STS vom 19.12. 1935 (RAJ 2345) zur Scheidung eines ungarischen Ehepaares.

1264 STS 06.11.1979 zur Gültigkeit von Schweizer Bankrecht im Zeitpunkt der Klage.

1265 *Garcimartín Montero* a.a.O.

1266 Vgl. STS vom 09.11.1984 (RA 5372).

chenden Land sein[1267]. Das bloße Zitieren isolierter Vorschriften des ausländischen Rechts begründet keinen Beweis[1268].

cc) Inhalt des ausländischen Rechts

Das ausländische Recht als Beweisobjekt ist begrifflich zu verstehen als die *gesamte ausländische Rechtsordnung.* Man versteht darunter jedwede Art von Rechtsnormen, die die ausländische Rechtsordnung bilden, auf die die Kollisionsnorm verwiesen hat: Sowohl geschriebenes Recht, Gewohnheitsrecht und alle anderen Rechtsmaterialien, die in der bezeichneten Rechtsordnung als *objektives Recht* anzusehen sind, also insbesondere die Rechtsprechung, allgemeine Rechtsprinzipien etc[1269].

dd) Konkrete Auslegung der anwendbaren ausländischen Vorschriften.

Dieser Punkt enthält die Anforderung, die Haltung der Rechtsprechung des ausländischen Staates, insbesondere, wenn diese Rechtsquellencharakter hat, zu beweisen. Gleichzeitig fordert die Rechtsprechung den Beweis einer „autorisierten Interpretation" des ausländischen Rechts[1270]. Dies soll bedeuten „Sinn, Reichweite und Auslegung" entsprechend den Gerichten des jeweiligen Landes; ungenügend ist gerade hier der Nachweis des reinen Gesetzestextes[1271]. Die Notwendigkeit des Nachweises der Auslegung durch die Heimatgerichte basiert auf der Idee, dass das ausländische Recht vom spanischen Richter in der Weise an-

---

1267 Vgl. *Garcimartín Montero*, S. 114.

1268 Siehe STS, Sala 6., vom 09.05.1988.

1269 *Calvo Caravaca/Carrascosa González*, Introducción, S. 418. Dazu im Einzelnen oben: Zweiter Teil: Kollisionsrecht im Zivilverfahren, C. Pflicht zur kollisionsrechtlichen Entscheidung?, g) Kollisionsnorm und Ermittlungszielrichtung.

1270 Vgl. STS vom 05.11.1971 (RA 4524), STS vom 13.02.1974 (RA 491), STS vom 12.01.1989 (RA 100) dazu Anmerkungen *Amores Conradi*, CCJC 1989, Nr. 19, 83, 91, vom 11.05.1989 (RA 3758) Anmerkungen von *Amores Conradi*, REDI 1990-I, 272, 275; vom 10.07.1990 (RA 5792) und vom 16.06.1991 (RA 5389). Dazu *Aguilar Benítez de Lugo*, RGD, S. 6247 bis 6314 S. 6261. STS 03.02. 1975 (RAJ 327)

1271 Siehe STS vom 19.02.1975 (RA 327) zum Wechselrecht.

gewandt werden soll, wie es ein Richter des jeweiligen Landes tun würde[1272]. Die Literatur hält diese Forderung für logisch, da eine Interpretation der Norm entsprechend den Gerichten der berufenen Rechtsordnung am besten den Geist des Gesetzgebers widerspiegelt und nur so das ausländische Recht in seiner sozialen Realität entsprechend wiedergegeben wird[1273]. Darüber hinaus ist es notwendig zu bestimmen, welche Rechtsquellen bewiesen werden müssen[1274]. Dabei muss der Unterschiedlichkeit der jeweiligen Rechtskreise und Rechtssysteme Rechnung getragen werden. Somit wird zumindest der Beweis denjenigen Rechtsquellen, die die anzuwendende Norm selbst enthalten, unentbehrlich sein. Diese direkten Quellen sind zu unterscheiden von indirekten, die für sich selbst keine Rechtsregeln enthalten, sondern Informationen über eine bereits gefundene enthalten, um diese besser verstehen zu können[1275]. Indirekte Quellen können ebenfalls dargelegt und bewiesen werden, um den spanischen Richtern von der korrekten Auslegung der Normen der berufenen Rechtsordnung zu überzeugen. Dies scheint das *Tribunal Supremo* auch so zu fordern, indem es den Nachweis von „Sinn, Reichweite und Auslegung" der anzuwendenden Normen fordert[1276]. Dieser Nachweis müsste - das Gericht lässt dies offen - über eine Darlegung der sekundären Rechtsquellen erfolgen.

ee) Anwendbarkeit des ausländischen Rechts auf den konkreten Fall.

Die Rechtsprechung hält ihre Forderung nach einem *detaillierten* Beweis ausländischen Rechts durch die Funktion für gerechtfertigt, die das ausländische Recht im Prozess entwickelt: Es muss über die Parteibegehren entscheiden. Damit es diese Funktion hinreichend erfüllen kann, soll sich der spanische Richter in einer Position möglichst nahe derjenigen eines ausländischen Gerichts, wenn es sein eigenes Recht anwendet, befinden[1277]. Das spanische Rechtsprechungsor-

---

1272 So STS vom 05.11.1971 (RA 4524). Dazu bereits oben: Zweiter Teil: Kollisionsrecht im Zivilverfahren, C. Pflicht zur kollisionsrechtlichen Entscheidung?, g) Kollisionsnorm und Ermittlungszielrichtung.

1273 Vgl. *Gutierrez de Cabiedes*, S. 73.

1274 Vgl. *Garcimartín Montero*, S. 114.

1275 Vgl. *Garcimartín Montero*, S. 115.

1276 Vgl. STS vom 11.05.1989 (RA 3758) und 31.10.1989 (RA 7037).

1277 Siehe insbesondere: STS vom 30.06.1962 und STS, Sala 1., vom 05.11.1971.

gan muss das ausländische Recht in einem Zustand möglichst nahe an der Realität vorfinden. Nur so könne es den Rechtsstreit aufgrund korrekter juristischer Parameter lösen. Das Zitieren isolierter Vorschriften des ausländischen Rechts ohne ihre Auslegung begründet noch keinen Beweis[1278]. Von besonderer Bedeutung ist die *Auslegung* des ausländischen Rechts[1279]. Diese muss nach den für dieses Recht selbst geltenden Grundsätzen durchgeführt und eben entsprechend bewiesen werden. Auslegungsgrundsätze des spanischen Rechts können nicht herangezogen werden[1280].

b) Beweismittel

Spezielle Beweismittel für den Beweis ausländischen Rechts gibt es weder nach neuem noch altem Recht[1281]. Die Beweismittel, die während der bisherigen Rechtsprechung des *Tribunal Supremo* nach Art. 578 ff. LEC den Parteien im Zivilprozess zur Verfügung standen, waren:

- Gerichtliches Geständnis und Parteivernehmung (Art. 578 Nr. 1, „Confesión en juicio"),
- Öffentliche Urkunden (Art. 578 Nr. 2, „Documentos públicos y solemnes"),
- Private Urkunden und Korrespondenz (Art. 578 Nr. 3, „documentos privados y correspondencia"),
- Handelsbücher nach dem spanischen Handelsgesetzbuch (Art. 578 Nr. 4, „Los libros de los comerciantes que se lleven con las formalidades prevenidos en la Sección 2.a, Titulo II, Libro I del Código de Comercio"),
- Sachverständigengutachten (Art. 578 Nr. 5, „Dictamen de peritos"),
- Gerichtliche Untersuchung (Art. 578 Nr. 6, „Reconocimiento judicial) und

1278 STS, Sala 6., vom 09.05.1988.

1279 Siehe STS 03.02.1975 (RAJ 327) ; STS, Sala 6., vom 09.05.1988.

1280 Siehe auch Art. 15 LDIPr. Italien von 1985, weitere rechtsvergleichende Hinweise bei *Tómas Ortiz de la Torre*, DIPr. II., 227-229.

1281 Vgl.dazu *Burgos Ladrón de Guevara*, El principio de prueba en el proceso civil español, 1 ff.

- Zeugen (Art. 578 Nr. 7, „Testigos“).

Die Beweismittel der LEC 2000 sind in Art. 299 bis 386 geregelt:

- Parteivernehmung (Art. 299.1 Nr. 1, Interrogatorio de las partes“),
- Öffentliche Urkunden (Art. 299.1 Nr. 2, „Documentos públicos“),
- Private Urkunden (Art. 299.1 Nr. 3, „Documentos privados“),
- Sachverständigengutachten (Art. 299.1 Nr. 4, „Dictamen de peritos“),
- Richterliche Inaugenscheinnahme (Art. 299.1 Nr. 5, „Reconocimiento judicial“) sowie
- Zeugenvernehmung (Art. 299.1 Nr. 6, „Interrogatorio de testigos“).

Die Rechtsprechung hat wiederholt Urkundsbeweis *und* Sachverständigenbeweis gefordert[1282]. Diese Beweismittel sind kumulativ zur Anwendung zu bringen. Zunächst zeigte sich das *Tribunal Supremo* bei der Bestimmung der zulässigen Beweismittel sehr liberal[1283]. Mit Urteil vom 13.01.1885 wurden schon anspruchsvollere Forderungen gestellt. In diesem Zusammenhang ist erstaunlich, dass die Forderung nach der kumulativen Anwendung dieser Beweismittel schon eine Konstante in der Rechtsprechung des *Tribunal Supremo vor* dem Inkrafttreten von Art. 12.6. CC war. Wenn die Beweisführung mittels nur *eines Beweismittels* möglich ist, sollte dies nach der Literatur zugelassen werden. Allerdings hat sich das *Tribunal Supremo* bisher noch keiner Kritik zugänglich gezeigt. Vielmehr nutzte es die sprachliche Unbestimmtheit von Art. 12.6. CC und die wenig gelungene Technik des Gesetzgebers, um eine Rechtsprechung aus dem 19. Jahrhundert in die Gegenwart auszudehnen, ohne sein prozessuales Vorgehen an die soziale Realität, die dem internationalen Privatrecht zukommt, anzupassen.

[1282] *Prueba documental und prueba pericial*, siehe STS, Sala 1., vom 13.01.1885, STS vom 19.11.1904, STS, Sala 1., vom 25.02.1926, 30.03.1928, 12.12.1935, 06.12.1961, 29.09.1961, 30.06.1962, STS vom 28.10.1968, 06.06.1969, 05.11.1971, 12.03.1973, 03.02.1975, 12.11.1976, STS vom 27.04.1978 sowie STS vom 09.11.1984 und 23.10.1992.

[1283] Siehe STS vom 21.06.1864, STS vom 22.10.1867, STS vom 18.03.1875, STS vom 20.03.1877 und STS vom 27.05.1913.

aa) Urkundsbeweis

Geeignet zum Beweis sind öffentliche Urkunden[1284]. Privaturkunden[1285] sind für den Urkundsbeweis ungeeignet. Für geeignete öffentliche Urkunden erachtete die Rechtsprechung bisher:

1. Bescheinigungen, ausgestellt von in Spanien akkreditierten Botschafts- oder Konsularbeamten[1286].

2. Bescheinigungen, ausgestellt von spanischen Botschafts- oder Konsularbeamten, die akkreditiert sind in dem Land, dessen Recht bewiesen werden soll. Sind solche Dokumente nicht in Spanisch oder einer Amtssprache einer autonomen Gebietskörperschaft abgefasst, so muss mit ihnen eine Übersetzung ins Spanische eingereicht werden, Art. 144.1 und 2. LEC 2000[1287].

3. Bescheinigungen, ausgestellt von besonderen Organisationen des Justizministeriums. Dies ist insbesondere die Arbeitsgruppe zur internationalen Zusammenarbeit in Rechtsangelegenheiten der Abteilung Forschung des Ministeriums der Justiz und des Inneren.

Gelegentlich soll der Urkundsbeweis genügen, um alle Einzelheiten der Beweisführung zu erbringen[1288]. Regelfall ist es jedoch, dass die vorstehend beschriebe-

---

1284 Art. 1216 bis 1224 CC und 596 bis 601 LEC nach altem Recht; nunmehr siehe zu öffentlichen Urkunden Art. 317 bis 323 LEC 2000

1285 Dazu siehe Art. 1225 – 1230 CC und Art. 602 – 605 LEC, vgl. jetzt Art. 268, 324 bis 327 LEC 2000. Darunter fallen z.B. private Gesetzessammlungen, Lehrbücher über ausländisches Recht. Diese können ergänzend vorgelegt werden: SAT Cataluña (Sala civil) 14.10.1977 zur Vorlage eines Enneccerus-Kipp-Wolff "Tratado de Derecho Civil" , siehe auch *Aguilar Benitez de Lugo*, RGD, S. 6247 bis 6314 S. 6289.

1286 Als Beweis für die Existenz: SAT Barcelona 20.04.1964 SAT Palma de Mallorca 17.04.1965, STS 27.05.1968; SAT Valencia 03.04.1982, STS 06.04.1979 *Aguilar Benítez de Lugo* RGD, S. 6247, 6314 S. 6291; anders aber STS 03.02 1975.

1287 Art. 601 LEC nach altem Recht.

1288 Beglaubigte Kopien von Gesetzesauszügen können im Einzelfall genügen: STS 29.05.1974. Kritisch dazu *Puente Elegido*, Derecho Internacional Privado Español: Doctrina legal del Tribunal Supremo, S. 1090 f.

nen Urkunden ausschließlich den Beweis erbringen bezüglich des *Wortlauts* der ausländischen Gesetzesbestimmung und in bestimmten Fällen zusätzlich den der Rechtsgültigkeit des ausländischen Gesetzes und somit alleine nicht ausreichend sind[1289]. Sie genügen nur dann, wenn sie mit ergänzenden Gutachten von zwei ausländischen Juristen eingereicht werden[1290]. Eine maschinengeschriebene unbeglaubigte Abschrift der Ausgabe einer Gesetzessammlung von 1965 beweist nicht die Inexistenz späteren anderslautenden[1291].

Allerdings fehlt dann noch der Beweis der *Auslegung* des ausländischen Rechts, sein Geltungsbereich und die Anwendbarkeit auf den konkreten Fall. Daraus ergibt sich dann die Notwendigkeit, den Beweis zusätzlich und kumulativ mittels Sachverständigenbeweises zu führen.

bb) Sachverständigenbeweis

Der Sachverständigenbeweis zählt zur Gruppe der Personalbeweise, bei denen eine Person die richterliche Überzeugung herbeiführt[1292]. Der Sachverständige ist eine Person, die Erklärungen über Tatsachen abgibt, die im Zeitpunkt ihrer Entstehung für den Prozess relevant waren[1293]. Es handelt sich dabei nicht um

---

1289 STS 04.05. 1995 (RAJ 3893) und 23.10. 1992 (RAJ 8280), AP Castellón de 07.07.1997 (RAJ 1455).

1290 STS vom 03.02.1975 (RAJ 327); STS 12.11.1976 (RAJ 4921); STS 27.04.1978 (RAJ 1458); SAT Granada 17.02.1979; JPI Mieres 28.12.1981; STS 09.11.1984 (RAJ 5372) zum Schweizer Vertragsrecht; STS 23.10.1992 (RAJ 8280); AP Málaga 18.12.1996 (RAJ 2441) zum Nachweis der erbrechtlichen Anknüpfung des englischen Rechts mittels dazu geeigneten Gutachtens zweier Londoner Notare in einem Fall von Nachlassspaltung und Rückverweisung auf spanisches Recht für in Spanien belegene Immobilien eines Engländers.

1291 STS 05.11.1971. *Aguilar Benitez de Lugo*, RGD, S. 6247, 6295 ff.

1292 *Martínez-Pereda Rodríguez*, Ley de enjuiciamiento civil y leyes complementarias, comentarios, jurisprudencia, concordancias y formularios,, Art. 610 LEC, S. 269.

1293 *Martínez-Pereda Rodríguez*, Ley de enjuiciamiento civil y leyes complementarias, comentarios, jurisprudencia, concordancias y formularios, Art. 610 LEC, S. 269. Im *Código Civil* fanden sich zwei Bestimmungen über den Sachverständigenbeweis, nämlich Art. 1242 und 1243. Nach Art. 1242 CC war der Sachverständigenbeweis nur dann zulässig, wenn zur Würdigung bestimmter Tatsachen bestimmte Kenntnisse wissenschaftlicher, künstlerischer oder praktischer Art notwendig sind. Die Beweiswürdigung selbst war und ist nach der LEC vorzunehmen, Art. 1243 CC. Art. 610 LEC forderte bei ähnlichem Wortlaut wie Art. 1242 CC ebenfalls zur Zulässigkeit des Sachverständigenbeweises, dass es sich um die

die Parteien, sondern um eine dritte, von diesen verschiedene Person[1294]. Diese ist in der Lage, außerprozessual Tatsachen zu erkennen, die für den Prozess selbst relevant sind.

Art. 335.1 LEC 2000 definiert nunmehr Gegenstand und Zielsetzung des Sachverständigenbeweises: Wenn wissenschaftliche, künstlerische oder praktische Kenntnisse nötig sind, um Tatsachen oder relevante Umstände der Angelegenheit zu bewerten oder Sicherheit darüber zu erlangen, können die Parteien das Gutachten eines Sachverständigen, der über die entsprechenden Kenntnisse verfügt, in das Verfahren einbringen oder in den vom Gesetz vorgesehen Fällen beantragen, dass ein gerichtlich bestellter Gutacher ein Gutachten erstellt[1295]. Nach Art. 336.1 haben die Parteien Gutachten der von ihnen bestellten Sachverständigen grundsätzlich der Klageschrift oder Klageerwiderung beizufügen.

Nur in Ausnahmefällen kann das Gericht selbst den Sachverständigen bestellen, Art. 339.1 und 2. Neben den Fällen der Prozesskostenhilfe nach Art. 339.1 LEC 2000 soll das der Fall sein, wenn eine Partei es für zweckmäßig erachtet und entsprechend beantragt.

Was Eignung und Auswahl der Sachverständigen betrifft, ist Art. 340 LEC 2000 einschlägig. Art. 341 LEC 2000 regelt Einzelheiten der gerichtlichen Bestellung eines Sachverständigen. Seine Ladung ist möglich, Art. 346, 347 LEC 2000. Nach Art. 348 LEC 2000 bewertet das Gericht das Gutachten nach den Regeln der freien Beweiswürdigung mit Begründungspflicht.

Würdigung von für den Prozess relevanten Tatsachen handeln soll und dass dafür die genannten Spezialkenntnisse notwendig sein müssen.

[1294] *Martínez-Pereda Rodríguez*, Ley de enjuiciamiento civil y leyes complementarias, comentarios, jurisprudencia, concordancias y formularios, Art. 610 LEC, S. 269.

[1295] *Artículo 335. Objeto y finalidad del dictamen de peritos. Juramento o promesa de actuar con objetividad. 1. Cuando sean necesarios conocimientos científicos, artísticos, técnicos o prácticos para valorar hechos o circunstancias relevantes en el asunto o adquirir certeza sobre ellos, las partes podrán aportar al proceso el dictamen de peritos que posean los conocimientos correspondientes o solicitar, en los casos previstos en esta ley, que se emita dictamen por perito designado por el tribunal.(...)*

Das *Tribunal Supremo* fordert im Hinblick auf den Sachverständigenbeweis in ständiger Rechtsprechung von den Parteien, das ausländische Recht mittels eines sogenannten *Certificado de ley* in den Prozess einzubringen. Es besteht aus einem gemeinsamen und legalisierten Gutachten von zwei Juristen des Landes der berufenen Rechtsordnung[1296]. Das Gutachten ist von zwei Rechtsanwälten zu erstellen, die in dem Land, dessen Recht in den Prozess eingeführt werden soll, zugelassen sein müssen[1297]. Das Gutachten darf nicht allein von Professoren erstattet werden; die Gutachter müssen Rechtsanwälte sein[1298]. Teilweise hat die Rechtsprechung auch den Beweis mittels Vorlage von Zitaten aus wissenschaftlichen Arbeiten für geeignet gehalten[1299]. Der Beweis wird von der Partei angetreten, die an der Anwendung des ausländischen Rechts interessiert ist. Unzulässig ist nach der höchstrichterlichen Rechtsprechung die Erstellung des *Certificado* durch zwei spanische Anwälte[1300]. Mit Entscheidung vom 09.05.1988 hat das *Tribunal Supremo* nochmals die inhaltlichen Anforderungen an das *Certificado de ley* klargestellt: Das fremde Recht muss im Zusammenhang mit seiner Rechtsordnung dargestellt werden.[1301] So soll dem Richter ein umfassender Überblick in die fremde Rechtslage ermöglicht werden[1302].

Diese Gutachtenpraxis ist von *Pérez Voituriez* scharf kritisiert worden: Zunächst sei zu bemängeln, dass es sich um eine Stellungnahme einer Partei handelt mit

---

[1296] So schon STS 30.01.1930 (RA 621) mit der Forderung zweier beglaubigter Gutachten von amerikanischen Juristen. Ferner STS 19.12 1935 (RAJ 2345); STS 08.03 1949 zu den Gutachten von zwei Mufties eine Darlehnsgewährung betreffend; STS 05.11.1971 (RAJ 4524); STS 12.03.1973 zum Güterstand nach rumänischem Recht. Ferner STS 03.02. 1975 (RAJ 327). *Azparren Lucas*, Nuevas perspectivas del papel del juez frente a la aplicación judicial del derecho extranjero, in: Problemas actuales de la aplicación del derecho internacional privado por los jueces españoles, S. 225.

[1297] *Meyer*, IPrax 1993, 342.

[1298] STS 30.06. 962 (RA 3322) zur Unzulässigkeit eines von zwei Rechtswissenschaftlern erstatteten Gutachtens; vgl. dazu auch *Aguilar Benitez de Lugo*, RGD, S. 6247, 6304

[1299] Vgl. STS vom 26.05.1887 (CL t 61 Nr. 197). Dort hatte eine Partei zum Beweis wissenschaftliche Arbeiten vorgelegt, die das *Tribunal Supremo* für geeignet hielt, weil es keinen vernünftigen Grund gäbe, dass deren Verfasser diese weniger Autorität für sich in Anspruch nehmen könnten, als ein Gutachten von englischer Rechtsanwälten.

[1300] STS 19.12.1935 (RAJ 2345) zur Scheidung eines ungarischen Ehepaares; STS 17.04.1956; a.A.: STS 27.04.1978 (RAJ 1458) ließ das Gutachten eines spanischen Anwalts zum mexikanischen Recht zu.

[1301] *Fernandez Rozas/Sanches Lorenzo*, S. 524

allen Folgen, die sich dafür hinsichtlich Verlässlichkeit und Objektivität ergeben[1303]. Das Gutachten der beiden ausländischen Rechtsgelehrten sei ein solches der Parteien, weshalb es nahe liegt, an seiner Verlässlichkeit zu zweifeln[1304]. Zustimmung hat seine Kritik in der Rechtsprechung nur einmal gefunden[1305]: Indem das Instanzgericht dem vorgelegten Gutachten gefolgt sei, habe es in Wirklichkeit seine originäre Rechtsprechungsfunktion auf zwei ausländische Juristen, nämlich die Autoren besagten Gutachtens übertragen. Das Gutachten sei eben ein Parteigutachten und nicht von offizieller Qualität[1306]. Die Kritik von *Meyer* sieht im *Certificado* ebenfalls eine gewisse Manipulationsgefahr, da nicht hinreichend gewürdigt werde, dass es sich letztendlich um ein Parteigutachten handelt[1307]. Es werde zwar von zwei Rechtsanwälten erstellt, diese werden jedoch von der Partei, die an der Anwendung fremden Rechts interessiert sei, beauftragt und bezahlt.

Ungeachtet dessen hält das *Tribunal Supremo* daran fest, dass geeignetes Beweismittel Gutachten von zwei ausländischen Juristen des jeweiligen Herkunftslandes ist, um den Beweis des Inhalts, des Geltungsbereichs und Geltungsumfangs sowie der Auslegung zu führen[1308].

cc) Auswahl

Um zu bestimmen, ob ein Beweismittel geeignet oder ungeeignet ist, kommt es auf zwei Punkte an[1309]: Zum einen die Anforderungen an den Grad der richterlichen Überzeugung sowie zum anderen die Rechtsquelle, die es zu beweisen gilt.

1302 *Meyer*, IPrax 1993, 342. Grundlegend STS de 30 de junio de 1962 (RA 3322.

1303 Vgl. *Pérez Voeturiz*, La información, S. 51.

1304 *Pérez Voituriez*, La información, S. 51.

1305 STS vom 23.10.1992 (RA 8280).

1306 In ähnliche Richtung äußert sich STS vom 04.05.1995 (RA 3893), wenn auch nicht mit letzter Deutlichkeit.

1307 *Meyer*, IPrax 1993, 342.

1308 So insbesondere STS vom 13.01.1885 (CL t 57 Nr. 14), STS vom 26.05.1887 (CL t 61 Nr. 197), STS vom 19.12.1935 (RA 2345), STS vom 28.10.1968 (RA 4850), STS vom 05.11.1971 (RA 4524), STS vom 03.02.1975 (RA 327) und STS vom 10.12.1990 (RA 9762).

1309 *Garcimartín Montero*, S. 116.

Wenn es sich um geschriebenes Recht handelt, ist das logische Instrument zum Nachweis seiner Existenz der Urkundenbeweis in der Form der Vorlage einer Ablichtung der amtlichen Veröffentlichung des entsprechenden Gesetzes. In diesem Sinne versteht es auch die spanische Rechtsprechung[1310]. Zum Nachweis des italienischen Rechts hielt es die Rechtsprechung für ausreichend, eine beglaubigte Ablichtung der *Gazetta officiale* vorzulegen, da „dies im konkreten Fall zum Nachweis des ausländischen Rechts ausreichend sei".[1311]

Der Nachweis der Auslegung und konkreten Anwendung eines ausländischen Gesetzes wird am Besten mit Urteilen geführt werden, in denen es angewandt wird[1312]. Ein Mittel, das gleichermaßen von Nutzen ist, wenn die Rechtsprechung primäre Rechtsquelle einer Rechtsordnung ist und es diese nachzuweisen gilt[1313].

Es kann auch vorkommen, dass der Beweis von Gewohnheitsrecht oder Gebräuchen erforderlich wird, wenn diese als Rechtsquelle in einer Rechtsordnung anerkannt sind. In diesen Fällen kann es – vom Gutachten zweier ausländischer Juristen abgesehen – nötig sein, auf Rechtsprechung zurückzugreifen, die das Gewohnheitsrecht anwendet, und entsprechende Urteile vorzulegen[1314]. Daraus ergibt sich, dass die geeignetsten Beweismittel für die verschiedenen Aspekte des ausländischen Rechts der Urkunden- und der Sachverständigenbeweis sind[1315]. Außer diesen beiden scheint kein anderes der in der spanischen Zivilprozessordnung vorgesehenen Beweismittel geeignet, um dem Beweis des ausländischen Rechts so hinsichtlich der verschiedenen Rechtsquellen als auch der zu schaffenden richterlichen Überzeugung (Inhalt, Reichweite und Auslegung) zu erbringen[1316]. Ganz ungeeignet ist der Beweis mittels gerichtlichem

---

[1310] Vgl. STS vom 28.10.1968 (RA 4850), STS vom 03.02.1975 (RA 327) und vom 28.01.1994 (RA 572).

[1311] STS vom 17.03.1992 (RA 2195)

[1312] *Garcimartín Montero*, S. 116.

[1313] *Garcimartín Montero*, S. 116.

[1314] STS vom 30.01.1930 (RA 621) hielt es für geeignet, dass ein US-amerikanischer Handelsbrauch mittel eines Gutachtens der Handelskammer nachgewiesen wurde und sich infolgedessen die Vorlage eines Gutachtens von zwei amerikanischen Anwälten erübrigte.

[1315] Vgl. *Garcimartín Montero*, S. 117 mit weiteren Nachweisen.

[1316] *Garcimartín Montero*, S. 117.

Geständnis bzw. Parteivernehmung, da es sich nicht um eine Tatsache aus dem Bereich einer Partei handelt. Gleichermaßen ungeeignet ist der Zeugenbeweis, da das ausländische Recht nicht etwas von einem Individuum Wahrnehmbares ist, sondern seine Kenntnis und Anwendung grundsätzlich einen unbegrenzten Personenkreis betrifft. Anderes könnte nur für spezielle Gewohnheitsrechte oder Handelsbräuche gelten, wobei dann noch zu prüfen wäre, ob es sich um einen Zeugen- oder eher einen Sachverständigenbeweis handelt. Der gerichtliche Augenschein scheidet ebenfalls aus, da dafür Voraussetzung ist, dass es sich um eine *Sache*[1317] handelt, deren sensorische Wahrnehmung dem Gericht zugänglich ist und die es bewerten will. Ebenfalls nicht anwendbar sein können die Regeln für gesetzliche Vermutungen, wenn es sich um den Beweis von gegenwärtigen und objektiv feststellbaren Zuständen handelt[1318].

c) Beweismaß

Wie jeder Grad menschlicher Erkenntnis ist auch der des ausländischen Rechts relativ. Ungeachtet dessen fordert das *Tribunal Supremo* einen *sehr hohen Grad der Gewissheit* für den Beweis des ausländischen Rechts; der Beweis ist nur dann erbracht, wenn er *nicht den geringsten vernünftigen Zweifel beim Richter aufkommen lässt.* Dem erkennenden Gericht müssen Gültigkeit und Auslegung des ausländischen Rechts so nachgewiesen werden, dass ihm nicht die mindesten Zweifel verbleiben[1319]. Der Beweis muss derartig überzeugend sein, dass „dem Gericht bei der Anwendung des ausländischen Rechts nicht die geringsten Zweifel verbleiben“[1320]. *Calvo Caravaca*[1321] und *Garcimartín Alférez*[1322] halten diese Anforderungen zu Recht für überspannt. Es muss genügen, dass die entsprechenden Beweismittel erbracht und das Gericht dann in vernünftiger Weise vom Inhalt und Sinn des ausländischen Rechts überzeugt wird[1323]. Die

---

[1317] Vgl. Art. 353 LEC 200.

[1318] Vgl. *Garcimartín Montero*, S. 118, *Gutiérrez de Cabiedes*, ADI, II, 1975, 43 – 83, 65 ff.

[1319] SAP Castellón 07.07. 1997 (RAJ 1455).

[1320] So gefordert in STS vom 16.06.1991 (RA 5389); STS vom 03.12.1926 (CL t.172 Nr. 171).

[1321] 2. Aufl. S. 419.

[1322] S. 62 f.

[1323] *Calvo Caravaca/Carrascosa González,* Introducción, 2. Auflage, S. 240.

Beweisregeln für Tatsachen werden in den meisten Konstellationen höchstens für eine Analogie herhalten können[1324].

d) Zeitpunkt

Besonders wenn man davon ausgeht, dass ausländisches Recht im Prozess eine tatsachengleiche Behandlung erfährt, stellt sich die Frage nach dem Zeitpunkt der Einbringung. Für physische Tatsachen ist der richtige Zeitpunkt die Klage, die Klageerwiderung und die übrigen darlegenden Schriftsätze[1325]. In der Tat sieht die Rechtsprechung es so: Der Vortrag des ausländischen Rechts in der ersten Instanz muss in der Phase geschehen, in der die Beibringung der Tatsachen geboten ist, d.h. konkret, es kann dies der Kläger in der Klageschrift und der Beklagte in der Klageerwiderung; ggf. auch in einer Replik oder Duplik usw. geschehen. Das *Tribunal Supremo* hat klargestellt, dass ein Beweis erst in den so genannten *escritos de conclusiones* (Beweiswürdigungsschriftsätze durch die Parteien) nicht mehr erbracht werden kann[1326]. Das ausländische Recht muss in der sogenannten *Beweisfase*[1327] des Prozesses bewiesen werden. Dessen ungeachtet konnte der Richter einen Sondertermin für die Beweisaufnahme zum ausländischen Recht anordnen[1328].

Mögliche Zeitpunkte für die Einbringung ausländischen Rechts sind nach der Literatur die Klage, die Klageerwiderung und auch eine mögliche Replik[1329]. *Fernandez Rozas*[1330] hält jeden dieser Zeitpunkte für zulässig. *Sentis Melendo* ist der Auffassung, dass die besondere Natur des ausländischen Rechts im Prozess es möglich macht, es jederzeit und nicht notwendigerweise in den für Tatsachendarlegung vorgesehene Schriftsätze eingebracht werden kann[1331]. *Meyer*

1324 *De la Oliva/Miguel Angel Fernándes*, S. 288.

1325 *Garcimartín Montero*, S. 103; *Aguilar Benítez de Lugo*, RGD, S. 6247, 6313.

1326 Siehe STS, Sala 1., vom 10.06.1934 sowie STS vom 21.02.1935.

1327 *Primera instancia y fase probatoria.*

1328 Siehe dazu Art. 555 bis 562 LEC.

1329 *Aguilar Benitez de Lugo*, La prueba del Derecho extranjero ante los Tribunales españoles, S. 6307.

1330 S. 528.

1331 *Sentis Meleno*, S. 196.

empfiehlt, ein *Certificado de ley* aus praktischen Gründen bereits mit der Klageschrift einzureichen.

Die Berufung auf ausländisches Recht ist nur in der *ersten Instanz* möglich. Nicht möglich ist sie im Berufungsverfahren und ebenfalls nicht im Kassationsverfahren[1332]. Die ständige Rechtsprechung des *Tribunal Supremo* nimmt eine Präklusionswirkung nach Abschluss der ersten Instanz an[1333].

Nur in Ausnahmefällen ist eine Beweisaufnahme noch in der zweiten Instanz zulässig, Art. 460.2 Ziff. 1 und 2 LEC 2000[1334]: Für den Fall der Beweisaufnahme zum Zweck des Beweises ausländischen Rechts kommen sowohl Ziff. 1 wie Ziff. 2 in Frage. Nach Ziff. 1 dann, wenn das Berufungsgericht eine Beweisaufnahme, die in der ersten Instanz abgelehnt wurde, diese nunmehr für einschlägig und sachgemäß hält. Zum zweiten dann, wenn die Beweisaufnahme in der ersten Instanz nicht stattgefunden hat, ganz oder teilweise wegen eines Grundes, der der Partei, die sie beantragt hat, nicht zuzuschreiben ist, Ziff. 2.

Calvo Caravaca und *Carrascosa Gonzáles* lehnen dies ab und sind der Meinung, die Beweiserhebung sollte auch in *Apelación* und *Casación* zugelassen werden[1335].

5. Erkenntnisquellen aus der Sphäre der Parteien in Deutschland

a) Zulässigkeit und Bedeutung von Parteigutachten

Ungeachtet der primären Ermittlungspflicht sind auch im deutschen Recht Erkenntnisquellen aus der Parteisphäre denkbar. Neben einem reinen Vortrag zur Rechtslage sticht in der Praxis das Parteigutachten - mit deutlichen Parallelen

[1332] Siehe STS vom 16.12.1960, STS vom 10.12.1966 und nach in Kraft treten des Art. 12.6. CC STS vom 09.05.1988; vgl. auch *Calvo Caravaca/Carrascosa González*, Introducción, 1. Auflage, S. 422 Nr.47

[1333] Siehe exemplarisch besonders STS, Sala 1., vom 12.07.1889, STS vom 09.07.1895, STS vom 23.10.1915, STS vom 10.02.1926, STS vom 16.12.1960.

[1334] Art. 862 LEC nach altem Recht.

[1335] *Calvo Caravaca*, 2. Auf. S. 239 Nr. 17.

zur spanischen Praxis, ohne dem Ergebnis vorgreifen zu wollen - hervor. Nach deutschem Zivilprozessrecht ist der Privatgutachter einer Prozesspartei weder Zeuge noch gerichtlicher Sachverständiger und auch nicht sachverständiger Zeuge[1336]. Konsequenz ist, dass das Gericht den Inhalt des Privatgutachtens als Parteivorbringen würdigen kann. Insoweit ist das Parteigutachten kein Beweismittel im engen Sinne, sondern eine Art „unechte Erkenntnisquelle". Nach der Rechtsprechung nimmt ein Privatgutachten der Parteien Einfluss auf das Ermittlungsermessen[1337] und dient somit zumindest indirekt als Erkenntnisquelle für die richterliche Rechtsfindung.

Nicht verlangt werden kann, dass das Gutachten selbst eingereicht werden muss. Prozesstaktisch sinnvoller und in jedem Falle zulässig ist es, die Ausführungen des Gutachters schriftsätzlich zu integrieren und an entsprechender Stelle das Gutachten als Beleg aufzuführen[1338]. Kostenrechtlich ist zu bedenken, dass eine Erstattung hinsichtlich weggelassener Teile entfällt[1339].

Besondere Bedeutung maß der BGH[1340] einem anwaltlichen „Gegengutachten" bei, dass der Revisionskläger in der Rechtsmittelinstanz vorgelegt hatte: Es kann geeignet sein, ein vom Gericht eingeholtes Sachverständigengutachten zu erschüttern. Widerspricht es dem Gutachten in entscheidenden Punkten, so muss sich das Gericht damit auseinandersetzen, um einen reversiblen Verfahrensverstoß zu vermeiden.

Je geringere Anforderungen an die Ermittlungspflicht des Gerichts gestellt werden, desto mehr muss die Partei selbst tun und sich entsprechend beraten lassen. Nur dann kann sie wirksam auf die Ermessensausübung des Gerichts Einfluss nehmen und läuft nicht Gefahr, der Verfahrensrüge verlustig zu gehen[1341]. Ei-

---

[1336] Vgl. BGH NJW 93, 2382; *Samtleben*, NJW 1992, 3058, Fußnoten 22, 23.

[1337] BGHZ 118, 151, 170; BGHZ 77, 32, 38; BGH NJW 1976, 1581, 1583; *v. Bar*, IPR Bd. 1 Rn. 373; Gottwald IPRax 1988, 210, 211; *Huzel* IPRax 1990, 77, 78; *Sommerlad/Schrey* NJW 1991, 1377, 1380; *MüKo/Prütting*, ZPO § 293 Rn. 51 f).

[1338] *Linke*, IJVO 8 (1998/99), 35 (52).

[1339] S. dazu sogleich 6. Kostenbelastung der Parteien in Spanien und Deutschland.

[1340] BGH NJW-RR 1997, 1154, 1155, WM 1997, 1245, 1247.

[1341] *Kindl*, ZZP 111 (1998), 177, 184.

nem Minus an richterlicher Ermittlungspflicht korrespondiert daher ein Mehr an Parteipflicht, die sich auf den Pflichtenkreis des von der Partei beauftragten Anwalts abbildet.

b) Einschränkung des Ermessens durch Parteigutachten

Privatgutachten führen zu einer Einschränkung des Ermessens und einer damit einhergehenden Steigerung der richterlichen Ermittlungstiefe. Den Parteien ist zu raten, davon möglichst in einem frühen Prozessstadium Gebrauch zu machen, um dementsprechend rechtzeitig das Verfahren in die „richtige Richtung" zu lenken.

6. Kostenbelastung der Parteien in Spanien und Deutschland

a) Spanien

Spezielle Kostenregeln für Verfahren, in denen ausländisches Recht zur Anwendung kommt, gibt es nicht. Im spanischen Prozessrecht wird zwischen den allgemein im Zusammenhang mit dem Prozess anfallenden Kosten, den *gastos procesales*[1342] und den vom eigentlichen Prozess verursachten Kosten - *costas procesale*s - unterschieden.[1343] Als erstattungsfähige *costas procesales* gelten in Spanien im Wesentlichen die Gebühren von Rechtsanwälten, *Procuradores*, Sachverständigen, die Entschädigungen der Zeugen, die Kosten von öffentlicher Zustellung, Registereintragungen, Rechtshilfe und vergleichbare sonstige[1344]. Gerichtskosten entstehen keine. Dieser Kostenvorteil gegenüber dem deutschen Zivilprozess wird allerdings durch die Gebühren der regelmäßig zu bestellenden *Procuradores*[1345] aufgehoben. Das Kostenrecht ist nunmehr in Art. 394 bis 398

[1342] Das sind z.B. Ausgaben für Beratungen mit Rechtsanwälten, außerprozessuale Tätigkeiten, Kosten für Bescheinigungen oder Dokumente, die im Prozess vorgewiesen werden müssen, Reisekosten etc.

[1343] Vgl. *Ramos Méndez*, Derecho procesal civil, Band I, S. 686.

[1344] *Ramos Méndez*, Derecho procesal civil, Band I, a.a.O.

[1345] Prozessvertreter. Die Tätigkeit des Prozeßvertreters besteht im Wesentlichen aus der Entgegennahme und Einreichung der Schriftsätze der Parteien und gerichtlichen Verfügungen. Im Unterschied zu den Honorarempfehlungen der Rechtsanwaltskammern sind hier die

sowie Art. 241 bis 246 LEC 2000 geregelt; die Honorare der Sachverständigen als *costas procesales* als ausdrücklich in Art. 241.1 Ziff. 4 LEC 2000 erwähnt und damit ersatzfähig[1346]. Eine der BRAGO entsprechende Tarifordnung existiert in Spanien nicht. Die Rechtsanwaltshonorare richten sich vielmehr nach den Honorarempfehlungen der örtlichen Rechtsanwaltskammern[1347].

Nur die Ausgaben, die dem engen Begriff der *costas procesales* unterfallen, sind vom Gegner im Falle der Verurteilung in die Kosten zu ersetzen. Der mit der Prozessrechtsreform von 1984[1348] geänderte Art. 523 LEC legte fest, dass dem Grundsatz nach derjenige, der ganz oder teilweise unterliegt, sämtliche Kosten, also auch die notwendigen des Gegners zu tragen hat. Dieser Grundsatz findet sich nunmehr in Art. 394.1 LEC 2000 wieder[1349].

b) Deutschland

aa) Sachverständigengutachten und andere Ermittlungsmittel

Aufwendungen für die Heranziehung inländischen Gesetzesrechts durch interne Informationsbeschaffung des Gerichts werden bei den Gerichtskosten nicht gesondert erfasst, sondern sind mit diesem bereits abgegolten[1350]. Besondere Gerichtsgebühren bei Anwendung ausländischen Rechts entstehen auch in Deutschland grundsätzlich nicht[1351]. Fallen aber Auslagen für ein Sachverständigengutachten oder einen an einen fremden Staat gerichtetes Auskunftsersuchen an, so werden diese erhoben[1352]. Die Zahlungen an einen vom Gericht

---

Gebührensätze (*Aranceles*) fest vorgegeben. In der Regel belaufen sich die Kosten für den Prozeßvertreter auf etwa ein Drittel der Rechtanwaltshonorare, vgl. *Helbing* AnwBl. 2001, 83 f.

1346 Ursprünglich Art. 423 LEC.

1347 *Helbing* AnwBl. 2001, 83.

1348 Gesetz 34/1984 vom 6. August.

1349 *Ramos Méndez*, Derecho procesal civil, Band I, a.a.O. Das Prinzip der proportionalen Kostenaufteilung gilt in Spanien allerdings nicht. Wird die Klage nur teilweise stattgegeben, trägt jede Partei die ihr entstandenen Kosten selbst und die gemeinsamen zur Hälfte, Art. 394.3 LEC 2000; vgl. auch *Helbing* AnwBl. 2001, 84.

1350 *Schwartze*, Festschrift Fenge, S. 136.

1351 *Musielak/Huber*, ZPO, § 293 Rn. 15.

1352 *Musielak/Huber*, ZPO, § 293 Rn. 15.

eingeschalteten Sachverständigen fallen nach dem Gesetz über die Entschädigung von Zeugen und Sachverständigen, § 11 Abs. 1 GKG in Verbindung mit Kostenverzeichnis Nr. 9005, Anlage 1 GKG, an[1353]. Bei der Nutzung des europäischen Auskunftsübereinkommens sollten zwar grundsätzlich keine Kosten entstehen, Art. 15 Abs. 1 des Abkommens. Von den Parteien sind zumindest Übersetzungskosten des Auskunftsersuchens in die Sprache des ersuchten Staates, Art. 14 Abs. 1 Satz 1 des Übereinkommens, und für die Antwort aus dieser Sprache, Art. 14 Abs. 1 Satz 2 des Übereinkommens als Gerichtsauslagen zu erheben. Bei einem Ersuchen um Auskunft im Wege der Rechtshilfe können die Prüfgebühr (Nr. 3a GebVerz. JVKostO), Übersetzungskosten und im Ausland angefallenen Kosten entstehen. Dafür kann ein Vorschuss angefordert werden[1354]. Entstehen im Rechtshilfeverkehr mit dem Ausland Kosten, so können diese auch dann erhoben werden, wenn die deutsche Justizverwaltung aus Gründen der Gegenseitigkeit oder aus sonstigen Gründen keine Zahlungen zu leisten hat (KV Nr. 9013). Die Kosten eines gerichtlichen Gutachters hat grundsätzlich der Unterlegene zu tragen, § 91 Abs. ZPO[1355]; solche eines vom Gericht zur Frage der Heranziehung und Auslegung inländischen gesetzten Rechts eingeholten Sachverständigengutachtens können nicht den Parteien auferlegt werden. In einem solchen Fall ist von § 16 KostO (bzw. § 8 GKG) Gebrauch zu machen[1356].

Spürbar sind bei den Kosten vor allen Dingen solche, die durch die Ermittlung entstehen *und* die gemäß § 91 Abs. 1 Satz 1 ZPO der unterliegenden Partei auferlegt werden sowie eine anwaltliche Beweisgebühr.

bb) Anwaltsgebühren

[1353] *Schwartze*, Festschrift Fenge, S. 136.

[1354] *Musielak/Huber*, ZPO, § 293 Rn. 15.

[1355] Nicht zutreffend in diesem Zusammenhang *Calvo Caravaca*, 2. Auflage, S. 240, der die Praxis in Deutschland dahingehend interpretiert, dass es offizielle Institute gäbe, die dem Gericht den Inhalt des ausländischen Rechts mitteilten. Begründung solle sein, dass in diesen Ländern – auch der Schweiz – die Anwendung ausländischen Rechts häufig sei und es so gerecht erschiene, dem Staat dies aufzuerlegen. In der Ausgangsüberlegung muss er wohl Zustimmung finden.

[1356] OLG Karlsruhe FamRZ 1990, 1367.

Die Anwaltskosten sind in Deutschland bundeseinheitlich und differenzierter regelt als in Spanien: Holt das Gericht selbst Auskünfte ein, so kann dem Anwalt eine Beweisgebühr entstehen[1357]. Wenn das Gericht ein förmliches Beweisverfahren unter Einholung eines Sachverständigengutachtens und Erlass eines Beweisbeschlusses durchführt, entsteht dem anwaltlichen Prozessvertreter stets eine Beweisgebühr, § 31 Abs. 1 Nr. 3 BRAGO [1358]. Keine Beweisgebühr fällt bei Einholung einer amtlichen Auskunft zu inländischem Recht an: Die Klärung von Rechtsfragen durch Einholung und Verwertung einer amtlichen Auskunft von Fachbehörden löst die Beweisgebühr nicht aus, es sei denn, es handele sich um die in § 293 ZPO genannten Rechtsnormen[1359]. Da die Feststellung von Rechtsnormen ihrem Wesen nach kein Beweisaufnahmeverfahren i. S. von § 31 I 3 BRAGO ist, weil es nicht um die Klärung streitiger Tatsachenbehauptungen der Parteien geht[1360]. Dass § 31 I 3 BRAGO dennoch auf die Ermittlung von ausländischem Recht, Gewohnheitsrecht und Statuten anzuwenden ist, ist also nur durch die Fassung der besonderen Vorschrift des § 293 ZPO gerechtfertigt und erlaubt nicht den umgekehrten Schluss, diese Gebührenbestimmung müsse auch auf die Ermittlung inländischen Rechts angewendet werden, weil auch diese Ermittlung, wenn auch nicht durch § 293 ZPO gedeckt, ihrem Wesen nach doch eine Beweisaufnahme sei[1361]. Die Ermittlung von Rechtsnormen ist daher nur im Rahmen des § 293 ZPO Gegenstand einer Beweisaufnahme[1362]. Die Ermittlung inländischen geschriebenen Rechts, beispielsweise Steuerrecht, fällt nicht darunter[1363]

[1357] *Gerold/Schmidt/v. Eicken* § 31 BRAGO Rn. 84.

[1358] *Musielak/Huber*, § 293 Rn. 14.

[1359] OLG Stuttgart MDR 1989, 1111. So auch BGH, JurBüro 1966, 393 und OLG Neustadt, JurBüro 1960, 486 entgegen OLG München, JurBüro 1961, 247 und OLG Düsseldorf, JurBüro 1985, 1824.

[1360] OLG Stuttgart MDR 1989, 1111.

[1361] OLG Stuttgart MDR 1989, 1111.

[1362] OLG Stuttgart MDR 1989, 1111.

[1363] OLG Stuttgart MDR 1989, 1111; BGH, JurBüro 1966, 393; ebenso OLG Neustadt, JurBüro 1960, 486; LG Hamburg, MDR 84, 413; a. A. OLG München, JurBüro 1961, 247; OLG Düsseldorf, JurBüro 1985, 1824.

cc) Kosten bei Privatgutachten

Kosten einer Partei für Gutachten über inländisches Recht – also solches, dass vom Gericht von Amts wegen zu erforschen ist - kann jene nicht ersetzt verlangen[1364]. Die Verpflichtung der unterliegenden Partei, die gesetzlichen Gebühren des Rechtsanwaltes der obsiegenden zu ersetzen, § 91 Abs. 2 S.1 ZPO, enthält zugleich das kostenrechtliche Gebot[1365], diese auf die notwendigen zu begrenzen. Der Rechtsanwalt, der als unabhängiges Organ der Rechtspflege und Berater, §§ 1, 3 BRAO, die gleiche Ausbildung wie der Richter durchläuft, hat entsprechende Rechtskenntnisse zu besitzen bzw. sich *selbst* zu verschaffen[1366]. Im Folgenden zu den Kosten eines Privatgutachtens über ausländisches Recht, für deren Ersatz bereits Ausnahmen zugelassen wurden[1367]. Es bietet sich an, nach dem Anlass des jeweiligen Gutachtens zu differenzieren[1368]:

α) Gutachten aufgrund gerichtlichen Auflagenbeschlusses

Entsprechende Beschlüsse sind in der Praxis üblich[1369]. Geht man von einer Mitwirkungspflicht der Parteien als Voraussetzung für den Auflagenbeschluss aus, so konkretisiert sie sich in der Beauftragung eines Gutachters. Das Gericht gibt mit dem Beschluss zum Ausdruck, dass ausländische Recht selbst nicht oder nicht so vollständig wie die Partei erforschen zu können und wälzt eine ihm eigene Aufgabe auf die Partei ab[1370]. Diese darf dadurch im Falle ihres Obsiegens keine Kostennachteile erleiden. Ungeachtet möglicher Nähe zum ausländischen Recht kann die Partei nicht nur auf eigene Recherchemittel verwiesen werden, sondern muss sich sämtlicher Möglichkeiten bedienen können. Darüber hinaus

---

[1364] vgl. OLG München, Rpfleger 2000, 425.

[1365] vgl. dazu *Zöller/Hartmann*, § 91 Rn. 28.

[1366] Vgl. *Mankowski*, MDR 2001, 194 mit der Begründung, *iura novit curia* gelte auch für den Rechtsanwalt.

[1367] *Zöller/Herget* §91 Rn. 13, OLG München JurBüro 91, 387; OLG Frankfurt GRUR 93, 161.

[1368] Vgl. *Mankowski*, MDR 2001, 194.

[1369] Vgl. zuletzt die Zusammenstellung bei *Mankowski*, MDR 2001, 1994 f., dort Fn. 8.

[1370] Vgl. *Mankowski*, MDR 2001, 194, 195.

kann ein Privatgutachten kostengünstiger und schneller als ein gerichtliches sein[1371], was die kostenrechtliche Notwendigkeit zu begründen vermag.

Ein so zustande gekommenes Gutachten ist ersatzfähig. Beauftragte die Partei infolge eines „Auflagenbeschlusses" einen Gutachter, so sind diese Kosten in der Regel notwendige Kosten im Sinne des § 91 Abs. 1 ZPO und damit erstattungsfähig[1372]. Die kostenmäßigen Auswirkungen eines von einer Partei aufgrund Auflage nach ZPO § 293 eingeholten Sachverständigengutachtens treffen den Unterliegenden, denn sie sind regelmäßig notwendige, § 91 Abs. 1 ZPO, und damit erstattungsfähige Kosten[1373].

Eine Ausnahme kann angenommen werden, wenn die Partei über einen Korrespondenzanwalt der entsprechenden Rechtsordnung verfügt und Spezialkenntnisse über diese Rechtsordnung nicht nötig sind. Dann kann die Partei nicht die Kosten des Korrespondenzanwaltes und eines Gutachters ersetzt verlangen[1374].

β) Vor dem Rechtsstreit eingeholte Gutachten zur Klagevorbereitung

Da inländische Rechtsgutachten nicht erstattungsfähig sind, bietet es sich an, die Grundsätze für Sachgutachten heranzuziehen: Ein vor dem Rechtsstreit eingeholtes Gutachten ist dann erstattungsfähig, wenn nur durch den Sachverständigen eine ausreichende Klage-[1375], Berufungs-[1376] oder Revisionsgrundlage[1377] geschaffen werden konnte. Ein solches ist zur Rechtsverfolgung oder Rechtsverteidigung notwendig. Dies wird hier regelmäßig der Fall sein. Es liegt auf der Hand, dass dem Kläger nur in Ausnahmen ein schlüssiger Vortrag gelingen wird, wozu mehr als Grundkenntnisse im ausländischen Recht nötig sind. *Mankowski* sieht diese Obliegenheit des Klägers in einem „gewissen Spannungsver-

---

[1371] Vgl. *Wiedemann*, S. 95 f.
[1372] *Huzel*, IPRax 1990, 77, 82.
[1373] *Huzel*, IPRax 1990, 77, 82.
[1374] *Mankowski*, MDR 2001, 194, 197.
[1375] *Zöller/Herget*, § 91, Rn. 13; OLG Bamberg, JurBüro 91, 838.
[1376] OLG Koblenz, AnwBl 88, 298.
[1377] OLG Hamm, JurBüro 78, 1079.

hältnis zur primären Rechtsermittlungspflicht" des Gerichtes[1378], die aber bei reinen „Inlandsprozessen" ebenso besteht. Es gibt daher keinen Grund, den Anwalt bei der Prozessvorbereitung von den Mitteln, die dem Gericht zur Verfügung stehen, auszuschließen. Die Möglichkeit eigener Nachforschungen in Gerichts- oder Universitätsbibliotheken lässt nur dann die Notwendigkeit eines Privatgutachtens entfallen, wenn durch sie schon die vollständige Unterrichtung von Gericht und Parteien möglich ist und darf keinesfalls dazu führen, den Parteivertretern ein Unvollständigkeitsrisiko aufzubürden[1379]. Von einer anwaltlichen Beratung und Klageerhebung „ins Blaue hinein" kann nur abgeraten werden[1380]. Darüber hinaus kann das Parteigutachten zur Verfahrensbeschleunigung beitragen, indem es ein gerichtliches Gutachten erspart[1381]. Indiz für eine Notwendigkeit im kostenrechtlichen Sinne ist die Verwertung durch das Gericht[1382], wobei zu hohe Anforderungen – wie etwa eine erkennbare Beeinflussung der Entscheidung – nicht verlangt werden sollten[1383].

Man sollte daher dem Kläger stets das Recht zur Prozessvorbereitung mittels Privatgutachten zugestehen. Die entstehenden Kosten sind zur Rechtsverfolgung notwendig.

Da Gutachten über die Erfolgsaussichten eines Prozesses als grundsätzlich nicht erstattungsfähig angesehen werden[1384], muss der beauftragende Anwalt darauf achten, die Fragen an den Sachverständigen entsprechend zu formulieren. Das Gutachten muss nicht unbedingt vorgelegt werden.

1378 *Mankowski*, MDR 2001, 194, 195.
1379 Vgl. *Mankowski* MDR 2001, 1194, 196.
1380 Vgl. allgemein zu den Sorgfaltspflichten: *Sieg*, Internationale Anwaltshaftung.
1381 Vgl. *Mankowski*, MDR 2001, 194, 195.
1382 *Zöller/Herget* § 91 Rn. 13.
1383 *Zöller/Herget* § 91 Rn. 13 m.w.Nw.
1384 OLG Hamburg JurBüro 88, 1022; OLG Koblenz 90, 1474.

γ) Im Rechtsstreit eingeholte Gutachten - Gegengutachten zu Gerichts- oder Privatgutachten

Ein Gutachten kann notwendig sein, wenn eine Partei andernfalls Fragen an den Sachverständigen des Gerichts oder eines bereits von der Gegenpartei eingeholten notwendigen Gutachtens nicht formulieren könnte[1385]. Verlangt das Gericht von einer Partei einen substantiierteren Vortrag – etwa zu den Tatbestandsmerkmalen der Anspruchsgrundlage der *lex causae*– so wird dies nicht ohne Gutachten möglich sein[1386].

Das Privatgutachten muss geeignet sein, beim Gericht vernünftige Zweifel an der Darstellung der Rechtslage durch den gerichtlichen Sachverständigen zu wecken. Beruht der Vortrag einer Partei auf einem von ihr eingeholten Sachverständigengutachten und führt dies zu einem gerichtlichen Obergutachten, so ist dies regelmäßig der Fall, und die Kosten der Partei sind erstattungsfähig[1387]. Spätestens hier wird klar, dass es dem Parteivertreter ohne grundlegende Kenntnisse anderer Rechtsordnungen und der Rechtsvergleichung nur sehr schwer möglich sein wird, die Erfolgsaussichten eines weiteren Gutachtens einzuschätzen. Hält er diese jedoch für gegeben, so kann er nicht darauf verwiesen werden, diese selbst zu formulieren, sondern darf sie mittels Gutachten substantiieren und mit Autorität untermauern[1388].

δ) Höhe der Kosten

Zu ersetzen sind die der Partei tatsächlich entstandenen Kosten, wobei es im Fall eines ausländischen Gutachters nicht darauf ankommt, ob ein inländischer günstiger gewesen wäre. War die Beauftragung eines ausländischen Gutachters ermessensfehlerfrei – und hier können keine anderen Maßstäbe als für das Gericht gelten – müssen dessen Kosten ersetzt werden. Entscheidend ist das Gutachtenstatut, nach dem sich die Honorarhöhe des Gutachters bemisst[1389].

[1385] vgl. OVG NRW JurBüro 88, 1558.

[1386] Für die Frage eines Sachgutachtens vgl. OLG Stuttgart NJW-RR 96, 255.

[1387] Vgl *Mankowski* MDR 194, 197 m.w.Nw.

[1388] vgl. *Mankowski* MDR 2001, 194, 197.

[1389] Vgl. *Mankowski*, MDR 2001, 194, 198.

ε) Zusammenfassung

Eine Kostenerstattung ist zu bejahen, wenn das Gutachten auf einem Auflagenbeschluss des Gerichts beruht oder für den schlüssigen Vortrag und die Erfüllung der Darlegungslast erforderlich ist[1390]. Die Verwertung des Rechtsgutachtens durch das Gericht ist ein Indiz für seine Notwendigkeit[1391]. Im Ergebnis lässt sich weiter sagen: Würde ein Parteigutachten - vom Gericht selbst eingeholt - bei diesem eine rechtsfehlerfreie Ermessensausübung darstellen, so gehört es zu den ersatzfähigen Kosten der notwendigen Rechtsverfolgung, § 91 Abs. 1 S. ZPO. Wäre entsprechendes Gerichtsgutachten rechtsfehlerhaft - insbesondere seinem Inhalt nach - in Auftrag gegeben, so ist es in keinem Fall ersatzfähig. Es ist nicht entscheidend, ob das Privatgutachten Erfolg gehabt hat, da es auf die objektive Erforderlichkeit und Eignung aus Sicht der Partei ankommt[1392].

cc) Gutachten über Kollisionsrecht

α) Gerichtsgutachten

Das Gericht ist nicht berechtigt, Gutachtenaufträge zu erteilen, die die Frage des anwendbaren Rechts zum Gegenstand haben, sofern sie sich nicht ausschließlich auf ausländisches Kollisionsrecht als Folge einer Gesamtverweisung bezieht. Kosten für vom Gericht bestellte Gutachten, die nicht in den Anwendungsbereich von § 293 ZPO fallen, hat die Staatskasse nach § 8 Abs. 1 S. 1 GKG zu tragen[1393]. Nach § 8 Abs. 1 Satz 1 Gerichtskostengesetz muss der Kostenanteil eines Gutachtens, der die IPR-Frage betrifft, von der Staatskasse getragen werden, weil sie durch unrichtige Sachbehandlung des Gerichts verursacht worden sind.

[1390] *Mankowski* a.a.O..

[1391] *Schneider*, MDR 1988, 547 f..

[1392] Vgl. für Sachgutachten *Zöller/Herget* § 91 Rn. 13 mit Verweis auf OLG Saarbrücken, das sogar eine Erstattungsfähigkeit bei Nichtvorlage des Gutachtens bejaht.

[1393] S. auch *Schack* IZVR Rn. 621.

β) Privatgutachten

Inländisches Kollisionsrecht gehört zu dem Bereich, den die Partei bzw. die Parteivertreter kennen müssen. Für Privatgutachten, die sich mit ausländischem Kollisionsrecht befassen, gelten die oben dargestellten Grundsätze. Ein Gutachten, das zur Frage des anwendbaren Rechts und dessen Inhalt unfassend Stellung bezieht, ist hinsichtlich des Teils, der sich mit dem *Kollisionsrecht* des Forumstaates befasst, nicht ersatzfähig.

7. Rechtsvergleichung zu Erkenntnisquellen und Verfahren

Beweisfragen nehmen einen nicht zu unterschätzen Einfluss auf die Praxis des IPR. Zum einen steuern sie die Rechtswahl, da eine Partei ein leichter nachweisbares Recht vorziehen wird; darüber hinaus die des Forums[1394]. Muss die Partei selbst das ausländische Recht nachweisen, erfordert dies neben der Zahlung der Gerichtskosten noch die Honorierung eigener Anwälte und Sachverständiger[1395]. Der Unterschied in den Kosten kann „Tausende“ betragen[1396].

Die ZPO enthält mit § 293 eine Regelung, die die Möglichkeit des „Beweises“ für fremdes Recht, ebenso für Gewohnheitsrecht und Statuten, eröffnet, aber anders als die LEC, nicht zwingend vorsieht. Ein signifikanter Unterschied zur Ermittlung inländischen Rechts in Deutschland besteht darin, dass sich der Richter auf das durch die Normen des Beweisrechts begrenzte förmliche Verfahren beschränken kann[1397]. Lässt man ein Beweisverfahren für ausländisches Recht zu, führt dies tatsächlich nicht immer zu einer Erweiterung der Informationsmöglichkeiten, sondern kann diese auch reduzieren. So wird durch die Ladungspflicht auf Antrag einer Partei, §§ 402, 397 Abs. 1 ZPO, zwar den Parteien eine gewisse Kontrolle der Person, auf deren Urteil sich Gerichte mehr oder weniger verlassen müssen, geboten. Andererseits aber verzögert sich die im Vergleich zu Inlandsrecht langwierige Feststellung der maßgeblichen Rechtsgrund-

---

1394 *Siehr*, S. 468.
1395 *Siehr*, S. 468.
1396 *Siehr*, S. 468.
1397 *Schwartze*, Festschrift Fenge, S. 134.

lage durch die Erhebung von Sachverständigengutachten noch weiter[1398]. Letztlich entscheidend ist, welche Möglichkeiten die Gerichte tatsächlich wählen[1399]. In Deutschland scheint klar die Verwendung der relativ aufwändigen Sachverständigengutachten vorzuherrschen.

In Spanien ist dies eindeutig das Verfahren mittels *certificado de ley*[1400]. Dort sind *de lege lata* Flexibilisierungstendenzen zu verzeichnen, da Art. 281 LEC 2000 nicht mehr von Beweismitteln spricht. Zum erstem Mal hat auch die Rechtsprechung erkannt, dass es weniger darum geht, dass ausländische Recht zu *be*weisen, als es *nach*zuweisen[1401]. Es handele sich nicht um eine Beweisführung im strengen Sinne, sondern um eine Kooperation zwischen Parteien und Gericht[1402], wobei die Beweisführung nicht nach den Regeln des Strengbeweises zu erfolgen hat, sondern in Verfahren und insbesondere den Beweismitteln freier ist.

Dem ist zuzustimmen. Stellt eine Rechtsordnung - wie die spanische oder deutsche - nur einen *numerus clausus* an Beweismittel zur Verfügung, so liegt darin stets die Gefahr, dass damit den Parteien effektiver Rechtsschutz versagt wird. Denn aus dem Effektivitätsprinzip lässt sich das Recht auf Beweis ableiten[1403].

[1398] *Schwartze*, a.a.O., S. 134 f.

[1399] *Schwartze*, a.a.O., S. 135.

[1400] Ein Umfrage des Verfassers bei spanischen Rechtsanwältinnen und Rechtsanwälten ergab, dass herrschende Praxis das *certificado de ley* war und ist.

[1401] STS vom 03.04.1997 (La Ley, 1997, 3766 und RJ 1997/1638) mit der Gegenüberstellung von *probar - acreditar*. "*En nuestra sistema procesal vigente (...) el art. 12.6 deja claro: a) que la norma extranjera se acredita; b) que en su función aplicadora el Juzgador puede valerse de cuantos instrumentos de averiguación considere oportunos. El término acreditar no esta empleado de manera vulgar, sino en sentido técnico, lo cual significa que no es necesario que la verificación o comprobación del contenido y vigencia de la norma extranjera se ajuste a las reglas de la prueba rigurosa, sino que responde a los postulados más abiertos de la prueba denominada doctrinalmente libre o en otras palabras prueba que presupone la libertad de medios probatorios (siempre que sean lícitos y se obtengan por medios no prohibidos) y la libertad de valoración o apreciación. Si el Juzgador con la aportación de las partes, no se considera suficientemente ilustrado, debe y puede actuar de oficio e investigar la norma ablicable.*"

[1402] STS 03.03 1997. Im Ansatz ähnlich STS 17.03.1992, STS 10.06. 1995; *Iriarte Ángel*, Comentarios al Código Civil, S. 521.

[1403] *Habscheid*, Festschrift Vogel, S. 12

Das Ziel eines gerechten Prozesses[1404] bleibt unerreicht, wenn das materielle Recht ein Recht gewährt, das Prozessrecht aber den Beweis abschneidet[1405]. Im Prozess kann nur derjenige den Sieg davontragen, der sein Recht zuvor auch bewiesen hat[1406]. Diese Überlegungen müssen auf die Anwendung ausländischen Rechts übertragen werden. Ist der *numerus clausus* der Beweismittel an sich schon bedenklich, so umso mehr, wenn er herhalten soll, um die Parteien in ihren Nachweismöglichkeiten des materiellen Rechts zu beschränken. Folgerichtig gliedert § 293 Satz 2 ZPO den Ermittlungsvorgang aus dem Verfahren des Strengbeweises nach §§ 355 ff. ZPO aus, so dass die Verfahrensteilnehmer nicht mehr auf den *numerus clausus* der Beweismittel der ZPO beschränkt sind[1407]. In Spanien wird eine wie auch immer geartete Interventionsbefugnis des Gerichtes in die von den Partein beherrschte Beweiserhebung nicht mehr ernstlich bestritten. Nur, mit dieser Befugnis stellt sich die Aufgabe, diese nicht willkürlich, sondern vernünftig und nachvollziehbar auszuüben[1408], was wiederum bedingt, dafür bestimmte Regeln aufzustellen, die sich letztlich am Gebot effektiven Rechtsschutzes zu orientieren haben. Dabei sollte auf jedes geeignete Nachweismittel zugegriffen werden.

In Deutschland ist das vom Gericht eingeholte Gutachten wegen seiner Ermittlungspflicht der Sphäre des Gerichts zuzurechnen. Anders in Spanien, wo der Sachverständigenbeweis ein Mittel aus der Sphäre der Parteien ist, um ihrer Beweispflichtigkeit nachzukommen. Deshalb entspricht das *certificado de ley* funktionell dem Parteigutachten des deutschen Rechts, das eine wachsende Bedeutung erfährt, die gar nicht hoch genug eingeschätzt werden kann. Die spanische Prozessordung nimmt keine grundlegende Differenzierung zwischen Parteigutachten und gerichtlich bestelltem Sachverständigen vor. Der Vorteil des *certificado* liegt darin, dass dem Richter zeitaufwändige eigene Ermittlungen (etwa durch Rechtshilfeersuchen) erspart bleiben[1409]. Es ist den Parteien leichter und schneller möglich, sich noch vor Klageerhebung ein *certificado* zu besorgen

---

[1404] s.o. Einl., A:
[1405] *Habscheid*, a.a.O
[1406] *Habscheid*, a.a.O.
[1407] *Wagner* ZEuP 7 (1999), 16.
[1408] Vgl. dazu bereits oben STC 10/2000 von 17.01.2000.
[1409] *Meyer*, IPrax 1993, 342.

als dem Richter die Ermittlung ausländischen Rechts aufzuerlegen[1410]. Einzuwenden bleibt, dass damit die Zeitkomponente nur vor die Klageeinreichung verlagert wird. Zwar müssen sich die Parteien stets über den Inhalt der berufenen Rechtsordnung informieren, sie brauchen es in Deutschland jedoch nicht in einer Form zu tun, die später als Beweismittel geeignet ist. Unter rechtsvergleichenden Gesichtspunkten sollte eine Auffassung Beachtung finden[1411], die eine gewisse Zurückhaltung bei der Berücksichtigung von Parteigutachten fordert und dazu rät, im Zweifelsfall noch weitere Auskünfte einzuholen; in Spanien äußert sich *Pérez Voituriez* so, der einen Ausweg in dem verstärktem Gebrauch von internationalen Übereinkommen sieht[1412]. Gerade bei Parteigutachten ist über die Integration in den Schriftsatz hinaus die vollständige Vorlage zu fordern, um der Unterdrückung ungünstiger Passagen vorzubeugen. Sinnvoll ist die Veröffentlichung exemplarischer Gutachten[1413].

Das Verfahren mittels *certificado de ley* weist darüber hinaus Parallelen zum Verfahren nach dem europäischen Übereinkommen auf, da das Gutachten bei beiden von einem, seinem Heimatrecht wahrscheinlich näher stehenden, Ausländer erbracht wird. Man kann dem natürlich stets entgegenhalten, es sei sinnvoller, einen in dem zur Beurteilung anstehenden ausländischen Recht firmen Inländer zu beauftragen, u.a. weil er die prozessuale Ausgangslage versteht und die Sprache des Verfahrenslandes spricht. Nach neuem spanischen Recht wäre es jedenfalls möglich, auch Rechtsgutachten *inländischer* Sachverständiger einzuholen.

Umgekehrt nähert sich der BGH mit seinen Anforderungen an den Gutachter an Prinzipien des *certificado de ley* an. In dieser Richtung ist er zu verstehen, wenn er ausführt, dass es auf der Hand liege, dass die mit der venezolanischen Lehre und Rechtspraxis vertrauten Professoren der Zentraluniversität in *Caracas* eher als das Berufungsgericht oder der Gutachter des Max-Planck-Instituts über die

---

[1410] *Meyer*, IPrax 1993, 342.

[1411] *Schütze*, S. 117 f.

[1412] *Pérez Voituriz*, La información, S. 234.

[1413] In Deutschland: *Drobnig/Kegel*, Gutachten zum internationalen und ausländischen Privatrecht 1998, veröffentlicht im Auftrage des Deutschen Rates für Internationales Privatrecht, Redaktion *Karsten Otte* 2001.

Spezialkenntnisse und Erkenntnisquellen verfügten[1414]. Jüngst hat der BGH ausdrücklich empfohlen, ein Gutachten eines spanischen Professors für Zivilprozessrecht, also einer der berufenen Rechtsordnung entstammenden Person, einzuholen[1415]. Diese Entwicklung befürchtet *Samtleben*[1416], wenn er meint, dass künftig nur „Eingeborene" über ihr Recht vor deutschen Gerichten berichten dürften. In einer weiteren, bereits angesprochenen Entscheidung hielt der BGH das in Auftrag gegebene Gutachten eines inländischen Sachverständigen zum luxemburgischen für nicht ausreichend[1417]. Die privatgutachtliche Äußerung eines luxemburgischen Anwalts hätte das Berufungsgericht veranlassen müssen, weitere Ermittlungen zur Erforschung der Rechtslage in Luxemburg anzustellen[1418]. Aufgrund des Europäischen Übereinkommens hätte eine Rechtsauskunft bei der dafür zuständigen staatlichen Stelle in Luxemburg eingeholt werden können. Da es wesentlich auf die ausländische Rechtspraxis angekommen sei, bestand nach dem BGH die Möglichkeit, einen luxemburgischen Anwalt oder Richter mit einer Stellungnahme zu beauftragen oder zu einer Anhörung einzuladen sowie eine Bank um Mitteilung zu bitten. Erkennbar wird damit eine stärker werdende Strömung hin zum ausländischen Sachverständigen. Anscheinend soll besonders dann, wenn es auf die ausländische Rechtspraxis ankommt, kein oder zumindest nicht ausschließlich ein inländischer Sachverständiger hinzugezogen werden. Allerdings kommt es stets auf die ausländische Praxis an, und man wird *ex ante* nie sagen können, wann das ausnahmsweise nicht der Fall sein soll. Unter *diesem* Gesichtspunkt ist die Forderung des *Tribunal Supremo* nach einem *certificado* ausländischer Juristen vorzugswürdig, da sie bei vergleichbarer Argumentation vorhersehbar ist. Bedauerlich ist aber, dass die Rechtsprechung noch mehrheitlich in ihrer Position verharrt, es handele sich bei der Berufung auf ausländisches Recht um eine Tatsachenfrage und daher müsse die Partei, die sich darauf beruft, vortragen[1419].

[1414] NJW 1992, 3058.

[1415] BGH WM 2001, 502-504, ZIP 2001, 675-676.

[1416] NJW 1993, 3057, 3059.

[1417] BGH NJW-RR 1997, 1154, 1155, WM 1997, 1245, 1247.

[1418] BGH NJW-RR 1997, 1154-1155, WM 1997, 1245-1247, RIW 1997, 687-688.

[1419] *Garcia Garrido/ Fries*, Informaciónes 1999, 112, 115.

Anders als nach § 404 Abs. 1 ZPO, wonach die Auswahl des Sachverständigen grundsätzlich durch das Gericht erfolgt, haben sich die spanischen Parteien bei jedem Beweis mittels Sachverständigengutachten, vergleichbar einem Parteigutachten in Deutschland, weitgehend um alles selbst zu kümmern: Sie wählen den Sachverständigen aus, holen Gutachten ein und müssen es in der Regel der Klageschrift oder Klageerwiderung beifügen, vgl. Art 339 LEC 2000. Mittelbare Ursache dürfte eine Reflexwirkung des passiven Richterverständnisses sein. Ein deutsches Gericht kann und muss, falls es nicht selbst die nötige, im Urteil darzulegende Sachkunde für die Beurteilung von Spezialfragen besitzt[1420], Sachverständigenbeweis auch ohne Antrag anordnen, §§ 144 Abs. 1, 372 Abs. 1, 273 Abs. 2 Nr. 4 ZPO oder einen Hinweis nach § 139 ZPO geben. Ein anderes Vorgehen begründet einen Verfahrensverstoß[1421].

Um den Richter in Spanien zu aktivieren und eine Ausnahme zur Beibringungspflicht des Gutachtens durch die Partei nach Art. 339.2 LEC 2000 zu machen, könnte man über Art. 339.2 in Art. 281.2 LEC 2000 selbst eine Ermächtigung sehen, von Amts wegen ein Gutachten einzuholen. Allerdings enthält Art. 339.2 LEC 2000 ein Antragserfordernis. Daran könnte man anknüpfen, um die Parteien zumindest davon zu entlasten, das Gutachten selbst beizubringen. In Deutschland ist ein entsprechender Parteiantrag nicht notwendig[1422]. In Spanien sollte ebenfalls darauf verzichtet werden. Ein Parteiantrag zur Einleitung eines förmlichen Beweisverfahrens ist in Deutschland ebenfalls nicht notwendig[1423]. Er ist zutreffender als Anregung an das Gericht zu verstehen. *Calvo Caravaca* geht zu Recht davon aus, dass das *Tribunal Supremo* in Bälde seine Forderung nach kumulativer Anwendung von Urkunds- und Sachverständigenbeweis fallen lassen wird[1424]. Sachgerechtes Ergebnis kann nur die Einholung eines Sachverständigengutachtens durch das Gericht selbst sein. Damit entfällt bei richtigem Beweisthema die Notwendigkeit des Urkundsbeweises, da dessen Funktion in das Gutachten integriert werden kann. Letztlich dürfen formelle Anforderungen aus dem Beweisverfahren für physische Tatsachen nicht dazu füh-

---

[1420] BGJ NJW 82, 2874; BGHZ 107, 236.
[1421] BGH NJW 93, 1796.
[1422] Siehe oben Fn. 1415
[1423] BGH NJW 1981, 526.
[1424] S. 424.

ren, eine richtige Entscheidung aufgrund der kollisionsrechtlich berufenen Rechtsordnung zu verhindern.

Darüber hinaus sollte für beide Rechtsordnungen gelten, dass in den Urteilsgründen ersichtlich wird, auf welche Informationsquellen sich das Gericht gestützt hat. Verwertet es z.B. Erkenntnisse einer Partei, so muss dies eindeutig aus der Begründung hervorgehen. Das Gericht hat den Parteien sämtliche Ergebnisse eines förmlichen wie formlosen Beweisverfahrens mitzuteilen[1425]. Des Weiteren muss klar werden, warum das Gericht einer bestimmten Quelle und nicht einer anderen, die auch zur Verfügung stand, gefolgt ist. Dabei ist davon auszugehen, dass das Gericht diese vorstehende Überlegung nicht erst im Urteil offenbart, sondern schon vorher mit den Parteien diskutiert. Damit vermeidet man ein Überraschungsurteil, und garantiert den verfassungsrechtlichen Anspruch auf rechtliches Gehör; gegebenenfalls muss en Parteien Gelegenheit gegeben werden, ihren Sach- und Tatsachenvortrag entsprechend zu ergänzen. Die Entscheidungsgründe müssen stets erkennen lassen, dass der Richter sein Ermessen bei der Quellenauswahl ausgeübt hat[1426].

In Spanien sollte der Rückgriff auf privates Wissen des Richters nicht mit dem Nachweis des ausländischen Rechts unvereinbar sein. Für den Fall, dass der Richter das ausländische Recht kennt, kann er es als bewiesen ansehen *und* muss dann die Parteien über den Inhalt informieren. Dann, aber auch nur dann, ist es den Parteien möglich, zu dem gefundenen Inhalt Stellung zu beziehen und ggf. diesen kontrovers zu diskutieren. Die Parteien müssen also Gelegenheit haben, zum Beweisergebnis Stellung zu beziehen[1427].

Was die Kosten angeht, so hat die Untersuchung gezeigt, dass ein Verfahren, in dem ausländisches Recht zur Anwendung kommt, die Parteien regelmäßig teurer zu stehen kommt als ein rein inländisches. In Praxis wie Theorie hat man sich

---

[1425] Vgl. *Stein/Jonas/Leipold* § 293 ZPO Rn. 53

[1426] BGH NJW 1981, 521-526, 526; BGH NJW 1988, 648 f.

[1427] In den Entscheidungen SAT *Valencia* vom 03.04.1982 und SAT *Granada* vom 22.12.1988 wurde das ausländische Recht beurteilt an Hand von eigenen Kenntnissen der Richter. Ein solches Vorgehen findet die Zustimmung des *Tribunal Supremo*, siehe STS, Sala 1, vom 15.11.1996.

damit anscheinend abgefunden, obwohl zumindest in Teilbereichen tief greifende eurooparechtliche Bedenken dagegen sprechen, die sogleich untersucht werden.

II. Unzureichender Nachweis und ergebnislose Ermittlungen

1. Spanien

Weder Art.12.6 a.F. CC noch Art. 281.2 LEC 2000 enthalten eine eindeutige Anweisung für das Gericht oder die Parteien auf die Frage, was zu tun ist und welche Folgen eintreten sollten, wenn der Beweis des ausländischen Rechts unmöglich ist.

Die Rechtsprechung wendet nach fehlendem und gleichermaßen nach fehlgeschlagenem oder unzureichendem Beweis in der Regel die *lex fori* zur Streitentscheidung an. Charakteristisch sind die Entscheidungen des Tribunal Supremo vom 16 Oktober 1940; 19. September 1961; 12. März 1970; STS vom 13 Februar 1974; 11 Mai 1989; 21 Juni 1989; 23 März 1994; 7 September 1990 und 25 Januar 1999[1428].

Mit diesem Urteil vom 25. Januar 1999 stellt das *Tribunal Supremo* für den Fall des unzureichenden Nachweises ausländischer Rechtssätze erneut klar, dass dann die *lex fori* anzuwenden sei[1429]. Problematisch kann dabei der Erkenntnisgrad werden: Bei der Anwendung des ausländischen Rechts darf das Gericht nicht die kleinsten Zweifel haben[1430]. Je höher die Rechtsprechung allerdings den Anspruch an den Erkenntnisgrad setzt, desto mehr Fälle werden auftreten, in denen sie von einem nicht hinreichend erbrachten Nachweis ausgehen wird. Wenn es den spanischen Gerichten nicht möglich ist, mit absoluter Sicherheit die Anwendung ausländischen Rechts zu begründen, soll nach den eigenen nationalen Gesetzen zu urteilen sein[1431]. Das Tribunal Supremo fordert, dass die Ge-

---

[1428] Vgl. auch AP *Malaga* vom 11. Juli 1996 zur Anwendung spanischen Rechts auf den in Spanien verhandelten Verkehrsunfall zweier Marokkaner in Marokko bei fehlendem Beweis marokkanischen Sachrechts.

[1429] STS 25.01. 1999 RAJ 16; vgl auch *Garcia Garrido/Fries*, Informaciónes 1999, 112, 115.

[1430] STS vom 07. September 1990.

[1431] Vgl. *Garcia Garrido/ Fries*, 1999, 112, 116.

richte - wie auch die Lehre selbst eingestehe -, nach spanischem Recht zu entscheiden haben, wenn sie ihre Urteile nicht mit absoluter Sicherheit auf das ausländische Recht stützen können[1432].

In der Literatur wird angedeutet, dass es der Wille des Gesetzgebers sein könnte, auf den nächstmöglichen Anknüpfungspunkt zuzugreifen[1433]. Ansonsten, besonders bei Kollisionsnormen mit nur einem einzigen Anknüpfungspunkt, werde auf die Vorschriften des spanischen Sachrechts zurückgegriffen[1434]. Weil mit dem Wegfall des ausländischen Rechts auch die Spezialregel nicht mehr zur Verfügung stehe, müsse man auf die *lex fori* als generelle Regel zurückgreifen, mit jeder Staat als Ausfluss seiner territorialen Herrschaft die in seinem Gebiet entstehenden Rechtsstreitigkeiten löse. Das sei zwar eine Notlösung, die aber als einzige wirklich funktioniert[1435].

Das Verfassungsgericht hat zu von diesem Grundprinzip abweichenden Entscheidungen vor kurzem in zwei Entscheidungen klargestellt, das bei fehlgeschlagenem Beweis eine Klageabweisung, wie von den Instanzgerichten vorgenommen, das Grundrecht auf effektiven Rechtsschutz, Art. 24.1 CE, verletzt[1436]. Anzuwenden sei stattdessen die *lex fori*.

2. Deutschland

Nach wie streitet man sich in Deutschland darüber, was in Fällen der Nichtermittelbarkeit zu tun ist[1437]. Auch der deutsche Gesetzgeber hat sich dazu nicht geäußert[1438]. Dabei sind selbst die Voraussetzungen der Nichtermittelbarkeit kaum geklärt, so dass es nicht wundert, dass auf der Rechtsfolgenseite große Meinungsvielfalt herrscht. Eine Nichtermittelbarkeit liegt nicht schon dann vor,

---

[1432] STS de 11.05. 1989 (RAJ, 3758) in einer internationalen erbrechtlichen Fallgestalltung.

[1433] *Calvo Caravaca*, 2. Auflage, S. 237 Nr.16.

[1434] *Calvo Caravaca*, 2. Auflage, S. 237 Nr.16.

[1435] *Calvo Caravaca*, 2. Auflage, S. 237 Nr.16.

[1436] STC 33/2002 vom 11. Februar 2002 und STC 155/2001 vom 2. Juli 2001.

[1437] Vgl. *Evangelou* IPRax 1997, 264.

[1438] Anders jedoch z.B. das österreichische IPRG, das in § 2 die Anwendung der *lex fori* vorschreibt.

wenn es nicht gelingt, den Wortlaut ausländischer Rechtsnormen zu ermitteln. Nicht ergebnislos enden darf die Ermittlungstätigkeit, wenn der Richter sich den für seine Entscheidung nötigen Inhalt der ausländischen Rechtsordnung erschließen kann. Das soll möglich mittels der Kenntnis von Prinzipien und Regeln des berufenen Rechts als auch über allgemein anerkannte Rechtsprinzipien und verwandte Rechtordnungen möglich sein.[1439] Angewandt können sie nicht die Entscheidung nach der berufenen Rechtsordnung ersetzen, sondern ermöglichen sie erst. Wenn eine Anspruchsgrundlage im ausländischen Recht nicht gefunden werden kann, liegt keine Nichtermittelbarkeit vor. Die Klage ist unbegründet. Die Ermittlungspflicht des Richters soll enden bei „unverhältnismäßigem Aufwand"[1440]. Hinsichtlich der Frage, ob und wann diese Grenze erreicht sein soll, besteht ein richterliches Ermessen[1441]. Ob dann eine möglichst große Annäherung an das kollisionsrechtlich berufen Recht gesucht werden soll, ist umstritten[1442].

3. Ersatzrechtslösungen in beiden Rechtsordnungen

In Spanien sind die Hürden für eine Entscheidung aufgrund des kollisionsrechtlich berufenen Rechts höher: Einen so hoher Grad an richterlicher Überzeugung - nicht die geringsten vernünftigen Zweifel - fordert der BGH anscheinend nicht. Kann der Inhalt eines ausländischen Rechts nicht festgestellt werden, darf das Gericht nach der Rechtsprechung keine Bestimmung anwenden, die nach seinen Ermittlungen nur möglicherweise oder nur wahrscheinlich gilt[1443]. Die früher vereinzelt vertretene Ansicht, in solchen Fällen müsse die Klage abgewiesen werden[1444], ist schon deshalb bedenklich, weil sie eine nach deutschem Recht nichtbestehende subjektive Beweislast hinsichtlich ausländischer Rechtssätze voraussetzt[1445]. Dennoch taucht diese Auffassung in beiden Rechtsordnungen

---

[1439] Vgl. *Kralik*, S. 96. Gleicher Methode kann und sollte sich auch der Gutachter bedienen.

[1440] BGHZ 69,387 - 395 (393).

[1441] *Huzel*, S. 78.

[1442] Siehe unten Fn. 1458 zur „Tunesien-Entscheidung" des BGH.

[1443] BGH NJW 1961, 410 - 412 zum afghanischen Wechselrecht (Afghanistan Entscheidung); in der Tunesien-Entscheidung BGH STAZ 1978, 124 im Wesentlichen bestätigt.

[1444] *Zitelmann*, Band 1, S. 289; *Hellwig*, Band I, S. 677.

[1445] BGHZ 69, 387, 393.

vereinzelt wieder auf: Das spanische Verfassungsgericht hat mit seiner Entscheidung STC 33/2002 vom 11. Februar 2002 eine Absage endgültig erteilt. Anders als in Spanien darf ein deutsches Gericht nicht deshalb die *lex fori* anwenden, weil die Parteien den Inhalt des ausländischen Rechts nicht vorgetragen haben; das ist allenfalls dann zulässig, wenn sich der Inhalt des ausländischen Rechts trotz ausreichender Bemühungen des Gerichts nicht ermitteln lässt[1446]. Rechtsfehlerhaft ist es z.B., wenn ein Gericht aus dem Umstand, dass es nicht feststellen konnte, ob dem Kläger nach türkischem Recht ein Anfechtungsrecht zusteht oder nicht, folgert, dass die Klage abzuweisen sei[1447]. Ist eine Zuständigkeit des angerufenen Gerichts gegeben[1448], so ist es Aufgabe des Tatrichters, über den Klageanspruch nach geltendem Recht zu entscheiden und dann, wenn ausländisches Recht maßgeblich ist, dieses Recht gemäß § 293 ZPO von Amts wegen zu ermitteln[1449] Hierzu ist das Gericht auch dann verpflichtet, wenn hinsichtlich der mit der Klage geltend gemachten Ansprüche noch keine klaren völkerrechtlichen oder innerstaatlichen Regelungen getroffen worden sind und die Ermittlung und Anwendung des geltenden ausländischen Rechts deshalb Schwierigkeiten bereitet[1450]. In Verfahren der Freiwilligen Gerichtsbarkeit scheidet die Klageabweisung ohnehin aus[1451].

Die Heranziehung einer Ersatzrechtsordnung kommt mithin erst dann in Frage wenn ein deutsches Gericht erfolglos alles unternommen hat, um die kollisionsrechtlich berufenen Rechtsordnung inhaltlich zu ermitteln; insbesondere alle zugänglichen Erkenntnisquellen ausgeschöpft hat. Dazu zählt insbesondere das europäische Übereinkommen. Auch wenn man dessen Schwachpunkte nicht ausblenden kann, so wird ein Fall der Nichtermittelbarkeit doch erst dann vorliegen, wenn erfolglos eine Auskunft nach der Europäischen Übereinkommen eingeholt wurde. Auch in Spanien sollte das Gericht das Abkommen von Amts

---

[1446] Vgl. dazu BGH WM 1985, 450-453; BGH NJW 1982, 1215.

[1447] BGH NJW 1982, 1215-1216.

[1448] Z.B. auch eine solche nach § 23 ZPO.

[1449] BGH NJW 1997, 324 f., IPRax 1997, 173-174; *Geimer*, IPRax 1997, 152 f.; vgl. ferner BGH NJW 1992, 2026, 2029 m.w.Nw.; *Palandt/Heldrich*, Einl. vor EGBGB Art. 3 (IPR), Rn. 34 ff.).

[1450] *Geimer*, IZVR Rn. 1064, 1075 ff.; *Schack*, Internationales Zivilverfahrensrecht Rn. 489 ff., 506, *Kötz* RabelsZ 34 (1970), 663, 677.

[1451] BGHZ 69, 387, 393 ohne nähere Begründung.

wegen anwenden, ehe es nach fehlgeschlagenem Beweis auf die *lex fori* zurückgreift. War auch das erfolglos oder das Abkommen nicht anwendbar, bestehen in Zivilverfahren folgende Alternativen[1452]:

a) Allgemeine Rechtsgrundsätze und Einheitsrecht

Man kann zwar gewisse elementare Konfliktlösungen und Regeln im Zweifel als überall geltend voraussetzen wie etwa *pacta sunt servanda*[1453]. Allgemeine Rechtsgrundsätze werden aber in den seltensten Fällen die zur Falllösungen nötigen Spezialregelung enthalten. Die Anwendung von internationalem Einheitsrecht muss schon mangels Vorhandenseins eines solchen in den meisten Fällen ausscheiden. Kommt ein solches in Frage, werden dort auch regelmäßig die Voraussetzungen für seine Anwendung normiert sein, womit man es bei Fehlen dieser Voraussetzungen nur über einen Analogieschluss der Entscheidung zugrundelegen könnte. Angedacht wurde auch Einheitsrecht als Ersatzrechtsordnung[1454].

b) *lex fori*

Dies ist die in Spanien allgemein favorisierte, ohne weiterer Zwischenschritte angesteuerte Lösung für nicht hinreichenden Nachweis. Wenn sich über den Inhalt des durch eine deutsche Kollisionsnorm berufenen ausländischen Rechts keine sicheren Feststellungen treffen lassen, sind nach der Rechtsprechung ebenfalls grundsätzlich die Sachnormen des deutschen Rechts als Ersatzrecht anzuwenden[1455]. Ersatzrecht heißt, dass nicht die kollisionsrechtlich berufene Rechtsordnung Anwendung findet, sondern eine andere. Der BGH spricht sich also nicht für den Grundsatz der größten Wahrscheinlichkeit, sondern für eine Anwendung deutschen Rechts aus[1456]. In Fällen, in denen die Anwendung des

---

[1452] Zum japanischen Recht *Matsumoto* Gedächtnisschrift Arens S. 297, 307.

[1453] *Kegel/Schurig*, S. 450, § 16 V.

[1454] *Kreutzer* NJW 1983, 1943, 1948.

[1455] BGH NJW 1982, 1215 f. Ablehnend *Wengler* JR 1983, 221, 227. Vgl. auch *Schellack* S. 221, 225.

[1456] BGHZ 69, 387, 395, StAZ 1978, 124, 126 mit Anmerkungen von *Held* NJW 1982, 1215, 1216; dagegen *Heldrich*, Festschrift Ferid 1988, 209, 220 und *Dilger*, StAZ 1978, 235 a.E. und StAZ 1979, 37 f.

inländischen Rechts äußerst unbefriedigend wäre, kann auch die Anwendung des dem an sich berufenen Recht nächstverwandten oder des wahrscheinlich geltenden Rechts gerechtfertigt sein[1457]. Wenn auch nach einer zulässigen Rechtsfortbildung der deutsche Richter nicht in der Lage ist, eine im ausländischen Recht umstrittene, in der Rechtsprechung noch nicht entschiedene Frage sicher zu beurteilen, kann er nach dem BGH den Inhalt des zur Anwendung berufenen ausländischen Rechts insoweit nicht feststellen.

Mit seinem Beschluss von 26.10.1977[1458] distanzierte sich der BGH von Grundsatz der größtmöglichen Annäherung an das kollisionsrechtlich berufen Recht: Bei starkem Inlandsbezug und mangelndem Widerspruch der Beteiligten können die deutschen Sachnormen angewandt werden, wenn das kollisionsrechtlich berufene Recht nicht oder nur mit unverhältnismäßigem Aufwand und erheblicher Verfahrensverzögerung festgestellt werden kann oder sich aus wissenschaftlichen Veröffentlichungen die Ungeklärtheit der in Rede stehenden Rechtsfrage ergibt. Lassen sich im einstweiligen Verfügungsverfahren über den Inhalt des durch eine Kollisionsnorm berufenen ausländischen Rechts keine sicheren Feststellungen treffen, so finden grundsätzlich die Sachnormen des deutschen Rechts Anwendung[1459]. Diese Entscheidung und ähnliche Meinungen haben zu recht Kritik erfahren[1460]. Denn auch hier besteht die Gefahr, dass der Richter zu schnell das Ersatzrecht der *lex fori* wählt, um Ermittlungsschwierigkeiten aus dem Weg zu gehen. D.h., wer grundsätzlich anerkennt, die *lex fori* als Ersatzrecht zu wählen, muss die Anforderungen an das Vorliegen von Nichtermittelbarkeit eng auslegen. Umgekehrt dürfen keine übersteigerten Anforderungen an den Grad der richterlichen Überzeugung gestellt werden. Auf den Widerspruch einer Partei kommt es nicht an. Bedenklich ist der Grundsatz, nächstverwandtes oder wahrscheinlich geltendes Recht anzuwenden, wenn die Anwendung inländischen Rechts äußerst unbefriedigend wäre[1461], weil hier die Reihenfolge nicht stimmt: Die *lex fori* wird vor einer Ersatzrechtslösung geprüft. Die Lehre

---

[1457] BGH NJW 1982, 1215, 1216 (Bestätigung von BGHZ 69, 387, 393).

[1458] BGHZ 69, 387 zur Nichtermittelbarkeit im FGG - Verfahren in einer Personenstandssache (Vaterschaftsanerkenntnisses eines tunesischen Staatsangehörigen).

[1459] OLGR Köln 1994, 110-111.

[1460] Vgl. *Krause*, S. 146.

[1461] *K F*, Zur Ehelichkeitsanfechtung eines türkischen Kindes, IPRAX 1983, 193 f.

möchte den Weg der Rechtsprechung nur einschlagen, wenn über das ausländische Recht gar keine Informationen oder nur wertlose Bruchstücke zu erlangen sind *und* auch sonst keine Annäherung vorgenommen werden kann[1462].

c) Richtlinien

Geht es um das Recht eines EU - Staates in einem Rechtsgebiet, in dem eine Richtlinie des Rates die Mitgliedsstaaten zur Angleichung der Rechtsvorschriften zwingt, kommt es in Betracht, die Bestimmungen der Richtlinie unmittelbar heranzuziehen. Das gilt nicht nur für das Wettbewerbsrecht und den einstweiligen Rechtsschutz,[1463] sondern für alle Rechtsgebiete, zu denen entsprechende Richtlinien ergangen sind. Das sind Rechtsgebiete, auf denen mit einer Zunahme von Fällen, bei denen eine Auslandsrechtsanwendung nötig ist, zu rechnen ist. Die Bestimmungen der Richtlinie sind dem Richter in der Regel leicht zugänglich, in eigener Sprache verfasst und zumindest vom generellen Regelungsgehalt her bekannt. Dabei sind Besonderheiten der jeweiligen Richtlinie zu beachten. So normiert Art. 7 der Richtlinie zur Angleichung der Rechts- und Verwaltungsvorschriften über irreführende Werbung vom 10.09. 1984 nur einen Mindeststandart mit der Folge, dass ein Vertragsstaat darüber hinausgehenden Schutz gewähren kann.[1464] Dabei kann beispielsweise von einem in der Richtlinie als verboten bezeichnetem Verhalten auf ein im materiellen Recht des Staates, dessen Recht zur Anwendung kommen soll enthaltenes Verbot geschlossen werden.

d) Vorbildrechtsordnung

Ausgehend vom Grundsatz, dass ein Gericht in Deutschland grundsätzlich alle Erkenntnisquellen auszuwerten hat, die ihm eine sichere Kenntnis des ausländischen Recht ermöglichen, muss es auch eine Rechtsordnung zur Anwendung heranziehen, die nicht zur Anwendung berufen ist, wenn feststeht, dass der aus dieser Rechtsordnung entnommene Satz auch in der kollisionsrechtlich maßgeb-

---

[1462] *Palandt/Heldrich* Rdnr. 36 vor Art. 3 EGBGB.
[1463] Dazu zutreffend *Dethloff*, RabelsZ 62 (1998), 301.
[1464] *Dethloff*, RabelsZ 62 (1998), 301

lichen Rechtsordnung Geltung hat. Es kann eine Annäherungslösung gesucht werden, indem der gesuchte Rechtszustand durch eine verwandte Rechtsordnung erschlossen wird[1465]. So konnte man Vorbildrechtsordnungen heranziehen, z.B. für Belgien auf Frankreich[1466], für Luxemburg auf Frankreich und Belgien[1467], für Syrien auf Frankreich und Ägypten[1468], für die Türkei behutsam die Schweiz[1469], oder verwandte Rechtsordnungen bemühen (z. B. für Staaten der USA das Recht von Schwesterstaaten)[1470]. Auch auf die vermutliche Haltung des ausländischen Gesetzgebers soll abgestellt werden können[1471]. Die Ansicht, die eine Anwendung des dem an sich berufenen Recht verwandten oder wahrscheinlich geltenden Rechts vertritt, kann auch nach der Rechtsprechung in Einzelfällen, in denen die Anwendung des eigenen Rechts äußerst unbefriedigend wäre, gerechtfertigt sein. Der BGH ist jedoch dagegen, diese Ansicht zum allgemeinen Grundsatz zu erheben. Sie bedeute die Verweisung auf ein ungewisses Recht und führe zu einer erheblichen Komplizierung des Entscheidungsprozesses[1472]. Als weitere Möglichkeit kommt in Frage:

e) Modifikation in der kollisionsrechtlichen Anknüpfung

Nach zutreffender Ansicht von *Müller* muss in jedem Fall eine Sachentscheidung ergehen[1473]; die Lösung hierfür sollte international-privatrechtlicher Natur sein, falls es eine Hilfsanknüpfung im EGBGB nicht gebe oder sie nicht genüge. Diese Möglichkeit wird in Spanien offenbar nicht in Erwägung gezogen.

Soweit also das kollisionsrechtlich berufene Sachrecht nicht ermittelt werden kann, ist die Anknüpfung fehlgeschlagen. Dann muss eine Hilfsanknüpfung vorgenommen werden:

[1465] Siehe *Zöller/Geimer*, § 293 ZPO, Rdnr. 27.
[1466] RGZ 163, 367.
[1467] OLG Bremen MDR 1955, 427.
[1468] BGHZ 49, 53.
[1469] KG FamRZ 1991, 1190.
[1470] *Kegel/Schurig*, S. 450, § 16 V.
[1471] *Wohlgemuth* STAZ 1981, 41, 50. Zum Ersatzrecht bei Nichtermittelbarkeit siehe auch *Mankowski/Kerfack* IPRax 1990, 372, 378.
[1472] Vgl. *Simitis* StAZ 1976, 6, 14.
[1473] *Müller* NJW 1981, 481, 486.

- Zunächst kommen die im CC, EGBGB und Staatsverträgen ausdrücklich normierten Hilfsanknüpfungen zum Zuge.
- Soweit eine solche nicht normiert ist oder nicht zu einem feststellbaren Recht führt, ist eine Ersatzanknüpfung vorzunehmen. Das hat zu geschehen unter Berücksichtigung des Anknüpfungssystems des internationalen Privatrechts des Forumstaates.
- Gelingt auch dies nicht, ist für die Anknüpfung ein Bezug zu wählen, der die Anwendung der betreffenden Rechtsordnung auf den Sachverhalt sachlich sinnvoll erscheinen lässt. Dabei sind vorrangig die in ausländischen Rechtsordnungen verwendeten Anknüpfungsbegriffe zu berücksichtigen.

Will man in Spanien am Beweiserfordernis festhalte, sollte diese Möglichkeit den Parteien ebenfalls eingeräumt werden: Das bedeutet, ihnen zu gestatten, den Nachweis in Bezug auf eine nach diesen Prinzipien bestimmte Rechtsordnung zu führen. Insgesamt fällt eine weniger facettenreiche Analyse auf, weil eine Nichtermittelbarkeit zu Lasten der Parteien geht und Gerichte wie Literatur sogleich die *lex fori* heranziehen wollen. Gerade in Spanien böte sich wegen Art. 12.6 CC und des imperativischen Charakter, den er der Kollisionsnorm verleiht, die Möglichkeit und Notwendigkeit, einer kollisionsrechtlichen Lösung fest zu halten bleibt, da es sich um ein kollisionsrechtliches Problem handelt, weshalb auch dort die Lösung zu suchen ist. Dies bestätigt sich systematisch in der Anknüpfung des Art. 24 Abs. 3 EGBGB, der in diesem Zusammenhang genannt wird[1474].

Wählt ein Gericht die Ersatzanknüpfung, so sind die damit verbundenen Nachteile wegen einer falschen Entscheidung abzuwägen mit denjenigen, die durch eine Verzögerung der Entscheidung entstehen können. Man wird sagen müssen, dass der gesetzgeberischen Entscheidung für oder gegen einen bestimmten Anknüpfungspunkt die Prämisse der Ermittelbarkeit dieser Rechtsordnung zugrunde lag. Denkt man sich diese weg, so sollte eine Ersatzanknüpfung in der Weise erfolgen, wie der Gesetzgeber kodifiziert hätte. Die Anwendung

---

[1474] *Kropholler*, IPR S. 200.

der *lex fori* lässt sich nur mit dem Argument rechtfertigen, sie sei als Rechtsordnung geeignet, ungeachtet aller Unterschiede eine gewisse Annäherung an die berufene *lex causae* darzustellen. Dass das im Einzelfall nicht korrekt sein muss, liegt auf der Hand, steht aber einer methodisch sauberen Lösung nicht entgegen. Logisch konsequenter ist es nur, die *lex fori* als Ersatzrecht nach Befolgung der kollisionsrechtlichen Verweisung anzuwenden, als für solche Fälle auf eine kollisionsrechtliche Prüfung ganz zu verzichten.

Nichtermittelbarkeit ist stets abhängig von einer Zeitkomponente, die in der jeweiligen Verfahrensart über das Gebot effektiven Rechtsschutzes definiert wird. Es handelt sich also oft nur um eine relative Nichtermittelbarkeit. Hundertprozentige Richtigkeitsgewähr ist nicht zu fordern. Selbst im inländischen Recht geschieht es immer wieder, dass Gerichte Normen übersehen oder unrichtig anwenden, wie die Existenz von Rechtsmitteln belegt. Eine solche Unsicherheit ist auch bei der Anwendung ausländischen Rechts hinzunehmen. Die Rechtsordnungen mancher Länder sind auch im Land selbst nur schwer zu erschließen, weil Unsicherheit und Informationsdefizite Bestandteile des dortigen Rechtssystems sind[1475]. Fälle *objektiver* Nichtermittelbarkeit sind anders als die *subjektiver* - also nur für das Gericht des Forumstaates bestehender - Nichtermittelbarkeit keine Frage eines Informationsdefizites, sondern logische Folge von Verweisungsnormen und nach den Regeln der *lex causae* zu lösen. In der Tat kann die Gültigkeit eines Gesetzes selbst im Ursprungsland zweifelhaft sein kann[1476]. *Garcimartín Montero* schlägt für den Fall, dass es unsicher ist, ob das entsprechende Gesetz im Heimatstaat gültig ist oder nicht, vor, dass der spanische Richter so verfahren soll wie in den Fällen des fehlenden Beweises[1477]. Diese Lösung ist unbefriedigend, da man über sie unter Zugrundelegung der Rechtsprechung des *Tribunal Supremo* direkt zur Anwendung der *lex fori* gelangt, ohne zuvor nach geeigneteren Möglichkeiten Ausschau gehalten zu haben. Es ist mithin eine Lösung zu bevorzugen, die den kollisionsrechtlichen Verweisungsbefehl so weit wie möglich umsetzt[1478]. Unerheblich bleibt, ob man in der Feststellung ausländischen Rechts überhaupt kaum mehr als Wahrschein-

---

[1475] *Kegel/Schurig*, S. 450, § 16 V.
[1476] Vgl. *Garcimartín Montero*, S. 114.
[1477] Vgl. S. 114.

lichkeitsaussagen sieht[1479], da der Gesetzgeber diese bei der Kodifikation des Kollisionsrechts in Kauf genommen hat. Folgerichtig ist eine Hilfsanknüpfung der sofortigen Anwendung des eigenen Rechts vorzuziehen[1480].

Insgesamt zeigt sich, dass die Entscheidung des Gesetzgebers, dieses Problem nicht normativ zu lösen[1481], letztlich nicht zutreffend war. Ob die Nichtkodifikation von Ersatzlösungen bei Nichtermittelbarkeit ein Glücksfall ist[1482], bleibt also fraglich.

III. Kontrolle von Ermittlungsvorgang und Ergebnis

In einigen Ländern ist ausländisches Recht reversibel, in anderen ist die Lage der in Spanien und Deutschland vergleichbar[1483]. In den skandinavischen Staaten sowie in den Rechtsordnungen des *Common Law* eine Kontrolle der Anwendung fremde Rechts durch die obersten Gerichte schon deshalb möglich, weil dort auch Tatsachen richterlich überprüft werden können[1484]. In der Schweiz kann die Anwendung ausländischen Rechts nur bei nichtvermögensrechtlichen Streitigkeiten überprüft werden[1485]. In Frankreich ist eine Kontrolle durch die letzte Instanz in Zivilsachen ausgeschlossen[1486]. In Griechenland, Italien und Österreich findet eine Nachprüfung grundsätzlich statt[1487].

1. Casación in Spanien

In Spanien war eine Kontrolle durch das oberste Gericht in Zivilsachen bisher

---

1478 vgl. *Kindl*, S. 199.
1479 *Schack*, Rdnr. 641.
1480 *Kindl*, 200..
1481 Vgl. *Kühne*, IPR-Gesetz-Entwurf, Entwurf eines Gesetzes zur Reform des internationalen Privat- und Verfahrensrechts, Heidelberg 1980, S. 215 zum deutschen Recht.
1482 *Siehr*, S. 469.
1483 Siehe auch die Übersicht bei *Kerameus*, ZZP 99 (1986), 166.
1484 *Kerameus*, ZZP 1986,174 f.
1485 Vgl. *von Overbeck*, IPRax 1988, 333.
1486 *Schwartze*, Festschrift für Fenge, S. 138.
1487 *Schwartze*, Festschrift für Fenge, S. 138.

ausgeschlossen[1488]. *Das Tribunal Supremo* war ähnlich dem französischen *Cour de Cassation* nur Hilfsorgan der Legislative und für sie die Einhaltung der von ihr erlassenen Gesetze zu überwachen und so beispielsweise Nichtanwendung oder Abweichungen mittels Auslegung zu verhindern[1489].

Die traditionelle Auffassung in der Rechtsprechung[1490] hat bisher die Möglichkeit der *Casación* wegen falscher Anwendung einer ausländischen Norm verneint und sich dabei auf drei Motive berufen[1491]:

a) Wenn ausländisches Recht eine Prozesstatsache ist, kann die *Casación* schon deshalb nicht Platz greifen.

b) Wenn es Gegenstand der *Casación* ist, die Einheit der Rechtsprechung über spanisches Recht zu gewährleisten, muss die Auslegung ausländischer Normen außen vorbleiben.

c) Es könnte zu Widersprüchlichkeiten zwischen der Auslegung des *Tribunal Supremo* und den ausländischen Gerichten kommen.

Vor der Prozessrechtsreform von 1990 konnte wegen fehlerhafter Beweiswürdigung, wegen fehlerhafter Rechtsanwendung oder wegen beidem *Casación* eingelegt werde. Aufgrund der tatsachengleichen Behandlung kam für das ausländische Recht der Rechtsmittelgrund der falschen Beweiswürdigung in Be-

---

[1488] vgl. nur *Fernández Rozas/Sánchez Lorenzo* Derecho Internacional Privado, 1. Auflage, Madrid 2000 Ziff 225f.; *Calvo Caravaca*, 2. Auflage, S. 237 Nr.38 und *Fischer/Fischer* S. 352.

[1489] Zu letzterem *Zweigert/Kötz*, Einführung in die Rechtsvergleichung, S. 118

[1490] Repräsentativ dazu STS vom 05.11.1974.

[1491] Einschlägig waren die Vorschriften der Art. 1.715, 1.692 LEC. Das *Tribunal Supremo* konnte im *recurso de casación* auch in der Sache selbst entscheiden. Also ungeachtet des Wortlautes (*casar* - aufheben, annullieren) stand ihm eine größere Entscheidungskompetenz zu als dem *Cour de Casación*. Wie das Gericht im einzelnen zu entscheiden hatte, bestimmte Art. 1.715. 1. Nr. 1 - 3 LEC unter Verweis auf Art. 1.692 LEC, welcher die Gründe für ein erfolgreiches Rechtsmittel nannte. Vgl. *Calvo Caravaca*, Derecho Internacional Privado, Vol. I S. 253; *Fairén Guillén*, RDP 1993, 340, 342.

tracht[1492].

Die Literatur kritisiert, dass das, was das *Tribunal Supremo* sagt - es gibt keine *Casación* wegen fehlerhafter Anwendung ausländischen Rechts - und das was das macht, gelegentlich zwei Paar Schuhe sind: Denn in konkreten Fällen hat es sehr wohl die richtige Anwendung des ausländischen Rechts überprüft[1493].

Die LEC 2000 bricht mit dem traditionellen System und führt zwei voneinander getrennte Rechtsmittel ein, nämlich eines primär für die Verletzung von Prozessrecht, Art. 469 LEC 2000[1494] und eines für die "eigentliche" *Casación* mit Art. 477 LEC 2000[1495] zur Rüge der Verletzung materiellen Rechts[1496].

[1492] Beispielsweise STS vom 30.06.1962 (RAJ 3322) 10.12.1966 (CL 759, 232). Mit Gesetz 10/1992 vom 30. April wurde der Art. 1692.4 LEC 1881 und mit ihm die Möglichkeit, fehlerhafte Beweiswürdigung in der bis dahin bestehenden Form zu rügen, beseitigt.

[1493] So z.B. STS 12.11.1976 (RAJ 4921) oder STS 04.11.1991, (RAJ 8138); vgl. auch.*Calvo Caravaca* 2000, Derecho Internacional Privado, Vol. I S. 253.

[1494] *Artículo 469. Motivos. Denuncia previa en la instancia.*

1. El recurso extraordinario por infracción procesal sólo podrá fundarse en los siguientes motivos:

- *Infracción de las normas sobre jurisdicción y competencia objetiva o funcional.*
- *Infracción de las normas procesales reguladoras de la sentencia.*
- *Infracción de las normas legales que rigen los actos y garantías del proceso cuando la infracción determinare la nulidad conforme a la ley o hubiere podido producir indefensión.*
- *Vulneración, en el proceso civil, de derechos fundamentales reconocidos en el artículo 24 de la Constitución.*

2. Sólo procederá el recurso extraordinario por infracción procesal cuando, de ser posible, ésta o la vulneración del artículo 24 de la Constitución se hayan denunciado en la instancia y cuando, de haberse producido en la primera, la denuncia se haya reproducido en la segunda instancia. Además, si la violación de derecho fundamental hubiere producido falta o defecto subsanable, deberá haberse pedido la subsanación en la instancia o instancias oportunas.

[1495] *Artículo 477. Motivo del recurso de casación y resoluciones recurribles en casación.*

1. El recurso de casación habrá de fundarse, como motivo único, en la infracción de normas aplicables para resolver las cuestiones objeto del proceso.

2. Serán recurribles en casación las sentencias dictadas en segunda instancia por las Audiencias Provinciales, en los siguientes casos:

- *Cuando se dictaran para la tutela judicial civil de derechos fundamentales, excepto los que reconoce el artículo 24 de la Constitución.*
- *Cuando la cuantía del asunto excediere de veinticinco millones de pesetas.*

Nach *Calvo Caravaca*[1497] gibt es unter dem neuen Zivilprozessrecht vier gangbare Wege, um zur Überprüfung des ausländischen Rechts in der Casación zu gelangen:

a) Art. 477 LEC 2000 gestattet es, *Casación* wegen Verletzung von Normen, die Anwendung finden zur Lösung des Streitgegenstandes des Prozesses, einzulegen. Weder verhindert noch gestattet die Vorschrift die *Casación* wegen Verletzung des auf den Streitgegenstand anwendbaren ausländischen Rechts. Sie unterscheidet schlichtweg nicht zwischen spanischem oder ausländischem Recht[1498].

b) Wie bereits dargelegt erfüllt das ausländische Recht im Prozess die gleiche Funktion wie inländisches Recht. Die Verletzung ausländischen Rechts stellt daher einen Rechtsfehler dar, der sich in einer rechtsfehlerhaften Entscheidung abbildet. Die Wiederherstellung der korrekten Gesetzesanwendung ist Aufgabe des *Tribunal Supremo* ungeachtet der Herkunft des Rechts.

c) Rechtsfehlerhafte Anwendung des ausländischen Rechts bedeutet rechtsfehlerhafte Anwendung des IPR der *lex fori*. Das rechtfertigt es, *Casación* wegen Verletzung einer Norm zugehörig zu Rechtsordnung der *lex fori* einzulegen.

d) Wenn man die *Casación* zuläßt wegen rechtsfehlerhafter Anwendung spanischen Rechts, muss man beim ausländischen Recht das Gleiche zulassen. Das

---

- *Cuando la resolución del recurso presente interés casacional.*

3. Se considerará que un recurso presenta interés casacional cuando la sentencia recurrida se oponga a doctrina jurisprudencial del Tribunal Supremo o resuelva puntos y cuestiones sobre los que exista jurisprudencia contradictoria de las Audiencias Provinciales o aplique normas que no lleven más de cinco años en vigor, siempre que, en este último caso, no existiese doctrina jurisprudencial del Tribunal Supremo relativa a normas anteriores de igual o similar contenido. Cuando se trate de recursos de casación de los que deba conocer un Tribunal Superior de Justicia, se entenderá que también existe interés casacional cuando la sentencia recurrida se oponga a doctrina jurisprudencial o no exista dicha doctrina del Tribunal Superior sobre normas de Derecho especial de la Comunidad Autónoma correspondiente.

1496 *Osorio Acosta*, Comentarios a la nueva Ley de Enjuiciamiento Civil, Band II, Pág. 2328 f.

1497 Derecho Internacional Privado, Vol. I S. 253 f.

1498 *Ubi lex non distinguit nec nostrum est distinguere.*

Gegenteil würde dem Gebot effektiven Rechtsschutzes des Art. 24 CE widersprechen und eine ungerechtfertige Diskriminierung derjenigigen verursachen, deren subjektive Rechte wegen des Willens des spanischen Gesetzgebers sich nach einem ausländische Recht und nicht dem spanische bestimmen[1499]

Diese Argumente erfahren besondere Bedeutung unter gemeinschaftsrechtlichen Aspekten[1500].

2. Revision in Deutschland

a) Grundsatz

Richtige Auslegung und Anwendung des ausländischen Rechts durch die Vorinstanz überprüft das Revisionsgericht nicht[1501]. Nach deutschem Prozessrecht kann die Revision nicht auf die Verletzung ausländischen Rechts gestützt werden. Vielmehr sind die Feststellungen des Berufungsgerichts über Bestehen und Inhalt dieses Rechts für das Revisionsgericht bindend[1502].

De lege lata ist dies zunächst zutreffend:

§ 545 Abs. 1 ZPO[1503]*: Die Revision kann nur darauf gestützt werden, dass die Entscheidung auf der Verletzung des Bundesrechts oder einer Vorschrift beruht, deren Geltungsbereich sich über den Bezirk eines Oberlandesgerichts hinaus erstreckt.*

§ 560 ZPO[1504]*: Die Entscheidung des Berufungsgerichts über das Bestehen und den Inhalt von Gesetzen, auf deren Verletzung die Revision nach § 549 ZPO*

[1499] *Calvo Caravaca*, Derecho Internacional Privado, Vol. I S. 254.

[1500] Siehe sogleich ab Seite 306.

[1501] Grundlegend: BGHZ 118, 151, 170; BGH WM 1987, 1265; BGH NJW 1988, 648; BGH RIW 1990, 581; BGH WM 1991; 862.

[1502] BGH NJW 1988, 647 f.; BGH IPRax 1988, 228 f.; vgl. auch *Kunz*, Rn. 339.

[1503] Inhaltsgleich mit § 549 Abs. 1 ZPO a.F.

[1504] Inhaltsgleich mit § 562 ZPO a.F.

nicht gestützt werden kann, ist für die auf die Revision ergehende Entscheidung maßgebend.

Als Argumente für die gesetzliche Regelung werden ins Feld geführt:

aa) Der BGH als oberstes Bundesgericht soll eine einheitliche Rechtsanwendung des *deutschen* Zivilrechts gewährleisten. Bei ausländischem Recht besteht dazu kein Bedürfnis. Sinn der Obergerichte ist es nicht, die Einheitlichkeit bei der Anwendung *ausländischen* Rechts zu gewährleisten. Einzelfallgerechtigkeit als Motiv soll nicht gelten. Dem gegenüber sei zu berücksichtigen, dass die wesentliche Aufgabe des Revisionsgerichts in der Wahrung der Rechtseinheit und der Rechtsfortbildung besteht. Diese Aufgabe kann und soll das Revisionsgericht nur bezüglich der inländischen Rechtsordnung wahrnehmen[1505].

bb) Der Bundesgerichtshof könne sich bei rechtsfehlerhafter Anwendung ausländischen Rechts „blamieren", d.h. sein Ansehen und damit das der gesamten deutschen Rechtspflege nähme insbesondere im Ausland Schaden. Wegen der mit der Anwendung ausländischen Rechts verbundenen Fehlerquellen würde die Richtigkeitsgewähr der zu treffenden Entscheidungen in einem mit der Stellung eines Revisionsgerichts nicht zu vereinbarenden Ausmaß beeinträchtigt[1506].

Daran hält der BGH unter gebetsmühlenartiger Wiederholung der immer gleichen Formulierungen fest, auch wenn er selbst die Unzweckmässigkeit dieser Regelung im Hinblick auf zunehmende internationale Verflechtungen einräumt[1507].

In der Literatur findet die Nichtzulassung der Revision teilweise Zustimmung[1508]. Die Mehrheit der Vertreter des rechtswissenschaftlichen Schrifttums

---

1505 So bereits *Kühne*, IPR-Gesetz-Entwurf, S. 215.

1506 *Kühne*, IPR-Gesetz-Entwurf, S. 215.

1507 BGH NJW 1988, 648; IPRax 1988, 227 f.

1508 so unter anderem: *Fastrich*, ZZP 97 (1984), 423, 435 ff., *Gottwald*, IPRax 1988, 210 ff.; zuletzt *Kindl*, ZZP 111 (1998), 177, 181.

kritisieren die fehlende Reversibilität ausländischen Rechts aber[1509]. Im Ergebnis ist allgemeiner Auffassung in Rechtsprechung und Lehre ausländisches Recht in Deutschland nicht reversibel[1510].

Der BGH indessen nimmt zunehmend die fehlerhafte Beurteilung der materiellen Rechtslage nach ausländischem Recht zum Anlass, einen *Ermessensfehler* des Instanzgerichtes bei der Ermittlung, besonders hinsichtlich Auswahl und Intensität der Ermittlungsmethode festzustellen. Die Rechtsprechung der letzten Jahre ist dadurch charakterisiert, dass der BGH die Anforderungen an eine rechtsfehlerfreie Anwendung des § 293 ZPO stetig weiter verschärft hat[1511]. Das hat zu einem abundanten Fallrecht mit schwer abzugrenzenden Einzelfallentscheidungen geführt. Übt ein Gericht das ihm obliegende pflichtgemäße Ermessen nicht aus und kommt es seiner Ermittlungspflicht nicht nach, soll *dieser* Umstand mit der Revision gerügt werden können[1512]. In welcher Weise es sich die notwendigen Erkenntnisse verschafft, liegt in seinem pflichtgemäßen Ermessen. Vom Revisionsgericht überprüft werden darf lediglich, ob der Tatrichter dieses Ermessen fehlerfrei ausgeübt, insbesondere die sich anbietenden Erkenntnisquellen ausgeschöpft hat[1513].

Eine Verletzung dieser Pflicht kann ungeachtet der §§ 545 Abs. 1, 560 ZPO - mit der Verfahrensrüge - beanstandet werden[1514]. Der Verstoß gegen § 293 ZPO wird demnach im Wege der Verfahrensrüge nach § 551 Abs. 3 Ziff. 2 b) ZPO[1515] geltend gemacht. Der Verfahrensfehler muss kausal sein und ist es dann, wenn es ist mindestens nicht auszuschließen, dass das Berufungsgericht nach weiteren

---

[1509] *Broggini*, AcP 155 (1956), 469, 478. *Wiedemann*, Die Reversibilität ausländischen Rechts im Zivilprozess. Bereits *Schütze* NJW 1970, 1584, 1586.

[1510] Stellvertretend der Überblick bei *Gruber*, ZRP 1992, 6 f.

[1511] Siehe insbesondere Adamczyk, Die Überprüfung der Anwendung ausländischen Rechts durch den BGH und das Schweizer Bundesgericht im Zivilprozess, 1999.

[1512] BGH IPRax 1988, 228 f.; vgl. zudem BGHZ 36, 348, 353; BGH, MDR 57, 31, 33; BGH NJW 1976, 1588, 1589; BGHZ, 118, 151, 162; BGH WM 1987, 1265; BGH NJW 1994, 2959, 2960; BGH WM 1996, 2255; BGH NJW-RR 1997, 1154.

[1513] BGH WM 2001, 502, 504; BGHZ 118, 151, 163 mit Anm. *Thode* WuB VII A. § 293 ZPO 2.91.; BGH NJW 1991, 1418, 1419 BGH WM 1997, 1245, 1246 BGH NJW 1994, 2959 f.

[1514] BGH NJW-RR 1997, 1154 f.; BGHZ 118, 151, 162; BGH WM 1991, 862, f..

[1515] Inhaltsgleich mit § 554 Abs. 3 Ziff. 3 b) ZPO a.F.

Ermittlungen zu einer günstigeren Entscheidung kommen wird[1516]. Das angefochtene Urteil beruht dann auf dem Verfahrensfehler. Die Verfahrensrüge setzt voraus, dass das von der Vorinstanz durchzuführende Ermittlungsverfahren in seinen Anforderungen hinreichend präzisiert und dargestellt wird[1517]. Das ist bisher kaum gelungen, wie der folgende Überblick zeigt:

Fraglich wird erst einmal, wie die Verletzung ausländischen materiellen Rechts von der anfechtbaren Verletzung der Vorschrift über das Ermittlungsverfahren abgegrenzt werden kann[1518]. *Fastrich* bietet eine Unterscheidung danach an, ob das Gericht bei der Ermittlung gegen die Verfahrensordnung verstoßen hat oder ob lediglich in einem ordnungsgemäßen Verfahren das erzielte Ergebnis falsch ist[1519]. Dabei soll es auf Umfang und Grenzen der richterlichen Ermittlungspflicht und die dem Gericht hierzu im Prozessrecht zur Verfügung stehenden Instrumentarien ankommen[1520].

b) Ermessensfehler

Die Auswahl unter verschiedenen Mitteln ist Ermessensausübung. Dabei kann sie nicht nur alternativ, sondern muss gegebenenfalls kumulativ erfolgen. Diese Feststellung treffen gleichermaßen Rechtsprechung[1521] und Literatur[1522]; der Ermessensspielraum bestehe aber nur hinsichtlich der Art und Weise der Ermittlung[1523]. Das Ermessen bezieht sich also nur auf das „wie" der Ermittlungen, nicht aber auf das „ob"[1524]. Die Begründung darf hier nachgereicht werden: Sie liegt im Charakter der Kollisionsnorm.

1516 BGH NJW 1988, 648; IPRax 1988, 227 f. zum anzuwendenden österreichischen Recht zur Höhe des zuzubilligenden Schmerzensgeldes; BGH IPRax 1995, 38 f..; *Fastrich* ZZP 97, 423-445 (1984).

1517 Vgl. *Kindl*, ZZP 111, 177, 182.

1518 *Fastrich*, ZZP 97(1984), 423, 445.

1519 *Fastrich* ZZP 97 (1984), 423,437.

1520 *Kindl* ZZP 111, 177-203 (1998). Vgl. auch *Hafke*, WuB VII A § 293 ZPO 1.88.

1521 Vgl. BGHZ 118, 151, 163; BGH, NJW 1961, 410; BGH NJW 1976, 1581 f.; BGH NJW 1988, 648; BGH NJW 1995, 1032; BGH, NJW – RR 1997, 1154.

1522 So unter anderem *Sommerlad/Schrey*, NJW 1991, 1377, 1379 ff. und *Kegel* IPR, S. 363 f.

1523 *Kindl*, ZZP 111 (1989) 177, 182.

1524 *Huzel*, IPRax 190, 77.

Vom Revisionsgericht darf lediglich werden überprüft, ob der Tatrichter dieses Ermessen fehlerfrei ausgeübt, insbesondere die sich anbietenden Erkenntnisquellen ausgeschöpft hat[1525]. Das sei jetzt regelmäßig zulässig[1526]. Anders gewendet: Nur wenn sich der Richter im Rahmen des ihm insoweit obliegenden pflichtgemäßen Ermessens hält, ist seine Entscheidung der Revision entzogen[1527]. Wer die richterliche Erforschungspflicht erweitert, setzt damit einem Ermessen engere Grenzen[1528] und sollte klare letztinstanzliche Kontrollmöglichkeiten schaffen. Es hängt zumindest in der Praxis ausgesprochen von schwer vorhersehbaren Umständen des Einzelfalles ab, welche Anforderungen an den Tatrichter und die Rüge zu stellen sind[1529]. Grenzen eingehalten bedeutet: ob jener sich dieser Befugnis bewußt war oder ob er den Ermessensspielraum mißbraucht hat, sich also von sachfremden Erwägungen leiten ließ[1530].

Nach der Rechsprechung soll die auf § 293 ZPO gestützte Verfahrensrüge dann nur berechtigt sein, wenn eine *Parteibehauptung* geeignet war[1531], eine Pflicht des Gerichts zur Ermittlung des ausländischen Rechts auszulösen, wobei es auch von Bedeutung sein soll, welche Möglichkeiten des Zugangs zu den Erkenntnisquellen des ausländischen Rechts die Parteien selbst haben[1532]. Die Grenzen der Ermessensausübung hängen insgesamt von den Umständen des konkreten Falles ab[1533]. Bei den Gegebenheiten des dort entschiedenen Falles hätte das Berufungsgericht nach Auffassung des BGH von einer Ermittlung des in Betracht kommenden tschechischen Rechts nicht absehen dürfen. Das Vorbringen der Parteien hätte es nahegelegt, den Inhalt des für die Entscheidung des Rechtsstreits ausschlaggebenden Rechts zu ermitteln. Das Berufungsgericht durfte dies

---

[1525] BGH WM 2001, 502, 504, und BGH WM 1997, 1245, 1246 BGH NJW 1994, 2959 f. Im nicht reversiblen Verfahren um einstweiligen Rechtsschutz sollen die Grenzen der Ermessensausübung weiter zu ziehen sein, *Dethloff*, RabelsZ 62 (1998), 299.

[1526] BGH, ZfIR 1999, 264-268.

[1527] BGH NJW 1987, 591-592.

[1528] Ähnlich *Thode*, WuB VII A § 293 ZPO 2.91 in Besprechung von BGH, WM IV 1991, 862.

[1529] *Hanisch*, EWiR 1992, 589-590:

[1530] vgl. *Thomas/Putzo*, § 551 ZPO, Rn. 12.

[1531] Daher die Bedeutung der Mitwirkungspflichten gerade in Deutschland, oben ab S. 183.

[1532] BGH NJW 1995, 1032 f. mit Hinweis auf BGH, ZIP 1992, 1256 f.

[1533] BGH NJW 1995, 1032.

nicht insgesamt den Parteien überlassen. Jedenfalls für die Klägerin wäre es schwierig gewesen sein, so der BGH, sich Zugang zu jenen Rechtsquellen zu verschaffen. Auch wenn der anderen Partei der Zugang leichter falle, dürfe sich Berufungsgericht nicht darauf verlassen, dass diese ohne weiteres eine für sich nachteilige Rechtslage offenlege[1534].

Letzteres kann Zustimmung finden. Für den Erfolg der Revision beurteilt der BGH aber nicht die Beachtung des Kollisionsrechts durch den Richter, sondern das Parteiverhalten. Man könnte vermuten, dass eine Verschiebung im Ermittlungssubjekt grundsätzlich ermessensfehlerfrei sein kann.

Die Nichtermittlung ausländischen Rechts kann jedenfalls dann gerügt werden, wenn das Berufungsurteil keine Ausführungen zu der ausländischen Rechtspraxis hinsichtlich der Größenordnung eines zuzubilligenden Schmerzensgeldes enthält, obwohl die beklagte Partei im Prozess auf eine solche Praxis hingewiesen hat[1535].

Schütze weist darauf hin, dass der BGH den in § 549 Abs. 1 ZPO festgeschriebenen Grundsatz der Nichtrevisibilität ausländischen Rechts immer mehr aufweiche[1536]. Das sei wegen des damit erzielten besseren Rechtsschutzes rechtspolitisch zu begrüssen. Die Bedeutung für die Praxis umreisst *Ultsch*[1537]: Der BGH hat mit seiner Entscheidung zur Garantie nach luxemburgischen Recht die Anforderungen an die Ermittlung ausländischen Rechts weiter verschärft. Das Bemühen des Tatrichters zur Ermittlung des ausländischen Rechts muss um so stärker sein, je substantiierter und konkreter sich eine Partei gegen ein Sachverständigengutachten ausspricht[1538]. Die „Neutralität" des gerichtlich bestellten Gutachters sei keine Garantie für einen ermessensfehlerfreien Ermittlungsvorgang. Daher könnten Zweifel berechtigt sein, ob noch auf inländische Sachverständige zurückgegriffen werden kann, die nicht über eine spezielle Ausbildung

---

1534 BGH NJW 1995, 1032 f.; BGHZ 118, 151, 163.

1535 BGH IPRax 1988, 227 f.

1536 *Schütze*, DZWir 1997, 331 f. als Anmerkung zur Entscheidung BGH DZWir 1997, 329.

1537 *Ultsch*, WuB VII A. § 293 ZPO 1.97.

1538 *Ultsch*, a.a.O.

im zu begutachtenden Recht verfügen[1539]. Allerdings hat das dieser Strömung zugrunde liegende Urteil zu den *prendas navales* nach der Klarstellung von *Samtleben*[1540] etwas an Aussagekraft verloren. Kaum mehr gerechtfertigt ist der Schluß, es handele sich um eine so diffizile Rechtsmaterie, dass noch nicht einmal ein Gutachten des Max-Planck-Instituts ausreichend sei[1541].

In zahlreichen der hier zitierten Entscheidungen[1542] kommt es in der Sache zu einer Nachprüfung des Inhalts des ausländischen Rechts, wobei der BGH sich dann oftmals zu einer konkreten Rechtsfrage äußert, was eine Prüfung des ausländischen Rechts durch ihn selbst voraussetzt. Dazu hätte es in einem Fall gehört, zu ermitteln, ob nach dem Verständnis des spanischen Rechts die vertraglich geschuldete Schaffung der Infrastruktur durch die Verkäufer eine durch den Kaufpreis mitvergütete Gegenleistung darstellte[1543]. Weil das Berufungsgericht das unterlassen und ohne weitere Begründung angenommen hatte, es handele sich lediglich um Nebenpflichten, war das Rechtsmittel begründet.

Das soll auch gelten, wenn feststeht, dass im Berufungsurteil ein ausländischer Rechtssatz *übersehen* worden ist[1544].

Auf Rechtsfehler des Berufungsgerichts bei der Anwendung ausländischer Gewährleistungsregeln, die es möglicherweise nicht gemacht hätte, wenn es sich sachverständigen Rates versichert, stellt der BGH in einer anderen Entscheidung ab[1545].

[1539] *Ultsch*, WuB VII A. § 293 ZPO 1.97.

[1540] *Samtleben*, NJW 1992, 3058.

[1541] So befürchtet unter anderem von *Schütze*, EWS 1991, 372, f.

[1542] Zuletzt und repräsentativ BGH, ZfIR 1999, 264, 268.

[1543] BGH, ZfIR 1999, 264, 268.

[1544] BGHZ 40, 197, 200 f.

[1545] BGH IPRax 1995, 38 f..

Nimmt das Berufungsurteil nur allgemein auf „Rechtsgrundlagen“ eines ausländischen Rechts Bezug, so sei revisionsrechtlich davon auszugehen, dass der Tatrichter das ausländische Recht nicht als Ganzes ermittelt hat[1546].

Andererseits wird immer wieder darauf hingewiesen, dass diese Rügemöglichkeit jedoch nicht unbeschränkt bestehe. Sie sei nicht gegeben, wenn mit ihr *in Wirklichkeit*[1547] die Nachprüfung irrevisiblen ausländischen Rechts bezweckt wird[1548]. Die Revision könne die Verletzung ausländischen Rechts auch dann, wenn die Ausführungen des Berufungsgerichts über das ausländische Recht nicht erschöpfend sind, nicht mit der Erwägung rügen, das Berufungsgericht habe gegen die Pflicht verstoßen, das ausländische Recht zu ermitteln[1549]; eine derartige Rüge bezweckt nämlich in der Sache die Nachprüfung irrevisiblen Rechts[1550]. Aber auch dieser Grundsatz erfährt kaum vorhersehbare Ausnahmen[1551].

In der Sache klar dürfte nur der Fall sein, in dem die Urteilsgründe gar nicht zeigen, dass der Berufungsrichter sein Ermessen bei Feststellung des ausländischen Rechts überhaupt ausgeübt hat[1552]. Gibt das Berufungsurteil keinen Aufschluß darüber, dass der Tatrichter seiner Ermittlungspflicht nachgekommen ist, ist revisionsrechtlich zwar davon auszugehen, dass die Erforschung des ausländischen Rechts ganz unterblieben ist. Dies stellt aber keinen Verfahrensfehler dar[1553], sondern eine Verletzung materiellen inländischen Rechts[1554]. Die unprä-

---

[1546] BGH WM 1992, 1510, 1512. dazu Anmerkungen von *Pfeiffer*: LM ZPO § 293 Nr. 16 (10/1992).

[1547] Hervorhebung hinzugefügt.

[1548] BGHZ 118, 151, 170 sowie BGH RIW 1990, 581 BGH NJW 1963, 252, 253; BGH WM 1971, 1094, 1095; Urt. v. 23. Oktober 1980 - III ZR 62/79, WM 1981, 189, 190; auch RGZ 114, 197, 199/200; 152, 23, 28/29; RG WarnRspr. 1932, 27; Vgl. auch die Zusammenfassung bei *Fastrich* a.a.O., ZZP 97, 423, 435 ff.

[1549] Vgl. BGH NJW 1963, 252, f.

[1550] BGH NJW 1963, 252 f. Hierbei soll unerheblich sein, ob eine ausländische Vorschrift zu Unrecht angewandt worden oder ihre Anwendung zu Unrecht unterblieben ist; dazu *Steindorff*, JZ 1963, 200, 205.

[1551] BGH 1988, 228 f.

[1552] BGH IPRax 1988, 227 f. mit Anmerkungen *Gottwald* IPRax 1988, 212 f.

[1553] So aber BGH IPRax 1997, 173 f.; BGH NJW 1992, 3106 f. und NJW 1992, 2026, 2029.

[1554] Der Kollisionsnorm eben.

zise und wenig reflektierte Handhabung des gesamten Komplexes wird offenbar, wenn es der BGH als regelmäßig ermessensfehlerhaft einordnet, wenn der Tatrichter seiner Entscheidung statt des maßgebenden Rechts eines bestimmten Staates das Recht eines anderen Staates zugrunde[1555].

Wenn ein Urteil in Fällen mit Auslandsberührung nicht erkennen lässt, welche Rechtsordnung der Erkenntnis zugrunde gelegt worden ist, kann daneben der absolute Revisionsgrund des § 551 Nr. 7 ZPO[1556] gegeben sein[1557]. Es wird vertreten, dass die Feststellung des absoluten Revisionsgrundes nach ZPO § 551 Nr. 7 Vorrang habe[1558]. So schließe die Anwendung nichtrevisiblen Rechts die Anwendbarkeit des ZPO § 551 Nr. 7 nicht aus[1559]. Daneben kommt eine Rüge der Verletzung der §§ 139 Abs. 1 und 2 ZPO in Betracht, wenn ein Gericht, das sich eigene Sachkenntnis abspricht und eine sachverständige Begutachtung für erforderlich hält, im Anwendungsbereich des § 293 ZPO dergestalt ermessensfehlerhaft handelt, dass es Sachverständigenbegutachtung nicht von Amts wegen einholt oder aber zumindest nach § 139 ZPO die Partei darauf entsprechend hinweist und ihr so Gelegenheit gibt, die Einholung eines Sachverständigengutachtens förmlich zu beantragen[1560].

c) Dokumentationspflicht

Die Urteilsgründe müssen erkennen lassen, dass Ermessen bei der Ermittlung des ausländischen Rechts auch tatsächlich ausgeübt wurde[1561].

Bei der Anwendung inländischen Rechts dokumentiert der Richter seinen Rechtsfindungsvorgang grundsätzlich nicht. Zwar ist es möglich und üblich, Subsumtionsergebnisse durch Zitate aus Rechtsprechung und Literatur zu un-

---

[1555] BGHZ 118, 151, 165; BGH WM 1987, 273, 274 f; BGH WM 1969, 1140 f.

[1556] Jetzt § 547 Nr. 6 ZPO.

[1557] BGH, 1988-05-03, X ZR 99/86, IPRax 1989, 231; zustimmend Roth, IPRax 1989, 213, 215.

[1558] Roth IPRax 1989, 213, 215.

[1559] Roth, IPRax 1989, 213, 215.

[1560] Vgl. zu § 139 ZPO bereits oben S.126.

[1561] BGH NJW 1981, 522, 526.

termauern, dies dient aber mehr der Überzeugungskraft; und ihr Fehlen stellt keinen Rechtsfehler dar. Der Leser eines Urteils kann weder aus Tatbestand noch Entscheidungsgründen erkennen, in welcher Weise der Richter – im Bereich des Rechts, zu seinen Erkenntnissen gelangt ist, also ob er die anwendbaren Normen von seiner Aus- oder Weiterbildung, aus Gesprächen mit Kollegen oder durch die Lektüre von Kommentaren oder Fachzeitschriften gefunden hat. Das Gericht muss hier aber bei jeder Norm oder anderen Rechtsquelle, auf deren Anwendung das Urteil beruht, genau darlegen, in welcher Weise er zu dieser Erkenntnis gelangt ist. Tut er dies nicht, ist die Rüge schon deshalb begründet. Alles andere wäre inkonsequent.

Daher muss das Instanzgericht dem Revisionsgericht eine Überprüfung erst ermöglichen, weshalb dieses verpflichtet ist, in den Urteilsgründe darzulegen, dass Ermittlungen angestellt worden und in welcher Weise und unter Anwendung welcher Hilfsmittel diese zu einer Überzeugung über den Inhalt der berufenen Rechtsordnung geführt haben. *Kindl* spricht daher zutreffend von einer Dokumentationspflicht[1562].

d) Weitere Ausnahmen

Die Rechtsprechung hat bisher weitere Ausnahmen *contra legem* zugelassen[1563]:

aa) Die Anwendbarkeit deutschen Rechts hängt von einer *Rückverweisung* des ausländischen IPR ab. Ausländisches Recht sei dann reversibel, soweit es sich um eine Voraussetzung zur Anwendung deutschen Rechts handele, so hinsichtlich der Frage, ob ausländisches Recht eine Rückverweisung auf inländisches Recht ausspricht[1564]. Diese Ausnahme sei einer Erweiterung dahingehend fähig, dass ausländisches Recht in der Revisionsinstanz dann nachgeprüft werden

---

1562 *Kindl*, S. 194

1563 Vgl. *Soergel/Kegel* vor Art. 3 Rz. 223, 226.

1564 Vgl. BGH NJW 1958, 750; BGH FamRZ 79, 474, dazu *Buchholz*, Festschrift Hauß 1978, 30. Erstaunlicherweise soll das nicht bei einer Weitervereisung gelten, BGHZ 45, 351.

könne, wenn es sich um eine Inzidentfrage für die Anwendung inländischen Rechts handele[1565].

Dass diese wie die folgenden Unterscheidungen ausschließlich von Zweckmässigkeitserwägungen getragen werden, liegt auf der Hand.

bb) Die internationale Zuständigkeit deutscher Gerichte hängt vom Inhalt ausländischen Rechts; Prozessvoraussetzungen beurteilen sich nach ausländischem Recht[1566].

cc) Die Anerkennung eines ausländischen Urteils nach § 328 1 Nr. 5 ZPO ist bedingt durch die Verbürgung der Gegenseitigkeit.

dd) Das ausländische Recht wird nach Verkündung des Berufungsurteils rückwirkend geändert[1567].

3. Fazit zu Kontrolle von Ermittlungsvorgang und -ergebnis

Die Argumente sind sich in beiden Rechtsordnungen sehr ähnlich, wenn es um die grundsätzliche Vermeidung höchstrichterlichen Tätigwerdens geht. Fehlendes Bedürfnis nach Rechtsvereinheitlichung und Gefahr von Blamage stehen scheinbar im Vordergrund[1568]. Das im Ergebnis gleiche Resultat stellt die Rechtsprechung beider Länder zunehmend, wenn auch nur im Einzelfall, nicht zufrieden. Soll in bestimmten Fällen eine Korrektur von besonders missliebigen Ergebnissen erfolgen, findet man bei beiden Gerichten wiederum vergleichbare Ansätze, die Hintertür zu öffnen.

1565 *Kühne*, S. 215; in diesem Sinne auch der Deutsche Rat, Protokoll der Sitzung der Familienrechtskommission vom 22. 9. 1.971, S. 15, 16, 21.

1566 *Kegel/Schurig, Kegel/ Schurig* § 15 IV.

1567 BGHZ 36, 348.

1568 Man kann sich nicht ganz des Eindrucks erwehren, dass die Auslandsrechtsanwendung eher ein - zumindest für Untergerichte nicht ganz vermeidbares - Übel ist, vor dem man wenigstens die letzte Instanz bewahren müsse.

Diese Tendenz beim BGH hatte *Schütze*[1569] zu der leider vorschnellen Feststellung veranlasst, es sei rechtspolitisch erfreulich, dass jetzt auch ausländisches Recht der revisionsrechtlichen Überprüfung unterliege. *Kindl* erkennt nunmehr eine Tendenz, die revisionsgerichtlichen Überprüfung der Anwendung ausländischen Rechts immer mehr der bei Tatsachen anzunähern[1570]. Dies ergebe sich auch aus der Struktur der Revisionsgründe[1571]. Dem ist darüber hinaus wegen der immer stärker betonten Parteipflichten beizutreten und festzustellen, dass sich beide Rechtsordnungen in nicht zu begrüßender Weise aufeinander zu bewegen.

Wenn sich dies spanische Auffassung auf den Tatsachencharakter stützt, ist sie zumindest konsequenter und hat weniger Begründungsschwierigkeiten hat als die deutsche mit der Folge, keine ausufernde Flut von Entscheidungen zu Abgrenzungsfragen zu produzieren. *Evangelou* wirf die berechtigte Frage auf, ob diese Differentierungsprobleme den Gerichten mehr Arbeit machen könnten als die durchgehende Überprüfung ausländischen Rechts[1572].

Die Nichtzulassung der Revision deutet so in der Tat auf eine versteckte Tatsachenbehandlung durch den deutschen Gesetzgeber hin. Tatsachen und ausländisches Recht werden weitgehend gleich behandelt. Ausländisches Recht ist nach geltendem Revisionsrecht im Ergebnis eine Tatsache[1573] so wie in Spanien. Dabei beurteilt der BGH das Parteiverhalten vor dem Hintergrund der Zugangsmöglichkeiten zu ausländischen Recht[1574] und will den Parteien nicht nur empfehlen, entsprechend detailliert vorzutragen, sondern ihren Vortrag mit entsprechenden Privatgutachten zu untermauern.

So wie die Höhe der Revisionssumme ganze Rechtsgebiete der Rechtsprechung des Bundesgerichtshofs entzieht[1575], gilt für die geltende Auslegung ausländi-

---

[1569] DZWiR 1997, 329, 332.
[1570] *Kindl*, S. 195.
[1571] *Kindl*, S. 195.
[1572] *Evangelou*, IPRax 1997, 264.
[1573] *Kindl*, ZZP 111, 177, 202.
[1574] Siehe bereits oben BGH NJW 1995, 1032 f..
[1575] *von Mettenheim*, Anwbl 2000, 400, 404, 402 f.

scher Normen nichts anderes. Grenzen und Nachprüfung der Ermessensausübung des Tatrichters werden in der Praxis durch unvorhersehbare Umstände des Einzelfalls gezogen, was besonders negativ auffällt, wenn man die Parteipflichten konkretisieren will. Das geht auf Kosten der Rechtsicherheit generell. Fehlerhafte Auslandsrechtsanwendung wird zur Bagatelle und dementsprechend behandelt:

Die präventive Wirkung einer höheren Instanz setzt nämlich voraus, dass die untergeordneten Gerichte ernsthaft mit einer Nachprüfung ihre Entscheidungen ungeachtet von Rechtsgebieten rechnen müssen[1576]. Möglicherweise geben Sie sich sonst weniger Mühe und können auch die Parteien weniger überzeugen[1577]. Im Interesse der Parteien muss ein Zivilprozess als Institution so gestaltet werden, dass Fehler der Prozessrechtssubjekte untereinander kompensiert werden können[1578]. Dies gilt insbesondere für Recht, bei dem die Anforderung an die richterliche Kenntnis niedrig ist. Umso höher müssen die Kontrollmöglichkeiten sein, da eben keine rechtsfehlerfreie Kenntnis gefordert wird.

Als eine Konsequenz hält *Spickhoff*[1579] die Forderung nach einer Revisibilität des Auslandsrechts fest. Dafür spricht noch, dass das das Revisionsgericht am besten befähigt ist, ausländisches Recht richtig zu ermitteln und anzuwenden. Bei der zunehmenden internationalen Verflechtung ist höchstrichterliche Führung der Rechtsprechung in ausländischen Sachen ausdrücklich erwünscht[1580]. Grundsätzlich ist der auch BGH in der Lage, ausländisches Recht selbst – nach § 293 ZPO – selbst zu ermitteln. Hat das Berufungsgericht keine Feststellungen zum Inhalt der kollisionsrechtlich berufenen Rechtsordnung getroffen, so steht §

[1576] *von Mettenheim*, Anwbl 2000, 400, 403.
[1577] *von Mettenheim*, Anwbl 2000, 400, 404.
[1578] *von Mettenheim*, Anwbl 2000, 400, 404.
[1579] *Spickhoff*, ZZP 112, 265, 292 (1999),
[1580] *Kegel/ Schurig* § 15 IV.

562 ZPO solchen nicht entgegen[1581]. Anderenfalls müsste er das Urteil aufheben und zurückverweisen[1582].

Schon damit lässt sich die Argumentation, Obergerichte dürften sich nicht bei der Anwendung ausländischen Rechts „blamieren", entkräften. Der Schutz eines Gerichtes vor Blamage wiegt auch nicht schwerer als der Anspruch einer durch eine unrichtige gerichtliche Entscheidung zu Unrecht beschwerten Partei an einer Korrektur.

Das Problem ist noch vielschichtiger. Man kann nicht einerseits die Untergerichte zu umfassenden Ermittlungen anhalten ohne ihnen *klare* höchstrichterliche Führung zuteil werden zu lassen[1583]. Sie ist von Nöten, um den Instanzgerichten verlässliche Leitlinien für die methodisch richtige Vorgehensweise bei Ermittlung und Auslegung ausländischen Rechts in die Hand zu geben[1584]. *Kindl* erkennt zutreffend, das es gerade im Familienrecht sich wiederholende Rechtsfragen auftreten, für deren Behandlung höchstrichterliche Präjudizien von erheblichem Nutzen wären. Deshalb besteht bei ausländischem Recht nicht minder ein Bedarf, dass dieses nicht in verschiedenen Gerichtsbezirken unterschiedlich oder falsch ausgelegt wird. Dies leuchtet direkt ein z.B. für Vorschriften des deutschen Erb- und Familienrechts in Spanien oder türkischen Erb- und Familienrechts in Deutschland. Solche Anwendungsfälle nehmen stetig zu, wie dargelegt wurde. Wer sollte besser geeignet auszulegen, als *Tribunal Supremo* oder Bundesgerichtshof mit umfangreichsten Bibliotheken und besonders qualifizierten Richtern. Darin liegt ein Argument gegen die Argumentation der „Revisionsgegner", es sei nur Aufgabe der höchsten Instanz, die Einheitlichkeit und Fortbildung des heimischen Rechts zu sichern[1585].

[1581] Vgl. *Zöller/Geimer*, § 293 ZPO, Rdnr. 28 am Ende. A.A. BGH NJW 1988, 648; IPRax 1988, 227-228. Im Verfahren der Freiwillige Gerichtsbarkeit gilt, da § 27 Abs. 1 Satz 2 FGG nicht verweist auf die §§ 549, 562 ZPO verweist: Die weitere Beschwerde kann somit auch auf die Verletzung ausländischen Rechts gestützte werden, vgl. auch BGHZ 44, 121.

[1582] Vgl. *Zöller/Geimer*, § 293 ZPO, Rdnr. 28 am Ende.

[1583] *Kindl*, ZZP 111, 177, 202.

[1584] *Kindl*, ZZP 111, 177, 202.

[1585] *Schütze*, BZWiR 1997, 229, 331.

Bedenklich erscheint zudem die Tatsache, dass der Rechtsschutz einer Partei, die sich auf eine Anspruchsgrundlage aus einem ausländischen Recht berufen oder dagegen verteidigen will, verkürzt wird. Dies ist immerhin auf den Willen des Gesetzgebers zurückzuführen, der die Kollisionsnorm geschaffen hat und nicht auf den der Partei. Daher sollte der Gesetzgeber schon bei der Schaffung kollisionsrechtlicher Normen bedenken, dass diese darüber entscheiden, ob der Partei bei entsprechender Verweisung und Streitwert eine Instanz verloren geht. Es finden sich keine Hinweise darauf, dass der Gesetzgeber dies bedacht oder gar gewollt hat. Je nach Wahl des Anknüpfungspunktes ist es denkbar, dass die Verkürzung des Rechtswegs vermehrt bei bestimmten Personen oder Sachverhaltsgruppen auftritt. Eine solche Situation könnte eine versteckte Ausländerdiskriminierung darstellen[1586].

Der Grundsatz der Effektivität des Rechtsschutzes steht der Reversibilität nicht entgegen[1587]. Zwar ist Rechtsschutz nur dann effektiv, wenn er sich in einer nicht überlangen Verfahrensdauer realisieren lässt[1588]. Wird im Revisionsverfahren eine erneute Begutachtung zum Inhalt des ausländischen Rechts nötig, besteht diese Gefahr, zumindest im Vergleich zu "reinen Inlandsfällen". Demgegenüber überwiegt jedoch die das Prinzip des effektiven Rechtsschutzes und damit das Prozessrecht gleichermaßen bestimmende Gerechtigkeitsidee. Die Herkunft der die Entscheidung tragenden Rechtsgrundlage ist kein geeignetes Differenzierungskriterium. Eine evident falsche Entscheidung widerspricht der Gerechtigkeitsidee; sie ist nicht effektiv; in reinen Inlandsfällen genauso wenig wie in den von uns untersuchten. Der Zivilprozess wird dann Aufgabe nicht gerecht, einen sozialen Konflikt zu lösen und den Rechtsfrieden wiederherzustellen[1589].

Mit der letzten ZPO-Reform hat sich dem Gesetzgeber die Chance geboten, klärend und verbessernd einzugreifen. Fraglich ist, ob sie genutzt wurde:

[1586] Dazu sogleich ab S. 306.
[1587] dazu Einführung A, *Habscheid*, FS Vogel, S. 3, 11.
[1588] *Habscheid*, FS Vogel, S. 6.
[1589] S.o. Einl. A.

4. Änderungen der ZPO und Anwendung ausländischen Rechts

a) § 119 Abs. 1 Nr. 1 b und c GVG

Die Änderungen der ZPO zum 1.1.2002 gehen zurück auf ein Referentenentwurf aus dem Bundesjustizministerium, der Ende des Jahres 1999 vorgelegt wurde[1590].

Neu und hier argumentativ von Interesse ist eine Berufungszuständigkeit des Oberlandesgerichts kraft Sonderzuweisung nach § 119 Abs. 1 Nr. 1 b und c GVG bei Fällen mit Auslandsberührung. Demnach ist an Stelle des Landgerichts das Oberlandesgericht für Entscheidungen des Amtsgerichts Berufungsgericht, wenn entweder

- eine Partei (Kläger oder Beklagte) ihren allgemeinen Gerichtsstand im Ausland hat oder

- das Amtsgericht ausländisches Recht anwendet **und** dies in den Entscheidungsgründen ausdrücklich feststellt.

Die sachliche Änderung liegt also darin, dass dem Oberlandesgericht die Zuständigkeit für die Verhandlung und Entscheidung über die Rechtsmittel der Berufung und der Beschwerde gegen amtsgerichtliche Entscheidungen künftig auch in Sachen mit Auslandsberührung zugewiesen ist[1591]. Diese Sonderzuweisung soll dem Umstand Rechnung tragen, dass durch die Internationalisierung des Rechts und den zunehmenden grenzüberschreitenden Rechtsverkehr ein großes Bedürfnis nach Rechtssicherheit durch eine obergerichtliche Rechtsprechung besteht[1592]. Darin liegt ein Anerkenntnis dieser Umstände durch den Gesetzgeber.

Die Anknüpfung an den allgemeinen Gerichtsstand im Ausland bei Buchst. b

---

[1590] Vgl. zu den Neuerungen insgesamt: *Kroiß*, Das neue Zivilprozessrecht, § 1 Rdnr. 1 z. T. Ende.

[1591] BT - Drucks. 14/6036, S. 118

soll sich daraus rechtfertigen, dass das Gericht in diesen Fällen regelmäßig die Bestimmungen des Internationalen Privatrechts anzuwenden hat, um zu entscheiden, welches materielle Recht es seiner Entscheidung zugrundelegt[1593]. Das Gerichtsstandskriterium soll eine hinreichende Bestimmtheit und damit Rechtssicherheit für die Abgrenzung der Berufungszuständigkeit inzwischen Landgerichts und Oberlandesgericht liefern[1594].

Mit Buchst. c wird beabsichtigt, wie Berufungszuständigkeit des Oberlandesgerichts zu begründen, wenn das Amtsgericht ausländisches Recht angewandt und dies in seiner Entscheidung ausdrücklich festgestellt hat[1595]. Die Bestimmungen sei im Interesse der Rechtssicherheit bewusst eng gefasst[1596]. Erfasst ist damit nicht der Fall, dass das Amtsgericht ausländisches Recht nach Auffassung des Berufungsgerichts hätte anwenden müssen, aber nicht angewandt hat. Dann ist das Landgericht zuständig. Ebensowenig ist erfasst der Fall, dass das Amtsgericht möglicherweise ausländisches Recht angewandt, die Anwendung in den Entscheidungsgründen aber nicht ausdrücklich festgestellt hat[1597]. Berufungsinstanz ist dann ebenfalls das Landgericht.

Für die Berufung kommt nach § 513 Abs. 1 ZPO nur in Frage, dass die Entscheidung auf einer Rechtsverletzung (§ 546 ZPO) beruht oder nach § 529 ZPO zu Grunde zu legende Tatsachen eine andere Entscheidung rechtfertigen. Im Unterschied dazu normiert § 545 ZPO, dass die Revision nur darauf gestützte werden kann, dass die Entscheidung auf der Verletzung des Bundesrecht oder einer Vorschrift beruht, deren Geltungsbereich sich über den Bezirke eines Oberlandesgerichts hinaus erstreckt. § 513 ZPO verweist also auf § 546 ZPO, nicht aber auf § 545 ZPO. Das setzt also wohl voraus, dass ausländisches Recht als Recht qualifizieren ist.

[1592] So die Begründung in BT - Drucks. 14/6036, S. 118 f.
[1593] BT - Drucks. 14/6036, S. 119.
[1594] BT - Drucks. 14/6036, S. 119.
[1595] BT - Drucks. 14/6036, S. 119.
[1596] BT - Drucks. 14/6036, S. 119.
[1597] BT - Drucks. 14/6036, S. 119.

b) Stellungnahme

Die Beschränkung des Anwendungsbereichs der Bestimmung auf ausländisches Recht hat erst einmal zur Folge, dass etwa die Anwendung europäischen Gemeinschaftsrecht, des Völkerrechts oder des sonstigen internationalen Rechts der Bundesrepublik Deutschland eine Berufungszuständigkeit des Oberlandesgerichts nicht begründet[1598]. So führt zum Beispiel die Anwendung des Wiener UN - Übereinkommens über Verträge über den internationalen Warenkauf von 11. April 1980 nicht dazu, dass über die Berufung gegen ein amtsgerichtliches Urteil des Oberlandesgerichts Entscheidung berufen wäre[1599]. Das Oberlandesgericht ist jedoch in den Fällen als Berufungsgericht zuständig, wenn kraft Rückverweisung deutsches materielles Recht von Amtsgericht angewendet wurde, Art. 4 Abs. 1 Satz 2 EGBGB, weil das Amtsgericht die ausländisches Recht, nämlich eine ausländische Kollisionsnorm, seiner Entscheidung zugrundegelegt hat[1600]. Weil der Zivilrichter wegen der Nichtrevisibilität des ausländischen Rechts mithin eine besonders große Verantwortung trägt[1601], ist die Zuweisung an die Oberlandesgerichte dem Grunde nach zu begrüßen.

Es kommt also – in der wohlgemeinten Absicht, ein von aussen leicht greifbares Angrenzungskriterium zu schaffen - zu einer orginell anmutenden Aufspaltung des Rechtswegs: fehlt es gänzlich an einer kollisionsrechtlichen Entscheidung, ist immer das Landgericht zuständig. Ist die kollisionsrechtliche Entscheidung möglicherweise rechtsfehlerhaft in der Weise, dass *deutsches* Recht angewendet wurde, geht die Berufung ebenfalls zum Landgericht. Ist die kollisionsrechtliche Entscheidung falsch, weil eine andere *ausländische* Rechtsordnung an Stelle der berufenen angewendet wurde, muss der Berufungskläger sie beim Oberlandesgericht einlegen.

Dies alles steht noch unter der Prämisse der zweiten Voraussetzung, dass die Entscheidungsgründe dazu etwas hergeben. Es stellt sich der Leser die Frage, welche Fälle es sein mögen. Der Gesetzgeber scheint davon auszugehen, dass es

---

[1598] So zutreffend BT - Drucks. 14/6036, S. 119.
[1599] *Kroiß*, § 3 Rdnr. 9.
[1600] *Kroiß*, § 3 Rdnr. 9.

außerhalb von § 313a ZPO Entscheidungen gibt, die die (ausländische) Rechtsgrundlage nicht erkennen lassen. In jenen Fällen der (teilweise erweiterten) Absätze 1 bis 3 können Tatbestand und Entscheidungsgründe weggelassen werden. Davon macht gerade aber Abs. 4 eine Ausnahme mit seiner Ziff. 5, wenn zu erwarten ist, dass das Urteil im Ausland geltendgemacht wird. Damit scheiden die hier untersuchten, typischen Konstellationen grundsätzlich aus. Die Fälle des §§ 313a ZPO können also nicht gemeint sein. Daraus könnte der Umkehrschluss gezogen werden, das Gericht müsse die Anwendung ausländischen Rechts "nicht ausdrücklich feststellen". Wird aber einer der Hauptfehler, dass Übersehen der kollisionsrechtlichen Problematik überhaupt, von der Regelung ausgeschlossen, so ist sie in sich widersprüchlich. Was bei Vorfragen zu tun ist, bleibt völlig offen.

Insbesondere die - zutreffende - Begründung des Gesetzgebers, Sachen mit Auslandsberührung dem Oberlandesgericht zuzuweisen, weil ein Bedürfnis nach Rechtssicherheit durch eine obergerichtliche Rechtsprechung besteht, lässt die unterschiedliche Behandlung bei der Revision noch fragwürdiger erscheinen. Das Bedürfnis nach Rechtssicherheit und einer zuverlässigen Anleitung durch die Obergerichte besteht gerade bei einer fehlenden und allen kollisionsrechtlichen Entscheidungen und nicht nur im jeweiligen Oberlandesgerichtsbezirke, sondern bundesweit. Leider hat der Gesetzgeber zwar das richtige Argument erkannt, aber nur genutzt, um weniger Rechtssicherheit im Instanzenzug zu generieren. Genau diese Argumentation hätte Einfluss nehmen müssen auf die Neugestaltung des Revisionsverfahrens[1602]; hat es aber nicht. Bei Nachbesserungen, die die Reform erfahren wird, besteht Gelegenheit, dies noch nachzuholen.

C. Europarechtliche Konsequenzen

Bemerkenswert ist, dass das Problem - in beiden Ländern - mittlerweile in bedeutenden Teilbereichen eine wenig beachtete europarechtliche Dimension bekommen hat. Je weiter ein ökonomisches Ziel des EG-Vertrages, nämlich die Zunahme des grenzüberschreitenden Waren- und Dienstleistungsaustausches,

---

1601 *Hetger*, FamRZ 1995, 654.

1602 Siehe zu den Änderungen: *Kroiß*, Das neue Zivilprozessrecht, Bonn 2001, § 4.

Realität wird, desto mehr müssen sich auch Gerichte mit Streitigkeiten aus diesen Geschäften beschäftigen. Dies gilt gleichermaßen für Spanien wie für Deutschland. Möglicherweise muss das Zivilverfahren und besonders die richterliche Ermittlungstätigkeit und deren Kontrolle für anwendbares *EU-ausländisches* Recht anders verlaufen als für andere *Nicht–EU*-Rechtsordnungen, wenn diese die *lex causae* stellen. Denn umgekehrt liegt die Frage nahe, inwieweit eine Unterscheidung der gerichtlichen Tätigkeit danach, ob *inländisches* oder *EU-ausländisches* (Vertrags-) Recht anzuwenden ist, mit den Integrationszielen der Gemeinschaft vereinbar ist. Es könnte sein, dass sich diese Unterschiede auf grenzüberschreitende Transaktionen innerhalb der EU dergestalt auswirken, dass die wirtschaftlichen Grundfreiheiten des EG - Vertrages, also in erster Linie die Waren - und Dienstleistungsfreiheit, beeinträchtigt werden[1603]. Zu den vom Europäischen Gerichtshof aus den Freiheiten des EGV herausgearbeiteten Prinzipien des innereuropäischen Rechtsverkehrs gehört das Herkunftsstaatsprinzip sowie das Diskriminierungsverbot[1604].

I. IPR

Zunächst kann man die berechtigte Frage aufwerfen, ob schon eine kollisionsrechtliche Anknüpfung an Aufenthalt, Sitz oder die Staatsangehörigkeit[1605], die zur Anwendung ausländischen Rechts führt, gegen Art. 12 Abs. 1 EGV (Diskriminierungsverbot) verstößt. Man wird dies aber noch ablehnen können, u.a. da sie einer weit verbreiteten Wertung entspricht und in dieser Form in mehreren Mitgliedstaaten gilt[1606] und bei einer prozessualen Gleichbehandlung der Rechtsordungen nichts dagegen spricht.

[1603] *Schwartze*, Festschrift für Fenge, S. 128.

[1604] *Siehr*, 374.

[1605] Im Vertragsrecht bei Vorfragen relevant.

[1606] *Siehr*, 373; *Drobnig*, RabelsZ 34 (1970), 636, 662. Das Problem kann hier nicht vertieft werden, da es den Rahmen der Untersuchung sprengen würde. Zum Verhältnis spanisches IPR und Gemeinschaftsrecht *Sánchez Lorenzo*, Incidencia del Derecho comunitario en la interpretación de las normas del Derecho internacional privado estatal a la luz de la jurisprudencia reciente del Tribunal de Justicia de las Comunidades Europeas, in: Problemas actuales de la aplicación del derecho internacional privado por los jueces españoles.

II. Konstellationen

Dabei sollte nicht nur das Vertragsrecht untersucht werden[1607]. Darüber hinaus sind aber ebenso Konstellationen denkbar, in denen es um unerlaubte Handlungen - zum Beispiel Wettbewerbsrecht - oder sachenrechtliche Ansprüche und die Frage nach deren gerichtlicher Behandlung geht[1608].

Nimmt man als Vergleichsobjekte isoliert nur die Parteien eines grenzüberschreitenden Vertrages und untersucht deren Position in einem späteren Prozess, übersieht man die eigentliche kritische Situation: den Vergleich des Rechtsstreites eines inländischen Lieferanten oder Dienstleisters gegen seinen inländischen Abnehmer mit dem eines im europäischen Ausland angesiedelten Lieferanten oder Dienstleisters gegen den gleichen inländischen Abnehmer. Die (Zahlung -) Klage am Schuldnerwohnsitz und Entscheidung in der Sache nach der Rechtsordnung am Sitz des Lieferanten sind regelmäßige Folge[1609] des geltenden IZVR und IPR.

Die behindernden Faktoren sind im Laufe der Untersuchung zutage getreten: Insbesondere Zeit und Kosten, darüber hinaus gegebenenfalls eine geringere Richtigkeitsgewähr sowie das Fehlen einer Instanz gegenüber dem inländischen Kläger. Im einstweiligen Verfügungsverfahren wird zwar das Zeit und Kostenargument mangels Einholung eines Gutachtens regelmäßig ausscheiden, dafür steigt jedoch die Gefahr einer unzutreffenden Entscheidung auch im Hinblick auf ein späteres Hauptsacheverfahren. Fest zu halten ist, dass in Spanien und Deutschland die Ermittlung und Anwendung ausländischen Rechts von den Gerichten verschiedener Weise anders gehandhabt wird als bei der Entscheidung nach inländischem Recht. Dadurch könnten die Parteien bei Rechtsstreitigkeiten mit internationalen Bezügen in unterschiedlicher Weise benachteiligt werden:

[1607] *Schwartze*, Festschrift für Fenge, Seite 127, 146.

[1608] Teuerer werden können auch z.B. Scheidungsprozesse für EU-Ausländer in Spanien und Deutschland, was aber hier nicht vertieft werden soll, aber ähnliche Angriffspunkte bietet.

[1609] Konstellationen nach UN - Kaufrecht sollen hier ausgeklammert bleiben.

III. Vertragsverstöße

1. Art. 12 Abs. 1 EGV

Möglicherweise verstoßen die spanischen oder deutschen Bestimmungen zur Anwendung ausländischen Privatrechts gegen das allgemeine Diskriminierungsverbot des Art. 6 Abs. 1 EGV. Das Diskriminierungsverbot des Art. 12 Abs. 1 EGV gilt „unbeschadet besonderer Bestimmungen dieses Vertrages". Dazu zählen die spezielleren Bestimmungen über die Grundfreiheiten[1610].

Streinz hat eine Abgrenzung danach vorgeschlagen, ob die Diskriminierung sich *unmittelbar* auf die Tätigkeit bezieht, die durch die Grundfreiheiten geschützt wird, wie z. B. die Erbringung von Dienstleistungen im Rahmen der Dienstleistungsfreiheit, oder ob die Diskriminierung stattfindet bei Maßnahmen, die sich als *Folge* dessen darstellen, dass die Grundfreiheiten in Anspruch genommen wird, wie z. B. bei der gerichtlichen Geltendmachung des Entgelts für erbrachte Dienstleistungen[1611]. Im ersten Fall wäre auf das spezielle Diskriminierungsverbot, bei Folgemaßnahmen auf das allgemeine Verbot zu rekurrieren. Die von der Rechtsprechung des EuGH angewandten Kriterien ermöglichen nicht immer eine so genaue Abgrenzung zwischen allgemeinem und speziellem Verbot, weil das Gericht bei Diskriminierungen im Bereich der Grundfreiheiten auch, teilweise sogar nur auf das allgemeine Verbot der Art. 12 EGV abstellt[1612].

Danach ist jede Diskriminierung aus Gründen der Staatsangehörigkeit verboten. Zwar stellt weder Art. 281.2 LEC noch § 293 ZPO seinem Wortlaut nach auf die Staatsangehörigkeit der Parteien ab, allerdings bezieht sich Art. 6 Abs. 1 EGV nicht nur auf offensichtliche, sondern auch auf versteckte Diskriminierungen, die durch andere Unterscheidungsmerkmale, wie etwa Herkunft oder Wohnsitz, faktisch zu einer Diskriminierung nach der Staatsangehörigkeit werden können[1613]. Beide Anwendung EG - ausländischen Rechts sind jedoch beide Par-

---

[1610] Fischer, § 12 Rdnr. 8.

[1611] Vgl. *Streinz*, Rdnr. 668.

[1612] Vgl. die Nachweise bei *Fischer*, § 12 Rdnr. 8.

[1613] EuGH, Rs. 427/85 - Komm./Deutschland, Slg 1988, 1123; Rs. 22/80 "Boussac", Slg. 1980, 3427.

teien eines grenzüberschreitenden Vertrages, und damit In - und Ausländer gleichermaßen von den Erschwernissen betroffen denn beide müssen für die Durchsetzung bzw. Abwehr der Ansprüche das fremde Recht heranziehen. *Schwartze* vermutet daher keinen Verstoß gegen Art. 6 Abs. 1 EGV auch nicht nach der neueren Rechtsprechung des EuGH. Das Gleiche soll gelten für § 549 ZPO, da dieser ebenfalls nur nach Rechtsordnungen unterscheidet, nicht aber nach der Beteiligung von In - und Ausländern.

Erweitert man die Untersuchung in der oben beschriebenen Weise und vergleicht die Klage eines ausländischen Marktteilnehmers mit der seines inländischen Konkurrenten, so wird man in dem Ergebnis so nicht mehr zustimmen können. Denn über die an sich noch nicht diskriminierende kollisionsrechtliche Anknüpfung der *lex fori* müssen jetzt nicht mehr beide Parteien das fremde Recht heranziehen. Hält man die man die kollisionsrechtliche Anknüpfung für nicht diskriminierend, so doch nur vor einem gleichen Verfahren. Zwar fehlt in einem direkten Verfahren der Konkurrenten *untereinander* in der Tat *beiden* eine Instanz, bei Klagen gegen ihre Abnehmer aber nur dem ausländischen Marktteilnehmer. Damit unterscheidet das Verfahrensrecht in Verbindung mit der kollisionsrechtlichen Anknüpfung nach der Beteiligung von In - und Ausländern.

Erst recht gilt dies für die Rechtsprechung des *Tribunal Supremo* zu Art. 12.6 CC a.F. mit seiner fast ausnahmslosen Forderung nach Beweis des ausländischen Rechts und genauso für Art. 281.2 LEC in der Interpretation, die immer einen Beweis ausländischen Rechts verlangt. Je mehr kostenauslösende Pflichten den Parteien dabei auferlegt werden (*certificado de ley*), desto eindeutiger wird ein Verstoß, weil in gleicher Weise die Ungleichbehandlung gegenüber dem inländischen Kläger gegen seinen inländischen Abnehmer zunimmt. In Spanien fehlt dem ausländischen Kläger ebenfalls eine Instanz, was genauso zu beurteilen ist.

2. Art. 28 ff., 49 ff. EGV

Denkbar ist darüber hinaus eine Behinderung im Bereich des freien Waren - und Dienstleistungsverkehrs also der wirtschaftlichen Grundfreiheiten[1614].

Unzulässig ist prinzipiell jede Beschränkung auch durch unterschiedslos wirkende Bestimmungen[1615]. Ausgangspunkt hier die Funktion des Prozessrecht, dass der Durchsetzung der materiellrechtlichen Ansprüche dient[1616]. Dieser enge Zusammenhang zwischen materiellem Recht und Prozessrecht wird wenig beachtet, obwohl er durchaus geeignet ist, marktrelevante Störungen hervor zurufen[1617]. Aufwändige, langwierige und teure Prozesse können die Durchsetzung des materiellen Rechts erheblich beeinträchtigen und damit die Geschäftstätigkeit in anderen Mitgliedsstaaten, auf deren Prozesssysteme der Marktteilnehmer angewiesen ist[1618]. Grundsätzlich genügt es für ein Verstoß gegen Art. 28 ff., 49 ff. EGV, wenn nationale Regelungen geeignet sind, den Leistungsaustausch zwischen den Mitgliedstaaten zu vermindern[1619]. Dies muss insbesondere für das bei grenzüberschreitenden Sachverhalten kollisionsrechtlich berufene Vertragsrecht gelten, da dies in seiner prozessualen Umsetzung den Waren - oder Dienstleistungsverkehrs zwischen den Mitgliedstaaten betrifft[1620]. Es ist dabei unerheblich, dass es sich um eine unterschiedslos anwendbare Maßnahme handelt, deren faktische Beschränkungswirkung für ausländische Marktteilnehmer ebenfalls einen Verstoß gegen die Grundfreiheiten auslöst[1621]. Dies gilt sowohl für die isolierte Betrachtung der Klage eines ausländischen Marktteilnehmers gegen seinen inländischen Abnehmer[1622] als auch für die hier untersuchte, erweiterte Konstellation.

[1614] Dazu *Doerfert*, S. 86 ff., 111 f.

[1615] *Doerfert*, S. 88 unter Bezugnahme auf die *Cassis de Dijon* Entscheidung des EuGH (Rs. 120/78).

[1616] Vgl. dazu ausführlich oben, Erster Teil.

[1617] *Wolf*, S. 35, 37 f.

[1618] *Wolf*, a.a.O., S. 35.

[1619] *Dassonvill*-Formel nach EuGH RS 8/74, der ein sehr weites Verständnis des Art. 28 EGV zugrunde liegt Doerfert, S. 87.

[1620] Vgl. *Schwartze*, a.a.O., 142.

[1621] *Cassis de Dijon* - EuGH (Rs. 120/78).

[1622] So zur deutschen Rechtsordnung *Schwartze*, a.a.O., 142 f.

3. Rechtfertigung?

Eine mittelbare Ungleichbehandlung im Bereich von Art. 12 EGV kann gerechtfertigt sein, wenn sie auf objektiven Gründen - denkbar ist hier das rechtsstaatliche Interesse an einem funktionierenden Ablauf des Zivilverfahrens - beruht und im Hinblick auf das mit den nationalen Rechtsvorschriften verfolgte Ziel verhältnismäßig ist[1623], also nicht über das hinausgeht, was zur Erreichung des Ziels erforderlich ist, das mit dem die Ungleichbehandlung bewirkenden nationalen Rechtsvorschriften verfolgte[1624]. Die Untersuchung hat jedoch ergeben, dass die gegenwärtige Rechtslage und Praxis im Widerspruch zu Aufgabe und Funktion des Zivilprozesses steht.

Eine Rechtfertigung im Bereich der Grundfreiheiten über den vom EuGH entwickelten Gedanken der so genannten Verkaufsmodalitäten oder über Art. 30 bzw. 55 EGV scheidet aus[1625]. Viele der hier aufgezeigten Argumente belegen, dass zunächst der Richter vor seiner mangelnden Kenntnis[1626] oder die Revisionsinstanz vor einer Blamage bewahrt werden sollen. Somit ist die bisherige Praxis auch vor dem Hintergrund, den geordneten Ablauf des Zivilprozesses als legitimes Interesse aus der Sicht des Gemeinschaftsrechts grundsätzlich anzuerkennen, nicht gerechtfertigt, weil und so weit sie die staatlichen Organe durch Verlängerung des Verfahrens und erhöhte Kosten zu Lasten der Partei(en) entlastet.

4. Fazit

Die Mitgliedsstaaten trifft eine Pflicht zu gemeinschaftsrechtskonforme Gestaltung und Anwendung der nationalen Rechtsvorschriften; dies gilt nach Art. 5 EGV für alle staatlichen Organe[1627]. In der täglichen Praxis der hier untersuchten Konstellation sind vor allem die Gerichte aufgerufen, dem Vorrang des Gemeinschaftsrechts vor dem nationalen Recht Geltung zu verschaffen. Die gemein-

---

[1623] EuGH Rs. C-15/96

[1624] EuGHRs. C-15/96.

[1625] Zu möglichen Einschränkungen der Warenverkehrs - oder Dienstleistungsfreiheit *Doerfert*, Seite 88 f., 108 f. und *Schwartze*, Seite 142 f.

[1626] siehe *Schwartze*, S. 143.

[1627] vgl. *Wolf*, S. 41.

schaftsrechtskonforme Auslegung findet ihre Grenze jedoch am Wortlaut der nationalen Vorschriften; lässt dieser das nicht mehr zu, musste die nationalen Vorschriften aufgrund der unmittelbaren Wirkung der Grundfreiheiten insoweit für unwirksam erklärt werden, als sie diese Grundfreiheiten in binnenmarktstörender Weise beeinträchtigt[1628]. Je eindeutiger dabei der Wortlaut des Gesetzes ist, desto schwieriger wird es für die Gerichte werden, eine gemeinschaftsrechtskonforme Auslegung zu wählen. Zielsetzung sollte es sein, alle Parteien von jedem europäischen Gericht gleichzustellen, ungeachtet der Frage, welches europäische Schuldvertragsrecht zur Anwendung kommt. Darüber hinaus muss der ausländische Kläger so weit wie möglich mit seinen inländischen Konkurrenten bei einer Klage gegen ihre inländischen Abnehmer gleichbehandelt werden.

Eine Möglichkeit wäre es, die Kenntnis des Rechts eines EU - Mitgliedstaates beim Gericht genauso vorauszusetzen wie die der *lex fori*. Wegen der divergierenden Ergebnisse zu *iura novit curia* ist ein solcher Weg zwar nicht ausgeschlossen, aber auch nicht besonders nahe liegend. Um der gemeinschaftsrechtlichen Verpflichtung nachzukommen, kann den Gerichten jedoch geraten werden, bei der Ermittlung nicht anders vorzugehen als bei den im in der Einführung behandelten spezialrechtlichen Materien. Im Rahmen der Ermessensausübung müssen die Gerichte zunächst auf einen zügiges und möglichst mit geringen Gerichts- und Anwaltskosten verbundenes Verfahren achten. Art. 281.2 LEC sollte daher möglichst so ausgelegt und angewandt werden, dass eine weit gehende Gleichstellung mit nationalen spanischen Recht erzielt und von einem obligatorischen Beweis abgesehen wird und von den Parteien nicht mehr Vortrag und Beweis verlangt wird, als beide Anwendung nationalen Rechts. Allerdings erscheint es hier genauso wie bei § 293 ZPO kaum möglich, den Beweis wegen des Wortlauts ganz auszuschließen. Dann aber sollten die Parteien nicht mit zusätzlichen Kosten belastet werden.

Darüber hinaus könnte es letztlich doch geboten sein, den Parteien einen *einvernehmlichen* Rückzug auf die *lex fori* zu gestatten, eine um in Teilbereiche eine gemeinschaftsrechtskonforme Anwendung der nationalen Vorschriften zu ge-

---

[1628] *Wolf*, S. 42.

währleisten[1629]. Dies setzt zum einen entsprechenden richterlichen Hinweis zur kollisionsrechtlichen Lage einschliesslich der potentiellen Verfahrenskosten und -dauer voraus. Als Konsequenzen des hier gesagten wird man nämlich fordern müssen, dass das Gericht in diesem Hinweis den Parteien vorab mitteilt, wie es sein Ermessen ausüben will, das heißt, welchen Ermittlung des Weges bestreiten will und welche damit verbundenen Nachteile (Beibringungspflicht für Gutachten; Kosten, Verfahrensdauer, Richtigkeitsgewähr und Rechtsmittel) auf sie zukommen. Ob man darin dann bei Vorliegen der entsprechend Voraussetzungen *auch* die Abänderung des Vertragsstatuts sehen könnte, kann dahingestellt bleiben. Im Säumnisverfahren jedenfalls wird man dem ausländischen Kläger auf entsprechenden Antrag hin den Rückzug auf die *lex fori* gestatten müssen, weil er nur so den dargestellten Nachteilen im Vergleich zu einem inländischen Kläger entgehen kann. Dass er dieses Ergebnis auch über einen unzutreffenden oder unvollständigen Tatsachenvortrag erreichen kann, ist als Argument aber untauglich.

Bei der höchstrichterlichen Überprüfung scheint in Deutschland der Wortlaut der Vorschrift des §§ 545, 560 ZPO nur schwerlich überwindbar[1630]. In Spanien aber fehlt es an solchen Normen, die nötig sind, um obergerichtliches Tätigwerden zu verhindern und das sollte entsprechende Konsequenzen nach sich ziehen. Das gemeinschaftsrechtswidrige Fehlen einer Instanz kann also denkbar einfach durch gemeinschaftsrechtsfreundliche Auslegung des Art. 477 LEC überwunden werden und muss es auch.

Ein für Spanien wie Deutschland begehbarer Weg könnte darin liegen, sich die Eigenschaft des Kollisionsrechts als nationales Recht zu Nutze zumachen. Eine gemeinschaftsrechtskonforme Auslegung kann und muss erreicht werden, in dem die rechtsfehlerhafte Anwendung von Vorschriften der berufenen Rechtsordnung als Verletzung der Kollisionsnorm eingestuft wird.

[1629] *Schwartze* sieht in der Anwendung der *lex fori* weiterhin eine Beschränkungswirkung, Seite 143.

[1630] *Schwartze*, Seite 144.

Erwogen wird die Vorlage einer schwierigen Angelegenheit - auch zur inhaltlichen Nachprüfung - an ein europäisches Schwestergericht, was dementsprechend kostenfrei sein müsste. Die entsprechenden Kammern inländischer Gerichte könnten mit Richtern aus dem EU-Ausland besetzt werden[1631]. Verstärkt werden könnte dies durch ein Auftreten von Prozessvertreter mit Zulassung im Land der berufenen Rechtsordnung, deren Haftung verschärft wäre. Damit wäre der ausländische Kläger auch im Bereich der Anwaltshaftung nicht weniger geschützt, also schlechter gestellt, als sein inländischer Konkurrent.

Denkbar ist darüber hinaus sind Maßnahmen nach Art. 94 bzw. 95 EGV; Art. 249 (Richtlinie)[1632], was aber den Rahmen der Untersuchung sprengen würde.

[1631] *Schwartze* S. 145.
[1632] vgl. *Schwartze* S. 145, *Wolf* S. 41.

SCHLUSSBETRACHTUNG

A. Zusammenfassung

Folgende Thesen lässen sich aufstellen:

- Beide Rechtsordnungenbewegen sich aufeinander zu. Bestimmte Motive finden sich in beiden Rechtsordnungen wieder.

- Unter Berücksichtigung des Gemeinschaftsrechts kann ein Standard festgeschrieben werden.

- Beachtliche Argumente sprechen für eine Ermittlung auf Parteiinitiative.

- Um die Beachtung des Kollisionsrechts von Amts wegen ist es in Spanien wie Deutschland nicht zum Besten bestellt. Der Gesetzgeber sollte für Sicherheit sorgen.

- Die Entwicklung bleibt dynamisch. In der praktischen Rechtsanwendung überwiegt das Fehlen verlässlicher Leitlinien

- Die faktische Schlechterstellung von Parteien, die Ihr Recht über den Weg des Kollisionsrechts suchen, begegnet erheblichen Bedenken. Besonders hervorzuheben sind Kosten und Rechtsmittel.

- Es mangelt an Rechtssicherheit. Der Gesetzgeber ist auch deshalb gefragt und sollte entsprechend tätig werden.

- Andernfalls kann man vorprozessual vermehrt Rechtswahlmöglichkeiten einräumen. Ausdrücklicher, einvernehmlicher und unmissverständlicher Rückzug auf die *lex fori* sollte in beiden Rechtsordnungen nach entsprechend klarem Hinweis möglich sein.

- In Art. 281 LEC 2000 liegt ein Schritt in die richtige Richtung.

- Der Ansatz über *iura novit curia* und Unterscheidungen im Bereich von Tatsachen und Recht sind ein Relikt der Vergangenheit.

- In Art. 281 LEC selbst kann die Ermächtigungsgrundlage gesehen werden, einen gerichtlichen Sachverständigen von Amts wegen zu bestellen.

- Man kann in der fehlerhaften Anwendung ausländischen Rechts einen reversiblen Verstoss gegen das Kollisionsrecht der *lex fori* sehen.

Im Einzelnen:

Die Untersuchung hat ergeben, dass die Unterschiede in den beiden Rechtsordnungen oftmals auf die Existenz des gleichen Problems hindeuten, dass dann unterschiedlich behandelt wird, bevor man zu einem ähnlichen Ergebnis gelangt. *Dabei bewegen sich beide Rechtsordnungen aufeinander zu.* Das liegt in Spanien nicht zuletzt an der neuen LEC und der Entscheidung des Verfassungsgerichts vom 17. Januar 2000[1633]. Verändern sich aber die Rechtsordnungen, die bei formeller Betrachtungsweise in Europa bisher am weitesten auseinandergelegen haben, aufeinander zu, so dürfte es nicht schwer fallen, die Gemeinsamkeiten im Rahmen eines europäischen Standards festzuschreiben[1634]. In diesem Sinne sind auch die Verbesserungsvorschläge zu verstehen. Die Anwendung des Inhalts ausländischen Rechts ist ein vom Kollisionsrecht der *lex fori* beherrschter Vorgang. Den Vorgang der Ermittlung ausländischen Rechts dominiert das Prozessrecht der *lex fori.*

Dabei kommt es zu einem spannenden Wechselspiel mit beachtlichen Argumenten für eine Ermittlung auf Parteiinitiative. Lehnt die herrschende Meinung in Deutschland ein solches Vorgehen ab, so kann man dem zuzustimmen, weniger aber der ergebnisorientierten Argumentation wegen, weil sie *de lege lata* nicht hinreichend zu stützen ist. Um die Beachtung des Kollisionsrechts von

---

[1633] Siehe Dritter Teil: Ausländisches Recht im Zivilverfahren, A. Aufgabenverteilung zwischen Gericht und Parteien, I. Funktion und Aufgabe des Gerichts in Spanien, 3. Verfassungsrechtliche Vorgaben.

[1634] Auch im Rahmen eines einheitlichen Zivilprozessrechtes. Zu den Vorteilen vgl. *Storme* RabelsZ 56 (1992), 290, 298.

Amts wegen ist es auch in Deutschland nicht zum Besten bestellt. Der Gesetzgeber sollte für Sicherheit sorgen.

In beiden Rechtsordnungen bieten die gesetzlichen Bestimmungen allenfalls Anhaltspunkte für eine angemessene Behandlung der hier untersuchten Fragestellung. Die Entwicklung bleibt daher weiterhin dynamisch. In der praktischen Rechtsanwendung überwiegt jedoch das Fehlen verlässlicher Leitlinien, die darüber hinaus mit den wissenschaftlichen Erkenntnissen im Einklang stehen. Es hat sich gezeigt, dass fast alle Motive in beiden Rechtsordnungen gegenwärtig sind oder als Kehrseite der gleichen Medaille konfigurieren. Kein großer Unterschied besteht auch bei Kosten der hier untersuchten Verfahren in Spanien und Deutschland: Sie sind höher und werden von der unterliegenden Partei getragen, was in Teilbereichen gemeinschaftsrechtlichen Bedenken begegnet. Die von der Wissenschaft in beiden Rechtsordnungen unternommenen erheblichen Bemühungen werden jedoch nicht genügen, um Rechtssicherheit zu schaffen. Hier ist der Gesetzgeber erneut gefragt und muss tätig werden.

Dazu werden sogleich Änderungsvorschläge unterbreitet. Will man diesen *nicht* folgen, sollte folgendes bedacht werden:

Bedenkenswert ist der Vorschlag, das ausländische Recht dort wie eine Tatsache zu behandeln, wo der Beibringungsgrundsatz gilt[1635]. In Verfahren mit Untersuchungsgrundsatz solle es grundsätzlich bei einer Ermittlungspflicht aus § 293 ZPO bleiben[1636]. Das wäre möglich und böte Rechtssicherheit, da die Verfahrensart von vornherein feststeht. Will man die Behandlung abhängig machen vom zwingenden oder nachgiebigen Charakter ausländischen Kollisions- oder Sachrechts, muss das Gericht dieses zuerst bestimmen, womit eine Verbesserung wieder zweifelhaft wird. Die Einräumung von Rechtswahlmöglichkeiten an sich durch den Gesetzgeber bei einzelnen Kollisionsnormen besagt noch nichts über deren Charakter[1637].

[1635] *Kindl*, S. 203.

[1636] *Kindl*, S. 202.

[1637] Auch im materiellen Recht gibt es (Rechts-)wahlmöglichkeiten. Daraus kann aber nur gefolgert werden, dass eine Partei, die in den Genuss einer von der gesetzlichen Normalfolge abweichende Wahl kommen möchte, entsprechende Tatsachen der Vornahme einer

Um eine insgesamt gleichförmige Lösung ohne gesetzliche Änderungen anzubieten, sollte man den Parteien dennoch aus Kostengründen schon vorprozessual vermehrt Rechtswahlmöglichkeiten einräumen. Ausdrücklicher, einvernehmlicher und unmissverständlicher Rückzug auf die *lex fori* sollte in beiden Rechtsordnungen nach entsprechend klarem Hinweis möglich sein, wenn man die Benachteiligung der Parteien, die vom Kollisionsrecht auf ausländisches Recht verwiesen wurden, nicht auf andere Weise beseitigen will.

Kosten und Risiken ließen sich auch dadurch vermeiden, dass inländische Gerichte nur für Fälle der Anwendung inländischen Sachrechts zuständig wären[1638]. Der Effekt des Gleichlaufs von Zuständigkeit und anwendbarem Recht[1639] kann dadurch erreicht werden, wenn Gerichte nur zuständig wären, sofern inländisches Recht angewandt wird. *Geimer*[1640] überzeugt, wenn er meint, dass derjenige, der der Auffassung sei, dass der deutsche Richter ausländisches Recht nicht richtig handhaben könne, das System des IPR in Frage stellen solle, und damit den Anspruch auf Justizgewährung anhand ausländischer Normen sinnvoll eingrenzen müsse. Eine Kritik am Zuständigkeitssystem sei allerdings verfehlt und liegt in Europa auch kaum im Trend; ebensowenig wie die These, die Schwierigkeit oder Leichtigkeit einer Sachverhaltsaufklärung sei kompetenzrechtlich relevant[1641]. Für die Schwierigkeit einer Rechtsfrage muss dies gleichermaßen gelten. Als umfassende Lösung der IPR-Problematik könnte eine prozessuale Koordinierung über einen Gleichlaufeffekt ohnehin nicht dienen. In vielen Fällen nämlich sind IPR-Vorfragen nach ausländischem Recht zu beantworten, und das Gericht darf seine Zuständigkeit wohl kaum deswegen ablehnen[1642].

---

solchen vortragen muss. Dem entspricht der Vortrag der Tatbestandsmerkmale einer Kollisionsnorm.

[1638] *Siehr*, S. 365: Nach Artt. 1 und 2 des Haager Minderjährigenschutzabkommens von 1961 sind die Behörden am gewöhnlichen Aufenthalt international zuständig (Art. 1) und wenden dann in der Sache ihr eigenes materielles Recht an (Art. 2).

[1639] *Lex fori in foro proprio.*

[1640] Rdnr. 1076 f.

[1641] *Geimer* Rdnr. 1077.

[1642] Vgl. *Siehr*, S. 365.

Neben den rechtsvergleichenden Ergebnissen, die sich am Ende der einzelnen Teile wiederfinden und der gemeinschaftsrechtlichen Wertung, auf die ausdrücklich verwiesen wird, bleibt hervorzuheben:

Auch wenn es grundsätzlich zu begrüßen ist, dass sich der spanische Gesetzgeber mit Art. 281 LEC 2000 für ein offeneres und flexibleres System entschieden hat, so reicht das noch nicht aus, wenn das *Tribunal Supremo* die LEC 2000 als konsolidierendes Gesetz verstehen wird.

Als ausgesprochen bemerkenswert fällt ins Auge, dass die von *Mittermaier* in seiner Arbeit aus dem Jahre 1835[1643] beschriebene Situation vor Inkrafttreten der ZPO in Deutschland in vielen Punkten der heute herrschenden Rechtsprechung des *Tribunal Supremo* entspricht:

Der Beweis müsse unter entsprechend detailliertem Tatsachenvortrag so erfolgen, so dass dem erkennenden Richter eine eigene Subsumtion und Auslegung des ausländischen Gesetzes möglich sei[1644]. Ein Beweis durch Geständnis und Zeugen sei zwar durchführbar, das wichtigste Beweismittel jedoch sei der Urkundenbeweis[1645] . Die Vorlage eines einfachen Gesetzestextes genüge selten, besser sei die Vorlage eines vollständigen Exemplars eines Gesetzbuches[1646]. Auch öffentliche Urkunden genügten nur dann, wenn die sie ausstellenden Behörde nicht nur im Allgemeinen das an einem Orte geltende Gesetz beschreibt[1647].

Die Anforderungen, die die spanische Rechtsprechung an den Beweis ausländischen Rechts stellt und die auftretenden Problemkonstellationen gleichen denen, mit denen sich die deutsche Rechtswissenschaft vor Inkrafttreten der CPO infolge des Beweises verschiedener Partikularrechte beschäftigt hat. Der Ansatz über *iura novit curia* und gekünstelte Unterscheidungen im Bereich von Tatsachen und Recht und ein fein auspoliertes System zwischen Beweis und Gegen-

---

1643 Dazu bereits oben ab Fn. 154.
1644 *Mittermaier* AcP 18 (1835), 67, 71 ff.
1645 *Mittermaier* AcP 18 (1835), 67, 75 f.
1646 *Mittermaier* AcP 18 (1835), 67, 82.
1647 *Mittermaier* AcP 18 (1835), 67, 85.

beweis ist ein Relikt der Vergangenheit, das mit dem Geist einer modernen Prozessordnung unvereinbar ist.

Eine Änderung der Rechtsprechung des *Tribunal Supremo* war bereits unter der Geltung des Art. 12.6 CC vor der großen Reform des Zivilprozessrechtes überfällig; die hier vorgelegten Argumente belegen, dass mit der LEC 2000 ein richtiger Schritt nach vorn vollzogen worden ist. Historische Gründe des alten Rechts gelten unter der LEC 2000 nicht mehr. Ausländisches Recht ist nicht eine von den Parteien zu beweisenden Tatsache[1648]. Die spanische Praxis widerspricht dem Streben nach internationalem Entscheidungseinklang; der Richter soll das ausländische Recht so auslegen und anwenden, wie es der ausländischen Praxis entspricht und das sollte nicht von den Bemühungen der Parteien abhängen. Spanische Gerichte sollten ausländisches Recht über Art. 12.6 CC von Amts wegen anwenden; die in Deutschland zu § 293 ZPO vertretene Auffassung einer generellen richterlichen Ermittlungspflicht kann übertragen, weil widersprechende Systemunterschiede nicht bestehen, und entsprechend umgesetzt werden. Art. 281 LEC selbst kann die Ermächtigungsgrundlage sein, einen gerichtlichen Sachverständigen von Amts wegen zu bestellen; als Ausnahme zu den Art. 299 ff. LEC 2000[1649]. In Verbindung mit Art 12.6 CC und der Anwendung des Kollisionsrechtes von Amts wegen erzielt man sachgerechte Ergebnisse.

Das Schweigen des Gesetzgebers in Kenntnis der Notwendigkeit von Ersatzrechtslösungen bei fehlgeschlagenem Beweis muss so verstanden werden, das jedwede Lösung eine zulässige Option ist. Daher ist in Spanien wie Deutschland auch zunächst ein Ersatzrecht über eine erneute Anknüpfung zu bestimmen. Die Bedeutung von Ersatzrechtslösungen ist in Spanien noch gesteigert, da sie nicht nur bei fehlgeschlagenen gerichtlichen Ermittlungen eingreifen: Wenn eine Partei sich auf das ausländische Recht beruft, es aber nicht hinreichend beweisen kann, läuft sie Gefahr, dass die *lex fori* direkt als Ersatzrecht angewandt wird. Das geschieht bedenklicherweise unabhängig von der Sorgfalt, mit der sie den

---

[1648] Vgl. *Kropholler*, IPR, § 59 I 1 f.

[1649] Auch in Deutschland setzt ein Sachverständigengutachten außerhalb von § 293 ZPO grundsätzlich einen Parteiantrag voraus.

Beweis vorgenommen hat, sodass sie letztlich genauso dastehen kann, wie eine Partei die (zumindest kostengünstiger) gar nichts unternommen hatte[1650]. Die Auffassung, die den Beweis des ausländischen Rechtes fordert, unterstellt dabei, es handele sich nicht um ein Interesse der Parteien, sondern um eines am Prozess selbst, das Geltung beansprucht, unabhängig davon, ob es um zwingendes oder nachgiebiges Recht geht[1651].

Betrachtet man den Status Quo, stellt man fest, dass keinesfalls ungeachtet des Ortes, an dem Klage erhoben wird, das gleiche Recht zur Anwendung kommt. Besondere Gefahr besteht bei Säumnisentscheidungen und einstweiligem Rechtsschutz. Damit widerspricht diese Praxis zum einen den Zielen des IPR[1652] und zum anderen erfüllt ein solches Prozessrecht nicht seine unterstützende Funktion, weil es dem materiellen Recht (Kollisions - und Sachrecht) nur unzureichend zur Durchsetzung verhilft. Weder ein passives Richterverständnis noch unklare oder exorbitante Zuständigkeitsregelungen können das rechtfertigen. Darüber hinaus verlangt eine gemeinschaftsrechtskonforme Auslegung nach Korrekturen.

Weder die Fassung des Art. 281 LEC 2000 noch § 293 ZPO bieten die nötige Klarheit; die Aufgabe des Gerichts wird eher vernebelt als erhellt. Dass sich ein Beweis auf Inhalt und Gültigkeit erstrecken sollte, stellt eine nicht zu erwähnende Selbstverständlichkeit dar und kann wegfallen[1653]. Entstehende Kosten müssen der Staatskasse zu Last fallen, wenn man auf das Beweiserfordernis nicht verzichten will. Weil man Art. 281 LEC so versteht kann, dass er immer den Beweis fordert, empfiehlt sich eine eindeutige Formulierung. Bei den Verbesserungsvorschlägen war die Hervorhebung einer einzelnen Erkenntnisquelle nicht nötig und darüber hinaus der Gefahr von Gegenschlüssen ausgesetzt[1654]. Satz zwei des § 293 ZPO sollte wegen seiner missverständlichen, nur noch historisch erklärbaren Formulierung, die die Funktion der Prosesssubjekte mehr

---

[1650] *Cuartero Rubio*, Derecho Privado y Constitución 14 (2000), 21, 55.

[1651] *Cuartero Rubio*, Derecho Privado y Constitución 14 (2000), 21, 32

[1652] Vgl. oben S.77.

[1653] Gestrichen also: ***El derecho extranjero deberá ser probado en lo que respecta a su contenido y vigencia,...***

[1654] Vgl. *Kühne*, S. 215.

verdunkelt als erhellt, entfallen. Durch die verbesserte Formulierung rechtfertigt sich systematisch die Einordnung unter die Vorschriften zum Beweisrecht.

Des Weiteren sollte Folgendes bedacht werden:

Der Deutsche Rat hatte vorgeschlagen[1655], das Kostenverzeichnis in Anlage zum GKG zu ergänzen und in Fällen der Beweiserhebung nach § 293 ZPO diese Kosten der Staatskasse zur Last zu legen." Die Anregung nahm der Entwurf[1656] in veränderter Form auf [1657]. Die Vorschrift sollte das geltende Recht insoweit abändern, als die Kosten für Sachverständigengutachten über ausländisches Recht nach § 293 ZPO künftig grundsätzlich der Staatskasse zur Last gefallen wären. Ausländisches Recht zu ermitteln ist in erster Linie Sache des entscheidenden Gerichts, so dass hierfür grundsätzlich auch die Staatskasse die Kosten zu tragen hat[1658]. Wegen der hier aufgezeigten Problematik war der Vorschlag dem Grunde nach aufzunehmen und umzusetzen[1659].

Die Forderung nach Reversibilität ausländischen Rechts *de lege ferenda* kann nur fallengelassen werden, wenn es gelingt, den Rahmen für die Ermessensausübung durch den Instanzrichter bei § 293 ZPO präzise zu konkretisieren. Wie die Untersuchung gezeigt hat, sind solche Versuche fehlgeschlagen. Der Ausweg aus der auch europarechtliche bedenklichen Beschneidung des Instanzenweges liegt darin, in der fehlerhaften Anwendung ausländischen Rechts einen

---

[1655] Deutsche Rat, vgl. Protokoll der Sitzung der 1. Kommission vom 22. 9. 1971, S. 20.

[1656] *Kühne*, S. 215.

[1657] § 38 Änderung des Gerichtskostengesetzes: Das Gerichtskostengesetz wird wie folgt geändert: Der Gebührentatbestand der Nummer 1904 Absatz 1 des Kostenverzeichnisses wird um Satz 2 ergänzt: „Dies gilt für die Beweiserhebung über ausländisches Recht durch Sachverständige nach § 293 ZPO nur insoweit, als das Gericht die Kosten nach billigem Ermessen den Parteien auferlegt; im übrigen fallen diese Kosten der Staatskasse zur Last".

[1658] *Kühne*, S. 215. Die Bestimmung hätte es darüber hinaus ermöglicht, den Parteien die Kosten nach billigem Ermessen aufzuerlegen. Dies sollte insbesondere dann in Betracht kommen, wenn eine Partei ihre Mitwirkung, wenn man eine solche Pflicht annahm, versagt. Im übrigen sollten Art des Rechtsstreits und Vermögensverhältnisse der Parteien ebenfalls dazu führen, diesen die Sachverständigenkosten aufzuerlegen. Zur berechtigten Kritik daran vgl. *Küster*, S. 164 f.

[1659] Dazu sogleich.

reversiblen Verstoss gegen das Kollisionsrecht der *lex fori* zu sehen, wie es zutreffend von der spanischen Literatur vertreten wird[1660].

Aus praktischer Sicht sollten die Anbieter von Datenbanken wie www.juris.de, www.laley.net oder aranzadi diese um ausländische Gesetzestexte ergänzen und zumindest ein Resümee von Aufsätzen und Urteilen in Englisch und Querrecherche-Möglichkeiten anbieten. Ein Zugriff auf öffentliche oder kommerzielle Datenbanken ist von jedem Ort der Welt möglich. Eine entsprechende Lizenzberechtigung vorausgesetzt, kann z.B. ein laley.net oder juris-Zugriff aus jedem Land erfolgen.

Sinnvoll ist eine Erweiterung der bisherigen Fachanwaltsbezeichnungen um den Fachanwalt einer bestimmten ausländischen Rechtsordnung[1661]. Die nach § 42a Abs. 1 Satz 1 der Bundesrechtsanwaltsordnung nötigen besondere Kenntnisse hat der Rechtsanwalt, wenn seine Kenntnisse auf dem Fachgebiet erheblich das Maß der Kenntnisse übersteigen, das üblicherweise durch die berufliche Ausbildung und praktische Erfahrung im Beruf vermittelt wird[1662]. Eine solche könnte alleine oder in Verbindung und damit gleichsam als Ergänzung zu einem bestehenden Fachanwalt, insbesondere im Familienrecht, geführt werden. Damit würde die Haftungsfrage für fehlerhafte Beratung und Prozeßführung im Bereich des jeweiligen ausländischen Rechts eindeutiger. Der Rechtssuchende kann sich seinen jeweiligen Ansprechpartner gezielt suchen. Ein gerichtliches Gutachten kann von so geschulten Parteivertretern auf mehr als reine Plausibilität geprüft werden. Die Forderung nach einer größeren Verankerung der Rechtsvergleichung in der universitären Ausbildung beansprucht unverändert Geltung[1663].

[1660] Siehe oben 284 ff.

[1661] Es gibt sie in Deutschland bisher für Arbeitsrecht, Familienrechts, Insolvenzrecht, Sozialrecht, Steuerrecht, Strafrecht und Verwaltungsrecht. In der Diskussion ist eine Erweiterung um den Fachanwalt für Verkehrsrecht, Baurecht und andere.

[1662] Gesetz über Fachanwaltsbezeichnungen nach der Bundesrechtsanwaltsordnung (RAFachBezG) vom 27. Februar 1992 (BGBl I S. 369), insbesondere § 2 Abs. 1.

[1663] *Gamillscheg*, RdA 1987, 29, 32.

Vom Londoner Abkommen sollte vermehrt Gebrauch gemacht werden. Eine starke Belebung ist davon zu erwarten, dass das Auskunftsersuchen in der Sprache des ersuchenden Staates abgefasst wird. Dabei ist der Rechtsanwaltschaft die Nutzung zu durch entsprechende Änderung zu gestatten. Den Zugang den Gerichten vorzubehalten, wenn diese keinen Gebrauch machen und die Parteien, denen der Zugang verwehrt ist, mit der Ermittlung und Kosten zu belasten, stellt einen unbefriedigenden Zustand dar. Nur durch die Beteiligung der Anwaltschaft kann das an sich gelungene Abkommen seine Aufgabe erfüllen.

B. Verbesserungsvorschläge

Die Diskussion hat gezeigt, dass in vielen Einzelfragen, aber auch bei der Rollenverteilung zwischen Gericht und Parteien in beiden Rechtsordnungen die seit Jahrzehnten bestehenden Differenzen nicht gelöst sind und nur von der Wissenschaft allein nicht gelöst werden können, da sich Gerichte in beiden Ländern wegen des Fehlens verlässlicher Leitlinien in Gesetz und höchstrichterlichen Vorgaben oftmals an ihrer eigenen Übung in der Vergangenheit orientieren und dort stehenbleiben. Deshalb sind unter schonender Beibehaltung der jeweiligen Strukturen als Konsequenz der Untersuchung korrigierende Eingriffe des Gesetzebers geboten:

I. Spanien

Artículo 281. Objeto y necesidad de la prueba.

1. ...
2. También serán objeto de prueba la costumbre y el derecho extranjero. ... ***La prueba del derecho extranjero se practica de oficio****, pudiendo valerse el Tribunal de cuantos medios de averiguación estime necesarios para su aplicación.* ***Los gastos de la prueba correrán a cargo de la Administración.***

Art. 281 Objekt und Notwendigkeit des Beweises

1. ...

2. Beweisobjekt ist auch das Gewohnheitsrecht und das ausländische Recht. ... ***Die Beweiserhebung zum ausländischen Recht findet von Amts wegen statt,*** *wobei sich das Gericht derjenigen Ermittlungsmittel bedienen kann, die es zu seiner Anwendung für nötig hält.* ***Entstehende Kosten fallen der Staatskasse zur Last.***

II. Deutschland

1. Art. 3 Abs. 1 S. 1 EGBGB

Art. 3 Abs. 1 S. 1 EGBGB ist überflüssig[1664]. Stattdessen ist es in Deutschland nötig, die Anwendung des Kollisionsrechts von Amts wegen in einer entsprechenden Norm sicherzustellen. Art. 3 Abs. 1 S. 1 EGBGB sollte daher in dem nunmehr mit „Anwendbare Rechtsordnung" überschriebenen Zweiten Kapitel wie folgt gefasst werden:

Mittels der folgenden Vorschriften bestimmen die Gerichte von Amts wegen die anwendbare Rechtsordnung.

2. § 293 ZPO

§ 293 ZPO sollte wie folgt gefasst werden:

Beweisobjekt ist auch der Inhalt der nach dem Ersten Teil, Zweites Kapitel des Einführungsgesetzes zum Bürgerlichen Gesetzbuch bestimmten Rechtsordnung sowie Gewohnheitsrechte und Statuten. Die Beweiserhebung zum ausländischen Recht findet von Amts wegen statt, wobei sich das Gericht derjenigen Ermittlungsmittel bedienen kann, die es zu seiner Anwendung für nötig hält. Entstehende Kosten fallen der Staatskasse zur Last.

[1664] Siehe oben Zweiter Teil: Kollisionsrecht im Zivilverfahren, B. "Internationaler" Sachverhalt und Kollisionsrecht, III. Rechtsvergleichendes Zwischenfazit.

3. § 119 Abs. 1 Nr. 1 b und c GVG

Die Vorschriften § 119 Abs. 1 Nr. 1 b und c GVG sind zu streichen[1665].

III. Londoner Abkommen

Art. 14 sollte wie folgt geändert werden:

Abs. 1: Das Auskunftsersuchen und seine Anlagen werden in der Sprache oder einer der Amtssprachen des ersuchenden Staates abgefasst.

Abs. 2 (entfällt)

Des Weiteren ist der Rechtsanwaltschaft der Vertragsstaaten die Nutzung zu gestatten.

[1665] Vgl. oben S.305.

LITERATURVERZEICHNIS UND ABKÜRZUNGEN

LITERATURVERZEICHNIS

A. Spanische Rechtsordnung

A

Adomeit, Klaus; **Frühbeck,** Guillermo	Einführung in das spanische Recht, 2. Auflage, S. 1, 85, München 2001.
Aguilar Benítez de Lugo, Mariano	La ausencia de prueba del Derecho extranjero, Justicia 1989, Nr. 1, 73 - 139.
Aguilar Benítez de Lugo, Mariano	La prueba del Derecho extranjero ante los Tribunales españoles, RGD 1989, 6247 – 6314.
Aguilar Navarro, Mariano	Derecho Internacional Privado, Band I, 2 Nachdruck der 4. Auflage, Madrid 1982.
Aguilar Navarro, Mariano	Lecciones de Derecho Civil internacional, Madrid 1996.
Almagro Nosete, José	La reforma del proceso civil cara el año 2000, in: Ministerio de Justicia (Herausgeber), Crisis de la justicia y reformas procesales/Congreso de derecho procesal de Castilla y León, 167 ff. Madrid 1988.
Almagro Nosete, José	Presente y futuro del Proceso Civil, in: Ministerio de Justicia (Herausgeber), Materiales para una Reforma Procesal, 357 ff., Madrid 1991.
Amores Conradi, Miguel A.	Anmerkungen zu: STS vom 12.01.1989, CCJC 1989, Nr. 19, 83 – 91.
Amores Conradi, Miguel A.	Anmerkungen zu: STS, Sala 1. vom 11.05.89, RAJ 1989, núm. 3758; REDI 1990-I, 272 - 275.
Áreas de Derecho In-	Casos prácticos de Derecho Internacional Privado.

ternacional Privado de las Universidades de Granada y Jaén — Granada 1997.

Azparren Lucas, Agustín — Nuevas perspectivas del papel del juez frente a la aplicación judicial del derecho extranjero, in: Problemas actuales de la aplicación del derecho internacional privado por los jueces españoles, herausgegeben unter der Leitung von José Carlos Fernández Rozas, Madrid 1997, S. 199 - 229.

B

Burgos Ladrón de Guevara, Juan — El principio de prueba en el proceso civil español, Madrid 1989.

C

Cabrera Delgado, Carmen — El derecho a la tutela judicial efectiva en el Derecho Privado, Actualidad Civil, 2000, 6. ff.

Calvo Caravaca, Alfonso – Luis; **Carrascosa González,** Javier — Derecho Internacional Privado, Band I, 2. Auflage, Granada 2000.

Calvo Caravaca, Alfonso – Luis; **Carrascosa González,** Javier — Introducción al Derecho Internacional Privado, Granada 1997.

Calvo Caravaca, José - Luis — Derecho Internacional Privado, Band I, Madrid 1987.

Carrillo Salcedo, Juan Antonio — Derecho internacional privado, 3. Auflage, Madrid 1985.

Carrillo Salcedo, Juan, Antonio — ¿Alegación del Derecho extranjero por las partes o aplicación de oficio por el juez español de la norma de conflicto española?, REDI vol. XIV, 1961, 585 - 601.

Código Civil Código Civil, Doctrina y jurisprudencia, Band I, Art. 1 bis 332, bearbeitet von José Luis Albácar López und Mariano Martín-Granizo Fernández, 2. Auflage, Madrid 1991.

Comentario del Código Civil Comentario del Código Civil I, herausgegeben von C. Paz-Ares Rodríguez, R. Bercovitz, L. Díez-Picazo Ponce de León, P. Salvador Coderch, Madrid 1991.

Comentarios a las Reformas del Código Civil El nuevo Título Preliminar del Código y la Ley de 2 de mayo de 1975, Band I, Madrid 1978, (zitiert Carrillo Salcedo, Juan Antonio – Bearbeiter).

Comentarios al Código Civil y Compilaciones Forales RDP, Herausgeber Manuel Alvadalejo, Band I, Jaén 1978, (zitiert Carrillo Salcedo, Juan Antonio – Bearbeiter).

Comentarios al Código Civil y Compilaciones Forales RDP Herausgeber Manuel Albadalejo, Band I, Madrid 1995, (zitiert Fernández Rozas, José Carlos – Bearbeiter).

Conde y Luque, Rafael Derecho Internacional Privado, Band II, Madrid 1907.

Cordón Moreno, Faustino Ley de Enjuiciamiento Civil, S. 13, 53 – 89, Elcano 2000.

Corriente Córdoba, J. A. En torno a la aplicación de la ley extranjera en el Derecho español, RGLJ 1974, S. 9 – 37.

Cortés Domínguez, Valentín Derecho procesal civil internacional (Ordenamiento Español), Madrid 1981.

Cortés Domínguez, Valentín; **Gimeno Sendra**, Vincente; **Moreno Catena,** Víctor — Derecho procesal civil, 2 Auflage, S. 59, Madrid 1996.

Cortés Domínguez, Valentín — La reforma del proceso civil, in: Ministerio de Justicia (Herausgeber), Crisis de la justicia y reformas procesales/Congreso de derecho procesal de Castilla y León, 167 ff. Madrid 1988.

Cuartero Rubio, María Victoria — Prueba del Derecho extranjero y tutela judicial efectiva, Derecho Privado y Constitución 14 (2000), 21 - 61.

D

de Angulo Rodríguez, Miguel — El Derecho extranjero en su tratamiento procesal en España, in: Estudios de Derecho internacional público y privado. Festschrift für Luis Sela Sampil, Band II, Oviedo 1970, S. 967 – 984.

de Hinojosa y Naveros, Eduardo — El elemento germánico en el derecho español, in: Obras, Band 2, Madrid 1955.

de la Oliva, Andrés; **Fernández**, Miguel Ángel — Derecho Procesal Civil, Band I S. 166, 228, 230 und II, S. 288, 374, 393 ff. Madrid 1992 (Nachgedruckt 1993).

de la Oliva, Andrés **Fernández**, Miguel Ángel — Lecciones del Derecho procesal, Band I , II, Barcelona 1986 und Band V Barcelona 1987.

de Miguel y Alonso, Carlos — El derecho procesal civil alemán y su irradiación a otros ordenamientos jurídicos: España e Hispanoamerica, in: Das deutsche Zivilprozeßrecht und seine Ausstrahlung auf andere Rechtsordnungen: Grundlagen- und Landesberichte anläßlich der Tagung der Wissenschaftlichen Vereinigung für Internationales Verfahrensrecht e.V. vom 11. bis 15. Oktober in Passau, S. 338 - 386, herausgegeben von Walther J. Habscheid, Bielefeld 1991.

de Miguel y Alonso, Carlos — La problemática de la aplicación del Derecho extranjero en el proceso, in: Estudios de Derecho internacional. Festschrift für Profesor Barcia Trelles, S. 503 - 519, Santiago 1958.

de San Martín, Antonio (Herausgeber) — Los Códigos Españoles concordados y anotados, Madrid 1872.

E

Enciclopedia juridica básica — Band II (cor - end), Madrid 1995.

Espinar Vicente , José María — Ensayos sobre teoría general del derecho internacional privado, Madrid 1997.

Espinar Vicente, José María — Derecho procesal civil internacional, Madrid 1993.

Espinar Vicente, José María — Derecho internacional privado español, Band I Madrid, 1984 und Band II, Madrid 1987.

Esplugues Mota, Carlos — El derecho internacional privado y la nueva ley española de enjuiciamiento civil, de 7 de enero de 2000, Rivista di diritto internazionale privato e processuale 2001.2, pp. 279-320.

Esplugues Mota, Carlos (Herausgeber) — Código de Derecho Internacional Privado, Valencia 1989.

F

Fairén Guillén, Victor — Casación. hechos. Derecho extraniero. reglas de la sana crítica en la Ley 10/1992, de 30 de april, de medidas urgentes de reforma procesal, RDP 1993, 340 - 342.

Fernández de Buján, Antonio — Jurisdicción voluntaria. Sanción constitucional y propuesta de racionalización del sistema (y II), Actualidad Civil 2001, 12 – 95.

Fernández Rozas, José Carlos; **Sánchez Lorenzo**, Sixto — Curso de Derecho Internacional Privado, 3. Auflage, Madrid 1997.

Fernández Rozas, José Carlos; **Sánchez Lorenzo**, Sixto — Derecho Internacional Privado, 2. Auflage, Madrid 2001.

Fernández Rozas, José Carlos — La reforma del Título Preliminar del Código civil y el sistema español de aplicación judicial del Derecho extranjero, in: Seminario interdisciplinar sobre la reforma del Título Preliminar del Código civil, S. 47ff, Oviedo 1976.

Fernández Rozas, José Carlos — Tráfico jurídico externo y sistema de Derecho internacional privado, 2. Auflage, Oviedo 1985.

Fernández Rozas, José Carlos **Sánchez Lorenzo**, Sixto — Lecciones de Derecho internacional privado, Oviedo 1989.

Fernández, Miguel Ángel — Lecciones de Derecho Procesal, Band III und IV, Barcelona 1986.

Font Serra, Eduardo — El dictamen de peritos y el reconocimiento judicial en el proceso civil, S. 47, Madrid 2000.

Fröhlingsdorf, Josef — Reform des spanischen Zivilprozeßgesetzes, RIW 1984, 441 - 442.

Frühbeck, Guillermo	Eintreibung von Forderungen durch ausländische Gläubiger in Spanien, RIW 1984, 856 - 859.

G

Galgano, Francesco	Atlas de Derecho Privado Comparado, Madrid 2000.
García Garrido, María José; **Fries,** Michael	Spanische Rechtsprechung, Informaciones 1999, 112, 115.
García Goyena, Florencio	Concordancias, Motivos y Comentarios del Código Civil Español, Nachdruck der Ausgabe Madrid 1852, Zaragoza 1974.
Garcimartín Alférez, Francisco J.	Anmerkung zu: STS, Sala 1., vom 13.04.1992, RAJ 1992, núm. 3101; CCJC 1992, núm. 28, 324 - 330.
Garcimartín Alférez, Francisco J.	Anmerkung zu: STS, Sala 1., vom 17.12.1991, REDI 1992-I, 239 – 243.
Garcimartín Alférez, Francisco J.	Sobre la norma de conflicto y su aplicación judicial, S. 11- 44, Madrid 1994.
Garcimartín Montero, Regina	El objeto de la prueba en proceso civil, S. 90-118, Barcelona 1997.
Garde Castillo, J.	Los problemas del recurso de casación en el Derecho internacional privado, REDI 1951, 406 - 467 und 862 - 951.
Goldschmidt, Werner	Derecho Internacional Privado, 8. Auflage, Buenos Aires 1995
Goldschmidt, Werner	Sistema y filosofía del Derecho internacional pri-

vado, Buenos Aires 1954.

Gómez de Liaño González, Fernando — Kommentar LEC 1/2000, S. 14, 348, 349, 399, 435, 478, 821, 856, Oviedo 2000.

González Beilfuß, Cristina — Zur Reform des spanischen internationalen und interregionalen Privatrechts, IPRax 92, 396 - 399.

González Campos, Julio Diego; **Recondo Porrúa**, Rodrigo — Lecciones de derecho procesal civil internacional, Bilbao 1981.

González Campos, Julio Diego u.a. — Derecho Internacional Privado Español, Band I und II, 3. Auflage, Madrid 1995.

González Campos, Julio Diego u.a. — Derecho Internacional Privado, 6. Auflage, Madrid 1995.

Gutiérrez de Cabiedes, Eduardo — Tratamiento procesal del Derecho extranjero en el Título Preliminar del Código Civil, ADI II, 1975, 43 - 83, 61.

Guzmán Zapater, M. — Anmerkung zu STS, Sala 1., 09.11.1984, RAJ 1984, núm. 5372; REDI 1986, 316 - 320.

H

Helbing, Günter — Die Kosten im spanischen Zivilprozeß AnwBl 2001, S. 83 - 85.

Herrero y Rubio, Alejandro — Derecho Internacional Privado, Band II, 3. Auflage, Valladolid 1975.

Herrero y Rubio, Alejandro — Problemática de la aplicación del Derecho extranjero, ADI, Band IV, 1977 - 78, 137 - 182.

I

Iriarte Ángel, José Luís — Comentarios al Código Civil, S. 507, 521, Barcelona 2000.

J

K

L

López Salaver; Carmen; **Artz**, Markus — Aspectos de la sucesión de ciudadanos españoles en Alemania, La Notaría 10/02, 17-32.

López Salaver; Carmen; **Artz**, Markus — IPR und Erbrecht in der Praxis deutsch-spanischer Erbrechtsfälle, ZErb 2002, 278.

Lorca Navarrete, Antonio María — Derecho procesal civil, laboral y contencioso-administrativo, Madrid 1987.

Lorca Navarrete, Antonio María — Organización judicial española y principios rectores del proceso español, Madrid 1993.

Lorca Navarrete, Antonio María — Eine wichtige Reform des spanischen Zivilprozeßgesetzes, ZZP 99 (1986), 206 ff.

Lorca Navarrete, Antonio María
Martín Ostos, José (u.a) — Comentarios a la Nueva Ley de Enjuiciamiento Civil, Valladolid 2000.

M

Marín López, Antonio — Derecho internacional privado español, Band I, 5. Auflage, Granada 1990.

Marín López, Antonio — Derecho internacional privado español, Band I, 6. Auflage, Granada 1994.

Marín López, Antonio — Derecho internacional privado español, Band II, 8. Auflage, Granada 1989.

Marín López, Antonio	Derecho internacional privado español, Band II, 9 Auflage, Granada 1991.
Martínez-Pereda Rodríguez, José; **José Tomé Paule,** Manuel **Sánchez Sánchez,** Ricardo; **Dávila Lorenzo,** José **Rodríguez García,** Ildefonso	Ley de enjuiciamiento civil y leyes complementarias, comentarios, jurisprudencia, concordancias y formularios, 10. Auflage, S. 141, 269, Madrid 1997.
Maseda Rodríguez, Javier	Anmerkungen zu: STS, Sala 1., vom 23.10.1992, RAJ 1992, núm. 8280; REDI 1993-II, 502 - 509.
Maseda Rodríguez, Javier	Contrato de transporte marítimo: Ley extranjera aplicable y principio de iura novit curia "atenuado", Anmerkungen zu: STS 03.0.1997, La Ley 1997, 3766; La Ley Internet.
Miaja de la Muela, Adolfo	Derecho Internacional Privado, Band I, 9. Auflage, Madrid 1985.
Miras, Antonio	Die Entwicklung des spanischen Zivilprozeßrechts, ZEuP 1995, 242 - 249.
Miras, Antonio	Die Entwicklung des spanischen Zivilprozeßrechts, Von den Anfängen bis zur Gegenwart, Diss. Konstanz 1993-94, S. 107, 110, 128, 133, 134, Tübingen 1995.
Montero Aroca, Juan **Ortells Ramos**, Manuel **Gómez Colomer**, Juan Luis; **Montón Redondo**,Alberto	Derecho jurisdiccional, Band II, 7. Auflage, S. 54, 214, Valencia 1997.

Monzón, Rafael ¿Procede el recurso de casación por infracción de la ley extranjera?, RGD 1947, 271 – 274.

Moya Escudero, M. Anmerkungen zu: STS, Sala 1. vom 19.11.1992, RAJ 1992, núm. 9240; REDI 1993-II, 495 - 498.

N

O

Ortells Ramos, Manuel Effektiver Rechtschutz im Spanischen privatrecht – insbesondere zum einstweiligen Rechtschutz, ZZP Int. 2 (1997, 95).

Ortiz de la Torre, Tomás Derecho Internacional Privado, Band II, S. 227 – 229 und 298 – 299, Madrid 1990.

Ortiz Navacerrada, Santiago El nuevo régimen del proceso civil en la Ley 1/2000, La Ley-Actualidad 2000, 6 ff.

Ortiz-Arce de la Fuente, Antonio Derecho internacional privado español y Derecho comunitario europeo (Introducción a los problemas del tráfico externo en sus dimensiones general, española y comunitaria europea), Madrid 1988.

P

Pajares Giménez, Antonio; **Medina Guijarro,** Javier Enjuiciamiento civil,

Pecourt García, Enrique Naturaleza y condición del Derecho extranjero reclamado por la norma de conflicto, RGD, Vol. XVIII, 1962, 783 - 791 und 894 – 904.

Pérez Vera, Elisa (Herausgeberin) Derecho internacional privado, unter Mitarbeit von P. Albarca Junco, A. L. Calvo Caravaca, J. D. González Campos, M. Virgos Soriano, 6. Auflage,

Madrid 1997.

Pérez Voituriez, Antonio — Derecho Internacional Privado: Introducción al concepto y programa, 1986.WO

Pérez Voituriez, Antonio — El procedimiento de información de la ley extranjera en el Derecho español, Madrid 1988.

Pérez Voituriez, Antonio — El reenvio en el Derecho internacional privado español: una interpretación actualizada, Sonderdruck der Zeitschrift Revista jurídica del notariado, Nr. 13, Januar - März 1995.

Pérez Voituriez, Antonio — Êxigencias de un concepto autónomo del trafico externo, in: Estudios de Derecho Internacional Privado, libro - homenaje al Profesor Luis Sela Sampil, 851 - 882, Oviedo 1979.

Pérez Voituriez, Antonio — La información de la Ley extranjera sobre el Derecho extranjero, BIMJ, núm. 1382, 1985, S. 3 – 8.

Pérez Voituriez, Antonio — La información de la ley extranjera en el Derecho internacional privado, Correspondencia del desarrollo de la técnica de cooperación internacional con la naturaleza y función del Derecho Internacional Privado, Madrid 1988.

Pérez Voituriez, Antonio — Naturaleza y valoración de la ley extranjera en el Derecho español, La Laguna 1975.

Pérez Voituriez, Antonio — Norma de coflicto y norma material, Anales de la Universidad de La Laguna, 1969.

Pérez Voituriez, Antonio — Técnicas actuales de información y valoración jurídica de la lev extraniera. in: Cursos del Derecho

Internacional de Vitoria - Gasteiz 1989, 380 - 434.

Puente Egido, J. El hecho y el Derecho en el Sistema Conflictual Español - Breves reflexiones, in: Rechtsvergleichung Europarecht und Staatenintegration, Gedächtnisschrift für Léontin-Jean Constantinesco, S. 581 - 597, Köln 1983.

Puente Egido, J. ¿Un punto de inflexión en la jurisprudencia del Tribunal Supremo en materia de aplicación y prueba de ley extranjera?, in: Estudios de Derecho mercantil en honenaje al Profesor Antonio Polo, S. 899 - 919, Madrid 1981.

Puente Egido, J. Derecho Internacional Privado Español: Doctrina legal del Tribunal Supremo, S. 1090 ff. Barcelona 1981.

Q

R

Ramos Méndez, Francisco Jurisprudencia Procesal Civil Internacional, S. 31 – 121, Barcelona 2001.

Ramos Méndez, Francisco Código Procesal Internacional, 2. Auflage, Barcelona 1992.

Ramos Méndez, Francisco Derecho Procesal Civil, Band I, 5 Auflage, Barcelona 1992.

Ramos Méndez, Francisco La prueba del Derecho extranjero, RJC 1980, 569 - 675.

Rodríguez Mateos, Pilar Anmerkung zu: STS, Sala 1. Vom 10.06.1995, RAJ 1995, núm. 4907; REDI 1996-I, 368 - 371.

S

Samtleben, Jürgen — Derecho internacional privado en América Latina, Buenos Aires 1983.

Sánchez Lorenzo, Sixto — Incidencia del Derecho comunitario en la interpretación de las normas del Derecho internacional privado estatal a la luz de la jurisprudencia reciente del Tribunal de Justicia de las Comunidades Europeas, in: Problemas actuales de la aplicación del derecho internacional privado por los jueces españoles, herausgegeben unter der Leitung von José Carlos Fernández Rozas, Madrid 1997.

Sánchez-Tarazaga y Marcelino, Jorge — Anmerkung zu: STS, Sala 1., 23.03.1994, RAJ 1994, Nr.. 2167, REDI 1995-I, 245 - 248.

Sentis Meleno, Santiago — El juez y el derecho: Iura novit curia, Buenos Aires 1957.

Serrano Alonso — Aproximación al nuevo Título Preliminar del Código civil, Anexo al Boletín del Ilustre Colegio de Abogados de Oviedo, núm. 8, 1974.

T

Toharia, José Juan — Pleitos tengas - Introducción a la cultura legal española, Madrid 1987.

Tomás Ortiz de la Torre, José Antonio — Anmerkung zu: STS, Sala 1. vom 27.04.1978, RAJ 1978, núm. 1458; REDI 1980, 234 - 237

Tomás Ortiz de la Torre, José Antonio — El conocimiento del derecho extranjero y la adhesión de España al convenio de Londres de 7 unio de 1968, RGLJ 1972, vo. LXIV, núm. 232, 721 - 738.

Tomás Ortiz de la Torre, José Antonio — El vigente sistema español de derecho internacional privado tras las sucesivas reformas (1974 -

	1994), RDP 1994, 943 - 958.
Tomás Ortiz de la Torre, José Antonio	Derecho Internacional Privado, Band II, 2. Auflage, Madrid 1990.
Torres Campos, Manuel	Elementos de Derecho Internacional Privado, 3. Auflage, Madrid 1906.
Trías de Bes, José María	Derecho internacional privado, Barcelona 1940.
Trinidad García, María Luisa	Reflexiones en torno a la aplicación del derecho extranjero, RDP 1989, 210 - 220.
U	
V	
Vázquez Iruzubieta, Carlos	Ley de enjuiciamento civil, Madrid 1991.
Vázquez Iruzubieta, Carlos	Comentarios a la nueva ley de enjuiciamiento civil, 1. Auflage, Madrid 2000.
Verplaetse, Julian G.	Derecho Internacional Privado, Madrid 1954.
Virgos Soriano, Miguel	Jurisprudencia española de D.I. privado, Spanish Yearbook of International Law, S. 239 ff., Dordrecht 1994.
Virgos Soriano, Miguel	National Report, Spanish Law, 3rd Symposium on international Art Trade and Law, Amsterdam 1991.
Virgos Soriano, Miguel	Spanish judicial decisions in Private International Law, Spanish Yearbook of International Law, Dordrecht 1995.
von Hoffmann, Bernd **Ortiz - Arce**, Antonio	Das neue spanische internationale Privatrecht, RabelsZ 39 (1975), 647 - 690.

W

X

Y

Z

B. Deutsche Rechtsordnung

A

Adamczyk, Silvia — Die Überprüfung der Anwendung ausländischen Rechts durch den BGH und das Schweizer Bundesgericht im Zivilprozess, Dissertation Freiburg 1997, Aachen 1999.

Arens, Peter — Prozessuale Probleme bei der Anwendung ausländischen Rechts im deutschen Zivilprozeß, in: Festschrift für Imre Zajtay, S. 7 - 20, Allgemeine Lehren, Tübingen 1982.

B

Basedow, Jürgen — Europäisches Internationales Privatrechts, NJW 1996, 1921 - 1929.

Batiffol Henri, **Lagarde**, Paul — L ´europanisation du droit international prive, Bonn 1996.

Baumbach, Adolf; **Lauterbach**, Wolfgang; **Albers**, Jan; **Hartmann**, Peter — Zivilprozessordnung, Kommentar, 60. Auflage, München 2002.

Bendref, Bernd — Der Sachverständigenbeweis zum ausländischen und internationalen Privatrecht, DRiZ 1983, 145.

Bendref, Bernd — Gerichtliche Beweisbeschlüsse zum ausländischen und internationalen Privatrecht, MDR 1983, 892 – 894.

Bendref, Bernd — IPR und Anwaltschaft, AnwBl. 1982, 468 – 469.

Bettermann, Karl-August — Hundert Jahre Zivilprozessordung, ZZP 91 (1978), 365 – 397.

Brannekämper, Kurt	Wettbewerbsstreitigkeiten mit Auslandsbeziehung im Verfahren der einstweiligen Verfügung, WRP 1994, 661 – 668.
Brauksiepe, Jochen	Die Anwendung ausländischen Rechts im Zivilprozeß, Dissertation, Bonn 1965.
Broggini, Gerardo	Die Maxime "iura novit curia" und das ausländische Recht, AcP 155 (1965), 469 – 485.
Brüggemann, Dieter	Judex statuor und judex investigator, Bielefeld 1968.
Buchholz, Fritz	Zur richterlichen Rechtsfindung in internationalen Familiensachen, in: Festschrift für Fritz Hauß, S. 15 - 32, Karlsruhe 1978.

C

D

David, Rene; **Grassmann,** Günther	Einführung in die großen Rechtssysteme der Gegenwart, 1. Auflage, S. 46 ff. und 215, München 1966.
Dethloff, Nina	Ausländisches Wettbewerbsrecht im einstweiligen Rechtschutz, RabelZ 62 (1998), 286-307.
Dilger, Konrad	Deutsches Recht als Ersatzrecht, StAZ 1979, 37 - 38.
Doerfert, Carsten	Europarecht: die Grundlagen der Europäischen Union mit ihren politischen und wirtschaftlichen Bezügen, Neuwied 2001, S. 86 ff., 111 ff.
Dölle, Hans	Bemerkungen zu § 293 ZPO, in: Festschrift für

	Arthur Nikisch, S. 185 - 203, Tübingen 1958.
Dölle, Hans	Über die Anwendung fremden Rechts, GRUR 1957, 56 – 63.
Drobnig, Ulrich; **Dopffel**, Peter	Die Nutzung der Rechtsvergleichung durch den deutschen Gesetzgeber, RabelsZ 46 (1982), 253 - 307.
Drobnig, Ulrich	The Use of Foreign Law by German Courts, in: German National Reports in Civil Law Matters for the XIVth Congress of Comparativ Law in Athens 1994, S. 5- 24, Herausgeber Erik Jayme, Heidelberg 1994.
Drobnig, Ulrich	Verstößt das Staatsangehörigkeitsprinzip gegen das Diskriminierungsverbot des EWG - Vertrages?, RabelsZ 34 (1970), 636 - 662.
Drobnig, Ulrich; **Kegel**, Gerhard	Gutachten zum internationalen und ausländischen Privatrecht 1998, veröffentlicht im Auftrage des Deutschen Rates für Internationales Privatrecht, Frankfurt am Main 2001.
E	
Einsele, Dorothee	Rezensionen zu: Koerner, Dörthe: Fakultatives Kollisionsrecht in Frankreich und Deutschland und Reichert - Facilides, Daniel: Fakultatives und zwingendes Kollisionsrecht; RabelsZ 60 (1996), 509 - 516.
Ermann, Walter; **Westermann**, Harm P.; **Aderhold**, Lutz	Handkommentar zum Bürgerlichen Gesetzbuch, 10. Auflage, Münster 2000.

Evangelou, G. Straßburger Kolloquium über vergleichendes Internationales Privatrecht, IPRax 1987, S. 263 - 264.

F

Fastrich, Lorenz Reversibilität der Ermittlung ausländischen Rechts, ZZP 97 (1984), 423 - 445.

Ferid, Murad; **Kegel**, Gerhard; **Zweigert**, Konrad Gutachten zum internationalen und ausländischen Privatrecht, veröffentlicht im Auftrage des Deutschen Rates für Internationales Privatrecht, Jahre 1985 und 1986, Frankfurt am Main 1989.

Ferid, Murad; **Kegel**, Gerhard; **Zweigert**, Konrad Gutachten zum internationalen und ausländischen Privatrecht, veröffentlicht im Auftrage des Deutschen Rates für Internationales Privatrecht, Jahre 1987 und 1988, Frankfurt am Main 1990.

Ferid, Murad Überlegungen, wie der Misere bei der Behandlung von Auslandsrechtsfällen in der deutschen Rechtspraxis abgeholfen werden kann, in: Festschrift für Oskar Möhring, S. 1 - 25, München 1973.

Ferrand, Frédérique Die Behandlung ausländischen Rechts durch die französische Cour de Cassation, ZeuP 1994, 126 - 137.

Firsching, Karl Die deutsche IPR - Reform und das deutsche internationale Verfahrensrecht, ZZP 95 (1982), 121 – 135.

Fischer, Gerfried | Gemeinschaftsrecht und kollisionsrechtliches Staatsangehörigkeitsprinzip, in: Europäisches Gemeinschaftsrecht und Internationales Privatrecht, Tagung des Instituts für Internationales Privatrecht und Rechtsvergleichung des Fachbereichs Rechtswissenschaften der Universität Osnabrück am 6. und 7. April 1990 in Osnabrück, herausgegeben von Christian von Bar, S. 157 - 184, Köln, Berlin, Bonn, München.

Fischer, Gerfried | Anmerkung zu BGH WM 1991, 837, WuB VII A § 293 ZPO 1.91

Fischer, Hans Georg | Europarecht, 3. Aufl., § 12 Rdnr. 8., München 2001.

Flessner, Axel | Fakultatives Kollisionsrecht, RabelsZ 34 (1970), 547 – 584.

Flessner, Axel | Interessenjurisprudenz im Internationalen Privatrecht, Tübingen 1990.

Fuchs, Angelika | Die Ermittlung ausländischen Rechts durch Sachverständige, RIW 1995, 807 - 809.

G

Gamillscheg, Franz | Vom Wert der Rechtsvergleichung, RdA 1987, 29-32.

Geimer, Reinhold | Anmerkungen zu BGH, Urteil vom 30.04. 1992, LM KO § 106 Nr. 9 (10/92).

Geimer, Reinhold | Kurzkommentar zu BGH, Urteil vom 21.09. 1995, VII ZR 248/94, BGH EwiR Art. 3 EGBGB 1/95, 1187 - 1188.

Geimer, Reinhold — Internationales Zivilprozeßrecht, 4. Auflage, Köln 2001.

Geisler, Werner — Zur Ermittlung ausländischen Rechts durch "Beweis" im Prozeß, ZZP 91 (1978), 176 - 197.

Gerold, Wilhelm; **Schmidt,** Herbert **Von Eicken,** Kurt — Bundesgebührenordnung für Rechtsanwälte, München 2002.

Gesellschaft für Rechtsvergleichung, Deutscher Rat für Internationales Privatrecht — Resolution zur Reform der deutschen universitären Juristenausbildung, NJW 1998, 1692.

Gilles, Peter — Prozeßrechtsvergleichung, Köln, Berlin, Bonn, München 1996.

Gilles, Peter (Herausg.) — Transnationales Prozeßrecht: Deutsche Landesberichte zur Weltkonferenz für Prozeßrecht in Taormina, Sizilien 1995, Baden - Baden 1995.

Gilles, Peter (Herausg.) — Anwaltsberuf und Richterberuf in der heutigen Gesellschaft: Deutsche Landesberichte zur IX. Weltkonferenz für Prozeßrecht in Coimbra und Lissabon 1991, Baden - Baden 1991.

Goldschmidt, Werner — Die philosophischen Grundlagen des internationalen Privatrechts, in: Festschrift für Martin Wolff, S. 203 - 223, Tübingen 1952.

Gottwald, Peter — Auf dem Wege zur Neuordnung des internationalen Verfahrensrechts, ZZP 95 (1982), 3 - 17.

Gottwald, Peter — Zur Reversibilität ausländischen Rechts, IPRax 1988, 210 - 212.

Gruber, Joachim — Anwaltshaftung bei Anwendung ausländischen Rechts, DZWir 1997, 461 - 463.

Gruber, Joachim — Die Anwendung ausländischen Rechts durch deutsche Gerichte, ZRP 1992, 6 - 8.

Grunsky, Wolfgang — Dispositionsgrundsatz und Verfahrensbeteiligung im europäischen Vergleich?, in: Wege zu einem europäischen Zivilprozeßrecht, Tübinger Symposium von Fritz Baur, in Zusammenarbeit mit der Juristischen Fakultät der Universität Tübingen herausgegeben von Wolfgang Grunsky, Rolf Stürner, Gerhard Walter, Manfred Wolf, S. 26 – 34, Tübingen 1992.

H

Habscheid, Walter — Das Recht auf ein faires Verfahren, Ein Beitrag zur Philosophie des Zivilprozeßrechts, in: Beiträge zum schweizerischen und internationalen Zivilprozeßrecht, Festschrift für Oscar Vogel S.3 - 19, Freiburg/Schweiz 1991.

Habscheid, Walter — Die Europäisierung des Zivilprozeßrechtes, in: Müller - Graff, Peter - Christian (Herausgeber), Gemeinsames Privatrecht in der Europäischen Gemeinschaft, S. 449 - 469, Baden - Baden 1993.

Hafke, Heinz Christian — Zur Abgrenzung zwischen revisiblen Fehlern bei der Erforschung ausländischen Rechts und nicht Revisionen Fehlern bei seiner Auslegung, WuB VII A § 293 ZPO 1.88.

Hahn, Carl — Die gesammten Materialien zur Civilprozessordnung und dem Einführungsgesetz ders. V. 30. Jan. 1877, Berlin 1880.

Hanisch, Hans — Extraterritoriale Wirkung eines allgemeinen Veräußerungsverbotes im Konkursverfahren - Reversibilität ermessensfehlerhafter Ermittlung ausländischen Rechts - Durchgriff - Auf die Insolvenzanfechtung anwendbares Recht, IPRax 1993, 69 - 74.

Hantel, Sabine — Anwendung ausländischen Rechts vor französischen Gerichten, RabelsZ 55 (1991), 143 - 151.

Hartenstein, Olaf — Neues vom fakultativen Kollisionsrecht in Frankreich: Die verschlungenen Pfade der Cour de cassation, IPRax 2001, 477, 481.

Heldrich, Andreas — Probleme bei der Ermittlung ausländischen Rechts in der gerichtlichen Praxis, in: Festschrift für Hideo Nakamura, S. 243 - 252, Tokyo 1996.

Heldrich, Andreas — Heimwärtsstreben auf neuen Wegen, Zur Anwendung der lex fori bei Schwierigkeiten der Ermittlung ausländischen Rechts, in: Festschrift für Murad Ferid, S. 209 - 220, München 1978.

Hetger, Winfried A. — Der Sachverständigenbeweis zum ausländischen und internationalen Privatrecht, DRiZ 1983, 233.

Hetger, Winfried A. — Die Ermittlung ausländischen Rechts, FamRZ 1995, 654 - 655.

Hetger, Winfried A. — Sachverständige für ausländisches und internationales Privatrecht, DNotZ 1994, 88 - 100.

Hök, Götz-Sebastian — Zur Mitwirkungspflicht der Prozeßparteien bei der Ermittlung ausländischen Rechts, JurBüro 1987, 1760-1765.

Huzel, Erhard — Zur Zulässigkeit eines "Auflagenbeschlusses" im Rahmen des § 293 ZPO, IPRax 1990, 77 - 82.

J

Jahr, Günther — Internationale Geltung nationalen Rechts, Zur Relevanz internationalrechtlicher Fragestellungen für Praxis und Theorie des Rechts, RabelsZ 54 (1990), 481 - 532.

Jayme, Erik; **Kohler**, Christian — Das Internationale Privat- und Verfahrensrecht der EG 1993 - Spannungen zwischen Staatsverträgen und Richtlinien, IPRax 1993, 357 - 371.

Jayme, Erik; **Kohler**, Christian — Europäisches Kollisionsrecht 1994: Quellenpluralismus und offene Kontraste, IPRax 1994, 405 - 415

Jayme, Erik (Herausgeber) — Ein internationales Zivilverfahrensrecht für Gesamteuropa, 1992, darin: Garau Sobrino, Frederico, Harmonisierung des europäischen Zivilverfahrensrechts durch nationale Angleichung und bilaterale Abkommen; das Beispiel Spanien)

Jessel – Holst, Christa — Rezension zu: Krause, Wolfgang: Ausländisches Recht und deutscher Zivilprozeß; RabelsZ 56 (1992), 357 - 359.

K

Kegel, Gerhard — Die Ermittlung ausländischen Rechts, in: Die Anwendung ausländischen Rechts im internationalen Privatrecht, Festveranstaltung und Kolloquium anläßlich des 40 jährigen Bestehens des Max - Planck - Institutes für ausländisches und internationales Privatrecht, S. 157 - 184, 193, Tübingen 1968.

Kegel, Gerhard; **Schurig**, Klaus — Internationales Privatrecht, § 18 I 1, 1 c, 7. Auflage, München 1995.

Kegel, Gerhard; **Schurig**, Klaus	Internationales Privatrecht, S. 439 ff., 8. Auflage, München 2000.
Kegel, Gerhard	The Conflict-of-Laws Machine - Zusammenhang im Allgemeinen Teil des IPR, IPRax 1997, 309 - 315.
Kegel, Gerhard	Zur Organisation der Ermittlung ausländischen Privatrechts, in: Festschrift für Hans Carl Nipperdey, Band I, S. 453 - 470, München und Berlin 1965.
Kerameus, Konstantinos	Reversibilität ausländischen Rechts, ZZP 99 (1986), 166 - 184.
Kessel, Christian	Praktische Probleme bei der Führung von Prozessen nach deutschem Recht vor englischen Gerichten, RIW 1996, 293 -299.
Kindl, Johann	Ausländisches Recht vor deutschen Gerichten, ZZP 111(1998), 177 - 203.
Koch, Harald	Kommentar zum BGH, Urteil v. 15.11.1990 - I ZR 22/89 (OLG Hamm), JZ 1991, 1039, 1041.
Koehler, Bernhard	Die Feststellung ausländischen Rechts im Prozeß, JR 1951, 549 - 552.
Koerner, Dörthe	Fakultatives Kollisionsrecht in Deutschland und Frankreich, Tübingen 1995.
König, Reimar	Materiellrechtliche Probleme der Anwendung von Fremdrecht bei Patentverletzungsklagen und -Verfügungsverfahren nach der Zuständigkeitsordnung des EuGVÜ, MittdtschPatAnw 1996, 269 - 307.
Kötz, Hein	Allgemeine Rechtsgrundsätze als Ersatzrecht, RabelsZ 34 (1970), 663 - 677.

Kötz, Hein — Was erwartet die Rechtsvergleichung von der Rechtsgeschichte JZ 1992, 20 - 22.

Kralik, Winfried — Iura novit curia und das ausländische Recht, ZfRV 3 (1962), 75 - 100.

Krause, Wolfgang — Ausländisches Recht und deutscher Zivilprozeß, Dissertation Konstanz 1990.

Kreutzer, Karl — Einheitsrecht als Ersatzrecht, NJW 1983, 1943 - 1948.

Kroiß, Ludwig — Das neue Zivilprozessrecht, Bonn 2001.

Kronke, Herbert — Anmerkungen zu BGH, Urteil vom 06.03. 1995, II ZR 84/94, JuS 1996, 77 - 78.

Kronke, Herbert — Anmerkungen zu BGH, Urteil vom 06.03. 1995, II ZR 84/94, LM H. 8/1995 § 293 ZPO Nr 21.

Kronke, Herbert — Beweisrechtliche Havarie - Internationalsachenrechtliche gute Reise: Venezolanische Schiffspfandrechte vor deutschen Gerichten, IPRax 1992, 303 - 305.

Kropholler, Jan — Internationales Privatrecht, 3. Auflage, S. 523 und § 59 I 1 f., Tübingen 1997.

Kühne, Gunther — IPR-Gesetz-Entwurf, Entwurf eines Gesetzes zur Reform des internationalen Privat- und Verfahrensrechts, Heidelberg 1980.

Kunz, Karl-Heinz — Internationales Privatrecht, 4. Auflage, Köln, Berlin, Bonn, München 1998

Küppers, Karsten — Zum Nachweis ausländischen Rechts im Versäumnisverfahren, NJW 1976, 489 - 490.

Küster, Utz

Die Ermittlung ausländischen Rechts im deutschen Zivilprozeß und ihre Kostenfolgen - Eine rechtsvergleichende Untersuchung, Dissertation Hannover 1995.

Küster, Utz

Zur richterlichen Ermessensausübung bei der Ermittlung ausländischen Rechts, RIW 1998, 275 - 278.

L

Lando, Ole

The principles of European contract Law, Den Haag 2000.

Langenbeck

Beiträge zur Lehre von dem Beweise fremder Rechte vor inländischen Gerichten, AcP 41 (1858), 160.

Larenz, Karl; **Canaris,** Claus-Wilhelm

Methodenlehre der Rechtswissenschaft, 3. Aufl., S. 146, Berlin, Heidelberg, New York 1995.

Lauterbach, Wolfgang

Diskussion, Leitung: Wolfgang Lauterbach, in: Die Anwendung ausländischen Rechts im internationalen Privatrecht, Festveranstaltung und Kolloquium anläßlich des 40 jährigen Bestehens des Max - Planck - Institutes für ausländisches und internationales Privatrecht, S. 214 - 217, Tübingen 1968.

Linke, Hartmut

Internationales Zivilprozeßrecht, 3. Auflage, Köln 2000.

Linke, Hartmut

IJVO 8 (1998/99), 35 (52).

Lorenz, Stephan

Zivilprozessuale Grenzen der Neuregelung des intern. Deliktsrechts: erste Hinweise für die anwaltliche Praxis, NJW 1999, 2215 – 2218 (2217).

Lorenz, Werner — Vom alten zum neuen internationalen Schuldvertrag, IPRax 1987, 269 - 276.

Louven, Christoph — Die Haftung des Deutschen Rechtsanwalts im internationalen Mandat, VersR 1997, 1050 - 1060.

Lüderitz, Alexander — Internationales Privatrecht, 2. Auflage, Neuwied, Kriftel, Berlin 1992.

Luther, Gerhard — Kollisions- und Fremdrechtsanwendung in der Gerichtspraxis, RabelZ 37 (1973), 660 - 681.

Luther, Gerhard — Zum Rechtsschutz der Ausländer in der deutschen Rechtspflege, in: Festschrift für Friedrich Wilhelm Bosch, S. 556 - 572, Bielefeld 1976.

M

Maier, Hans - Jakob — Kommentar zum BGH, Urt. v. 7.3.1962 - VII ZR 9/61 München, NJW 1962, 1345,1346.

Mankowski, Peter
Kerfak, Ralf — Arrest, Einstweilige Verfügung und die Anwendung ausländischen Rechts, IPRax 1990, 372 - 378.

Mankowski, Peter — Privatgutachten über ausländisches Recht - Erstattungsfähigkeit der Kosten, MDR 2001, 194 - 199.

Mankowski, Peter — Rezension zu: Theiss, Wolfram: Die Behandlung fremden Rechts im deutschen und italienischen Zivilprozeß, RabelsZ 56 (1992), 349 - 357.

Mansel, Heinz – Peter — Kollisions- und zuständigkeitsrechtlicher Gleichlauf der vertraglichen und deliktischen Haftung – zugleich ein Beitrag zur Rechtswahl durch Prozeßverhalten, ZvglRWiss 86 (1987), 1 – 24.

Mäsch, Gerald | Eine Lehrstunde aus Karlsruhe zum Internationalen Privatrecht, NJW 1996, 1453 - 1455.

Matsumoto, Hiroyuki | Folgen der Nichtfeststellbarkeit ausländischen Recht im japanischen Zivilprozeß, in: Gedächtnisschrift für Peter Arens, S. 297 - 307, München 1993.

Meier, Isaak | Iura novit curia, Dissertation Zürich 1975.

Meyer, Stefan | Die Anwendung deutschen Recht im spanischen Zivilprozeß, IPRax 1993, 341, 342.

Meyer, Stefan | Das System des einstweiligen Rechtsschutzes im spanischen Zivilprozeß, RIW 1993, 815, 818.

Mittermaier, Karl | Über den Beweis ausländischer Gesetze in Rechtsstreitigkeiten, AcP 18 (1835), 67 - 87.

Müller – Graff, Peter-Christian | Fakultatives Kollisionsrecht im internationales Wettbewerbrecht?, RabelsZ 48 (1984), 289 – 318.

Müller, Dierk | Länderbericht Deutschland, in: Die Anwendung ausländischen Rechts im internationalen Privatrecht, Festveranstaltung und Kolloquium anläßlich des 40 jährigen Bestehens des Max - Planck - Institutes für ausländisches und internationales Privatrecht, S. 66 - 80, Tübingen 1968.

Müller, Klaus | Zur Nichtfeststellbarkeit des kollisionsrechtlich berufenen ausländischen Rechts, NJW 1981, 481 - 486.

Münchener Kommentar zum Bürgerlichen Gesetzbuch | Band 10, Einführungsgesetz zum Bürgerlichen Gesetzbuche, Internationales Privatrecht, 3. Auflage, München 1998.

Münchener Kommentar zur Zivilprozeßordnung — Band 1, Einleitung, §§ 1 - 354, München 2000.

Musielak, Hans- Joachim
Huber, Michael — Kommentar zur Zivilprozessordnung mit Gerichtsverfassungsgesetz, München 2000, § 293 Rn. 14. (zitiert Huber, Michael - Bearbeiter).

N

Nagel, Heinrich; **Gottwald**, Peter — Internationales Zivilprozeßrecht, 4. Auflage, § 10 Rdnr. 28, Münster 1997.

Neumayer, Karl. H. — Fremdes Recht aus Büchern, fremde Rechtswirklichkeit und funktionelle Dimension in den Methoden der Rechtsvergleichung, RabelsZ 34 (1970), 411 – 426.

Neumeyer, Karl — Internationales Privatrecht, Berlin 1923.

O

Otte, Karsten — Kurzkommentar zu BHG, Urteil vom 07.04.1993, XII ZR 266/91, BGH EwiR Art. 3 EGBGB 1/93, 671 - 672.

Otto, Günther — Das Europäische Übereinkommen vom 07.06. 1968 betreffend die Auskünfte über ausländisches Recht - im Abseits?, in: Gerhard Luther, Maria Giovanna Cubeddu, Calixto Salomao Filho, Mario Stella Richter jr., Heinz Pikard, Giorgio Lattanzani, Jahrbuch für italienisches Recht, Band 7 (1994), Familienrecht, Staatsangehörigkeitsrecht, Übernahmeangebote, Strafprozeßrecht, S. 231 - 238, Heidelberg 1994.

Otto, Günther — Das Europäische Übereinkommen vom 07.06. 1968 betreffend die Auskünfte über ausländisches Recht in der deutsch - italienischen Rechtspraxis, in: Adolfo Di Majo, Peter Kindler, Rainer Hausmann, Jahrbuch für italienisches Recht, Band 4 (1991), Produkthaftung, Handelsvertreter, Arbeitsrecht, S. 139 - 147, Heidelberg 1991.

Otto, Günther — Die gerichtliche Praxis und ihre Erfahrungen mit dem Europäischen Übereinkommen vom 07.06. 1968 betr. Auskünfte über ausländisches Recht, in: Festschrift für Karl Firsching, S. 209 - 232, München 1985.

Otto, Günther — Die Schwierigkeiten der Anwendung ausländischen Rechts - Besonderheiten des italienischen und französischen Kindschaftsrechts, StAZ 1994, 178 - 186.

Otto, Günther — Der verunglückte § 293 ZPO und die Ermittlung ausländischen Rechts durch "Beweiserhebung", IPRax 1995, 299 - 305.

Otto, Günther — Mißstände in der deutsch - italienischen Praxis des Europäischen Übereinkommens vom 7.6. 1968 betreffend Auskünfte über ausländisches Recht, in: Bruno Inzitari, Peter Kindler, Thomas Rauscher, Katrin Scheuer, Jürgen Thieme, Jahrbuch für italienisches Recht, Band 8 (1995), Verbraucherrecht, Gesellschaftsrecht, Erbrecht, Internationales Privatrecht, S. 229 - 230, Heidelberg 1995.

P

Palandt, Otto — Bürgerliches Gesetzbuch, 61. Auflage, München 2002.

Pfeiffer, Thomas — BGH - Rechtsprechung aktuell: Internationales Zi-

	vilprozeßrecht (Teil 2: Ermittlung ausländischen Rechts, Urteilsanerkennung, Konkursrecht und Handelsschiedsgerichtsbarkeit), NJW 1994, 1634.
Prütting, Hans	Probleme des europäischen Vollstreckungsrecht, IPRax 1985, 137 – 140.

Q

R

Raape, Leo; **Sturm**, Fritz	Internationales Privatrecht, 6. Auflage, S. 308, München 1977.
Rabe, Dieter	Kurzkommentar zu BGH, Urteil vom 21.01. 1991, II ZR 49/90, BGH EwiR Art. 6 EGBGB, 1/91, 571 - 572.
Rabel, Ernst	Deutsches und amerikanisches Recht, RabelsZ 16 (1951), 340 - 359.
Raiser, Gottfried	Die Haftung des deutschen Rechtsanwalts bei grenzüberschreitender Tätigkeit, NJW 1991, 2049 - 2057.
Rauscher, Thomas	Internationales Privatrecht, Heidelberg 1999.
Reichert – Facilides, Daniel	Fakultatives und zwingendes Kollisionsrecht; RabelsZ 60 (1996), 509 - 516.
Reithmann, Christoph; **Martiny**, Dieter	Internationales Vertragsrecht, Das internationale Privatrecht der Schuldverträge, 5. Auflage, Rdnr. 43, Köln 1988.
Reu, Fritz	Anwendung fremden Rechts, Berlin 1938.
Rietzler, Erwin	Internationales Zivilprozeßrecht und prozessuales Fremdenrecht, Berlin, Tübingen 1949.

Rosenberg, Leo; **Schwab**, Karl Heinz; **Gottwald**, Peter — Zivilprozeßrecht, 15. Auflage, § 1 III, München 1993.

Rösler, Hannes — Rechtsvergleichung als Erkenneisinstrument in Wissenschaft, Praxis und Ausbildung, JuS 1999, S. 1084 ff, 1186 ff.

Roth, Herbert — Fehlende Erkennbarkeit der angewandten Rechtsordnung als absoluter Revisionsgrund gemäß § 551 Nr. 7 ZPO, IPRax 1989, 213 - 215.

Roth, Herbert — BGH Urteil vom 31.01.1991, ZR 150/88, OLG Karlsruhe, LG Heidelberg, ZZP 104 (1991), 466.

S

Samtleben, Jürgen — Der unfähige Gutachter und die ausländische Rechtspraxis, NJW 1992, 3057 - 3062.

Samtleben, Jürgen — Länderbericht Spanien, Portugal und Lateinamerika, in: Die Anwendung ausländischen Rechts im internationalen Privatrecht, Festveranstaltung und Kolloquium anläßlich des 40 jährigen Bestehens des Max - Planck - Institutes für ausländisches und internationales Privatrecht, S. 49 - 65, Tübingen 1968.

Sandrock, Otto — Bedeutung des Gesetzes zur Neuregelung des Internationales Privatrecht für die Unternehmer Praxis, RIW 86, 848.

Schack, Haimo — Subrogation und Prozeßstandschaft, Ermittlung ausländischen Rechts im einstweiligen Verfügungsverfahren, IPRax 1995, 158 - 161.

Schack, Haimo — Internationales Zivilverfahrensrecht. 2. Auflage.

Rn. 489 ff. ,621,623, 625, 653,München 1996.

Schack, Haimo — Keine stillschweigende Rechtswahl im Prozeß! IPRax 1986, 272.

Schack, Haimo — Rechtswahl im Prozeß?, NJW 1984, 2736 - 2740, 2739.

Schack, Haimo — Abstrakte Erfüllungsortvereinbarung: form - oder sinnlos?, IPRax 1996, 247 – 249.

Schellack, Dirk — Selbstermittlung oder ausländische Auskunft unter dem europäischen Rechtsauskunftübereinkommen, Dissertation Freiburg 1997, S. 67 – 69.

Schellhammer, Kurt — Zivilprozeß, 9. Auflage, Heidelberg 2001.

Schmalz, Dieter — Methodenlehre, 4. Auflage, Baden - Baden 1998

Schneider, Egon — Problemfälle aus der Prozeßpraxis, Die Erstattungsfähigkeit von Rechtsgutachten, MDR 1988, 547 - 548.

Schnyder, Anton K. — Die Anwendung des zuständigen fremden Sachrechts im Internationalen Privatrecht, Dissertation Zürich 1981.

Schröder, Jochen; **Wenner,** Christian — Internationales Vertragsrecht, 2. Aufl., Rdnr. 248, 253, Köln 1998.

Schurig, Klaus — Interessenjurisprudenz contra Interessenjurisprudenz im IPR, Anmerkungen zu Flessners Thesen, RabelsZ 59 (1995), 231 - 244.

Schütze, Rolf A. — Anforderungen an die Ermittlung ausländischen Rechts, Anmerkungen zu BGH, Urteil vom 13.05. 1997, IX ZR 292/96, DZWir 1997, 329 - 332.

Schütze, Rolf A. Anmerkungen zu BGH, Urteil vom 4.6.1992, IX ZR 149/91, RIW 1993, 139 - 141.

Schütze, Rolf A. Ausländisches Recht als beweisbedürftige Tatsache, NJW 1965, 1652 - 1653.

Schütze, Rolf A. Der Abschied von der Nichtreversibilität ausländischen Rechts, EWS 1991, 372 - 373.

Schütze, Rolf A. Die Bedeutung der Rechtsprechung als Rechtsquelle im deutschen internationalen Zivilprozeßrecht, ZvglRWiss 92 (1993), 29 - 39.

Schütze, Rolf A. Feststellung und Reversibilität europäischen Rechts im deutschen Zivilprozeß, in: Wege zu einem europäischen Zivilprozeßrecht, Tübinger Symposium von Fritz Baur, in Zusammenarbeit mit der Juristischen Fakultät der Universität Tübingen herausgegeben von Wolfgang Grunsky, Rolf Stürner, Gerhard Walter, Manfred Wolf, S. 35 - 67, Tübingen 1992.

Schütze, Rolf A. Verbesserungen des Zivilgerichtsverfahrens aus Erfahrungen mit der Schiedsgerichtsbarkeit, in: Gilles, Peter (Herausg.), Effiziente Rechtsverfolgung, Deutsche Landesberichte zum VIII. Weltkongreß für Prozeßrecht in Utrecht, Baden-Baden 1987.

Schütze, Rolf A. Zur Reversibilität ausländischen Rechts, NJW 1970, 1584 – 1586.

Schütze, Rolf A. Zur Prozesskostensicherheit und Verbürgung der Gegenseitigkeit im indischen Recht, RIW 1983, 460-461. ders. Zur Ausländersicherheit in Panama, RIW 1990, 674-675.

Schwartze, Andreas	Die Ermittlung und Anwendung des Vertragsrechtes anderer EU - Staaten im deutschen Zivilprozeß nach § 293 ZPO - ein besonderer Fall, in: Festschrift für Hilmar Fenge, S. 127 - 146, Hamburg 1997.
Schwintowski, Hans-Peter	Einführung in die Rechtsvergleichung, JA 1991, S. 241 – 251.
Seier, Jürgen	Prozeßbetrug durch Rechts- und ungenügende Tatsachenbehauptungen, Zeitschrift für die gesamte Strafrechtswissenschaft 102, 563-595 (1990).
Sieg, Oliver	Internationale Anwaltshaftung: die Haftung des deutschen Rechtsanwaltes bei der Anwendung ausländischen Rechts und bei der Zusammenarbeit mit ausländischen Anwälten, ZAP Fach 23, 239-248 (1996).
Siehr, Kurt	Internationales Privatrecht. Deutsches und europäisches Kollisionsrecht für Studium und Praxis, Heidelberg 2001.
Siehr,Kurt	Die Parteiautonomie im Internationalen Privatrecht, in: Festschrift für Max Keller, S. 485 - 510, Zürich 1989.
Simitis, Spiros	Die Informationskrise des internationalen Rechts und die Datenverarbeitung, ZfRV 1969, 276.
Simitis, Spiros	Über Entscheidungsfindung im internationalen Privatrecht, StAZ 1976, 6 - 15.
Soehring, Kay	WuB II § 39 GmbHG 1.89.
Soergel, Hans Theodor; **Siebert**, Wolfgang	Bürgerliches Gesetzbuch mit Einführungsgesetz und Nebengesetzen. Band 10. Einführungsgesetz.

Berlin, Köln 1996.

Sommerlad, Klaus; **Schrey**, Joachim — Die Ermittlung ausländischen Rechts im Zivilprozeß und die Folgen der Nichtermittlung, NJW 1991, 1377 - 1383.

Sommerlad, Klaus — Grundsätze für die Ermittlung ausländischen Rechts im Zivilprozeß, RIW 1991, 856.

Spickhoff, Andreas — Anmerkung zum BGB §§ 675, 459 Abs. 2, 278,164, 167, ZPO 293 und BGH Urteil v. 27.11.1998 ZR 344/97 OLG Celle, JZ 1999, 302.

Spickhoff, Andreas — Fremdes Recht vor inländischen Gerichten – Rechts – oder Tatfrage, ZZP 112 (1999), 265 – 292.

Spickhoff, Andreas — Richterliche Aufklärungspflicht und materielles Recht, S. 17, 23, 34, 59, 65, 68, 73 – 76, Stuttgart 1999.

Sprung, Rainer — Die Ausgangspositionen des österreichischen Zivilprozesses und die Einfluß auf das deutsche Recht, ZZP 92 (1979), 4,20 f.

Stein, Friedrich — Das private Wissen des Richters, Untersuchungen zum Beweisrecht beider Prozesse, S. 180, Leipzig 1893.

Steindorff, Ernst — Das Offenlassen der Rechtswahl im IPR und die Nachprüfung ausländischen Rechts durch das Revisionsgericht, JZ 1963, 200 – 205.

Stein-Jonas; Leipold, Dieter; **Schumann,** Ekkerhard — Kommentar zur Zivilprozeßordnung, Band 3, §§ 253 - 299a, 21. Auflage, Tübingen 1997.

Steinle, Edgar — Konkludente Rechtswahl im deutschen Internatio-

	nalen Vertragsrecht, ZfvglRw 1994, 310 – 311.
Stoll, Hans	Anmerkungen zu BGH, Urteil vom 06.03. 1995, II ZR 84/94, JZ 1995, 784 - 788.
Storme, Marcel	Rechtsvereinheitlichung in Europa, Ein Plädoyer für ein einheitliches europäisches Prozeßrecht, RabelsZ 56 (1992), 290 - 298.
Sturm, Fritz	Das Kollisionsrecht im Umbruch, StAZ 1977, 213 - 218.
Sturm, Fritz	Fakultatives Kollisionsrecht: Notwendigkeit und Grenzen, in: Festschrift für Konrad Zweigert, S. 329 - 321, Tübingen 1981.
Sturm, Fritz	Kollisionsrecht, eine terra incognita für den deutschen Notar?, in: Festschrift für Murad Ferid, S. 417 - 435, München 1978.
Sturm, Fritz	Wahlfach internationales Privatrecht und Rechtsvergleichung, herausgegeben von Fritz Sturm, Heidelberg 1982.
Stürner, Rolf; **Stadler**, Astrid	Aktive Rolle des Richters, in: Gilles, Peter (Herausg.), Anwaltsberuf und Richterberuf in der heutigen Gesellschaft: Deutsche Landesberichte zur IX. Weltkonferenz für Prozeßrecht in Coimbra und Lissabon 1991, S. 173 - 208, Baden - Baden 1991.
Stürner, Rolf; **Stadler**, Astrid	Eigenarten der Prozeßrechtsvergleichung, in: Gilles, Peter (Herausg.), Transnationales Prozeßrecht: Deutsche Landesberichte zur Weltkonferenz für Prozeßrecht in Taormina, Sizilien, 1995, S.263 - 293, Baden - Baden 1995.

T

Theiss, Wolfram — Die Behandlung fremden Rechts im deutschen und italienischen Zivilprozeß, Dissertation Bayreuth 1989, München 1990.

Thode, Reinhold — Anmerkungen zu BGH, Urteil vom 21.01.1991, WuB, VII A. § 293 ZPO 2.91, 929 - 932.

Thomas, Heinz; **Putzo**, Hans — Zivilprozeßordnung mit Gerichtsverfassungsgesetz und den Einführungsgesetzen, dem Brüsseler EWG - Übereinkommen über die gerichtliche Zuständigkeit und die Vollstreckung gerichtlicher Entscheidungen in Zivil- und Handelssachen sowie dem Anerkennungs- und Vollstreckungsausführungsgesetz, 24. Auflage, München 2002.

Tipke, Klaus — Ist Steuerrecht für die Zivilgerichte ausländisches Recht? NJW 1976, 2199 - 2200.

Troller, Alois — Prozessrechtliche Überlegungen zur Anwendung fremden Rechts, in: Festschrift für Wilhelm Wengler, Band 2, Berlin 1973, S. 839 - 848

U

Ultsch, Michael L. — Anmerkungen zu BGH, Urteil vom 13.05. 1997, IX ZR 292/96, WuB VII A. § 293 ZPO 1.97.

V

Varady, Tibor — Foreign Law before Domestic Authorities. Realities and Gestures, in: Festschrift für Imre Zajtay, Tübingen 1982, S. 489 - 508

von Bar, Christian — Ausländisches Verfahrensrecht in deutscher Sprache, Systematische nachweise aus Schrifttum, Rechtsprechung und Gutachten 1982 - 1992, Köln, Berlin, Bonn, München 1993.

von Bar, Christian	Internationales Privatrecht, Band I, Rn. 233, 373, München 1987.
von Hoffmann, Bernd	Internationales Privatrecht, 6. Auflage, München 2000.
von Hoffmann, Bernd	Richtlinien der Europäischen Gemeinschaft und Internationales Privatrecht, ZfRV 1995, 45 - 54.
von Mettenheim, Christoph	Über den allmählichen Verfall der Zivilrechtspflege - Pessimistische Gedanken zur anstehenden Reform der Zivilprozessordnung AnwBl 2000, 400 – 404.
von Münch, Ingo	Gutachten: Der süße Duft, NJW 1998, 1761 - 1762.
von Oertzen, Christian	Handhabung eines Erbrechtsfall mit Auslandsberührung, ZEV 1995, 171 Fn. 29.
von Overbeck, Alfred	Das neue schweizerische Bundesgesetz über das Internationale Privatrecht, IPRax 1988, 333.
von Savigny, Friedrich Karl	System des heutigen Römischen Rechts, Bd. VIII (1894), S. 28.

W

Wagner, Gerhard	Fakultatives Kollisionsrecht und prozessuale Parteiautonomie, ZEuP 7 (1999), 17.
Weir, Tony	Die Sprachen des europäischen Rechts - Eine skeptische Betrachtung, ZEuP 1995, 368 - 374.
Wengler, Wilhelm	Der deutsche Richter vor unaufklärbarem und unbestimmten ausländischen Recht, JR 1983, 221 - 227.
Wenner, Christian	BGH (14.1.1999) Art. 27 EGBGB 1/99, EwiR 1999, 353, 354.

Westphalen, Friedrich Graf von | Fallstricke bei Verträgen und Prozessen mit Auslandsberührung, NJW 1994, 2113 - 2120.

Wiedemann, Ingeborg | Die Reversibilität ausländischen Rechts im Zivilprozeß, Dissertation Nürnberg 1991.

Wirth, Hans-Reiner | Gerichtsstandesverfahren im internationalen Handelsverkehr, NJW 1978, 460, 463.

Wittgenstein, Ludwig | Tractatus logico-philosophicus, Frankfurt 1966.

Wohlgemut, Arno | Kambodschanisches Kindschaftsrecht vor deutschen Gerichten heute - Probleme bei brachliegender Zivilrechtspflege im Ausland, StAZ 1981, 41.

Wolf, Alfred | Das europäische Übereinkommen vom 07.06. 1968 betreffend Auskünfte über ausländisches Recht, NJW 1975, 1583 - 1586.

Wolf, Manfred | Abbau prozessualer Schranken im europäischen Binnenmarkt?, in: Wege zu einem europäischen Zivilprozeßrecht, Tübinger Symposium von Fritz Baur, in Zusammenarbeit mit der Juristischen Fakultät der Universität Tübingen herausgegeben von Wolfgang Grunsky, Rolf Stürner, Gerhard Walter, Manfred Wolf, S. 35 - 67, Tübingen 1992.

Wollny, Paul | Auskünfte über ausländisches Recht, StAZ 1984, 479 - 480.

X

Y

Z

Zajtay, Imre | Die Lehre vom Tatsachencharakter und die Reversibilität ausländischen Rechts. in: Die Anwendung ausländischen Rechts im internationalen Privatrecht, Festveranstaltung und Kolloquium anläßlich des 40 jährigen Bestehens des Max - Planck - Institutes für ausländisches und internationales Privatrecht, S. 193 - 213, Tübingen 1968.

Zajtay, Imre — Grundfragen der Anwendung ausländischen Rechts im Zivilprozeß, ZfRV 12 (1971), 271 – 280.

Zöller, Richard
Geimer, Reinhold — Zivilprozeßordnung mit Gerichtsverfassungsgesetz und den Einführungsgesetzen, mit Internationalem Zivilprozeßrecht, Kostenanmerkungen, 23. Auflage, Köln 2002

Zweigert, Konrad — Diskussion, Leitung: Konrad Zweigert, in: Die Anwendung ausländischen Rechts im internationalen Privatrecht, Festveranstaltung und Kolloquium anläßlich des 40 jährigen Bestehens des Max - Planck - Institutes für ausländisches und internationales Privatrecht, S. 185 - 192, Tübingen 1968.

Zweigert, Konrad — Zur Armut des Internationalen Privatrechts an sozialen Werten, RabelsZ 37 (1973), 435.

Zweigert, Konrad
Kötz, Hein — Einführung in die Rechtsvergleichung auf dem Gebiete des Privatrechts, 3. Auflage, Tübingen 1996.

ABKÜRZUNGEN

A. Spanische Rechtsordnung

A	Aranzadi
AAP	Auto Audiencia Provincial
AAT	Auto Audiencia Territorial
AJPI	Auto Juzgado de Primera Instancia
AN	Audiencia Nacional
ATC	Auto Tribunal Constitucional
ATS	Auto Tribunal Supremo
CC	Código Civil
CL	Colección Legislativa
JC	Jurisprudencia Civil
LEC	Ley de Enjuiciamiento Civil
RDGRN	Resolución Dirección General Registros y Notariado
RGD	Revista General de Derecho
REDI	Revista Española de Derecho Internacional
RJCat	Revista Jurídica de Cataluña
SAP	Sentencia Audiencia Provincial
SAT	Sentencia Audiencia Territorial
SJPI	Sentencia Juzgado Primera Instancia
STC	Sentencia Tribunal Constitucional
STS	Sentencia Tribunal Supremo

Weitere Abkürzungen finden Sie im **Wörterbuch der Rechtssprache und Wirtschaftssprache**, Teil 1, Spanisch-Deutsch von Herbert Jaime Becher, 5. Auflage, München 1999.

B. Deutsche Rechtsordnung

a.A.	anderer Auffassung
Abs.	Absatz
AG	Amtsgericht
Alt.	Alternative

Art.	Artikel
BAnz.	Bundesanzeiger
BayOLG	Bayerisches Oberlandesgericht
BGB	Bürgerliches Gesetzbuch
BGBl.	Bundesgesetzblatt
BGH	Bundesgerichtshof
BGHZ	Bundesgerichtshofsentscheidungen in Zivilsachen
BVerfGE	Bundesverfassungsgerichtsentscheidung
BVerwG	Bundesverwaltungsgerichtsentscheidung
bzw.	beziehungsweise
DNotZ	Deutsche Notar-Zeitschrift
GG	Grundgesetz
h.M.	herrschende Meinung
i.V.m.	in Verbindung mit
JuS	Juristische Schulung
JZ	Juristen-Zeitung
LG	Landgericht
m.w.N.	mit weiteren Nachweisen
NJW	Neue Juristische Wochenschrift
NJW-RR	NJW-Rechtsprechungs-Report Zivilrecht
OLG	Oberlandesgericht
Rn.	Randnummer
s.o.	siehe oben
StaZ	Das Standesamt
st.Rspr.	ständige Rechtsprechung
vgl.	vergleiche
VwVfG	Verwaltungsverfahrensgesetz
WM	Wertpapiermitteilungen
z.B.	zum Beispiel
ZERB	Zeitschrift
ZEV	Zeitschrift für Erbrecht und Vermögensnachfolge
ZPO	Zivilprozessordnung

Weitere Abkürzungen finden Sie im Abkürzungsverzeichnis der Rechtssprache von Hildebert Kirchner und Cornelie Butz, 5. Auflage, Berlin 2003.

Schriften der Deutsch-Spanischen Juristenvereinigung

Band 1 Santiago Gonzáles-Varas: Die Verwaltung in Privatrechtsform in Spanien und Deutschland. 2002.

Band 2 Eva Romanski: Sozialstaatlichkeit und soziale Grundrechte im Grundgesetz der Bundesrepublik Deutschland und in der spanischen Verfassung. 2000.

Band 3 Alexander von Kuhlberg: Änderung und Revision der spanischen Verfassung vom 29. Dezember 1978. 2000.

Band 4 Kai Christian Fischer: Verbraucherschutz im spanischen Vertragsrecht im Lichte der europäischen Rechtsangleichung. Eine Studie mit rechtsvergleichenden Bezügen zum deutschen Recht. 2000.

Band 5 Miguel Félix Rodríguez y Rowinski: Die Haftung für Hilfspersonen im spanischen Recht. 2001.

Band 6 Ole Brühl: Immissionsschutzrechtliche Vorhabengenehmigung in Deutschland und Spanien. Eine rechtsvergleichende Untersuchung unter besonderer Berücksichtigung der Rechtslage in den Autonomen Gemeinschaften Spaniens. 2001.

Band 7 Florian Pagenkemper: Die Mängelhaftung des Bauunternehmers in Spanien nach der *Ley de Ordenación de la Edificación* und dem *Código civil*. Eine Untersuchung der vertraglichen und gesetzlichen Haftung mit rechtsvergleichenden Bemerkungen zum deutschen Recht. 2002.

Band 8 Daniel Friedrich Berg: Die Rückabwicklung gescheiterter Verträge im spanischen und deutschen Recht. Eine rechtsvergleichende Untersuchung unter besonderer Berücksichtigung des Einheitsrechts. 2002.

Band 9 Maria Isabel Haas: Der Durchgriff im deutschen und spanischen Gesellschaftsrecht. Eine rechtsvergleichende Analyse. 2003.

Band 10 Sonja Kohtes: Das Recht der vorformulierten Vertragsbedingungen in Spanien. Die Umsetzung der Richtlinie 93/13/EWG über missbräuchliche Klauseln in Verbraucherverträgen. 2004.

Band 11 Markus Artz: Kollisionsrecht und ausländisches Recht in spanischen und deutschen Zivilverfahren. Eine rechtsvergleichende Untersuchung. 2004.

Maria Isabel Haas

Der Durchgriff im deutschen und spanischen Gesellschaftsrecht

Eine rechtsvergleichende Analyse

Frankfurt am Main, Berlin, Bern, Bruxelles, New York, Oxford, Wien, 2003.
203 S.
Schriften der Deutsch-Spanischen Juristenvereinigung.
Herausgegeben von der Deutsch-Spanischen Juristenvereinigung e.V.
unter der Schriftleitung von Marc André Gimmy.
Wissenschaftlicher Beirat: Prof. Dr. Peter Gantzer,
Prof. Dr. Juan Hernandez Martí und Prof. Dr. Stefan Leible. Bd. 9
ISBN 3-631-50794-1 · br. € 35.30*

Der Durchgriff – spanisch: *levantamiento del velo* – ist im deutschen und spanischen Gesellschaftsrecht ein richterrechtliches Rechtsinstitut. Von europäischen Harmonisierungsmaßnahmen wurde er bisher kaum erfaßt. Zunächst durchleuchtet die Verfasserin die dogmatischen Grundlagen dieses Rechtsinstituts. Sodann untersucht sie solche Sachverhalte, in welchen ein Durchgriff im deutschen und spanischen Recht in Betracht kommt. Im Vordergrund steht dabei die für den grenzüberschreitenden Wirtschaftsverkehr wichtige Frage, ob ein Unternehmer in Deutschland und Spanien in gleichen Situationen und vergleichbarem Umfang mit einer Inanspruchnahme im Wege eines Durchgriffs rechnen muß.

Aus dem Inhalt: Dogmatische Konzepte in deutscher und spanischer Lehre und Rechtsprechung · Lösung von Durchgriffsproblemen im deutschen und spanischen Gesellschaftsrecht: Vermögens- und Sphärenvermischung, Unterkapitalisierung, Konzernrecht